Max Pe

# 天才

## 麥斯威爾．柏金斯與他的作家們，聯手撐起文學夢想的時代

普立茲傳記文學獎獲獎作家

A. Scott Berg
史考特．柏格 —— 著

彭倫 —— 譯

Editor

獻給我的朋友
卡洛斯．貝克（Carlos Baker）

以及我的雙親
芭芭拉．柏格與理查．柏格（Barbara and Richard Berg）

目次

於是他漂泊在冷漠的人群中，
成為暗影中的光，一點亮斑
落上陰鬱的景色，是個精靈
追求真理，也像傳道者般興歎。

——雪萊（Shelley）〈十四行詩・無題〉（Sonnet）

# 第一部

*My faith is too simple but I believe he can do almost everything to make a book go.*

——*Thomas Wolfe*

# 1 真實的東西

一九四六年三月，一個下雨的傍晚，六點剛過，身形瘦長的灰髮男子坐在他最愛去的麗茲酒吧，喝下最後一滴馬丁尼。幾杯下肚，他覺得這些酒精幫自己補足了勇氣，可以面對接下來的考驗了，於是結帳，站起身，穿戴好外套和帽子，一手提著裝滿資料的公事包，一手撐著傘，走出酒吧，大步邁進滂沱大雨中的曼哈頓中區。他一路向西，朝幾個街區遠的第43街一間街邊小屋走去。

此刻，三十位年輕男女正在等他。他們是紐約大學聘請雙日出版社總編輯肯尼斯·麥考米克（Kenneth D. McCormick）開設的圖書出版進修課的學生，渴望在出版界求得立足之地，爲了增加入行機會而參加每週一次的討論班。多數時候課堂上總會有幾個人遲到，但是今晚，麥考米克發現，所有學生六點一到都已就座。麥考米克知道爲什麼。今晚講座的主題是圖書編輯，他已說服當時美國最受尊敬、最有影響力的編輯來「就這個題目講幾句話」。

麥斯威爾·艾瓦茨·柏金斯（Maxwell Evarts Perkins）並不爲一般大眾所知，但在圖書出版界卻是大人物，甚至像英雄受人崇拜，因爲他是完美的編輯。他年輕時就發掘史考特·費滋傑羅（F. Scott Fitzgerald）、厄涅斯特·海明威（Ernest Hemingway）、湯瑪斯·沃爾夫（Thomas Wolfe）等多位偉大的新天才作家，將畢生事業奉獻給他們，挑戰前幾代固定的文學品味，掀起一場美國文學革命。他僅效力過一家出版社——史克萊柏納，在這裡工作的三十六年間，沒有哪家出版社的編輯能像他發掘這麼多才華橫溢的作家，出版他們的作品。麥考米克班上好幾位學生都告訴他，正是柏金斯這位出色的典範吸引他們投身出版業。

麥考米克拍了拍面前的輕便小桌，讓全班安靜，接著描述編輯的工作做為開場。他說，編輯的工作並不像過去那樣以檢查拼寫和標點符號為主；而是要知道什麼書值得出版，怎麼找到那樣的作品，做什麼事能幫助它接觸到最多讀者。總而言之，麥考米克說，麥斯．柏金斯是無法超越的。他有極獨到、敏銳的判斷力，又以激發作家寫出最佳作品的能力聞名。對作家們而言，他更像朋友，而不是苛刻的監督者。他提供各種協助，會視需要幫他們建立作品架構，想出書名，構思情節；他可以是心理分析師、失戀時的心靈導師、婚姻諮商師、職涯規畫師甚至放款人。在他之前，幾乎沒有編輯對成書前的稿子做那麼多事，但他始終堅守自己的信條：「書屬於作者。」

麥考米克認為，柏金斯在某些方面好像不適合這份工作——他拼音很差、標點亂用，而閱讀，連他自己都承認「慢得像頭牛」。但他把文學看成生死大事。他曾寫信給湯瑪斯．沃爾夫說：「沒有什麼東西能跟書一樣重要。」

因為柏金斯是他那個的時代的傑出編輯，因為他的許多作家都是名人，也因為柏金斯這個人有點古怪，於是坊間流傳著許多關於他的傳說，大部分不是空穴來風。肯尼斯．麥考米克班上人人都聽過不只一種令人屏息的版本，關於柏金斯如何發掘費滋傑羅；關於費滋傑羅的妻子賽爾妲（Zelda Sayre）如何開著他的車載這位編輯衝進長島海峽；關於柏金斯如何說服史克萊柏納出版社借給費滋傑羅成千上萬美元，將他從崩潰邊緣拉回來。據說柏金斯沒看稿就答應出版海明威的第一部小說《太陽依舊升起》（*The Sun Also Rises*），等到拿到稿子，又不得不為了保住飯碗而拚命處理書裡的粗俗文字。一個人們津津樂道的故事是，柏金斯爲了海明威第二部小說《戰地春夢》（*A Farewell to Arms*）中的髒話而和極保守的老闆查爾斯．史克萊柏納（Charles Scribner）當面對抗。還有一說是柏金斯隨手把「屎」、「操」、「尿」等字眼寫在桌曆上，沒注意到上面的標題是「今日事」，老史克萊柏納看到了，便對柏金斯說如果連這些都需要提醒，那他就麻煩了。

許多故事則是關於柏金斯如何應付湯瑪斯．沃爾夫粗糙的文字和火爆脾氣。據說身高一九八公分的大個子沃爾夫是伏在冰箱上寫《時間與河流》（*Of Time and the River*）的，他把冰箱頂當書桌，每寫完一頁，完全不讀直接扔進木箱裡。最後，據說是三個彪形大漢用手推車把裝滿稿子的箱子送到柏金斯跟前，他再把這堆一口氣發洩出來的東西整理成書。麥考米克班上的人也聽說過麥斯威爾．柏金斯著名的帽子：那是一頂飽經風霜的淺頂軟呢帽，無論在室內還是外出他都成天戴著，睡覺前才摘下來。

麥考米克正說著，這位傳奇人物走進了43街的課堂。麥考米克一抬頭，看見後門口躬身進來的高大身影，連忙中斷自己的話，歡迎來客。學生們轉過身，第一次見到這位美國最卓越的編輯。

此時他六十一歲，身高一七八公分，體重六十八公斤。手中拿的傘似乎沒有發揮什麼作用，他身上滴著水，帽子低垂蓋著耳朵。柏金斯臉色略略泛紅，使他狹長臉龐上的特徵顯得柔和一些。他的臉以高挺而紅潤的鼻子爲基準線，一直紅到鼻尖，鼻尖和鼻翼的曲線像鳥喙。眼睛是淺藍色的，沃爾夫曾寫道，這雙眼睛「充滿了奇怪、霧濛濛的光，彷彿能看到遙遠的海上氣象，是乘著快速帆船去中國數個月的新英格蘭水手的眼睛，好像有什麼淹沒其中」。

柏金斯脫下濕答答的雨衣，露出沒有熨燙的三件式黑白相間西裝。隨後他視線朝上，摘下帽子，滿頭金屬灰色的頭髮直直地向後梳，額頭中央露出V字髮際線。麥斯．柏金斯不怎麼在意外貌形象，就像這晚，他不在意給人的第一印象像個從佛蒙特州到城裡來談生意的糧商，穿著像樣的衣服卻淋得濕答答。他走到講台區，似乎有點不知所措，尤其是聽到肯尼斯．麥考米克介紹他是「美國編輯中的元老」。

柏金斯過去從未在這類場合發言。他每年都會收到數十個邀請，但都拒絕。一則因為他有點耳背，盡量避免面對人群。再者，他堅信圖書編輯不應該引人注目，認為編輯的知名度可能會影響讀者對作家的信任感，也影響作家的自信心。而且，柏金斯從不覺得他的職業生涯有什麼好談，直到接到麥考米克的邀請。肯尼斯．麥考米克和柏金斯一樣堅持編輯自我隱形的職業操守，也是出版業界才能出眾、受人愛戴的楷模，所以他的邀請很難拒絕。又或許，柏金斯感覺到勞累和憂傷已經大大消磨他的壽命，最好把他懂的東西傳承下去，趁還來得及。

柏金斯兩根拇指自在地勾著背心的口袋，用略帶粗礪但溫文爾雅的聲音開始了今晚的演講。「你們必須記住的第一件事是，」他說話時臉沒有正對聽眾：「編輯並不能為書增添什麼，他頂多是作家的僕人；不要覺得自己很重要，因為編輯最多只能釋放能量，而非創造。」柏金斯承認他曾幫一些當時不知該寫什麼的作家出過題，但他強調，這樣的作品通常都不是作家最好的，即使它們有時候很暢銷，或者有好口碑。「作家最好的作品，」他說：「完全來自他自己。」他提醒學生，不要試圖把編輯的個人觀點強加於作家的作品中，也不要把作家的風格變得不像他。「做法很簡單，」他說：「如果你編一本馬克．吐溫（Mark Twain）的書，就不要把他變成莎士比亞（William Shakespeare），或者反過來，把莎士比亞變成馬克．吐溫。因為最終，編輯只能將作家原本擁有的特質開發到極致。」

柏金斯用耳背的人特有的空洞聲音小心翼翼地說著，彷彿他也驚訝於自己的聲音。聽眾們一開始聽他說話很費力，但幾分鐘後就徹底靜下來，以至於他說的每一個音節都聽得非常清晰。他們專心聽著這位與眾不同的編輯講他工作中種種激動人心的挑戰——尋找他所謂「眞實的東西」。

柏金斯爲他準備好的講座內容做了總結，肯尼斯．麥考米克問學生們有什麼問題。第一個問題：「你怎麼和史考特．費滋傑羅工作？」

柏金斯想了片刻，臉上掠過一絲淡淡的笑容。「史考特永遠是紳士。有時候他需要支援——以及一點提醒，但他的作品非常珍貴，値得這樣對待。」柏金斯接著說，費滋傑羅的書比較容易編，因爲他力求完美，總要做到好。不過，「史考特對批評很敏感。他可以接受批評，但是做他的編輯，你得對自己提出的任何建議有把握」。

話題轉到厄涅斯特．海明威。柏金斯說海明威在寫作的起步階段、甚至成名後都需要後盾，「因爲他寫東西就像他的生活一樣大膽魯莽」。柏金斯相信，海明威的寫作展現出他心目中英雄的品格，「壓力下的從容」。他說，海明威比較容易過度修改。「他曾告訴我，《戰地春夢》某些篇章他寫過五十遍，」柏金斯說：「當作家要破壞他作品的本色，就是編輯應該介入的時候；但一刻都不能早。」

柏金斯分享了他幫厄斯金．考德威爾（Erskine Caldwell）編書的事，也談到幾位他編過的暢銷女性小說家，包括泰勒．考德威爾（Taylor Caldwell）、瑪西亞．達文波特（Marcia Davenport）和瑪喬麗．金楠．勞林斯（Marjorie Kinnan Rawlings）。雖然學生們一開始不太敢提敏感的問題，但最後還是問到與柏金斯疏遠了的已故作家湯瑪斯．沃爾夫。當晚剩下時間所提的問題大都繞著柏金斯與沃爾夫，這是他職業生涯中付出最多心血的作家。多年來，沃爾夫那些磅礡蔓生的小說盛傳是沃爾夫和柏金斯共同創作的。「湯姆，」他說：「是個才華橫溢的人，是天才。他的才華之大，正如他對美國的看法，一本書或一輩子都無法承載他想表達的全部。」當沃爾夫把自己的世界融入小說，柏金斯覺得有責任爲他訂定篇幅和形式上的界限。他說：「這些務實的寫作慣例，沃爾夫自己不會停下來考慮。」

「但沃爾夫樂於接受你的建議嗎？」有人問。

這個晚上，柏金斯頭一次大笑起來。他說起與沃爾夫合作中期，有一次試圖說服沃爾夫把《時間與河流》中的一大段內容全部刪掉。「那是一個炎熱的深夜，我們在辦公室改稿。我把我的意見據實以告後，便靜靜坐著讀稿子。」柏金斯知道沃爾夫最後會同意刪改，因爲那是基於寫作藝術的建議。但沃爾夫沒這麼容易屈服。他不以爲然地把頭一仰，坐在椅子上搖搖晃晃，眼睛在柏金斯幾乎沒什麼裝飾的辦公室裡四處打量。「我繼續讀稿子，至少過了十五分鐘，」麥斯說：「但我很清楚湯姆在做什麼，知道他的視線最後落在辦公室角落。那裡掛著我的帽子和大衣，帽子下掛著響尾蛇皮做的七節響環。」那是瑪喬麗．金楠．勞林斯送的禮物。「啊哈，」沃爾夫叫道：「編輯的寫照！」嘲弄完柏金斯後，沃爾夫同意刪稿。

由於柏金斯耳背，當晚這些未來出版人提的問題有幾個不得不重複了幾遍。在他的發言中有長長的、令人困惑的沉默。他回答問題時侃侃而談，但其間，心思似乎在成百上千段回憶中飄蕩。多年後，麥考米克回憶說：「麥斯好像進入思緒的私密世界，尋找內在、私人的連結，彷彿走進小房間，關上身後的門。」總之，他的言語神態令人難忘，全班學生都被深深吸引，眼見他從稍早蹣跚冒雨而來的新英格蘭鄉下人變成他們印象中的傳奇。

九點剛過，麥考米克提醒柏金斯時間，以免他錯過回家的火車。顯然，眾人都捨不得結束。他還沒有提到與小說家舍伍德．安德森（Sherwood Anderson）、麥昆（John Phillips Marquand）、莫利．卡拉漢（Morley Callaghan）、漢彌頓・貝索（Hamilton Basso）的互動，還沒有提到傳記作家道格拉斯・紹索爾・費里曼（Douglas Southall Freeman）、艾德蒙・威爾森（Edmund Wilson）、艾倫・泰特（Allen Tate）、愛麗絲・羅斯福・朗沃思（Alice Roosevelt Longworth）或南茜・黑爾（Nancy Hale）。他來不及講講約瑟夫・史丹利・彭內爾（Joseph Stanley Pennell）了，柏金斯認為他的小說《羅姆・漢克斯及其家族興衰史》（*The History of Rome Hanks and Kindred Matters*）是他近年來編過最精采的作品。他也沒有時間談新作家，例如艾倫・佩頓（Alan Paton）、詹姆斯・瓊斯（James Jones），他正在編他們兩位的書稿。不過，柏金斯無疑覺得已經說了太多。他抄起帽子緊緊戴好，穿上雨衣，轉身背對滿室起身熱烈鼓掌的聽眾，像最初進來時那樣，不動聲色地走了出去。

雨勢仍然很大。他撐著黑傘，費力地朝中央車站走去。這輩子他從未在公開場合說過這麼多關於自己的話。

回到康乃狄克州新迦南鎮的家中已是深夜，柏金斯發現他五個女兒中的老大這天傍晚來看他，而且一直在家等他。她注意到父親似乎有些傷感，問他怎麼了。

「今晚我做了一場演講，他們介紹我是『美國編輯中的元老』，」他解釋：「人們稱你元老的時候，就表示你過氣了。」

「噢，爸，這不代表你過氣了，」她反駁：「意思是你到達巔峰。」

「不，」柏金斯肯定地說：「這表示我過氣了。」

這天是三月二十六日。二十六年前的三月二十六日發生了一件事，由此拉開了麥斯威爾・柏金斯偉大生涯的序幕：一本改變他人生、深深影響他的書出版了。

# 2 天堂

一九一九年，春天在曼哈頓規模盛大的愛國主義大遊行中到來。一週又一週，一支支凱旋部隊在第五大道行進而過，那場「結束一切戰爭的戰爭」打完了，美國勝利了。

在第48街，遊行隊伍經過史克萊柏納家族出版社和書店所在的史克萊柏納大樓。這是一幢古典主義風格的十層大樓，樓頂有兩座方尖碑，配以莊嚴的壁柱。一樓牆面覆著亮閃閃的黃銅，那是史克萊柏納書店典雅的臨街店面，一間寬敞的橢圓形大廳，高高的拱頂，狹窄的金屬梯盤旋而上，通向上層的迴廊。在成為史克萊柏納出版社編輯前曾擔任書店經理的約翰·霍爾·惠洛克（John Hall Wheelock）稱它是「一座拜占庭式的書籍大教堂」。

緊鄰書店有一扇不怎麼醒目的門，門後是通往電梯的廳廊，搭著吱吱嘎嘎的電梯往上，就來到史克萊柏納家族企業的辦公區。二、三樓是財務部和業務部，四樓是廣告部，五樓是編輯部——有著雪白的天花板、牆面，不鋪地毯的水泥地板，可以闔上蓋子的書桌，以及書架。當時由第二代經營的史克萊柏納家族，就是以這樣簡樸的風格經營著美國出版界最優雅、最講究傳統的出版社。這裡依然有著狄更斯時代的氣息，比如說，財務室主任是位七十多歲老先生，整天坐在高凳子上不動，兩眼緊盯著皮面帳簿；而當時打字機雖已是標準配備，但因為由女性同仁操作，男士們遂不得在辦公室抽菸。

在五樓，公司像十九世紀君主國一樣被統治著。查爾斯·史克萊柏納二世，人稱「老CS」，是當然的統治者。他臉上通常帶著嚴厲的表情，有個輪廓分明的鼻子、花白短髮和一嘴小鬍子，時年六十六歲的他已治理這裡四十年。接班人是他為人和善的弟弟亞瑟，小他九歲，性格比較溫和，惠洛克因而稱他「總是懾於哥哥的活力而有點綁手綁腳」。總編輯威廉．克拉里．布勞內爾（William Crary Brownell）有著白絡腮鬍和海象鬍鬚，辦公室有一口黃銅痰盂，一張皮沙發。每天下午他都會閱讀新提來的書稿，沒多久便「沉睡其中」一小時。之後，他會噴著雪茄繞大廈街區散步一圈，等回到辦公室，吐完痰，就準備宣告對書稿的意見。

史克萊柏納還是有年輕人。其中之一，麥斯威爾．艾瓦茨．柏金斯於一九一〇年來到這裡，先當了四年半廣告經理，再調到編輯部，跟著德高望重的布勞內爾學習。到一九一九年，柏金斯已被公認為崛起中的編輯新秀，但他望著經過辦公室窗外的遊行隊伍，突然覺得沮喪，因為他超過三十歲，年紀太大，負擔太重，不能到海外參軍。看著軍人們風光回鄉，他遺憾不能親眼目睹戰爭結束。

戰爭及其帶來的動盪幾乎沒有波及史克萊柏納出版社，它的書目是一潭文學品味與價值的止水，永遠不越「正派體面」的雷池。實際上，他們極少做扭轉讀者品味的事。在他們的書目上，當時正受關注的年輕一輩作家——希奧多．德萊塞（Theodore Dreiser）、辛克萊．路易斯（Sinclair Lewis）、舍伍德．安德森，一個都沒有。史克萊柏納出版社的三位重要作家，都是秉承英語傳統的成名作家。他們出版了約翰．高爾斯華綏（John Galsworthy）的《福爾賽世家》（*The Forsyte Saga*），亨利．詹姆斯（Henry James）和伊迪絲．華頓（Edith Wharton）的作品全集。事實上，史克萊柏納的重要作品多是出版經年、書稿不用再編輯的作家作品。威廉．布勞內爾在回覆華頓女士的一部書稿時曾闡明出版社的編輯方針：「我不相信提供想法這件事，也不自負地認為出版者提出修改意見能對作品有貢獻。」

做爲編輯，柏金斯的大部分工作僅限於校對清樣（印在長長的白紙上，每張相當於成書的三頁內容），以及一些不用動腦的瑣事。偶爾會被叫去幫某本園藝書修改語法錯誤，選編給學生看的經典短篇小說集篇目或契訶夫（Anton P. Chekhov）小說的英譯版。這些工作不太需要創造性。

史克萊柏納有位長期合作的作家夏恩·萊斯里（Shane Leslie），是愛爾蘭記者、詩人、演說家，曾在美國居住多年。在他某次新書推廣活動上，紐澤西州紐曼中學校長把一個十多歲的學生介紹給他。萊斯里和這位來自明尼蘇達州的英俊少年、同時也是頗有抱負的小作家成了朋友。後來，這個年輕人考上普林斯頓大學，卻在畢業前入伍參軍，被派到堪薩斯州李文渥斯堡。「每個星期六下午一點，做完一星期的工作，」多年後他回憶道：「我就趕到軍官俱樂部，那裡有個房間，大家都在裡面抽菸、聊天、翻報紙。每個週末，一連三個月，我寫完一部十二萬字的長篇小說。」一九一八年春，他相信自己將被調往海外前線，前途未卜。這位年輕軍官——史考特·費滋傑羅將這部書稿託付給夏恩·萊斯里。

這部題爲《浪漫的自我主義者》（*The Romantic Egotist*）的作品只能說是短篇小說、詩、小品文的彙總，描述他的成長歷程。萊斯里把它寄給查爾斯·史克萊柏納，提請他「判斷」一下是否可以出版。他像寫導言一樣寫道：

> 儘管經過變形，但它仍讓我看到這代美國人匆匆上戰場的生動畫面。我驚訝於它的原汁原味、它的靈巧。有些地方很天真，有些地方令人激動，不甘於凡俗又不無反諷的莊嚴感，尤其是結尾。就算刪掉三分之一也仍令人覺得這是「美國的魯柏特·布魯克（Rupert Brooke）」寫的……令

我感興趣的是，這是一本男子之書，我認為這本書呈現出真正的美國青年，那些被多愁善感的人急於藏在基督青年會帷 幕之後的真實面貌。

接下來的三個月中，這部書稿從這位編輯轉到那位編輯，布勞內爾「根本讀不下去」，另一位資深編輯愛德華．柏林蓋姆（Edward L. Burlingame）認爲它「讀起來很費力」。它就這樣一路流浪，最後落到麥斯威爾．柏金斯手裡。「我們帶著很不一樣的興趣讀了《浪漫的自我主義者》，」這年八月，柏金斯在給費滋傑羅的信中寫道：「事實上，我們已有很長一段時間沒有收到這麼有活力的小說了。」柏金斯的結論只來自一個人的意見——只有他喜歡；所以他必須在信裡引述政府在印刷用紙上的配額限制、高昂的印製成本和「小說本身的某些問題」，不情不願地表達退稿之意。

史克萊柏納的編輯們都認爲，評論退稿作品是不應當的，也很容易被作家記恨，但是對費滋傑羅書稿的熱情促使柏金斯進一步發表意見。他自作主張地使用代表編輯部的「我們」，對整部作品提出直率的看法，他說：「我們樂於再次評估出版的可能性。」

他對《浪漫的自我主義者》的不滿意主要在於它沒有結局。主角漫無目的地遊蕩，在整個故事中幾乎沒有變化。

（柏金斯原文）你可能是故意這樣寫，確實，生活未嘗不是如此；但這顯然令讀者深感失望與不滿，因為讀者期待主角終將面對戰爭，採取實際行動，或心理上像潘登尼斯[1]那樣「找到自我」。他上了戰場，卻幾乎是以上學的心態去前線——因為那只是一件要去做的事。

「總而言之，我們覺得，」柏金斯斷言：「這個故事缺乏讓讀者想往下讀的誘因。也許應該安排符合人物性格的高潮，而且早一點出現。」柏金斯不要費滋傑羅流於俗套，期待他改得更有張力。「希望我們還能見到它，」他最後寫道：「屆時我們將馬上重讀。」

柏金斯的信令費滋傑羅少尉深受鼓舞，花了接下來的六星期修改，十月中旬，他把改過的書稿寄給史克萊柏納出版社。柏金斯如約馬上讀了，並高興地發現小說大有改進。他沒有直接找老CS，而是先把史克萊柏納的兒子拉到自己這邊。查爾斯三世也喜歡這本書，但只有他的支持不夠，老編輯們還是否決了柏金斯的意見。日後，柏金斯曾對費滋傑羅承認「我當時很擔心……你可能再也不理我們這些保守份子。」

但柏金斯下定決心要讓這本書出版，他把書稿推薦給史克萊柏納的兩家競爭對手。柏金斯的一位同事還記得：「其中一家出版社打算接受時，柏金斯嚇壞了，因爲他一直認爲這份書稿如何調整很關鍵。另一家出版社則未置一評就把稿子退回。」

柏金斯沒有洩氣，依然懷著有朝一日出版它的希望。他相信費滋傑羅退伍後可能會再改，這樣他就能第三次把書稿送交編委會討論。

但費滋傑羅並不像他在紐約的這位支持者那麼堅持不懈。《浪漫的自我主義者》第二次被退時，他正在阿拉巴馬州蒙哥馬利市的謝里丹軍營，對這本書失去了信心。不過，此時他的重心在阿拉巴馬

1 英國十九世紀作家薩克雷（William Makepeace Thackeray）的長篇小說《潘登尼斯》（*Pendennis*）的主角。

州高等法院大法官的女兒賽爾妲．莎爾身上，退稿帶來的失望也輕了許多。賽爾妲．莎爾高中畢業時被班上選為「最美最有魅力的女生」。費滋傑羅中尉七月在一次鄉村俱樂部舞會上認識她，八月就成了邀她外出的仰慕者之一。後來他在日記中說自己是「九月七日墜入愛河」。賽爾妲也愛他，但與他保持著距離，要看他能否憑才華賺到夠多錢，讓他倆享受夢想的奢華生活。費滋傑羅於一九一九年二月退伍，隨即去紐約拜倫．柯里爾廣告公司工作。一到紐約他就發電報給賽爾妲：「我在雄心與成功之地，只想盡快和心愛的妳在一起。」

費滋傑羅當然去見了麥斯威爾．柏金斯。這次會面兩人說了些什麼已無法得知，不過柏金斯建議史考特重寫小說，從第一人稱改為第三人稱（這件事沒有直接記錄）。約翰．霍爾．惠洛克六年後說：「麥斯想讓作家與題材保持距離。他很喜歡費滋傑羅作品和性格中的蓬勃生氣，但不相信有出版社，尤其是史克萊柏納這樣的出版社會接受如此率性奔放的作品。」

一九一九年仲夏，費滋傑羅從家鄉明尼蘇達州聖保羅市寫了一封信給柏金斯。「我白天寫廣告文案，晚上痛苦地、意興闌珊地模仿流行文學，撐了四個月，最後決定兩者只能擇其一，所以我放棄結婚，回家去。」七月底，他寫完小說《一位要人的養成》（*The Education of a Personage*）初稿，「這絕不是命運多舛的《浪漫的自我主義者》的修改版，」他向柏金斯強調：「但含括它某些素材並改進、重寫，像姊妹作。」費滋傑羅還說：「如果說前一本書稿是沉悶、亂糟糟的大雜燴，那這本絕對有大長篇的意圖，我相信我做到了。」

再一次，費滋傑羅對這部小說滿懷希望，問如果八月二十日交稿的話，是否可能在十月出版。「我知道這樣問很怪，因為你還沒看過內容，」他在給柏金斯的信中說：「但是你對我的作品一直這麼友善，請容我冒昧再挑戰一次你的耐性。」費滋傑羅告訴柏金斯希望這本書趕快出版的兩個理由是：「因爲我想在文學創作和收入上都快點起步；第二，從某個角度來說，這書正適合此時，我覺得社會大眾現在渴望一本場面華麗的小說。」

柏金斯覺得《一位要人的養成》書名很吸引人，對內容也很好奇。「從第一次讀你的書稿起，我們就相信你會成功。」他馬上回信。關於出版，他說他確定一件事：沒有人能在兩個月內趕出一本書卻不重挫暢銷的機率。爲了縮短審稿時間，柏金斯提議費滋傑羅每改完一章就寄給他，他會馬上看。

費滋傑羅沒有分章寄送，反而在一九一九年九月第一週將完整的修改稿放在柏金斯桌上。稿子做了大幅調整，實際上接受了柏金斯每一項建議。他把敘述角度改成第三人稱，從前一本作品保留下來的素材也運用得更好，還取了新書名：《塵世樂園》（*This Side of Paradise*）。

柏金斯爲了在每月一次的編輯部會議上發起第三次進攻，先將這部書稿傳給同事們看。九月中旬開會。查爾斯．史克萊柏納坐在桌首，面色陰沉，弟弟亞瑟坐在旁邊。布勞內爾也在座，他是個難說服的角色，因爲他不僅是總編輯，還是當時美國聲望極高的文學評論家。這本書讓他「沉睡」了，所以他躍躍欲試地等著在座其他六位有誰表態支持，好出手反擊。

老CS滔滔不絕地說著。根據惠洛克的描述：史克萊柏納先生是有天賦的出版人，眞心熱愛這一行，但當時他說：「我爲我的出版品牌自豪，我不能出沒有文學價值的小說。」布勞內爾接著說了看法，斷言這本書「輕浮」。討論似乎到此爲止，但老CS那雙令人生畏的眼睛越過會議桌盯著柏金斯：「麥斯，你沒吭聲。」

柏金斯站了起來，在室內踱步。「我覺得，」他說：「出版人的首要責任是發掘有才華的寫作者。如果這麼才華洋溢的作品我們都不出版，問題就嚴重了。」他進而表示，雄心勃勃的費滋傑羅一定能找到另一家出版社出這部小說，而年輕作家們會追隨他的腳步，「那樣的話我們不如關門好了。」柏金斯踱回座位，直視史克萊柏納，說：「如果我們拒絕費滋傑羅這樣的作家，書籍出版對我就再也沒有意義了。」舉手表決開始，新老編輯對峙著，一片沉默。於是史克萊柏納說，他需要時間考慮。

費滋傑羅在火車站找了一份臨時工：修理火車廂頂。九月十八日那天，也就是二十三歲生日前，他收到柏金斯快遞來的信。

> 我個人非常高興，終於可以寫信告訴你，我們一致同意出版你的《塵世樂園》。將它與你之前寄來的稿子視為同一部作品——某種程度上也確實是——我認為你做的某些修改和擴展非常好，它仍像初稿一樣充滿能量和生命力，但布局比之前好很多……這本書如此與眾不同，很難預估銷售狀況，但我們都認為它有機會成功，會全力以赴。

史克萊柏納計畫在第二年春天出版這本書。出版社沒有給費滋傑羅預付版稅——現在已成出版業慣例的預付版稅，在當時還沒有約定俗成。但費滋傑羅彷彿已看見美好的未來。在一九三七年寫的文章〈年少成功〉（Early Success）中，他說：「那天我辭職了，在大街上狂奔，看到朋友、熟人的汽車就叫住，告訴他們我的小說《塵世樂園》要出版了……我還清了少少的欠帳，買了一身西裝，每天早上醒來都有一種說不出的得意與希望。」費滋傑羅接受了柏金斯提的所有合約細則，只有一項令他掙扎：他一心想在聖誕節前成爲出書作家，最晚不超過二月。至於原因，他最後告訴柏金斯，這樣他就還能抓得賽爾妲·莎爾的心。費滋傑羅在給柏金斯的信中說，如果晚過這時間，「會影響我的心理，我的環境，而且會衍生出新戰場。我的處境一個月比一個月嚴峻，彷彿爲了幸福揮舞著棍棒與時間對抗。」

柏金斯解釋一年有兩個出版季，史克萊柏納出版社很早就開始爲出版季做準備。舉例來說，每年七、八月史克萊柏納的業務員會帶著裝滿新書封面和試讀篇章的箱子跑遍全國各地的經銷商，以確保當年聖誕節檔期能有好業績。在「旅行推銷員」們拜訪書店後才上秋季書目的新書只能自求多福，因爲它沒有被事先介紹給書店，書店老闆又快「被源源而來的新書逼瘋，採購預算又都用完了」。在這種狀況下，那本書，他說：「會變成最不受歡迎、最惹人厭的書，銷量也會因而大受影響。」柏金斯建議把書排在第二個出版季，過完聖誕節後上市。那時，書店剛賺到全年最高的營收，開始準備下一輪備貨，而這一檔的春季新書中將有一本眾所期待的《塵世樂園》。

費滋傑羅接受了柏金斯的建議，不再反對。在一九三七年的那篇文章中，他還寫道：「我一邊期待著小說出版，一邊從業餘寫作者轉變爲職業作家，把生活的重心放在寫作上，建立模式，完成一項就自動展開另一項。」他啟動了幾個寫作計畫，最吸引柏金斯的是名爲《魔鬼情人》（*The Demon Lover*）的長篇小說，費滋傑羅預計用一年時間寫完。但熱情消退後，他改寫好幾篇短篇小說投給史克萊柏納旗下的《史克萊柏納》月刊，但只有一篇被錄用。

費滋傑羅需要一些鼓勵話語來抵消退稿通知的打擊。柏金斯讀了被雜誌退稿的幾篇小說後告訴費滋傑羅，一定能在別處發表。「它們的強大魅力，」柏金斯寫道：「在於非常鮮活。刊登在雜誌上的短篇小說，百分之九十都用日漸落伍的文學形式描繪人生。我認爲你的小說直接來自生活，語言、風格都是當下的，不受多數作家愛用的老套限制……老套只會妨礙他們。」這幾篇小說，柏金斯寫道：「讓我發現你絕對也能成爲短篇小說家」。

之後，在那年的最後幾週，費滋傑羅寫信給柏金斯：「我很幸運，找到一家能包容各類型作者的出版社。上帝知道這種文學遊戲曾令我沮喪多少次。」費滋傑羅沒有意識到的是，麥斯威爾．柏金斯也正因史克萊柏納擁有了最傑出的年輕作家，而且是他發掘的第一個偉大作家而同感喜悅。

費滋傑羅還在普林斯頓大學念書時，曾對來訪的駐校詩人阿佛列德．諾伊斯（Alfred Noyes）說，他覺得自己完全有能力「既寫大賣的書，又寫有永恆價值的書」，但他不知道該做哪一個。終其一生，史考特一直爲此掙扎。柏金斯很快意識到，雖然這兩者對費滋傑羅都重要，但錢更重要。《塵世樂園》還在排版的時候，費滋傑羅就寫信跟柏金斯說，他又有了一部長篇小說的念頭。「我想動筆，」他說：「但不想寫到一半身無分文，不得不繼續寫短篇——我不喜歡（寫短篇小說），那純粹爲了賺錢。」相較於文學聲譽，他更在意手邊的現金，他試探性地問：「不太可能出一本短篇小說集，對吧？」

柏金斯證實了費滋傑羅的揣測，合集的確通常不好賣。「但老實說，」柏金斯解釋：「我覺得你的短篇小說很可能成爲特例——但得先大量發表，讓你的名字廣爲人知。我認爲它們具備受歡迎的條件，結集成書也可能暢銷。我希望你用心寫……因爲它們不僅能建立你的聲譽，作品也極具價值。」

費滋傑羅整個冬天都很焦慮。賽爾妲．莎爾雖已答應嫁給他，但能不能成婚還要看他能否成爲知名作家。他把短篇小說視為實現目標的捷徑，而將《魔鬼情人》寫好的部分拆成數篇，以每篇四十美元的價格賣給喬治．吉恩．內森（George Jean Nathan）和孟肯（H. L. Mencken）主編的暢銷文學雜誌《時髦人士》。一九二〇年代，身兼編輯與評論家的孟肯比任何人都積極鼓勵作家拋棄「假斯文的傳統」，記錄鮮活的時代之音。到這年冬末，費滋傑羅已經在《時髦人士》上發表了六篇短篇小說，流暢漂亮地寫出一系列無所事事的紈絝子弟、剛出道的莽撞青年。一個文學新秀正在迅速崛起。

《塵世樂園》出版日期愈近，史克萊柏納出版社內很多人就愈能體會麥斯．柏金斯持續數月的興奮熱情。但也有些人興奮不起來，反而感到恐慌。文學評論家麥爾坎．考利（Malcolm Cowley）曾在文章中提過，《塵世樂園》還沒出版就被認為是「新時代之聲，把史克萊柏納出版社某些老派編輯嚇壞了」。資深編輯愛德華．柏林蓋姆的兒子、後來也成為史克萊柏納編輯的羅傑．柏林蓋姆（Roger Burlingame）所寫的史克萊柏納出版社非官方社史《許多書的誕生》（*Of Making Many Books*）中有實例。柏林蓋姆寫道，當時史克萊柏納有位意見領袖是業務部的重要成員，他常懷疑自己的文學鑑賞力，所以對很多書都「斟酌再三」才發表意見，還會把稿子帶回家給他博覽群書的姊姊看。公司裡的人認為他姊姊的眼光很準，許多她看得揪心落淚的小說都很暢銷。所以當大家知道他在週末把《塵世樂園》帶回家，週一一早就急著想知道他姊姊的反應。「你姊姊怎麼說？」大家異口同聲地問。「她用鉗子夾起它，」他答：「她讀完後不屑於用手碰，而且把它扔進火裡。」

一九二〇年三月二十六日，《塵世樂園》終於面世，史克萊柏納出版社在廣告中驕傲地宣稱費滋傑羅是「本社有史以來最年輕的小說家」。當天柏金斯踱進一家書店，親眼看到兩本書被買走，心想這完全符合他的預期。一星期後，賽爾妲．莎爾和史考特．費滋傑羅在史克萊柏納大樓幾個街區外的聖派翠克大教堂舉辦婚禮；他們永遠記得，是柏金斯的支持成就了他們的婚姻。

《塵世樂園》像面旗幟揭開了一整個時代，不但被很多文學評論專欄注意，銷售也勢如破竹。孟肯在《時髦人士》上發表評論說，費滋傑羅寫出一部「眞正了不起的處女作——結構富原創性，筆法不落俗套，在美國作品中非常罕有，就像美國政治權謀中的正直那樣罕見」。在同樣由史克萊柏納出版的美國社會史專書《我們的年代》（*Our Times*）中，作者馬克．蘇利文（Mark Sullivan）談到費滋傑羅的第一本書，「重點是，就算不能說它創造一個世代，也能當之無愧地說它讓全世界關注這個世代」。

費滋傑羅在小說尾聲也闡明了這一點。「這是全新的世代，」他寫道：「他們在日日夜夜的幻夢中吶喊著前人的吶喊，記取前人的教誨；終將走出幻夢，走進骯髒、灰暗的動盪社會，去追尋愛與尊嚴；新世代的人們比前人更害怕貧困，更崇尚成功，更願意爲這樣的目標付出精力；他們長大後發現諸神已死，所有仗都打完，所有對人的信念皆已動搖。」

這本書受歡迎的程度，作者在〈年少成功〉中回憶道：

> 我傻傻地告訴史克萊柏納出版社，我想小說銷量不會超過兩萬冊。一陣大笑之後他們告訴我，作家的第一部長篇小說能賣到五千冊就非常好了。我記得它出版一週後銷量就超過兩萬，而且我一直認為自己做得到，完全不覺得可笑。

這本書的成功沒有讓費滋傑羅發大財，但令他一舉成名。他才二十四歲，似乎注定要擁有大好未來。查爾斯・史克萊柏納在這年下半年寫信給夏恩・萊斯里說：「你引薦費滋傑羅幫了我們大忙。《塵世樂園》是我們當季最暢銷的書，銷售力至今不墜。」

趕著做這本暢銷書的過程中，許多明顯的拼寫錯誤沒有被檢查出來，責任完全在柏金斯。他被史克萊柏納其他同事的反應嚇到了，整個前置期間幾乎完全不肯讓稿子離開手邊，連校對員都不給。羅傑・柏林蓋姆在《許多書的誕生》中說，要不是柏金斯敬業的秘書伊爾瑪・威科夫（Irma Wyckoff）的協助，麥斯「險些成爲『拼寫奇才』」。很快，柏金斯沒有看出來的拼寫錯誤成了文學圈議論的熱門話題。到了夏天，風趣的《紐約論壇報》書評專欄作家富蘭克林・亞當斯（Franklin P. Adams）還把挑錯變成社交場上的逗趣遊戲；哈佛大學一位學者也寄信給史克萊柏納出版社，列出書中一百多處錯誤。這對柏金斯來說是種羞辱，令他更難堪的是，拼寫同樣很糟的作者也來挑錯。史考特對他的書每過一星期就加印一次的佳績非常興奮，但對富蘭克林・亞當斯愈來愈長的挑錯清單上的許多錯誤，出版社遲至第六刷仍未改正深感不滿。

讀者對有錯的版本似乎不怎麼在乎，小說強烈鼓舞著這國家不安的年輕人。馬克・蘇利文後來這樣談費滋傑羅的主角：「年輕人在艾莫瑞的行爲中找到自己的處世典範——緊張的家長則發現他們最憂心的事成眞了。」羅傑・柏林蓋姆進一步提出，這部小說「把所有參戰世代的安逸家長們從安全感中驚醒，意識到他們的孩子身上確實發生了某種可怕、或許是決定性的變化，讓他們的孩子第一次驕傲地擁有『失落』感」。後來費滋傑羅寫道：「美國將進入有史以來最盛大、最華麗的狂歡，可說的還有很多。」

該書出版不到一個月，費滋傑羅又寄給編輯十一篇短篇小說和六首詩，其中三首「在《普林斯頓詩文選》第二輯上發表後曾引起不少關注」，還擬了許多書名供他選用。麥斯讀完全部內容，選出八篇短篇，並從費滋傑羅取的一堆輕快標題中選了最出色的《摩登女子與哲學家》（*Flappers and Philosophers*）爲書名。查爾斯．史克萊柏納認爲柏金斯挑選的篇目「很可怕」，但既然柏金斯已經打造出一本暢銷書，就讓他再賭一把。

費滋傑羅的寫作收入從一九一九年的八百七十九美元暴增到一九二〇年的一萬八千八百五十美元，卻花得一文不剩。在史克萊柏納看來，費滋傑羅簡直不知節儉爲何物，對未來也毫無打算。他寫信給夏恩．萊斯里，說費滋傑羅「喜愛奢華生活，只要工作順利就把錢拿去享樂。他的品格中沒有節儉這回事」。

從費滋傑羅開始，柏金斯總是會寄書給他寫作中的作家們。「麥斯就像老派藥劑師，」他的一位作家詹姆斯．瓊斯說：「只要看到你開始消沉，他就像開處方一樣給你一本他認爲可以讓你振作的書；那是根據你的情況特意挑選，完全符合你的品味、性情，又足以推你一把，給你全新的思考視野。」一九二〇年六月，麥斯寄給費滋傑羅一本范．威克．布魯克斯（Van Wyck Brooks）寫的《馬克．吐溫的考驗》（*The Ordeal of Mark Twain*）。麥斯告訴費滋傑羅，布魯克斯「很有才華，很有魅力，如果你喜歡這本書，我很樂意找一天約你和他一起午餐」。

范．威克．布魯克斯是柏金斯最要好的朋友。他們早在紐澤西州普蘭菲爾德讀幼稚園時就認識，後來一起在哈佛大學念書。大學畢業二十年後，布魯克斯致力成爲當代美國文學最重要的評論家。

「這是我讀過最受啓發的書之一，彷彿重新灌注我生命氣息，」費滋傑羅收到書沒幾天就回信給柏金斯說：「剛寫完我至今最好的短篇小說，下一個長篇將是我一生的傑作。」費滋傑羅把《馬克．

吐溫的考驗》中很多句子都畫了線，可見布魯克斯這本書對他接下來一系列短篇小說影響深遠，也讀了布魯克斯對馬克・吐溫長篇小說《鍍金年代》（*The Gilded Age*）的評論。《鍍金年代》講一個男人到西部去探尋煤礦山，找到了，致富了，就可以娶他愛的女人。史考特於是寫了一篇中篇小說，裡面有個名叫費茲諾曼・寇佩帕・華盛頓的人也在那時代爬上蒙大拿州一座寶藏山，並取名〈大如麗池的鑽石〉（The Diamond as Big as the Ritz）。

作家整個夏天都在工作，但柏金斯沒有。除非覺得自己做得夠好，否則他是不肯休假的，而那年夏天，他當編輯以來第一次相信自己可以休假了。在動身去喘口氣前，柏金斯寫信告訴費滋傑羅他度假的地址，方便他有事聯繫。那是一個小鎮，實際上他每年夏天都去那裡。

佛蒙特州溫莎鎮位於佛蒙特與新罕布夏州交界線往北三分之一處，在康乃狄克河西岸，對麥斯・柏金斯來說，這裡是世上最美的地方。大約七十年前，他的外祖父在阿斯科尼山陰蓋了一座莊園，好讓家人待在他身邊。「溫莎是我外公的子孫們的天堂，」麥斯的妹妹芬妮・寇克斯（Fanny Cox）在《佛蒙特人》雜誌上撰文：「冬天我們各自生活……但一到夏天，我們會聚在尖木樁圍欄後的一大片地方，那裡有六幢房子面向村莊大街，田野向後無盡延伸，穿過有鐵杉樹籬的綠草坪，環繞一片滿是秋海棠的花床，向下延展到池塘邊。」池塘後地勢較高的地方是這片莊園最迷人處，幾條小溪從山上流下，松樹、白樺樹林中有許多彎彎曲曲的小徑；家人都把這片特別的樹林稱為「天堂」。

在「天堂」裡，年輕人可以像想像力一樣自由，毫不受限地奔跑。年少的麥斯・柏金斯和兄弟姊妹在這裡度過了不知多少時光。當了爸爸後就帶孩子們來，從紐約搭乘舒適的「白山特快」夏季列車，七小時後抵達目的地的，她們一路上一直沉浸在快樂的氣氛中。

柏金斯曾對其中一個女兒說：「最棒的感覺是帶著疲憊上床。」一天之中柏金斯最喜愛就寢時間，那是入睡前他能「駕馭夢境」的幾分鐘。在這尚且醒著的片刻，麥斯威爾．柏金斯總讓自己走進一八一二年的俄國——他最喜愛的《戰爭與和平》（*War and Peace*）的場景。夜復一夜，他腦中滿是拿破崙軍隊在霜凍與初冬風雪中從莫斯科撤退的景象。在佛蒙特州的早晨，當托爾斯泰筆下的人物在他眼前一一經過，他認定他的夢在這裡更加鮮明，沒有哪個地方像溫莎鎮讓他睡得這麼安穩。

每年夏天，柏金斯都會帶幾個女兒去健行，爬一次阿斯科尼山，先走三十分鐘再休息十分鐘，就像《戰爭與和平》裡安德列公爵率兵行軍一樣。但柏金斯在溫莎最大的樂趣是一個人漫無目的地長程散步，他總說那是「眞正的散步」。孤身一人，他穿越這片祖先們走過的土地。

# 3 出身

「要是不理解溫莎鎮或整個佛蒙特州對麥斯的意義，就不可能眞正懂他。這根深深打入美國傳統鄉村的木樁，從許多方面看來與他人生中最耀眼的部分相去甚遠。」范．威克．布魯克斯在自傳《場景與肖像》（*Scenes and Portraits*）中這樣寫道。柏金斯一生大部分時間都在紐約市或周邊地區度過，但新英格蘭嚴苛的價值觀是他性格的核心。他有許多新英格蘭人特有的怪癖和偏見，他的舉止和文學品味任性古怪，個性駑鈍守舊。但布魯克斯相信，溫莎鎮和它代表的一切使他內心維持「直率、不受偏見左右、不被次要感覺干擾、反應快、精力充沛」的狀態。麥斯是有著矛盾性格的新英格蘭人。

他於一八八四年九月二十日在曼哈頓第二大道與第14街交界處出生，全名是威廉．麥斯威爾．艾瓦茨．柏金斯，順理成章地成爲兩大家族的繼承人。布魯克斯說「幾乎沒見過其他美國人像他這樣，歷史的痕跡在他身上清晰可見。這有時候不太好，因爲他的心永遠處於交戰狀態」。

那是一六四二年英國內戰共和派與保皇派之間的戰役，布魯克斯說麥斯始終沒有徹底擺脫它。它穿越大西洋，來到八個世代後柏金斯的心中。如果說柏金斯家族讓他成爲「浪漫、愛冒險的孩子，閒散、優雅、坦率，永遠開開心心、溫和有禮，像小動物般討人喜歡」，艾瓦茨家族則使他相信凡事必須付出努力。「活在對立的性格中，」布魯克斯說：「當他人生遇到危機時，（交戰的）……這一面或那一面總會浮現。」

威爾斯人約翰．艾瓦茨（John Evarts）是麥斯威爾．柏金斯第一個移民到北美新世界的祖先。這名契約傭工於一六三五年登船，到麻薩諸塞州的康科特落腳，一六三八年恢復自由身。一個半世紀後，他只剩下一個直系後代：耶利米．艾瓦茨（Jeremiah Evarts），生於一七八二年，畢業於耶魯學院，在紐哈芬當執業律師，是嚴謹、清心寡欲的虔誠教徒。同輩人說他「太堅持正直而沒辦法成為受歡迎的律師」。他娶了在《獨立宣言》上簽字的康乃狄克州代表之一羅傑．謝爾曼（Roger Sherman）的寡居女兒梅希塔貝兒．巴恩斯（Mehitabel Barnes），定居於麻薩諸塞州查理斯頓，在那裡擔任正統基督教公理會會刊《盛裝衛士》主編，將全副精力投入傳教佈道。但他的「傳教」並不限於宗教事務，某次外出傳教時因鼓吹廢除奴隸制度，讓他在喬治亞州監獄蹲了一年。一八一八年三月初，他在離開薩凡納途中得知，兒子威廉．麥斯威爾．艾瓦茨（William Maxwell Evarts）出生了。

威廉於一八三三年入耶魯大學求學，參與創辦《耶魯文學雜誌》，以優異成績畢業後再入哈佛大學法學院深造。當時剛被哈佛錄取、正在寫海上冒險回憶錄《航海兩年》（*Two Years Before the Mast*）的理查．亨利．達納（Richard Henry Dana）後來回憶說：「我在那裡念書時聽到的最好的演講……是威廉．麥斯威爾．艾瓦茨對一大群本科生講的。在我認識的年輕人中，若他不能成為傑出人物，將最令人遺憾。」一八四三年，艾瓦茨與海倫．米娜娃．沃德納（Helen Minerva Wardner）在她的家鄉溫莎鎮結婚，接下來的二十年中，他們生了七個兒子，五個女兒。

艾瓦茨沒有辜負達納的期望。一八五五年在紐約的律師工作受到全國矚目，因為他把四分之一財產，即一千美元捐給廢奴運動。到一八八九年最後一次出庭時，他已參與多起核查憲法基本原則的訴訟審判。《美國傳記大辭典》（*Dictionary of American Biography*）稱他是這世代「三起大案的英雄」，即日內瓦仲裁案、一八七六年提登與海斯總統選舉案，以及詹森（Andrew Johnson）總統彈劾案。三起審判他都勝訴，讓美國內戰期間協助攻打北方聯邦的其他國家確實支付賠款；幫助在大選中沒有贏得多數直接選票的候選人當上總統；維護一位總統繼續其任期的權利。

艾瓦茨在準備辯護時，總會徵詢一些學識淵博朋友的意見。他常找亨利．亞當斯（Henry Adams），亞當斯在以第三人稱撰寫的自傳中提到：「有疑惑時，釐清思路最快的方法就是討論，艾瓦茨總是執意討論。日復一日，開車時，吃飯時，走路時，他總要刺激亞當斯反駁自己的觀點，說他需要一把鐵鎚，讓他錘煉思想。」一八七七年，海斯總統任命艾瓦茨爲國務卿，紐約州議會兩度選他爲聯邦參議員。

從華盛頓退休後，艾瓦茨回到佛蒙特州，專斷地管理起家庭事務。他在溫莎的「白宮」光線昏暗，亂糟糟地堆滿東西，包括艾瓦茨家族許多鑲金框的祖先畫像，還有一座他自己穿著參議員寬長袍的大理石半身雕像。

豐富多彩的柏金斯家族在《美國傳記大辭典》佔的篇幅幾乎與嚴肅的艾瓦茨家族一樣多，不過大多數艾瓦茨家族成員都不怎麼看得起柏金斯們。比麥斯小九歲的表弟一直說：「柏金斯家的人政治觀不對，宗教信仰不對，連安葬的墓地也不對。」

麥斯的爺爺查爾斯．卡拉漢．柏金斯（Charles Callahan Perkins）繼承了父母的財富和性情，自然而然成爲家鄉波士頓藝術界頗有影響力的朋友。他的祖先艾德蒙．柏金斯（Edmund Perkins）一六五〇年移民到新英格蘭地區，是位富有且樂善好施的商人——東印度公司的巨頭，幾個兒子在美國獨立戰爭期間都是保皇派。查爾斯於一八四三年畢業於哈佛時，已對繪畫流露出濃厚興趣。他拒絕繼承家族生意，出國遊歷，決心把自己對美術的愛好升格爲認眞的學習。在羅馬，他結交了許多當時的重要畫家，但限於天賦，只能成爲業餘繪者。他意識到，當不成畫家還是可以爲闡釋藝術貢獻力量，因而成爲美國第一位藝術評論家。一八五五年，他和紐約的法蘭西斯．布魯恩（Frances D. Bruen）結婚。柏金斯與歐洲的勃朗寧夫婦（Brownings）和波士頓的朗費羅（Henry Wadsworth Longfellow）往來密切，寫過六篇關於歐洲雕塑的重要論文。

到查爾斯．柏金斯的三個孩子都長大成人時，家產也差不多被他花完了。他舉家搬到新英格蘭，和艾瓦茨參議員成爲朋友。次子愛德華．柯利佛德（Edward Clifford Perkins）和艾瓦茨參議員同爲哈佛法學院校友，因而認識並愛上參議員的女兒伊莉莎白（Elizabeth Evarts）。一八八二年，兩人年滿二十四歲，在溫莎鎮結婚。

伊莉莎白是位高貴溫婉的女性，據說她走路的速度始終如一，不會慢得無神，也不會快得失去端莊，雙手總是交疊在身前。父親在華盛頓宴客時她常擔任女主人。丈夫的性格豪爽自由，兩人遷居到紐澤西州普蘭菲爾德，身爲律師的愛德華每天開著當地第一輛汽車去火車站，往返於紐約上下班。十三年間，他們生了六個孩子，妻子從不強勢約束孩子行爲要端正，但對孩子寄予厚望，丈夫則是慈父。

兩個家族截然相反的性格特徵在他們第二個孩子威廉．麥斯威爾．艾瓦茨．柏金斯身上顯露無遺。他既有柏金斯家的藝術氣質，也遺傳了艾瓦茨家的嚴謹紀律，童年時就展現出藝術家的才華和新英格蘭人的見識。

每到星期天晚上，愛德華．柏金斯都會爲全家人朗讀。「我們圍坐在爸爸跟前，聽他讀《劫後英雄傳》（*Ivanhoe*）和《玫瑰與戒指》（*The Rose and the Ring*），」麥斯最小的妹妹芬妮回憶道：「我們都哈哈大笑，因爲那時候的傳奇故事都很誇張。」父親還會特地爲麥斯和他哥哥愛德華朗讀法文故事，再翻譯成英語，以避免自己的法語生疏。兩個孩子如癡如醉地沉浸在《三劍客》（*The Three Musketeers*）、《瑪博將軍回憶錄》（*The Memoirs of General the Baron de Marbot*）和艾克曼—夏特良（Erckmann-Chatrian）《一八一三年徵兵》（*Conscript of 1813*）等傳奇故事中。麥斯漸漸迷上軍事，尤其是拿破崙的英雄事蹟。

麥斯十六歲進新罕布夏州康科特聖保羅私立學校念書，但第二年就爲了緩解家裡的經濟壓力而輟學。之後，一九〇二年十月底，麥斯的父親因固執地不肯穿大衣而不幸染上肺炎，三天後去世，享年四十四歲。愛德華．柯利佛德．柏金斯沒留下半點積蓄，所幸遺孀和六個孩子有各種家族共同基金可以依靠，過著還算寬裕的生活。麥斯在普蘭菲爾德的利爾學校完成了中學教育。

當時，家裡的長子愛德華已去哈佛念書，由麥斯坐上餐桌主座。出於新英格蘭人的本能，他藏起喪父之痛，盡可能擔起父親的責任，認爲在困厄時刻必須在全家人面前成爲堅強的表率。他既慈愛又嚴格地管教弟弟妹妹，他們對他也很敬畏。一天早上做完禱告，母親忍不住哭了，他拍著母親的肩膀安慰她，直到她停止哭泣。幾十年後，他對一個女兒說：「男人做的每一件正確的事，都是爲了讓父親高興。」

少年麥斯自然也經歷過初戀。「今天下午我終於吻了一個漂亮女生，」一九〇〇年他寫信告訴范．威克．布魯克斯：「我喋喋不休地跟她磨了三個小時，她才答應。」好幾個夏天他在長島的南安普敦當小孩的家教，十六歲時還到新罕布夏州切斯特菲爾夏令營打工當輔導員。一天，他帶著幾個小孩在森林裡遠足，突然聽到可怕的叫聲，他讓孩子們回營地，自己去探尋聲音的來處。他走到一座穀倉，看見一個女人站在門口，試圖掙脫兩個抓著她手臂的男人。其中一個男人說：「你要幹什麼？」麥斯回答：「我來救這位女士。」多年後，麥斯再講起這故事時笑得東倒西歪，原來這女人是震顫性譫妄發作，那兩個男人只是要把她帶回屋裡。

第二年夏天發生的一件小事影響他一生。一天下午他和比他小的男孩湯姆．麥克萊利（Tom McClary）在溫莎一個深水池塘游泳。湯姆的泳技很差，游到一半慌了，緊緊抱住麥斯的脖子，兩人一起下沉。麥斯掙脫，游往岸邊，這時他想起湯姆，回頭卻見湯姆臉朝下浮在水面。麥斯又游回去，抓著湯姆的手腕把他拖上岸，再用雙手按他的肚子，直到水從湯姆的嘴裡吐出來。過了一會兒，湯姆恢復了知覺。兩個孩子說好不把這件事說出去，但麥斯一輩子永誌在心。

多年後，他唯一一次對朋友說起這件事。在湯姆快淹死的瞬間，他看到自己「本能上的粗心、不負責任和怯懦」。他坦言：「我十七歲那年，因爲在這件不足爲外人道的意外事件前手足無措，而意識到自己有這些缺點，於是決心一輩子遵守誓言：絕不逃避責任。」柏金斯鄭重立誓，很快，無私與責任感成爲柏金斯行爲道德的標準。

和柏金斯家族的歷代祖先一樣，麥斯去哈佛求學。在那裡他捨棄了從來不用的名字「威廉」，以別於先人。他一九〇七年畢業，大四那年他寫道：

> 在我心中，大學是拓展自我、克服偏見、以獨立眼光看世界的地方。在這裡，男孩子第一次靠自

己站起來。過去是別人塑造他，現在他必須塑造自己，必須與舊觀念一刀兩斷。

剛來哈佛時，眞正吸引他的是社交生活。「我愛玩，喜歡當花蝴蝶，」他在大學作業〈各色景致〉（Varied Outlooks）中寫道：「渴望穿衣有型，交很多朋友，在咖啡廳裡抽菸喝酒，坐在前排看輕歌劇。」他那時一頭濃密金髮，某個角度看上去有種精緻的帥氣，換個角度則引人注目但不英俊。文學評論家麥爾坎．考利在畢業紀念冊照片中看到的，是貌似柏金斯小時候的偶像、當炮兵中尉的青年拿破崙的臉——「同樣寬大、敏感的嘴巴，同樣高額頭下的鷹鉤鼻，以及同樣服貼的大耳朵」。

大一那年十一月，柏金斯在「哈佛耶魯對抗賽」後跟一個酒醉鬧事的同學在一起而被關進監獄。十二月，他的成績爛到成爲班上第一個留校察看的人。這是愛玩帶給他的「殊榮」，他的自尊心讓他一輩子都記得。

柏金斯在劍橋的哈佛校區念書時很好強，和家境富裕的同學不同，他那時手頭拮据，暑假要打工，也常覺得自己穿得寒酸。他以艾瓦茨和柏金斯家族自豪，喜歡說：「他們有人富，有人窮，但你永遠看不出誰富誰窮。」他覺得家族的尊嚴好像在大學裡消失了；那並未影響別人怎樣看待他，但麥斯從此養成新英格蘭人害怕不勞而獲的心態。「別人幫了你，你的一小部分就屬於他了。」他曾這樣對三女兒說，她進而憶起：「他有個好友住在長島的豪宅裡，常盛情邀他週末去玩。父親想去卻沒去，因爲付不起管家的小費。」

柏金斯不去同學家，卻幾乎每個週末都穿著袖口磨損的襯衫，步行去舅舅普雷斯考特．艾瓦茨牧師（Reverend Prescott Evarts）家，他是劍橋教區的教區長。「麥斯似乎老喜歡和家人在一起，」牧師的兒子理查回憶道：「我們一起下西洋棋，吃晚飯，還常大聲爭論，談的大都是社會問題，例如先天遺傳與後天環境哪個更重要。不過我們都知道，星期天晚上和我們在一起是他省錢的方式。」

「男人在社會上有多成功，視他是哪家俱樂部會員而定。」高年級生柏金斯寫道。同樣畢業於哈佛的普雷斯考特舅舅得知麥斯受邀加入福克斯俱樂部但付不起會員費後，開了一張支票給他。麥斯猶豫著接受了，因爲他說，在哈佛，「無法否認俱樂部的重要性」。

柏金斯也加入校園文學雜誌《哈佛之聲》編輯部，被擢升爲編輯。他爲雜誌所寫的文章大都諷刺紳士派頭和哈佛學生的行止。他在一篇題爲〈論女性與獻殷勤〉（On Girls and Gallantry）的文章中寫道：「權威人士證實，男人對女人的尊重是衡量社會文明程度的一把尺……對於此，至少有一點我可以肯定：不僅沒有哪兩位女性相同，即使是同一名女子，除了純屬巧合的狀況外，她在不同時間也不一樣。」

麥斯在哈佛還有三個朋友經常替《哈佛之聲》寫稿：詩人約翰·霍爾·惠洛克、大學畢業前寫的劇本《救世主尼爾》（*Salvation Nell*）就成爲百老匯熱門劇作的愛德華·謝爾登（Edward Sheldon）、范·威克·布魯克斯。

布魯克斯說他繼柏金斯之後從普蘭菲爾德來哈佛求學，是因爲「我一直隱約覺得我注定要成爲作家，也以爲哈佛是出產作家的大學」。麥斯比布魯克斯高一年級，毫不藏私地介紹這位同鄉好友認識每個該認識的人。兩人大部分時間都泡在柏金斯最喜歡的劍橋文學俱樂部——鐵筆俱樂部裡，且合住溫索普街41號一幢淡黃色木造房子。布魯克斯說，當時，柏金斯滿腦子都是清教徒式的克倫威爾精神。有段時間，他會在早上六點把布魯克斯叫醒，朗讀赫伯特·斯賓塞（Herbert Spencer）和其他哲學家的作品給他聽。他偶爾會像威廉．詹姆斯（William James）教授那樣穿上時髦的狩獵大衣，但通常都穿著陰鬱的灰色和黑色衣服。

麥斯選擇攻讀經濟學。布魯克斯相信，他這麼做正是因爲「他不愛知道火車票價、火災保險統計之類的資訊」，呼應了他外祖父艾瓦茨的一句名言：「關於我的成功，我驕傲的不是做了喜歡的事，而是做好我不喜歡做的事。」基於這種在困境中錘煉品德的新英格蘭人思維方式，麥斯搬到鐵筆俱樂部樓上，住進閣樓，裡面只有一張小床、一張桌子，常通宵讀書。多年後柏金斯才意識到：「我以爲專攻政治經濟學這些我討厭的學科是磨鍊自律心，以爲無論我愛的文學課程能讓我學到什麼，以後自然會學到，但這實際上是放棄。」麥斯始終沒能讀完他喜歡的所有書籍，例如他一輩子都羞愧於對莎士比亞的作品所知甚少。

鐵筆俱樂部之外，麥斯從「科佩的圈子」受到的文學啓蒙最多。科佩是查爾斯．唐桑德．科普蘭（Charles Townsend Copeland）教授的外號。他在哈佛住了四十年，大多數哈佛人無論是不是他的學生，都記得這個來自緬因州卡利的小個子，戴著金屬框眼鏡，頭型很圓，冬天戴著圓頂窄邊禮帽，夏天則是草帽。加入哈佛大學英文系時，他已放棄演藝事業，從哈佛法學院退學，還在《波士頓郵報》工作過七年。他既非典型知識份子，也沒有學究味，但對教書有種神奇的熱情。對科佩來說，一行一行地講解十四行詩還不如表演十四行詩。這個壞脾氣的傳統反叛者，無論觀眾多少都要誇張地表演，因而風靡哈佛。學生們蜂擁而至聽他朗誦英語經典名著，參加他寬鬆自由的文學討論課。不過科佩擁有這樣的聲望理所應當，因爲他能讓最枯燥沉悶的古典名著生氣勃勃。

科普蘭是柏金斯大一英文課的老師，這位年輕教授講授文學的方法引起了麥斯的興趣。當科佩開授寫作分析課「英文十二講」時，柏金斯馬上申請成爲規定的三十名聽課學生之一。「科佩不是那種喜歡一堆學生擠在教室裡的教授，」沃特．里普曼（Walter Lippmann）在一篇懷念科普蘭的文章中說：「他很特別，總是跟對他感興趣的每個人維持著特殊情誼。」李普曼進一步闡述：

他的教學方式我記憶猶新，覺得更像無限制摔跤比賽，不像一般講課。過程是：你接到通知，要你帶著寫好的稿子到他在霍利斯樓的宿舍去，他會告訴你怎麼讀自己寫的稿子。很快地，你開始覺得四周被黑暗籠罩，長長的手指穿過層層脂肪和蓬鬆毛髮，探尋著你的骨頭和深層肌肉。你可以反抗，但最終他總是把你剝得赤裸裸，只剩自己。然後他會輕輕拍拍那些倖存者，帶領他們進入真正的寫作。

一和科普蘭教授成爲朋友，柏金斯就全心投入上課。科佩對他的影響與日俱增，這當然有助於發展他的編輯本能。在哈佛的第四年，麥斯成績優異，更重要的是，他也像科普蘭那樣愛上寫作。「說實話，」麥斯多年後寫信對科佩說：「你對我的幫助比哈佛其他加起來的都多。」

麥斯大學四年級時，在波士頓比肯街開辦女子進修學校的瑪麗．丘奇（Mary Church）小姐請科普蘭推薦一位學生去她學校教高年級學生作文，科普蘭指名柏金斯。柏金斯教的十二個女孩中，有一位瑪喬麗．默頓．普林斯（Marjorie Morton Prince）對這個比她們大不了幾歲的二十二歲青年印象深刻：「每次他來上課，我們都入神地坐著，在他眼裡我們一定都像傻瓜。他談寫作，彷彿那是世界上最重要的事。我們都像他的奴隸一樣賣力上課。幾週後，麥斯上課時戴了一副深色眼鏡，我們都知道那是為了避免看我們時尷尬，因為所有人都直勾勾地盯著他，眼神迷離。」

麥斯於一九〇七年六月從哈佛畢業，因為經濟學成績出色而獲得優秀畢業生榮譽。朋友中只有他沒在畢業典禮後去歐洲遊歷，直接工作。他不想當律師（雖然他的三個兄弟相繼成為律師），反而去波士頓民政局為窮人服務。這工作讓麥斯晚上教俄國和波蘭移民英語，白天巡訪各區，也給了他許多時間讀書、學習打字。這年夏天結束，他到溫莎休息幾天後就去紐約的報社謀職。范·威克·布魯克斯說：「當過新聞人的科佩確實會讓麥斯想進報社工作。」

當時要在好報社找到工作得靠關係。柏金斯認識《紐約時報》總編輯的兒子，不過後來證明有這層關係跟沒有差不多。《紐約時報》雖然雇用他，但分派他工作的是地方版編輯，而非總編輯，而這位地方版編輯喜歡用他自己的記者。麥斯只能做些「機動工作」，也就是每天傍晚六點到凌晨三點在辦公室閒混，等著報導自殺、失火及其他夜間突發事件。柏金斯坐了三個月通宵，瞪著那位地方版編輯想：「這個人知道報社每週付我十五美元薪資嗎？」

接著，麥斯被調去報導與社會案件相關的新聞，從唐人街凶殺案到下東城拒付房租糾紛都包括。不久，他升任《紐約時報》正式員工，獨家報導了皇家郵輪共和號撞擊南塔克特島沉沒事件，也報導了威廉·詹寧斯·布萊恩（William Jennings Bryan）在麥迪遜廣場花園的最後一次競選演說。

麥斯自告奮勇，不迴避任何有危險的任務，在紐約州辛辛監獄採訪時被卡在電刑椅上，另一次則是坐在冠軍賽車手喬治·羅伯森（George Robertson）駕駛的16號賽車上，見證他破紀錄的、時速九十六·六公里的試車。但柏金斯寫的稿子極少能像社會新聞那樣登上頭版。

他喜歡獨立生活，常自嘲在只供應冷水的公寓裡「過苦日子」，「只能去哈佛校友俱樂部洗熱水澡」。幾年後，柏金斯對科佩班上的一個同學說：「一旦養成報紙記者那種心態就完了，它會害了你。顯然，報紙記者寫稿所需的快速和粗疏，對更高層次的寫作終究是致命的；我還認爲，記者對每個事件的關注程度得是接近的，無論它是否眞的重要。他是記錄者，僅此而已，他不看表面以下。」麥斯依然對這個被他稱爲「與最有力量的商品——文字——打交道的職業」感興趣，但開始對記者不固定的工作時間和無法延後的截稿感到疲倦。

在《紐約時報》那幾年，他開始和露易絲．桑德斯（Louise Saunders）約會，他們多年前在普蘭菲爾德的舞蹈班上認識。露易絲來自普蘭菲爾德望族，她曾這樣寫她母親：「非常美麗，比我們住的那個郊區小城任何一位母親都美。」露易絲的父親威廉．勞倫斯．桑德斯（William Lawrence Saunders）從過政、當過工程師，也經商，是伍德羅．威爾遜（Woodrow Wilson）總統的朋友，曾兩度當選普蘭菲爾德市長。他在壓縮空氣實驗方面擁有十二項重要發明專利，因而成爲英格索爾─蘭德公司首任總裁。他總是要求兩個孩子「學學金錢的價値」，希望凡事都有實用性。

每年復活節星期日，桑德斯一家會把馬關進馬房，步行去教堂。露易絲非常喜愛復活節儀式，尤其是一八九〇年代某一年的復活節。她當時的帽子特別好看，是一頂深綠色草帽，綴有一圈草葉和紅色小玫瑰，那是她第一次注意到教堂內部，看到藍色穹頂上閃閃發光的銀星；在天堂的藍色穹頂下，她把手放在面前的椅背上，想著她的復活節帽子。柏金斯一家人坐在桑德斯家前三排，露易絲的視線落在麥斯身上，後來她承認，「因爲他抬頭看著藍色穹頂和星星，似乎困惑著什麼。」

幾年後，桑德斯家的女兒們還沒十五歲，母親就因癌症去世。桑德斯先生很愛女兒，但對旅行的熱情高於一切。有時他會帶孩子到國外生活幾個月，但愈來愈常獨自遠行。待在家裡的女孩子們由一位家庭女教師照顧，她反覆對露易絲說：「可惜妳長得不如姊姊漂亮。」

有段時間，露易絲很自閉。多年後當麥斯開始被她吸引時，她已經破殼而出，打算發揮自己的才華和熱情，成爲演員。那時，露易絲出落得很漂亮，身材嬌小窈窕，有雙細長的杏仁眼、一頭淺褐色頭髮，還有迷人的笑容和小巧筆挺的鼻子。她父親把一間馬房改建成她的劇場。漸漸地，業餘演出和她創作的劇本讓她在普蘭菲爾德闖出名聲。

麥斯在露易絲身上看到賞心悅目的女性美。她聰明、幽默；和他穩重的性格相比，她輕快善變。精力充沛的她也任性、虛榮，伶牙俐齒得令人無法捉摸。她常意氣用事，一個女兒說她有「不經邏輯思考就做決定的神奇本事」。

一九〇九年，露易絲邀麥斯參加她們家在紐澤西環海鎭的泳池派對及野餐，之後麥斯第一次認眞考慮向露易絲求婚。回到紐約，他寫信給她說睡衣忘在她家了。露易絲找不到，但發現一件別人的泳裝。「這是你的睡衣，」她說：「大概是泡了海水後變得値錢且怪異了。」

麥斯開始邀露易絲去溫莎度週末。有一次，妹妹芬妮不小心瞥見他們坐在客廳裡，兩人握著一個針墊，正把扎在裡面的針拔出來。「他們根本沒有看手裡的東西，」芬妮說：「只是凝望著彼此的眼睛，就像墜入愛河的樣子。」

麥斯．柏金斯對女性有許多看法，正面負面都有。他最喜歡的一句俗語是，不結婚的男人是膽小鬼，正如結了婚的女人。他相信，男人過了一定年齡還不結婚只是想逃避責任，女人開始物色丈夫則是爲了避免流言蜚語或他人的同情。麥斯性格中的矛盾似乎被露易絲撫平了，他在她身上看到理想妻子的身影。他浪漫的一面被她的美貌吸引，也滿足了她渴望被呵護的需求；他的睿智已預見自己一生將與她鬥智，也樂於如此。至於露易絲，她稱麥斯為「我的美男子」。

一九〇九年冬天，麥斯開始找時間固定的工作。他聽說查爾斯・史克萊柏納出版社廣告部在徵人，也得到與老闆面試的機會。麥斯知道他在哈佛有位老師巴瑞特・溫德爾（Barrett Wendell）是查爾斯・史克萊柏納的老友，便在面試前請老師寫推薦信給史克萊柏納。巴瑞特・溫德爾同意了。

親愛的查爾斯：

容我向你介紹麥斯威爾・柏金斯。像我這樣的老傢伙對年輕人一般是不了解的，雖然我們應該要了解。不過我和麥斯的父親很熟；如果沒記錯，你可能多年前就認識他母親——艾瓦茨先生的女兒。這個年輕人的四位祖父母我都認識，也很敬仰。所以當他來到哈佛，想要青出於藍、贏得尊重並非易事，但他未墮家風，令人欣慰地做到了。他有許多優秀的特質，是真正值得信賴的人。

「當然，最合適推薦我的人是我在《紐約時報》的上司，」柏金斯在與史克萊柏納面談過廣告經理的工作後，寫信對他說：「沒有他們的推薦，我幾乎不敢指望這份工作。只是我還在橋上，不能把橋燒了——我還沒有向公司透露離職的打算。但如果您認為報社編輯的推薦有助於我勝任這份工作，我馬上請他們寫。」

麥斯一邊等史克萊柏納回覆，一邊繼續在《紐約時報》工作。一九一〇年初春某天晚上，他被派往波威里街採訪。有個大膽竊賊在波威里街儲蓄銀行對面租下一間閒置的店面，從那裡挖一條通往銀行金庫的地道，快挖到時地道崩塌，把他困在裡面。柏金斯的任務是每半小時向報社回報警方挖掘工作的進度。離現場最近的電話在對街的私人酒館裡，警方通宵挖掘，柏金斯覺得坐在酒館裡反覆用電話很尷尬，於是每打一次電話就點一杯酒。等那個竊賊被救出、逮捕時天都快亮了，麥斯喝得醉醺醺地回家，筋疲力竭。幾小時後，室友貝瑞・班內菲爾德（Barry Benefield）叫醒他，轉達史克萊柏納先生想在當天上午九點見他的事。

這次見面麥斯非常疲憊，狀態明顯不佳，但史克萊柏納對這個年輕人的誠懇留下深刻印象。柏金斯之前給他的信中已經說明爲什麼想要這份工作：

> 我知道，人們通常有充分理由懷疑一個新聞記者怎麼會想要穩定的步調，認為他無法安心過朝九晚五、不那麼刺激的生活。如果您也這麼認為，我想告訴您，我生性愛書、受書影響甚深，非常渴望這份工作，過正常生活。所以我有年輕人渴望這種生活最充分的理由，一旦被錄用，會非常珍惜。

柏金斯如願成爲史克萊柏納出版社的廣告經理，很快進入工作狀態。

一九一〇年十二月三十一日中午，他與露易絲・桑德斯在普蘭菲爾德聖十字聖公會教堂的銀星下結婚。威廉・桑德斯送給女婿的結婚禮物是一只金錶，從那天起柏金斯就一直戴著它。隨著聽力逐年下降，柏金斯會把錶移到聽力較弱的左耳旁，由遠及近地慢慢移動，聽齒輪滴答聲；這成了他測試自己聽力的習慣。

麥斯和露易絲在新罕布夏州科尼希度蜜月，住進麥斯表哥的小別墅，與溫莎鎮隔河相望。露易絲的父親曾對女兒們說過，她們的結婚禮物會是一幢房子。柏金斯雖然不安，還是接受了此一饋贈，在回到紐澤西州後，住進北普蘭菲爾德墨瑟大街95號一幢樸素的小屋中。新居剛落成就把所有銀盤、麵包籃等結婚禮物搬進來，還買了一座七十六公分高的「米羅的維納斯」大理石雕像，這是他們最愛的擺設。

柏金斯對新工作和正常的作息時間很滿意。史克萊柏納廣告經理的工作要有想像力（雖然未必要多大膽），對文學作品要有鑑賞直覺，還要能感知讀者會買什麼書。麥斯把大學經濟學訓練拋諸腦後，有時會爲喜歡的書投入超出預算的宣傳費。一九一四年，有位編輯離職，與人合夥創業。查爾斯·史克萊柏納此時已對柏金斯的表現深有印象，便把他調到五樓編輯部。麥斯的哥哥愛德華回憶說：「他過去常說，他們讓他去當編輯，公司才免於破產。」

差不多到麥斯成爲編輯的時候，他和露易絲已經生了三個孩子，都是女兒。一九一一年出生的大女兒以露易絲的母親柏莎爲名。兩年後二女兒誕生，麥斯想叫她阿斯科尼，就是佛蒙特州他喜愛的那座山的名字，露易絲不同意，改取麥斯母親的名字伊莉莎白，之後又因爲妹妹口齒不清地喊她而有了小名捷比。再過兩年，三女兒露易絲·艾爾維爾誕生，小名佩姬。

一九一六年夏，麥斯自願參加美國後備役騎兵隊，與一群來自普蘭菲爾德的男人一起被派駐到墨西哥邊境。他離家時，露易絲的姊姊堅持露易絲和麥斯住不起父親送給他們的房子，要跟柏金斯家換屋。所以麥斯回到紐澤西不久，就收拾物品帶著那座維納斯雕像搬進洛克維大街112號。露易絲在客廳壁爐對面的牆上用藍、金色哥德字體描繪了一行他丈夫寫的警句：「愈是男人，欲望愈少。」

兩年後，四女兒出生了。八月的一天早上，麥斯在普蘭菲爾德家中樓梯上聽到嬰兒的哭聲。多年後他寫道：「我對自己說，那一定是男孩。上帝爲了補償我沒上過戰場的遺憾，賜給我一個男孩。」得知結果後，他發給母親的電報只有一個詞：「女孩。」女兒取名珍。

身處五個女人中，麥斯樂於擺出厭惡女人的酷樣。對於老是有人說他沒有兒子這件事，他會冷冷地回答：「噢，我們有兒子啊，只是每生一個就把他溺死。」每當聽說哪個已婚男人快死了，他總說：「是他老婆殺的。」這當然是他那時期的一種幽默，不是眞的憎惡女人。

柏金斯發現妻子令人生畏。露易絲有用不完的精力，固執、堅決的性格絲毫不亞於丈夫。文學史學者安德魯．騰布爾（Andrew Turnbull）認爲，他們的戀愛與婚姻有點像「蘇格蘭教授與巴黎女店員的結合」，彼此的強烈個性形成一場獨特的兩性戰爭。一開始，親戚們對他倆的爭吵竊竊私語，說他們「正在磨合」，但局勢很快明朗，他們的情況不僅於此，婚姻的浪漫消失了。麥斯的情感藏進新英格蘭人矜持的石牆後，露易絲的情緒總是外顯。她要他尊重她渴望的表演事業，他認定女人不該在舞台上拋頭露面，甚至婚禮前就要露易絲保證會放棄她對戲劇的渴望。

露易絲還得忍受其他不公。艾瓦茨家族常看不起柏金斯家族，對露易絲．桑德斯也很蔑視。「在我們看來她跟戲子差不多，濃妝豔抹，是個喜歡男人、獵取戰利品的人，」某個艾瓦茨家族的人說：「我們最不希望麥斯娶的就是這種女人。」男人們喜歡她，但之後的多年中，所有道德觀念狹隘的女人都緊盯著露易絲的一舉一動，巴不得看到她行爲不檢點。

事實上，露易絲比艾瓦茨家任何人更懂人情世故，也善良得多。溫莎的大家族認爲她目中無人，見不得她有個富有的父親供她揮霍；和家人一樣，麥斯認爲自己賺的錢比別人給的更寶貴。露易絲花錢可能比較隨意，麥斯節儉成性。但只要麥斯的母親對露易絲的持家能力有意見，他就會急忙辯護：「媽，我娶露易絲不是要一個管家，是要一個伴侶。」

露易絲負責照顧女兒們，雖然有時會分心；她依然不甘於只待在家撫養四個孩子。不寫兒童劇本時就忙業餘戲劇，或重新裝修家裡。結婚初期，麥斯寫信對范．威克．布魯克斯說：「露易絲能把一間小陋室變得美過宮殿。」

女兒是麥斯的最愛，她們也很黏他，每天晚上他都爲她們朗讀，起初是簡單的詩歌，隨著她們年齡增長改爲較複雜的十九世紀小說。大女兒柏莎深受麥斯宣揚的浪漫主義價值觀影響，一直希望長大後成爲騎士，麥斯爲此還買了玩具劍和盔甲讓她練習。捷比說她想看房子燒起來的樣子，他就把家裡一個玩具屋塞滿紙，點火燒了，讓她開心地看著火焰衝出窗戶、屋頂塌落。冬天，他戴上把臉裹得密不透風的羊毛頭罩，帶著佩姬坐雪橇穿過白雪皚皚的群山。「麥斯叔叔訂下各種規矩要他的女孩們遵守，」他一個侄子說：「可是一項都沒有執行過。」

無論何時離家在外，哪怕是在辦公室，麥斯只要一有倦怠感就寫信給家人，讓自己的心與她們在一起。每年林肯誕辰紀念日，他都堅持要盡責的秘書伊爾瑪．威科夫來上班，幫他精心寫給家人並畫了插圖的情人節卡片打好字[2]。要是家人在溫莎，他就盡可能每天晚上寫信給至少一個女兒，有些信堪稱出色的作品，寫滿他編的童話故事。這種傳達愛的方式任何孩子都懂。他曾寫信給捷比說：「父親少了孩子就快樂不起來，怎麼振作都沒用。無論去哪裡他都會想，『是啊，要我的小女孩們在身邊我才笑得出來，少了她們，這裡有什麼意思？』他無時無刻不想她們，連那座喜愛的雕像也轉移不了他的注意力，眼裡盡是女兒們在遠方玩耍的畫面。收到她們的信，他就開心。」夏天，只要有機會他就到溫莎和在那裡度假的家人會合。從「天堂」歸來時，他總是精神煥發，爲應付雜亂辦公桌上積壓的書稿做足了準備。

2 Abraham Lincoln's Birthday，二月十二日（西洋情人節前夕），美國伊利諾、紐約、康乃狄克、密蘇里、加州和印第安那等州定為法定假日。

# 4 擴展

一九二〇年夏天，柏金斯介紹費滋傑羅認識范．威克．布魯克斯後不久，費滋傑羅的普林斯頓大學好友艾德蒙．威爾森在《新共和》雜誌上虛構了柏金斯的舊雨與新知的對話，營造當時最有名的兩大文人相見的場景。威爾森揣摩費滋傑羅會承認布魯克斯「是（美國文學）這方面最傑出的作家」，告訴他：「在《塵世樂園》之前當然有許多人寫作，但年輕世代從來沒有眞正的自我意識，多數讀者也沒有意識到這一代人的存在。正如他們在廣告中說的，我就是那個喚醒美國年輕世代自我意識的人。」布魯克斯接著批評：「第一批像你這樣的年輕作家剛嶄露頭角，成績亮眼，成群的出版商、編輯和記者摩拳擦掌等著利用他們，將他們商業化，導致現在『年輕』作家供不應求。」

史克萊柏納出版社不趕時髦，老查爾斯無意把出版社變成紙漿廠，出版那些有損他們七十五年信譽的垃圾書。麥斯．柏金斯尊重出版社的標準又想冒險，比誰都積極在全國各地物色新人作品。在這場幾乎是單槍匹馬進行的改革運動中，他逐漸讓更有生命力的新作品取代史克萊柏納書目上的老派作品。從費滋傑羅開始到所負責的每一位新作家，他漸漸改變了傳統「編輯」的角色。他尋找的不是「安全」（風格中規中矩，內容波瀾不驚）的作家，而是能用全新語言道出戰後世界新價值觀的人。這樣一來，他這個編輯要做的就不僅是反映當代標準，更要出版有才華的新人新作，有意識地影響、改變這些標準。

出書後第一年，費滋傑羅在日記中草草寫道：「狂歡與結婚。去年辛勞的回報。我十八歲以來最快樂的一年。」他的第二部長篇小說，暫名《火箭的飛行》（*The Flight of the Rocket*），到一九二〇年八月還在寫，描述主角安東尼．派屈二十五至三十三歲，也就是一九一三年到一九二一年間的人生經歷。史考特向查爾斯．史克萊柏納解釋：「他是有品味但軟弱的藝術家，缺少眞正的創作靈感。故事講他和美麗的妻子如何在無度揮霍中毀了自己。這聽起來挺悲慘的，但絕對是本吸引人的書，希望它不會讓喜歡我第一本書的評論家失望。」

《塵世樂園》出版六個月了，費滋傑羅還沒有拿到任何版稅。他對史克萊柏納出版社的付款流程幾乎沒了耐心，雖然這在出版界很正常。也就是說，出版社每半年給作家一份結算報告，之後四個月內寄出支票。史考特沒有忘記柏金斯曾主動表示需要錢可以隨時開口，於是他要求一千五百美元，說他的新娘要買皮大衣。柏金斯馬上匯款，同時告訴他好消息：《塵世樂園》出版七個月已賣了近三萬五千冊。費滋傑羅一心認爲銷量有四萬冊，還沒拿到版稅就預支光了，到年底，他已經從版稅收入中預支了約五千美元。很快他就忘了自己要錢的次數，只問：「這次能預支嗎？」他就這樣迅速揮霍著金錢和信用，一輩子都爲滿足這樣的揮霍而忙碌，改寫不了自己的人生。

一九二〇年十二月三十一日，費滋傑羅寫信對柏金斯說，銀行已拒絕他抵押手上的股票，一分錢都不貸給他。他還欠六千美元的帳單沒付，從文學經紀保羅．雷諾斯公司拿到一篇短篇小說預付金六百多美元，卻寫不出來。他對柏金斯說：「從昨天到今天，我寫了六遍開頭，再寫一次初登社交場的少女我就要發瘋了。」這是他們指定的題材。接著他問柏金斯能否設法再借他一筆錢，當做下一部長篇小說的預付金。柏金斯也辦到了，從出版社財務部預支了一千六百美元給史考特。過了一個月，史考特總算寫信給他的編輯，說「正在關鍵時刻」。《火箭的飛行》出版日期一再延後，總算到二月時該書的第一部分進入打字排版，艾德蒙·威爾森正在審讀第二部分，作家則修改第三部分。個人所得稅又使費滋傑羅少了一千美元收入，但柏金斯提醒這個「注定的乞丐」（這是費滋傑羅在他最近一封信上的署名），他還能從《塵世樂園》的銷量中獲得二千美元左右的版稅。

四月底，費滋傑羅完成了這部小說，將書名改成《美麗與毀滅》（*The Beautiful and Damned*）。他親手將書稿交給柏金斯，順便說他需要六百美元買兩張去歐洲的船票，編輯馬上付了。費滋傑羅心不在焉地講完要求就走了，柏金斯則將他們的口頭協議寫下來：

> 我們不支付你可觀預付金的唯一原因是，金額可能難以估算。更進一步的考量是，從過去的合作關係來看，讓你在這裡自由預支和適度透支，對你來說是更方便、滿意的方式。

因此，柏金斯在未來的許多年中成了費滋傑羅的財務監管人。費滋傑羅夫婦歐洲之行不太愉快，賽爾妲大部分時間都在生病。史考特帶著柏金斯的介紹信去見約翰·高爾斯華綏，柏金斯爲高爾斯華綏作品的美國版寫過許多廣告文案，認爲他的《福爾賽世家》是「小說創作中驚人的成就」。高爾斯華綏接待了費滋傑羅夫婦，但對美國新文學大發議論，輕蔑地稱美國新作家都是乳臭未乾的生手。柏金斯對高爾斯華綏的傲慢評語毫不知情，還寫信感謝他宴請費滋傑羅夫婦：「我想這對他非常好，因爲他需要指點。」費滋傑羅覺得去拜訪高爾斯華綏很榮幸，但後來寫信對夏恩·萊斯里說：「我對他好失望，受不了那種既不風趣也不尖刻的悲觀論調。」

在法國、義大利待了幾星期，並數度求「金」後，費滋傑羅夫婦漫遊歸來，回到明尼蘇達。在那裡，史考特的酒量很快就和他小說中的主角安東尼．派屈不相上下。他在白熊湖畔住了一個長夏，什麼也沒寫。度過了試圖找回創作力的「糟日子」後，他寫信給柏金斯說：「虛度光陰令我鬱悶、消沉。我的第三本小說，假如還寫得出來的話，絕對會像死亡一樣黑暗。」夫妻關係第一次陷入低谷時，他向麥斯坦言：

想和半打知己同桌暢飲，把自己喝死，但我對生活、酒精和文學都厭煩透頂。要不是為了賽爾妲，我真想銷聲匿跡整整三年。出海當水手或做點什麼自討苦吃的工作都好，我厭惡這種有氣無力、不上不下的軟弱狀態，寧願跟我同世代的人一起掙扎。

柏金斯回信的字裡行間洋溢著樂觀，甚至提到明尼蘇達州首府聖保羅的天氣對寫作有利。至於生活、酒精和文學，柏金斯寫道：「每個持續寫作的人都會時不時地厭倦生活，那正是他極可能淪爲次級作家的時刻。」夏天結束前，費滋傑羅又提筆了。

一九二一年十月，費滋傑羅夫婦等待著他們第一個孩子到來，也等待著《美麗與毀滅》出版。孩子在接近月底時順利出生，取名法蘭西絲．史考特．費滋傑羅（Frances Scott Fitzgerald），小名史考蒂。柏金斯寄了熱情的道賀信，說他猜到賽爾妲會生女兒。他說：「你會需要一點安慰，也會擁有跟女兒相處的美妙經驗；我有四個女兒，我敢預言你將來會心滿意足。」

月底前，柏金斯已將標好頁碼、更正錯誤的一校稿寄給費滋傑羅。史考特繼續修改許多小細節，他對小說主角在哈佛的校園生活還有些技術性問題，麥斯輕輕鬆鬆地給了他答案。現在，這部小說在他看來「好極了」。史克萊柏納內部也非常看好，就連那些仍對費滋傑羅作品不以爲然的編輯也願意承認他們的書目上有了搶手貨。「校稿讓四樓的打字人員情緒低落，我是指她們無心工作，」柏金斯寫信告訴作家：「我甚至看見有個打字員帶著校稿去吃午飯……因爲她讀得欲罷不能。不只打字員，所有能接觸到校稿的人都這樣。」

費滋傑羅的稿子中還有一個編輯問題沒有解決：有一段描述安東尼．派屈的朋友莫里．諾伯對《聖經》發表了魯莽議論，說它是古代無神論者寫的，爲了建立自己不朽的文學名望。可以肯定，史克萊柏納出版社從未有編輯在作家的稿子中碰到這種褻瀆《聖經》的話。柏金斯自己不覺得有什麼不妥，莫里醉醺醺地大放厥詞挺符合他的性格，但擔心部分讀者會指責費滋傑羅借莫里之口發表己見而強烈反感。他寫信說：「我完全明白你想表達什麼，但我認爲不妥。即使人們都錯了，你也不能不尊重這些熱情、眞誠的人。」

費滋傑羅採取攻勢，說他忍不住想像這些話要是說給伽利略（Galileo）、孟肯、山謬．巴特勒（Samuel Butler）、阿納托爾．法朗士（Anatole France）、伏爾泰（Voltaire）或蕭伯納（George Bernard Shaw）聽會怎樣，他們都是史考特的改革同道。「實際上，」他還說：「范．威克．布魯克斯在他那本《馬克．吐溫的考驗》裡批評克萊門斯（Samuel Langhorne Clemens）[3]居然聽威廉．迪恩．豪威爾斯（William Dean Howells）的話進行修改。」他問柏金斯：「你難道不認爲對事情的武斷看法會改變人們的想法嗎？起初令人吃驚，隨著時間過去便習以爲常，歸於平淡。」史考特說，如果這個特殊事件沒有任何文學價值，「我會毫不猶豫地聽從你的判斷，但這段文字與故事情境太吻合，又爲言外之意做了漂亮的鋪陳，所以不能刪。」費滋傑羅毫不讓步，直到收到柏金斯的回信。

柏金斯給費滋傑羅的回覆成爲此後他編每位作家作品的座右銘：「不要一味聽從我的判斷，我知道你在關鍵處是不會讓步的。假如我的判斷眞讓你在關鍵處退讓，我會覺得羞愧，因爲寫作者無論如何都該說出自己的聲音。我痛恨對你這個馬克．吐溫（如果布魯克斯的見解正確的話）扮演豪威爾斯的角色。」柏金斯希望費滋傑羅了解，他的反對並非出於文學考量。他寫道：

> 這牽涉到大眾。他們不會接受這是小說人物隨口說的，而會認為費滋傑羅故意這麼寫。托爾斯泰這麼寫過，莎士比亞也寫過。當然，你現在是借莫里之口表達你的觀點；但若是刻意用你的觀點來闡述，你一定不會這樣寫。

他希望費滋傑羅把這段話改得「至少不會讓贊同的人反感」。費滋傑羅意識到原來的措辭太輕浮。他修改了莫里的語氣，把原來「萬能的上帝」改成「神」，刪掉「下流」，再把感歎句「噢，耶穌」改成「噢，天啊」。

書衣已付印，內文也進入製版時，費滋傑羅又帶來一段他爲小說新寫的結尾，他認爲這個結尾會「讓讀者回味無窮，是原來沒有的」。《美麗與毀滅》的高潮是男女主角安東尼和葛羅莉亞熬過長期困頓終於得到巨額遺產，但也被酒精毀了。爲了慶祝發財，兩人搭郵輪去歐洲玩，在船上安東尼宣稱他

3 馬克．吐溫的本名。

終於成功。現在史考特新寫的結尾是：

那個標列出多少世代麻雀生死的精緻諷喻，無疑記錄了出現在「凱旋號」這艘船上最難解的語彙轉折。毫無疑問，當百年重生一次的美人從人間歸來，回到吹拂著陣陣白色的風、偶爾有一顆星氣喘吁吁匆匆而過的露天等候處時，無所不見的神眼必已在一年多前出現在天堂某處。星星們親暱地迎接她，風兒們溫柔地輕拂她的秀髮。她嘆了口氣，開始與白色風中的某個聲音說話。

「又回來了。」那聲音輕聲說。

「是啊。」

「十五年了。」

「是的。」

那聲音遲疑了。

「妳多冷漠，」它說：「不為所動……彷彿妳沒有心腸。小女孩怎麼了？她眼中的榮光消失了——」

但是美人早已忘記。

賽爾妲很不喜歡這個抒情結尾，大加斥責，史考特只好發電報給柏金斯，徵詢他的客觀意見：「賽爾妲認為應該到安東尼在船上最後說的那段話就結束，她認為新結尾是道德說教。請告訴我你的看法，是同意我費盡心思加的結尾，還是現在的結尾，我拿不定主意。書衣極好。」

柏金斯沒有遲疑。他先回電報給史考特：「我同意賽爾妲。」然後寫信：「我認爲她的看法完全正確，安東尼最後的議論正是全書應該結束的地方。」

費滋傑羅在《美麗與毀滅》中的寫法——精采的對話、曲折的情節、暗示性的動作在小說文體上仍屬獨闢蹊徑，因此麥斯一度猶豫，覺得結尾點明寓意可能也不錯。不過他告訴史考特，書中的反諷，「多數思想單純的讀者若沒有一點幫助是沒辦法看懂的。我和一個人談起這本書，聽到的看法是安東尼安然無恙，得到數百萬遺產，洋洋自得；可見他完全沒有領會最後幾段明顯的反諷之意。」麥斯最終判斷，把意思寫得更清楚未必能克服藝術理解的問題。他把史考特新寫的半頁紙放在一邊，先修改書衣的文案，確保讀者能領會費滋傑羅的反諷意涵。

柏金斯相信，一般讀者都能從費滋傑羅的作品讀出樂趣，卻未給予應有的文學評價，主要是因爲書中人物的輕浮。但費滋傑羅第二本長篇小說的深度給麥斯留下深刻印象。「特別的是，這國家中有個無根的社會階層，」他寫信給史考特說：「葛羅莉亞和安東尼身陷其中。此一階層人數龐大，對社會各方面都有重要影響，當然值得透過小說來呈現。我知道你不是刻意強調，但認爲《美麗與毀滅》做到了，使它成爲針對美國社會出色而寶貴的批評。」

《美麗與毀滅》題獻給夏恩．萊斯里、喬治．吉恩．內森和麥斯．柏金斯，「感謝他們在文學上的幫助和鼓勵」。該書一九二二年三月三日出版，六週後，柏金斯告訴費滋傑羅，雖然四月中旬三刷付梓，加印了一萬冊，但史克萊柏納收到的補書訂單不如他期望的多（同一週，《塵世樂園》十三刷付印）。他對這書寄予「空前成功」的厚望落空了，麥斯在回信中說，他很抱歉讓費滋傑羅對該書的銷量失望。「我當然希望它能賣十萬冊甚至更多，」柏金斯說：「我期待你非凡、激情的文風能讓它大賣，即使它是個悲傷的故事。悲劇本質決定了這故事必然令人難過，也注定難吸引那些純為娛樂、別無所求的大眾讀者。至少這本書目前動得算快，書店很快能消化存貨。它也驚動了專業人士，因此，撇開商業利益一切都很不錯。我知道財務收益對你很重要，對我們也是，但我們支持你長跑，堅信你會得到勝利。」

柏金斯開始爲費滋傑羅思考下一步，認爲接下來應該出一本短篇小說集。他喜歡在出一部長篇小說後，接著出同一位作家的短篇小說集，因爲他知道前一本的銷售會帶動後一本。費滋傑羅選了十來篇發表在各雜誌上的短篇小說，爲這部小說集取名《爵士年代故事集》（*Tales of the Jazz Age*）。發行會議結束後，麥斯告訴費滋傑羅：「許多人在會議上對書名激烈批評……覺得現在人們對一切形式的爵士樂都很反感，因此無論它實際上有什麼含義都會影響銷售。」

史考特問了妻子、兩家書店老闆和幾位朋友的意見，眾口同聲喜歡這個書名，於是決定不讓步。他寫信告訴麥斯：「買這本書的是我的忠實支持者，也就是無數對我崇拜得五體投地的時髦女性和大學生。」史考特說，除非柏金斯也堅決反對，且能拿出另一個更吸引人、能佔據半個封面的書名，他才肯犧牲「爵士年代」。柏金斯沒有細述他的反對意見，於是書名保留。

但柏金斯花了幾個月時間，試著就另一個更重要的問題說服費滋傑羅。他認爲，隨著《美麗與毀滅》出版，費滋傑羅已經把時髦女性寫盡了。（「妳將來可別變成這樣，」那年夏天，柏金斯警告他九歲的女兒捷比：「她們很可笑。」）史考特筆下這些穿著短裙、留著齊耳短髮的女子的確迷人，但柏金斯和他討論廣告文案時說：「我們應該……完全擺脫時髦女性這個概念。」要放棄自己最擅寫的人物，史考特頗猶豫，他忘不了是那些熱情美女讓他擁有今天的成績。但最終，還是接受了柏金斯的建議，從此他的短篇小說創作進入新階段：人物逐漸成熟。接下來的幾年中，他寫的故事大多不是尋找愛情，而是失戀。先前令人畏懼的財富如今成爲權勢的工具；他放棄空想，代之以無法實現的夢。

一九二二年五月，柏金斯問費滋傑羅想不想寫一部新長篇小說時，費滋傑羅還沒有想出柏金斯希望的成熟故事的框架，但已開始思考。史考特回覆：「我想，故事的發生地會是中西部和紐約，時間是一八八五年。這次不會像往常那樣大篇幅寫絕世美女，故事也將集中在一小段時間內，具有普世價值。我還不太確定自己是否已經準備好寫這部小說。」柏金斯希望史考特等到自己覺得非寫不可的時候再動筆。但一連數月，費滋傑羅在幾個寫作計畫間猶豫，最後決定先把這年年初剛開頭的劇本寫完。

《天使加百列的長號》（*Gabriel's Trombone*）是齣浪漫滑稽劇，講述夢想當美國總統的「妻管嚴」郵遞員傑瑞．佛洛斯特的故事。史考特聲稱這是「迄今美國最出色的喜劇，也絕對是我寫過的最佳作品」。一九二二年聖誕節前，麥斯拿到劇本。

嚴格來說，編劇本並非柏金斯所長，但讀完史考特這部荒誕風格劇，他相信觀眾一定無法欣賞它的古怪，於是回覆了一千多字的意見。柏金斯提綱挈領地陳述該劇的問題，如何避免它淪爲一派胡言。他說，第二幕的每一部分都得做到三點：「增加夢幻戲份；諷刺傑瑞及其家庭爲代表的美國廣大階層；諷刺政府、軍隊或任何那個年代管事的公共機構。」柏金斯告訴費滋傑羅：「要盡可能嘲諷……但始終固守你的核心目的。即使是亂哄哄的第二幕，也得有『亂哄哄的邏輯』貫穿其中。」

寫《天使加百列的長號》那陣子，費滋傑羅和賽爾妲搬到長島，在新興高級住宅區大頸鎮租了一幢豪宅，再度開始酗酒。後來，他在日記中寫道，一九二三年是「生活舒適但危險而墮落的一年」。

在這一年中，他發表了幾篇短篇小說、賣出一部作品的影視優先改編權，加上各種預付金，全年收入近三萬美元，比上一年多了五千美元。但大肆揮霍幾個月後，費滋傑羅向柏金斯承認陷入「一團糟的困境」。當時已更名為《呆板的人》（*The Vegetable*）的劇本進行到最有希望的階段——找到了製作人，但他的小說創作事業卻因此付出高昂代價。他從頭到尾重寫了四遍劇本，不過沒有調整麥斯批評的部分；白天去紐約看排練，晚上改腳本，一連忙了幾星期。一九二三年年底，他寫信向柏金斯說：「我走投無路了。」即使把《美麗與毀滅》的版稅收入全交給史克萊柏納，也還欠出版社數千美元。他焦慮地問能否把劇本的第一筆版稅轉讓給他們，直到所有債還清為止，因為後台的人都說這齣戲一定會成功。「如果星期三上午銀行帳戶仍沒有六百五十元，我就得把傢俱送去典當，」他驚恐地告訴柏金斯：「我不敢露面，看在上帝的份上，請解決這個問題吧！」麥斯設法把這筆錢匯進費滋傑羅的帳戶，但沒有要求他轉讓劇本版稅。

一九二三年是百老匯輝煌的一年。約翰．巴里摩（John Barrymore）演出《哈姆雷特》；幾個街區外，他姊姊艾瑟爾（Ethel Barrymore）則主演《羅密歐與茱麗葉》。艾默．萊斯（Elmer Rice）的《加法器》（*The Adding Machine*）和皮藍德婁（Luigi Pirandello）《六個尋找作者的劇中人》（*Six Characters in Search of an Author*）也上演了。大多數劇評人都推舉高爾斯華綏的《忠誠》（*Loyalties*）為當年最佳戲劇，但費滋傑羅的《呆板的人》根本沒有機會在紐約公演。實際上，在大西洋城看這齣戲的許多觀眾還沒等到落幕就揚長而去。

「你有沒有聽說史考特的戲一敗塗地？」柏金斯在給查爾斯．史克萊柏納的信中說：「第二幕似乎令觀眾一頭霧水。史考特很輸得起，一回來就打電話給我，以毫不屈服的口氣講述演出失敗的事。

他說：『我跟賽爾妲說，出了幾本書之後，我們走到一無所有的境地，一分錢也沒有，我們得從頭開始。』」

成功的編輯是不斷發現新作家，培養其才華，出版其作品，既贏得口碑又創造銷售佳績的編輯。開發、成就新作家的振奮感讓一切辛苦都值得，即便等待和工作時間延長爲幾個月甚至幾年，即使過程乏味繁瑣，常有失望。一次，總編輯威廉·布勞內爾聽說麥斯的一位年輕同事羅傑·柏林蓋姆工作得很喪氣。他找來柏林蓋姆，告訴他，編輯百分之九十時間所做的日常事務，任何辦公室內勤人員都能勝任，「但每個月或每半年，『那時刻』會出現，除了你沒有第二個人能掌握。這時候你會將自己受過的教育、經歷，對人生的思考完全傾注」。

一九二三年夏天，史考特·費滋傑羅請柏金斯留意他在長島的鄰居兼朋友林格爾德·威爾默·拉德納（Ringgold Wilmer Lardner），即林·拉德納（Ring Lardner），他是很受歡迎的體育記者和報紙幽默專欄作家。拉德納和費滋傑羅在許多方面都很不同。三十八歲的拉德納身材高大，皮膚黝黑，眼神深邃憂鬱；堅持規律的寫作習慣，卻從不考慮作品出不出名。費滋傑羅身材矮小，膚色白皙健康；寫作隨意，但一心要讓作品世代相傳。不過兩人有一點很相似：都好狂歡，喝酒能從傍晚喝到旭日在長島海峽升起。

拉德納已經在其他出版社出過幾本第一人稱的隨筆集，不過從未引起評論界認眞關注。其中《艾爾，你懂我》（*You Know Me Al*），是由半文盲棒球新手的信組成的短篇小說集。他筆下的主角還包括流行歌曲創作者、歌舞女郎和速記員，這些人滿口俚語，讀者也因而多爲一般大眾。讀了拉德納篇幅較長的短篇小說《金色蜜月》（*The Golden Honeymoon*）後，柏金斯想幫他出一本短篇小說集。那年七月他寫信提議：「我因而來信，表達我們非常樂意出版你的作品。若非史考特提到，我幾乎不敢想，因為你在文學界的地位顯著，勢必有許多出版社圍在身邊。一般作家在這種情況下，對出版社的提案信多半不屑一顧。」

柏金斯和拉德納於那年夏天在大頸鎮相見。費滋傑羅也趕到雷內．杜蘭餐廳和他們吃晚飯，再去地下酒吧喝酒。拉德納談起一些他認為柏金斯會有興趣的短篇，史考特則口齒不清地拿朋友們打趣，叫他們「好蛋」[4]。當晚幾個人愈喝愈不清醒，拉德納回家，史考特堅持要開車帶麥斯在長島兜風。他們順利上了車，但沒多久就出事了。《紐約客》雜誌後來提到這次意外，卻把柏金斯的身分弄錯：「在那種情況下（費滋傑羅）理應像大多數人那樣右轉，安然坐在他身旁的公關人員也這麼想，但他卻沒有這麼做。也許是因為喝了一兩杯雞尾酒，他似乎覺得左轉把車駛離公路更有趣。」黑暗中，史考特駕車載著麥斯從斜坡衝進開滿睡蓮的池塘。隔一個週末，柏金斯在溫莎告訴露易絲：「費滋傑羅說我是好蛋，林是好蛋，他自己也是好蛋，然後不假思索地開車載我衝進該死的湖裡，好像這是好蛋應該對另一個好蛋做的事。」之後的許多年，柏金斯常拿此事說笑，每講一次，那個池塘的面積便變大一次。

在費滋傑羅的幫助下，麥斯著手收集拉德納那個初夏晚上說起的短篇小說。這工作量不小，因為拉德納不把它們當回事，不留底稿，每寫完一篇就拋諸腦後。絕大部分作品的下落，麥斯都只能仰賴拉德納糟糕的記性去追溯它們發表的地方。就算想起來，他們還得去圖書館地下室和雜誌社資料室翻找，直到十二月才把這些篇章找齊。這時他對這本名叫《短篇小說寫作指南》（*How to Write Short*

*Stories*）的短篇集熱情十足，力排老編輯們的異議將它列入春季書目。這做法超乎常規，因爲作家還沒跟出版社簽約。

林・拉德納的兒子後來說，如果不是費滋傑羅和柏金斯的努力，他父親可能在《金色蜜月》之後就再也不寫短篇小說了。「《短篇小說寫作指南》的出版使他第一次感覺自己仍屬於文學界，而不只是做報紙的。這份支持影響我父親的不是如何寫，而是寫什麼。」年輕的小拉德納說，拉德納因爲害麥斯受幾個月「蒐集材料」之苦而向他道歉，也邀請他再去大頸鎮。「現在很安全，」他想起費滋傑羅把車開進池塘的事，向柏金斯保證道：「杜蘭池塘已經結冰了。」

柏金斯還在編書時，拉德納去了拿索。讀到第四、五遍，柏金斯覺得書名《短篇小說寫作指南》有個問題：書中實際上沒有寫作指南。他建議拉德納爲每個故事寫一則簡短評語，即一段諷刺性的前言，佯作短篇小說寫作的一段說明，以解決這個問題。拉德納很喜歡這個提議，幾天之內就爲每則短篇小說配妥前言寄給柏金斯，動作之快令他驚奇。他告訴拉德納：「從史考特那裡聽來的印象，我一直以爲你整天泡在高爾夫球場或麻將桌上。」

《短篇小說寫作指南》裡的好幾篇前言，顯示了拉德納始終難改嘲諷自己小說的態度。他知道自己的作品很滑稽，但不當一回事。艾德蒙・威爾森在日記裡寫到那段時期在費滋傑羅家的一次聚會：

> 拉德納跟我談起石油醜聞，費滋則在椅子上睡著了……談到自己的作品，拉德納說，麻煩的是他

---

4 good eggs，俚語中指好人的意思。

不會寫正經八百的英文。我問他什麼意思，他說：「我不會寫這樣的句子：『我們坐在費滋傑羅家，爐火正旺。』」

拉德納興致勃勃地完成了寫前言的任務，而其中總有他自嘲的玩笑。在〈事實〉（The Facts）這篇之前，他寫：

這是肯塔基山區生活的典型故事。一個英裔白人女孩離開了在歐馬哈當員警的丈夫，但忘了辦離婚；後來遇見波爾多來的垃圾收集員，愛上了他，「沒上教堂辦儀式」就跟他遠走高飛。這篇小說是作者在行駛於第五大道的雙層巴士上層寫的，有幾頁被風吹跑了，可能是它有趣的場景明顯不足的原因。

到最後他似乎寫不出來，有的前言只寫了一行字。例如〈冠軍〉〈Champion〉這篇的：

一個推理故事的典範，懸疑之處就在於它為什麼會出版。

《短篇小說寫作指南（附實例）》大獲成功。銷量耀眼，評論也一片叫好，幾乎所有書評人都讚揚聰明俏皮的前言，把這位出道多年的作家當成前景看好的新人。連老查爾斯．史克萊柏納都被這些故事逗樂了。

透過羅傑·柏林蓋姆和費滋傑羅的朋友小約翰·畢格斯（John Biggs, Jr.）的介紹，柏金斯結識一位來自德拉瓦州威明頓、立志要當作家的年輕人約翰·菲力浦·麥昆。麥昆一九一五年畢業於哈佛大學，是柏林蓋姆的同學，先後在《波士頓晚報》、《紐約時報》任職，參加過美國遠征軍，回國後在智威湯遜廣告公司工作。他在那裡寫了幾個月廣告文案，存了四百美元，決心認眞寫一點篇幅長的小說。他搬到麻薩諸塞州紐伯里波特，完成了之前工作餘暇寫的傳奇小說。小說寫完錢也快花光了，於是回到紐約，要嘛找到出版社幫他出書，要嘛再找一份新工作。

麥昆這部小說《壞蛋紳士》（*The Unspeakable Gentleman*）的手稿，命運就像故事裡十九世紀的主角一樣富戲劇性：裝稿子的手提箱從計程車行李架掉出來，車子開了曼哈頓好幾個街區都沒發現。故事講一個性格多樣的傢伙，活潑好動，給兒子樹立了極壞的榜樣。麥昆當時認爲它是一部非常重要的作品，曾表示「在英語文壇不是第一，也是第二。」他趕緊在報上刊登失物啓事，十天後，書稿奇蹟似的找回，他馬上逐頁翻看，彷彿怕句子摔傷了，結果發現不要說英語文壇第二，連第三都排不上。他寫道：「事實上，我不相信它能排到第四。」最後，麥昆認定這是一部寫得很糟的歷史小說。不過他還是說：「既然寫得很起勁，說不定讀起來也很有勁。」他的經紀人卡爾·布蘭特（Carl Brandt）寄給《仕女居家雜誌》一份副本，另一份交給羅傑·柏林蓋姆。

和史克萊柏納出版社其他年輕編輯一樣，柏林蓋姆知道讓公司接受一個沒出過書的新作家的最有效辦法，就是把稿子交給柏金斯。麥斯一看就喜歡，力主出版。這本書雖然風格過於維多利亞式的華麗，但充滿決鬥、夜襲、密謀、馬背逃生、海上歷險等發生在拿破崙時代的情節，令麥斯著迷。他於一九二一年春天見到麥昆，後來私下描述，這個「渴望發表作品的年輕人有著輕蔑的神情，就像長期不得志而缺乏自信的人那樣。麥斯對小說臃腫的情節有意見，但還是說服出版社接受了它，因爲故事的核心、那個壞蛋紳士塑造得很成功。柏金斯告訴卡爾．布蘭特，這個故事「昭示了作家的美好前景」。

《壞蛋紳士》還沒出版，就有種種跡象令柏金斯相信那個美好前景並不遙遠。麥昆接連把三篇短篇小說和一篇中篇小說賣給《週六晚郵報》和《仕女居家雜誌》，且稿費、版面都是最大牌作家的待遇。於是在柏金斯的建議下，史克萊柏納出版社迅速將這幾篇短篇小說結集出版，書名《四條》（*Four of a Kind*）。

麥昆的前兩本書銷量不好，沒讓出版社賺錢，作家的名字卻迅速爲數量龐大的雜誌讀者熟知。柏林蓋姆仍是他在史克萊柏納的聯絡人，不過只要在文學上碰到問題或需要嚴肅的寫作意見，麥昆就從定居的波士頓到紐約來見柏金斯。

麥昆也和史克萊柏納出版社大多數年輕作家一樣，在柏金斯事業剛起步的時候就發現，麥斯最了不起的是「無論我們遇到什麼事、什麼困難，他都不視爲小事。他不是作家，但比任何編輯和出版人都懂作家」。儘管柏金斯看好，麥昆仍沒有安全感，下一部精心構思的長篇小說《黑色貨物》（*The Black Cargo*）銷量仍和前兩本一樣沒有起色。麥斯依舊視他爲暢銷作家潛力股，寫信安慰他：「事實上，最好的作家通常都不是一炮而紅。」麥昆還是沉不住氣，進而認定他與史克萊柏納的合作充其量只是利益關係。藉一次去紐約的機會，他去見一家小出版社「明頓－巴克」的合夥人厄爾．巴克（Earl Balch），巴克說他們正在尋覓早期美國人的故事。麥昆便說起一個名叫提莫西．德克斯特的奇人，一百多年前住在紐伯里波特，發了幾次財——娶了有錢的寡婦，投資大陸貨幣，壟斷鯨鬚市場，還倒賣二手《聖經》，然後自封為德克斯特勳爵，號稱美國第一個貴族。麥昆覺得寫本關於德克斯特短暫一生的傳記應該會很「有趣」，於是一回到紐伯里波特就把心思放在這本書上。依據他過往的慘澹銷售記錄，他大膽告訴巴克，史克萊柏納絕對不會對這「淺薄而可疑的冒險」感興趣。

然而史克萊柏納的編輯們一聽說這本德克斯特傳記，就都覺得麥昆是寫這題材的不二人選。一位編輯說：「我們最大的興趣是幫助作家成長……所以，我們不像許多出版社，只抓住作家一本可能暢銷的書而忽視其他作品，放任它們流向別處。」但巴克已表示要出版這本書，史克萊柏納也不能當做沒這件事，只能同意麥昆將這本書交給巴克，柏林蓋姆還向他保證：「無論結果如何，它都不會影響我們未來出版你的書，請放心，這不會影響我們之間的關係。」

明頓—巴克出版這本書後，柏金斯盡全力把麥昆引回他的「羊群」。為了顯示史克萊柏納也對他寫提莫西·德克斯特這類人物傳記感興趣，麥斯向麥昆列出他最喜歡的新英格蘭英雄名單，如佛蒙特州的伊森·艾倫，還把這些人的資料寄給他。麥昆歡迎這些提議，但認為寫這類書賺不到多少錢。「無論怎樣，在我看來傳記已經被受雇的落魄文人寫濫了，」他寫信對柏金斯說：「以前它還能給一個聰明的年輕人帶來榮譽，現在不會了。」

有了一次從老東家「出走」的先例，麥昆發現第二次就容易多了。第三部小說《警告山》（*Warning Hill*）寫完後，史克萊柏納的報價與「利特爾—布朗」出版社一千美元的報價相比顯得太吝嗇，他就此永遠離開史克萊柏納，後來寫出很暢銷的莫圖先生偵探小說系列和許多長篇小說，其中《已故的喬治·阿普利》（*The Late George Apley*）榮獲普立茲獎。整個四、五〇年代，他是美國最暢銷的作家。

一九二三年，《史克萊柏納》雜誌收到一篇以烈馬爲主題的文章，引起柏金斯的注意，他喜歡書中道地的美國方言。作者名叫威爾．詹姆斯（Will James），是個O型腿牛仔，精瘦的臉上長著一隻鷹鉤鼻。詹姆斯四歲成爲孤兒，被一個老獵人收留。「獵人教我認字，寫一點東西，後來我在不同牛棚裡找到一些舊雜誌，從雜誌上學了很多。」多年後，詹姆斯回憶道。麥斯催《史克萊柏納雜誌》趕緊刊登這篇文章，並約詹姆斯繼續寫稿。很快，他就讓詹姆斯寫書。在隨後的二十年中，詹姆斯寫了二十本書，大部分都很成功，包括《牧牛小馬斯摩奇》（*Smoky*）和《孤獨的牛仔》（*Lone Cowboy*），前者於一九二七年榮獲美國紐伯瑞童書獎。

有一次詹姆斯來紐約，麥斯喜歡上他那頂寬邊高呢帽。詹姆斯送他一頂，尺寸剛好。後來麥斯寫信向他道謝：「我有一次戴著它和一位人像畫家走在路上，他央求爲我畫戴帽子的肖像，我得到帽子前從沒發生過這種事。」從那天開始，無論在室內室外，柏金斯幾乎都戴著帽子，最後選定一款七號灰色淺頂軟呢帽，再也沒有換。他把帽子戴得很低，把耳朵壓得向前折。

戴帽子成了柏金斯的招牌習慣，也是眾人猜測的話題。不斷有人問：「爲什麼戴帽子？」回答大致是他發現戴帽子既有用又有型，可以讓辦公室的不速之客以爲他正要出門，就不會強拉著他聊不停。這頂帽子讓他的耳廓向前折，也有助於提高聽力。威科夫小姐也有個說法，她認爲柏金斯下午到樓下史克萊柏納書店時，戴著帽子可以避免顧客誤以爲他是店員。柏金斯在寫給普蘭菲爾德地方版的一篇專欄文章裡透露過一點帽子的事，他讚美寬邊軟帽是「獨立之帽，個性之帽，美國之帽」。

柏金斯對穿著的怪癖跟戴帽子不相上下。乍看似乎是個衣著優雅的紐約人，但細看就會發現他相當不講究，幾個女兒常說他西裝肘部被磨得隱約可見裡面的白襯衫。露易絲有一次說他所有衣服都舊得像二手貨，想讓他因為不好意思而去買件新衣服，但他沒反應，直到她不容商量地堅持，他才照辦——他讓女兒從衣櫃裡挑一件，拿到裁縫店訂做一模一樣的。

這種新英格蘭式的簡樸執著使柏金斯成為凱文・柯立芝（Calvin Coolidge）總統的理想編輯。麥斯出版了他的演講集，花了幾個月時間說服「沉默的凱」把十六萬字書稿壓縮到九萬八千字。

二〇年代初，柏金斯出了兩本叫好又叫座的新人小說：詹姆斯・波伊德（James Boyd）的《鼓》（*Drums*）和湯瑪斯・波伊德（Thomas Boyd）的《穿過麥田》（*Through the Wheat*）——這兩人沒有親戚關係。此時的柏金斯漸漸發現，自己在每月一次的編輯部會議上不用再為了讓選書過關而拔高嗓門了。許多給史克萊柏納出版社的好書稿都直接送到他手上，連社內其他編輯負責的作家也注意到柏金斯與日俱增的聲望。

亞瑟・崔恩（Arthur Train）是位談吐文雅的刑事律師，眼袋浮腫，留著中分頭，從一九〇五年起一直寫真實犯罪故事和離奇逃亡小說，從一九八〇年代就在史克萊柏納工作的老編輯羅伯・布里吉（Robert Bridges）收到崔恩的稿子。柏金斯調到編輯部不久，經介紹與崔恩見面，發現兩人曾因紐約地區檢察官辦公室的工作而有過交集，崔恩在那裡工作，麥斯則在《紐約時報》工作，屬於崔恩「相交甚歡」的記者類型。一九一四年布里吉擔任《史克萊柏納》雜誌主編後，崔恩與柏金斯工作更緊密了。年輕編輯希望找出方法讓崔恩的寫作更生動，因為過去崔恩往往為了渲染氣氛而犧牲情節和人物性格。兩人見面後不久，一次聊天時說起各自都熟悉的新英格蘭怪律師。由此崔恩虛構了律師埃佛蘭・塔特，一個脾氣古怪、標準的新英格蘭人，來到紐約用法律手段匡扶正義。在一次採訪中，崔恩坦率地說：「忽然間，我寫東西感覺不同了，寫起來更專注。寫埃佛蘭・塔特的故事時這種感覺特別強烈……可能是第一次讓我對自己的作品動情。」

到一九一九年秋天，亞瑟．崔恩已經交給柏金斯數篇「塔特與塔特律師事務所」律師埃佛蘭．塔特的短篇小說。「我都拜讀過了……讀得很開心，笑聲不斷，」麥斯寫信對作家說：「以前絕對沒有這樣的故事，這樣的寫法……能夠把法庭和檢察官辦公室的法律樣態及律師生活寫得如此生動。」這第一批總共四萬四千字的短篇小說在《週六晚郵報》上連載了好幾個月。接著柏金斯提出結集出版單行本，可以全面展現充滿同情心的塔特先生的形象。同時，柏金斯忍不住爲崔恩構思一些新小說情節。一九一九年十月，柏金斯寫道：

> 我有兩個大致的構想，也許能寫出點什麼：一是或許可以從塔特難應付的某件案子去發展故事，例如富有的客户想雇他辦事，他看在高額報酬的份上捲入一樁案子，但到一定程度就面臨是非的問題，於是又退出……。二是某個鄉村小子或女孩來到城裡，因無知單純而誤入歧途，釀成不尋常的事件，令塔特先生心生同情、感傷。你還沒寫過塔特的出身背景，或許可以透過他的同理心帶出一段回憶（儘管回憶確實已經被寫濫了），讓他回想起自己第一次來到城裡的經歷。在這樣的故事中，誤入歧途者堅稱他的過失並非惡意，而是出於無知，塔特先生難道不會運用他的法律專業，為他爭取無罪？

在柏金斯的鼓勵下，崔恩適時加入塔特的人生經歷。他出生於佛蒙特州的普利茅斯，從溫莎坐輕便馬車片刻即到，童年很快樂，常和好友凱文．柯立芝去釣魚。柏金斯一篇接一篇讀著這些故事，同時計畫出版合集。他選編的第二部塔特故事集出版時，評論家注意到它與第一部的風格不同，盛讚主角的性格形象更為鮮明。接下來三年間，《週六晚郵報》共刊載了二十五篇塔特的故事，他成為該雜誌最受歡迎的小說人物。埃佛蘭·塔特家喻戶曉了二十年，他的案子被許多法學院拿去當課堂案例分析，也成為眾多法學院學生的偶像。讀者紛紛寫信給出版塔特故事集的史克萊柏納出版社，說自己已經猜出塔特的人物原型是誰，多數人猜前紐約州參議員艾瓦茨。此一猜測在柏金斯看來似乎有點道理，他有些親戚在新英格蘭小鎮當律師，塔特先生身上集合了他們的好些特點。

柏金斯很喜歡編塔特的故事，但覺得編崔恩的其他小說更有成就感。崔恩思路清楚，樂於求知，顯然是能將麥斯策畫的故事開展下去的理想作家。這故事說兩個考古學家發現一部傳說中《第五福音書》的手稿，埋藏已久，是某人見到耶穌，聆聽他關於政經思想的談話後寫在莎草紙上的實錄。手稿包含的教義是革命性的，或者說，至少與現行經濟、政治理論相悖，因此兩位發現者面臨銷毀它還是讓文明陷於混亂的抉擇。

這一構思吸引崔恩花了兩年時間投入創作。這篇名叫〈失落的福音書〉的小說在《週六晚郵報》一發表就引起轟動，史克萊柏納很快以藍皮小開本形式出版單行本。有評論者稱這是「有史以來最精采的短篇小說之一」。史考特·費滋傑羅也認為它「構思極為精巧」，並承認「給我一千年時間我也處理不好這麼複雜的情節」。

其他作家也想聽聽麥斯·柏金斯的意見。雖然他在史克萊柏納職位尚低，卻日益成為出版社的核心角色，能團結眾人之力，連自己都不明白為什麼。他在不久前給女兒柏莎的信中說：「我一直試著告訴一位作家和他妻子他該怎麼寫，但事實上我不會寫，這不是很可笑嗎？甚至我叫他寫我編的故事他也樂意。要整晚說著自己不了解的東西，眞難。」

一九二三年聖誕，柏金斯帶著一些書稿跟家人去溫莎過節。回來後他找查爾斯・史克萊柏納談一件他考慮多時的事。他說，近幾年編輯的工作量明顯增加。光處理投稿這一項，史克萊柏納每年平均比戰前多出五百件。柏金斯說他需要助手，好分身去做主要工作：物色、培養新作家。

編輯部還有好幾位年輕人視柏金斯爲榜樣。《史克萊柏納》雜誌的編輯、詩人碧翠絲・凱尼恩（Beatrice Kenyon）就對剛來社裡當編輯的新人拜倫・德克斯特（Byron Dexter）說：「我們有個天才編輯麥斯威爾・柏金斯。」這樣想的還包括羅傑・柏林蓋姆及麥斯最要好的同事約翰・霍爾・惠洛克。麥斯早在一九一三年因編《哈佛之聲》而認識惠洛克，兩人後來在第23街一家速食店偶遇，麥斯告訴這位留著一口濃密鬍鬚、身材瘦長的詩人，史克萊柏納書店要徵人。惠洛克得到了這份工作，隨後被調到五樓。現在，麥斯對史克萊柏納先生說需要增加編輯人手來分擔工作。「我能對公司更有貢獻，只要我有更多時間。」柏金斯大膽地說，史克萊柏也納適時接受了麥斯的要求。

約翰・霍爾・惠洛克在告別史克萊柏納編輯工作前寫道，出版社編輯的工作「或許是天下最單調、最辛苦、最激動人心、最令人惱怒和最有價值的工作」。的確，二十世紀初，文學呈現活躍、蓬勃的新氣象。小說家羅伯・內森（Robert Nathan）曾說：「嶄露頭角的年輕作家多得像花卉展上的花朵；我猜編輯一定滿懷希望、熱血，總覺得時間不夠，因爲無論碰到誰，他手中似乎都有一本好書。」

# 5 新居

一九二四年四月，史考特．費滋傑羅第三部長篇小說的寫作已經中斷了十餘次，柏金斯認爲他應該集中心力把它寫完，所以委婉地對史考特說，史克萊柏納正在準備秋季書目，希望史考特的小說也在其中。這把作家的心思拉回寫作上，他這本書的首要目標是豐富自己的寫作技巧，其次才是收入，書名是《在灰燼與百萬富翁之中》（*Among the Ash-Heaps and Millionaire*）。他回信給麥斯，說他非常希望六月前寫完，但「你知道這種事通常會怎樣。就算花了十倍時間，如果拿不出最好的水準，或像我有時感覺的那樣、超乎尋常地顛峰狀態的話，我就交不出手。」費滋傑羅對於上一年夏天已寫出的大部分初稿頗爲自豪，但因爲中斷太多次而銜接不上。他把整部書稿重新順過，大幅刪減——有個章節刪掉一萬八千字，總算搶救出一個短篇，取名〈赦免〉（Absolution）。

這短篇的宗教意味令故事基調灰暗，講中西部一個窮小子受初來的性衝動和欲望困擾，從想像的自我尋求安慰。柏金斯在《美國信使》雜誌讀到後寫信跟費滋傑羅說：「我認爲，這個故事看得出你把小說駕馭得更穩健、更完整，應該說更純熟。它讓我對你的寫作狀態有更多了解。」麥斯的欣賞令史考特很高興，因爲〈赦免〉奠定了他新長篇的場景。他說，事實上他一度想讓它成爲新書的序曲，但現在跟他要寫的方向有所牴觸。

和〈赦免〉裡的年輕人一樣，費滋傑羅猶豫著要不要成爲天主教徒。復活節過後幾天，他先略帶遲疑地寫信向柏金斯告解，之後又對柏金斯說：「直到最近四個月我才意識到，唉，寫完《美麗與毀滅》後的三年我過得多墮落。」他承認過去兩年的低產：一齣戲劇，六、七篇短篇小說，三、四篇文章，平均每天寫一百字。「如果我把這些時間用來讀書、旅行或做任何事，即便只是健康地活著也會大不同，但我把時間白白耗掉，既沒有進修也沒有沉澱，只是喝酒胡鬧。如果我以每天一百字的速度寫《美麗與毀滅》，勢必要花上四年，你能想見這段創作空白對我精神上的影響。懇請你對新書保持耐心，相信我，最終，至少是這些年來第一次，我會盡全力寫。」

費滋傑羅還發現自己養成許多壞習慣：

一、懶惰。

二、凡事推給賽爾妲——這習慣糟透了，任何事沒做完都不應該推給別人。

三、對別人的話敏感——自我懷疑。

等等等等。

他決心統統改掉。

經過這番反省，史考特振作了起來。他寫信對麥斯說：「我覺得自己此刻擁有無窮力量，前所未見。但這力量來得斷斷續續，充滿疑懼，因爲我始終說得太多，心底卻未建立起必要的自信。不知道誰會像我這樣，二十七歲就把自己的經歷寫完。」柏金斯也不知道。

史考特特發誓：「若我還有安逸度日的權利，我絕不會像之前那樣荒廢……因此對於新小說，我會全心投入，寫一部完全獨創的作品——它不會像我的短篇，有許多毫無意義的想像，而會堅定地勾勒出一個眞誠燦爛的世界。所以我緩步前進，小心翼翼，有時深感沮喪。這本書意在取得藝術成就，只有那樣才有意義，這是我第一本書沒有做到的。」

柏金斯回信說：「我完全理解，也知道這些表面的問題都不如你照自己的情況、用你的方式寫出最佳作品來得重要。」他請史考特放心，史克萊柏納出版社重視的是「你照自己的節奏推進，只要你在自認該寫完這本書的時候如期寫完，對我來說就是了不起的事，哪怕花了很長時間。」

柏金斯坦言他不喜歡《在灰燼與百萬富翁之中》這書名，假如還有別的書名，出版社可以先設計封面，以防小說要趕在秋季出版時要等交稿後再花幾星期設計。柏金斯說：「我知道你想透過這個書名表達的東西，但認爲『灰燼』不能充分傳遞出你意思。」當時柏金斯對這本書和主角所知甚少，但對幾個月前史考特主動放棄的一個書名念念不忘。他對史考特說：「我始終認爲《大亨小傳》（*The Great Gatsby*）這書名既有想像空間，又能清楚達意。」

如同費滋傑羅的生活，這部小說的場景也從世紀之初的中西部，轉到被他稱爲「紐約東面延伸出去的那個狹長、喧囂的島」。然而，要把他鄰居的迷人生活寫進小說並不容易，他以他一貫的手法解決了這個問題。多年以後費滋傑羅在〈我失落的城市〉（My Lost City）中說：「我營造的是陌生天空下我熟悉的長島。」費滋傑羅夫婦坐船去了法國。

柏金斯寄了一本《戰爭與和平》給在法國的史考特，特別說明不是一定要讀。他廣送這本書，起勁的程度就像基甸會派發《聖經》，而且無論在辦公室還是家裡，他手邊總放著一本，隔段時間就從頭到尾讀一遍。麥斯曾在給高爾斯華綏的信中說：「我每讀一遍，它的內涵就愈龐大，細節愈豐富。

我總是推薦別人讀，但大部分人都因爲開頭有大量難記的人名而退避三舍。」

這年夏天一頭埋在閱讀、寫作中的史考特幾乎沒有察覺妻子跟法國飛行員愛德華．若贊（Edouard Jozan）有染。私情暴露後不久，費滋傑羅夫婦重歸於好，史考特寄給他的編輯一份清單，記錄他這個夏天的十六項寫作成果，其中第六項是懇請麥斯不要把幾個月前偶然給他看過的封面設計稿挪作他書使用。設計稿上有一雙大眼睛俯瞰著紐約市——那應該是女主角黛西．費伊．布坎南的眼睛。這幅畫給了費滋傑羅靈感，他爲小說創造了一個畫面：眼科醫生艾科堡的看板，上面有雙大眼睛，高高地注視著故事的發展。這份清單上的其他要點包括：

一、小說下週寫完。不過我和賽爾妲打算徹底休息幾週再認真修改，因此書稿不一定能在十月一日前寄到美國。

七、我認為這可能是美國有史以來最好的小說。有些地方還有些粗糙，總共只有五萬字左右，希望你別介意。

八、這真是個公平的夏天。我心情一直不好，但工作沒有受影響。我終於成熟了。

把這一年他感興趣的書和作家名字寫了滿滿幾頁後，史考特在信末對麥斯說：「眞想見到你。」做爲年輕作家之首，費滋傑羅把有潛力的新作家推薦給柏金斯。麥斯很感謝史考特這麼扶持尚未發表作品的新人，但過去幾年並沒有選中合適的。一九二四年十月初，史考特又向他推薦一位客居法國的美國青年，爲《大西洋兩岸評論》寫稿。史考特說他「前途無量。艾茲拉．龐德（Ezra Pound）已經在巴黎什麼地方，好像是「自我主義者出版社」幫他出了一本短篇集，我還沒看，但那本書太吸引人了，所以我馬上去找他。他非常棒。」費滋傑羅說出他的名字：厄涅斯特·海明威——他把姓拼錯了[5]，而且好幾年都沒有改過來。柏金斯感激費滋傑羅提供資訊，同時託人從巴黎寄來幾本海明威的書。

海明威的小說要過幾個月才能到，但不到三星期，柏金斯就收到另一份從法國寄來的包裹——費滋傑羅第三部長篇小說《大亨小傳》。作家附信寫道：「我終於寫出了眞正屬於自己的東西，但『我自己的東西』究竟有多好還有待驗證。」這部小說僅五萬多字，眼下普羅大眾都到電影院排隊看電影取樂，他認爲史克萊柏納業務部主任惠尼·達羅（Whitney Darrow）對定價和目標讀者的設想都是錯的。費滋傑羅希望他的書定價仍如常是二美元，用標準開本，也不希望封面上有任何稱頌他過去作品的宣傳文案。他告訴麥斯：「我對《塵世樂園》作者的身分已經厭煩了，我要重新開始。」

幾乎同時，柏金斯又收到作家的另一封來信，說他決定用最後一刻取的書名：《西卵鎮的崔瑪奇歐》（*Trimalchio in West Egg*）。他還有幾個書名做爲備案，而且對現在的書稿還不完全滿意，尤其是中間部分，但又覺得在這本書上花的時間夠多了。「只有收到你的信我才能安心入睡，請務必誠實告訴我你的看法、你對這本書的第一印象，以及讓你看不下去的地方。」

柏金斯一頭鑽進小說裡，一口氣讀完，隨即發電報：「精采至極。」他還有許多話要說，便在第二天寫信給費滋傑羅：

---

5 海明威的姓是Hemingway，費滋傑羅拼成Hemmingway。

我認為這部小說是個奇蹟。我要把它帶回家再讀一遍，完整寫下我的看法；它活力非凡，如有魔力，隱含許多精妙的思維。它有種神祕氣氛，你在《塵世樂園》的部分章節也曾注入過，但之後就再未出現。它以高超手法巧妙調合當今生活中的極端與矛盾，令人驚豔。

麥斯告訴史考特，除了他，史克萊柏納出版社沒有人喜歡《西卵鎮的崔瑪奇歐》這個書名。「書名中這兩個詞的怪異感正中全書的基調，但是反對者都比我更實際。」他認為買書的人既不會知道書名中的西卵鎮是指故事發生地，一個類似大頸鎮這樣的地區，也不知道崔瑪奇歐是古羅馬作家佩托尼奧．阿比特（Petronius Arbiter）的《愛情神話》（*Satyricon*）裡那個炫富、以鋪張奢華宴席著稱的百萬富翁。「請盡快考慮換書名，」麥斯催促道，並請他：「僅從書名來判斷書名的價值」。

這是齣愛情悲劇，講一個中產階級的中西部人詹姆斯．蓋茲，憑藉可疑的交易致富後，改名傑．蓋茲比，並搬到他念念不忘的心上人黛西．費伊居住的長島附近，當時黛西已經嫁給湯姆．布坎南。柏金斯又看了幾天書稿後，寫信對費滋傑羅說：「我想你完全有權利爲這本書自豪。它是傑作，蘊含豐富的想法和心境。」給予極高評價後，他也針對主角蓋茲比的性格塑造提出幾點意見。

柏金斯指出，「在這群形象極生動的人物中，如果我在街上碰到湯姆．布坎南，我會一眼認出並躲開他，但蓋茲比就模糊多了。讀者始終無法把眼光留在蓋茲比身上，因爲他的形象不清楚。雖然蓋茲比的每件事多少都帶有神祕感，難免顯得模糊，也許是藝術上的刻意爲之，但我認爲這是瑕疵。」柏金斯提出了修改意見：

能不能把他的外貌像其他人一樣清晰地描述出來，試試看用「old sport」這樣的片語來表現人物的一兩處特質，不要用動詞，或許應該強調外型特徵。我認為，雖然你讓敘述者說蓋茲比只比他大一點，讀者會基於各種理由認為蓋茲比比他實際年齡老得多（史克萊柏納先生和我太太露易絲就這樣認為）。但如果讓他像黛西和湯姆，第一次出場就讓人留下生動的印象，就能避免讀者誤會，這樣修改也不影響整體結構。

柏金斯明白蓋茲比的工作必須保持神祕感，所以不希望費滋傑羅唬弄讀者。他說：「現在幾乎所有讀過的人都對他如何聚斂巨大財富困惑不解，覺得應該有個解釋，當然，給出一個明確、清晰的答案是愚蠢的。」麥斯接著寫道：

你也許可以伺機插進某些說法，可能的話，安排各種事件，輕輕幾筆暗示他正忙於某些神祕事。你寫他去接電話，何不讓他在酒會上與政界、賭場、體壇或隨便哪個領域的神祕要人談話時被人看見一兩次？我知道我說得不太有條理，但也許你能明白我的意思。在那麼長的篇幅中完全沒有解釋——或者不說解釋，而是某種暗示——我認為是一種不足。真希望你人在這裡，可以和你當面談，至少能確保你明白我的意思。蓋茲比究竟是做什麼的，答案即使能說也不能清清楚楚地說。他是不是被人利用的無辜者、涉入到什麼程度，都不該解釋，但假如只隱約勾勒出他做生意的輪廓，反而會增加故事中這部分的真實感。

因爲費滋傑羅的描寫缺乏力道，作家和編輯都覺得六、七兩章鬆鬆垮垮。這裡講到蓋茲比再也掩飾不住對黛西的愛，兩位主角相見，而且都開車去廣場飯店。在紐約的這場衝突是全書的支點，但人物在這支點上卻站不住腳。湯姆·布坎南揭露蓋茲比底細的關鍵對話沒有製造出張力，因爲布坎南面對的是永遠模糊不清的對手。「我不知要如何調整，」柏金斯在信中對作家說：「但我相信你有辦法，在這裡我只想說，我認爲需要加點什麼來控制節奏和連貫性。」

柏金斯的最後一項意見，是針對費滋傑羅描寫蓋茲比的背景的方式——他把他的過去堆砌在一起。麥斯在信裡說：「對蓋茲比生平的描述顯得很刻意，某種程度上你採取了不同的了敘事手法，因爲除此之外，幾乎所有事都照正常順序——也就是事件發展的時間順序交代得漂漂亮亮。」麥斯承認史考特必須透露蓋茲比的某些身分，但認爲可以處理地更巧妙：

我覺得你應該找個方式讓他的某些宣稱（例如他畢業於「牛津」、當過兵），透過敘事讓真相一點一點浮上檯面。我無論如何都要提出這點，是為了在送校稿前你來得及斟酌。

柏金斯批評完又趕緊安撫作家：「這本書的整體品質如此出色，讓我提這些意見提得很不好意思。」

你賦予句子深刻意義，每個段落都給人豐富、強烈的印象，這些都是極為精采的。文中充滿讓場景仿若有生命般，明亮起來的妙語。如果你愛坐火車旅行，享受那種速度感，那麼我會將你用生動語言描繪的鮮活場景比作旅途中一路閃現的風景。這本書讀起來感覺比實際篇幅短，但你讓讀者在腦中體驗的一系列經歷又讓人覺得需要三倍於此的篇幅才能講完……湯姆和他的處境、黛西和喬丹的描寫及人物性格的刻畫，在我看來都是無與倫比的。對毗鄰美麗鄉間的灰燼谷的描寫、在茉特爾家的對話和動作、還有蓋茲比豪宅形形色色的來客，都足以讓作者一鳴驚人。這一切，整個悲劇情節，已為你贏得不受時空影響的一席之地；有了艾科堡的幫助（小說中的眼科廣告），以及他投向天空、大海或城市的不經意一瞥，你已賦予這本書永恆的意義。

柏金斯不由自主想起費滋傑羅曾說他並非「天生的作家」。「天啊！」此刻他驚呼：「你當然精通寫作，只是這本書你需要的不只是技巧。」

「你的電報和來信對我來說太無價了。」史考特在羅馬回信說。費滋傑羅表示，在所有認識的人中，他最希望聽到的就是麥斯對這本書的肯定；他認爲編輯的所有批評都是正確的。

於是，他從第一頁——書名頁開始改。現在他覺得書名應該叫《崔瑪奇歐》，或就叫《蓋茲比》；但不出幾星期，費滋傑羅又把書名改成柏金斯最初喜歡的：《大亨小傳》。

告知此一消息的同時，他又提出一個要求：問柏金斯能否再在他的帳戶裡存進幾百塊，讓他的預付款累積滿五千美元。柏金斯同意了，同時也坦言對費滋傑羅的另一個要求感到困惑——他希望降低這本書的版稅率。史考特解釋，就當作過去兩年他從史克萊柏納預支那些錢的利息吧！麥斯回信反對，兩人「討價還價」後，最後折中爲定價二美元，四萬冊以內版稅率十五％，四萬冊以上版稅率二十%。當時，錢對費滋傑羅來說似乎是次要的事。他和賽爾妲搬進羅馬一家樸素但舒適的小旅館，打算住到他把小說修改完。

史考特寫信對麥斯說：「有你的幫助，我就能把『蓋茲比』改得盡善盡美。」但廣場飯店的關鍵一幕例外。他怕它「可能永遠無法令人滿意——我爲它煩惱太久，拿捏不準黛西最該有的反應。但我可以再多改幾次。我不是想不出來，而是會自動阻止自己再想。」他說，他讓筆下人物一次又一次從長島驅車到紐約，達到情節高潮，次數之多「已經讓他再也無法把某些自由奔放的新意帶入其中」。史考特對麥斯說：「其他部分都容易改，現在清楚看到自己的脈絡，甚至連當初寫得不好的心理藉口都一目瞭然。」柏金斯信中的編輯意見讓他意識到，自己讓讀者感覺不到眞實。他承認：

> 我的確不知道蓋茲比的長相、涉入過哪些事，你察覺了。要是我很清楚但不明說，你一定會佩服我而不是要我修改。這有點難說明，但我確信你一定懂。但現在我知道了，而且，做為沒有一開始就想清楚的處罰，也為了確實改好，我會在這部分多著墨一些。

柏金斯想像中的蓋茲比年紀較大，對費滋傑羅來說很神奇，因爲他下意識用的人物原型愛德華·富勒確實年紀較長。富勒是費滋傑羅在大頸鎮的鄰居，和證券經紀公司合夥人威廉·麥克吉涉嫌侵吞客戶訂金，經四次開庭被判有罪。收到柏金斯的修改意見一個月後，費滋傑羅寫信對他說：「在我（極盡腦力）仔細搜尋富勒—麥克吉案，並讓賽爾妲畫蓋茲比肖像畫到手指痛之後，現在我對蓋茲比的了解比我的孩子還深。本來看了你的信後，我直覺的想法是放棄他，讓湯姆·布坎南支配全書；我覺得他是我寫得最好的人物——和《鹽》（*Salt*）裡的哥哥、《嘉莉妹妹》（*Sister Carrie*）裡的赫斯伍德或許是二十年來美國小說中寫得最好的三個角色，也可能不是。但我放不下蓋茲比。我一度覺得抓住他了，後來又失去，現在我知道他回來了。」

世人普遍認爲史考特．費滋傑羅是自己最好的編輯，因爲他能耐心又客觀地一遍遍琢磨用字，刪去瑕疵，修飾文句。《大亨小傳》的草稿大部分一改再改，直到最後才完成。

費滋傑羅就幾個對小說主線來說不重要的場景——蓋茲比爲黛西著迷的情節——做了刪減，但大部分是增加內容。不算完全重寫的第六章，他增加了約二十個新段落，佔新稿篇幅百分之十五，增加描寫，例子之一是蓋茲比首次出場。在草稿中，費滋傑羅透過敘述者尼克．卡羅威之口，只用一句話描述蓋茲比的臉：「他無疑是我見過最英俊的人之一，黑得發亮的睫毛間那雙深藍色的大眼睛令人難忘。」在之前的短篇小說〈赦免〉中，費滋傑羅對主角有過同樣的描寫，這裡只是重組了字句。現在，費滋傑羅在修改中又回到對蓋茲比的描寫，將簡單的觀察發展成對他性格的洞見：

他回報我善解人意的一笑——這一笑不僅是善解人意那麼簡單，而是一種非常罕見的微笑，人一輩子也許只能遇上那麼四、五次。這樣的微笑能讓你放一百顆心。他面對你的那一剎那，就像面對著永恆世界，並把他的全部都傾注到你身上，對你表現出不可抗拒的偏愛。他了解你，恰好到你希望被了解的程度；他相信你，正好到你願意被相信的程度；他讓你放心，你留給他的印象永遠是你狀態最好時留給人的印象。下一瞬間，他的笑容消失後，我眼前這個人馬上變回一位舉止優雅的年輕男子，大約三十一、二歲，說起話來文縐縐，甚至近乎滑稽做作。

費滋傑羅還在多處插入談論蓋茲比笑容的句子，讓這笑容成為他相貌的主要特徵與性格標誌。作家以創造力回應柏金斯的絕大部分建議。如柏金斯力勸的，他把交代蓋茲比過去的整段內容拆開，分散到較前面的章節中。他守住柏金斯的其中一項建議，讓蓋茲比自稱曾就讀牛津大學這件事幾度成為交談話題，如此一來，費滋傑羅每提一次蓋茲比自稱的學歷，蓋茲比神祕的身世就離眞相更近一步。同樣受柏金斯啓發的是，費滋傑羅把蓋茲比的某個習慣寫得令人好奇。在原稿中，蓋茲比曾叫別人「old man」、「old fellow」或其他做作的稱呼。現在，費滋傑羅定下這個柏金斯喜歡的小設計，在十多處地方反覆使用，使之成為口頭禪。它成了蓋茲比改不掉的怪習慣，以至於在廣場飯店，湯姆．布坎南終於忍無可忍：「那是你的漂亮口頭禪，對吧？你老是說什麼old sport、old sport的，你從哪裡學來的？」

費滋傑羅的修改主要放在柏金斯認為非常重要的問題，也就是如何說明蓋茲比財富的來源。他在第五章加了三場關於此的對話，又在書的最後，蓋茲比死後，加了一段蓋茲比生意伙伴史萊格打電話來說證券交易的壞消息。

在廣場飯店那一幕，費滋傑羅強化了原先有點不成立的衝突描寫。手法之一是加重湯姆．布坎南對蓋茲比財富來源的指控。他寫到布坎南已暗中對蓋茲比進行過調查，並獲知驚人眞相：

「我知道你的『藥店』都在做什麼買賣。」他轉向我們，飛快地說：「他和這個沃爾夫山姆在紐約和芝加哥買下很多街上的藥店，用來販賣私酒。這就是他其中一個見不得人的賺錢門道。我看到他的第一眼就覺得他是賣私酒的，還真讓我猜對了！」

在柏金斯之前，史克萊柏納出版社還沒有人像他對費滋傑羅這樣大膽、仔細地改稿，有些老編輯認為這種做法值得商榷。他們喜歡麥斯，也知道他的能力，但並非一直認同他。不僅是大方向，麥斯在細節上也與眾不同，總是令人驚奇。例如，他為自己訂做一張特殊的書桌，一個檯面寬大、誦經桌似的高腳桌，以便站著工作。他的理論是，就算無法外出鍛鍊身體，這樣至少能避免久坐。別人經過他的辦公室時如果往裡望，會看到他站在這張怪桌子前埋頭改稿，一條腿膝蓋彎著貼在另一條腿上，像一隻紅鶴。

一段時間後，老編輯們才漸漸認可麥斯站在這張桌子前取得的成就，或者說，真正認識柏金斯引進的新作家的價值。與其他作家相比，費滋傑羅顯得魯莽、衝動，社內有些老派編輯痛恨他直搗他們保守和典雅品味的堡壘。然而，值得紀念的時刻來了。一天，總編輯布勞內爾從辦公室走出來，召集大家：「容我唸點精采的東西給大家聽？」說罷，他興致勃勃地朗讀起《大亨小傳》中的兩頁。

費滋傑羅從不懷疑麥斯協助的價值。他在《呆板的人》失敗後第一次寫給編輯的信中說，他相信自己是個「優秀的作家」……「是你那些了不起的信幫助我樹立這樣的自信」。多年後，他說：「在麥斯提出建議之前（也就是費滋傑羅把書稿交給柏金斯請他指正前），我已經改過三遍《大亨小傳》。聽了他的意見，我又坐下來，寫出這本讓我自豪的書。」

這幾句話是他對柏金斯一個朋友說的。那也許是柏金斯在工作之外最重要的朋友：一位名叫伊莉莎白·萊蒙（Elizabeth Lemmon）的女子。

兩人在一九二二年春天相識。伊莉莎白．萊蒙比麥斯小八歲，跟他見過的所有女人都不同，是他對十九世紀女子浪漫想像的化身。她來自維吉尼亞與巴爾的摩的大家族，姊妹八人她最小，但不嬌生慣養。開朗的笑聲為她的文雅增添活潑氣息。無論是在巴爾的摩社交圈，或家族位於維吉尼亞州米德爾堡鎮的維爾伯恩鄉間莊園，她都同樣輕鬆自在。她一直愛讀書，在學校認識了華里絲．沃菲爾德（Wallis Warfield）[6]。伊莉莎白回憶說：「在決心嫁給國王前，華里絲總是『迷戀』比她大的女孩，成天像影子般跟著我們。」伊莉莎白在巴爾的摩社交圈首次登場，便贏得城中「第二舞后」的美名。她學過聲樂，受過歌劇表演訓練，但母親不允許她公開演出。她在米德爾堡時髦的福克斯克羅夫特學校學聲樂和舞蹈。認識麥斯那年，她還擔任維吉尼亞阿帕維爾女子壘球隊隊長。

萊蒙小姐每年春天有六星期去北方紐澤西州普蘭菲爾德看親友，並到紐約市聽音樂會。一九二二年四月一次旅行中，她見到麥斯．柏金斯和太太露易絲。臨回南方前一晚，她去他們家道別。

麥斯．柏金斯總是對金髮女子有好感，覺得她們特別有女人味。那天晚上，伊莉莎白．萊蒙邁著自信步伐穿過他們家前廳，灰色長裙襯著一頭金髮，麥斯被迷住了。當晚交談氣氛熱烈，話題圍繞著與麥斯合作的作家。她有文學素養但不寫作，有魅力而不給人壓力。露易絲相信那天晚上麥斯又墜入愛河，但不是那種會威脅到她的愛。麥斯的激情就像古代神話或浪漫詩歌中的英雄人物，是精神上而非肉體上的愛；他把伊莉莎白視為完美的女性。

萊蒙小姐離開時忘了帶走幾乎空了的乳白色佩拉牌香菸盒，她愛抽這種溫和的土耳其混合菸。麥斯看到後坐下來給她寫信。

親愛的萊姆[7]小姐：

我發現菸的時候妳已經走了，我的第一個念頭是把它留作紀念，但其實我不需要紀念。我記得妳上次說想戒菸，因為這牌子的香菸停產了。我想應該為妳保管好，當妳沒有菸抽而難受的時候，它能聊解妳的苦。如果妳已戒菸，而且與我同感，那這短暫的滿足將讓妳因為深深的感激而想起我——也許這是我的奢望，此外，這幾支菸使我有機會說出少了藉口便不值一提的事。我想說的是，若妳「不想再見到我」，我會很受傷，但不擔心妳因而把我看成怯懦的人。雖然我猜妳不會那樣想。

明年，請記得我寄上這些，對我心懷謝意。現在，我感謝妳今年的到來，為我——及這裡的每一個人帶來快樂。

簽上他正式、精神抖擻、有稜有角的全名後，他又加了句附言。他說，他一直喜歡維吉爾（Virgil）的一句詩，寫維納斯在兒子埃涅阿斯面前「展現了女神的身分」。「但我過去始終不明白它究竟是什麼意思，直到那天晚上妳穿過大廳向我走來。」

---

6 美國社交名媛，即後來的辛普森夫人。英國國王愛德華八世（後來的溫莎公爵）為了與她結婚而退位。
7 柏金斯把萊蒙（Lemmon）誤拼為萊姆（Lemon）。

五十年後，伊莉莎白．萊蒙說：「麥斯．柏金斯愛上我的說法不完全是眞的。畢竟我們都成長於維多利亞時代，那個年代在房裡遙遙一笑就相當於今天一對少男少女擠在汽車後座那樣。我認爲安德魯．騰布爾的說法最接近事實，他說我和麥斯之間是一種『眞正的友誼』。」萊蒙小姐和傳記作家騰布爾的看法在某種程度上是確切的，但並不完整。柏金斯懷有的是一種更深的情感——純正的愛，這是伊莉莎白羞於承認的。他愛慕她。在他日益緊張的婚姻中，她成了溫暖與理解的綠洲。

麥斯祖傳的兩種渴望又起衝突了，他陷入一段特殊的戀情——一位美國編輯的羅曼史。柏金斯允許自己被伊莉莎白．萊蒙吸引，但竭力抑止與她的任何關係。只要她在近旁，他的心就前所未有地平靜，但他盡全力避免接觸她，僅以書信往來。

在隨後的二十五年中，他們私下通信，這是他一生中持續最久的私人通信。無論歡樂悲傷——通常是失落、孤獨的時候，他將流露著愛意的思緒傾吐在信紙上，一再感謝伊莉莎白，因爲她不僅鼓舞他，也帶給他許多快樂。他們有時一整年不通信，有時一個月三封，總之通信始終持續。伊莉莎白保存著所有麥斯的信，這些信也是他唯一留下的日記。伊莉莎白的回信只有幾頁被留下來，幾十年後，萊蒙小姐說：「感謝上帝，我眞的沒說過什麼値得保存的話。」

麥斯對伊莉莎白不抱期待，也沒有要求，只要她偶爾回信，讓他知道她一切安好，沒有改變，情誼如故。當家庭生活空虛或工作忙亂時，寫信給伊莉莎白就成了他排遣情緒的途徑，是他一生中最簡單、最理想的樂趣。在兩人持續整整四分之一世紀的交往中，麥斯僅到米德爾堡看望她兩次。

一九二三年，他們相識沒幾星期，萊蒙小姐就邀柏金斯夫婦到維爾伯恩度一個輕鬆的週末。她信中列舉薄荷朱利普調酒、馬球、業餘馬術表演等休閒活動。露易絲回信說「麥斯對妳的邀請很心動，特別是妳說他可以整天穿著便鞋」。露易絲認爲他丈夫「爲了她的邀請甘願辭職」，「但忠誠的員工星期六都要工作，」她寫道：「麥斯說他很抱歉不能前往。」

露易絲獨自去了。五月二十二日的普蘭菲爾德還很冷，但她帶著裝滿夏裝的手提箱前往維吉尼亞，絲毫不知那裡同樣寒冷。她發現維吉尼亞北部連綿起伏的青山是她此生見過最壯麗的牧馬天地，萊蒙家族的莊園也壯觀氣派。一條蜿蜒的長道通往維爾伯恩，穿過雜草叢生的草坪和參天大樹，直達莊園前門，很久以前，這扇門也曾爲傑布·史都華（James Ewell Brown Stuart, aka Jeb Stuart）這樣的貴賓敞開過。別墅就像縮小版的弗農山莊[8]，線條簡潔，正面立著高高的柱子。宅邸中央是堅固的四方結構，兩邊各有一排雅致的單層側房。維爾伯恩莊園建於一八二一年，美國革命前的先人畫像掛在各間客廳裡，涼風習習的走廊俯瞰著植被繁茂的後庭。內戰時北方佬的砲彈曾打穿暖房的一扇窗，雖然窗子早在一八六五年修好，但仍被稱爲「新窗」。

露易絲·柏金斯衣著單薄，大部分時間都覺得冷，但在這豪宅裡與萊蒙小姐及其家人相處，她自在愉快。伊莉莎白的母親問她柏金斯先生近況如何，她答：「非常迷戀伊莉莎白。」露易絲愈來愈喜歡請她來的女主人。伊莉莎白正醉心於神祕學，推薦了一位命理師給露易絲，要她北返後去見他。

回到普蘭菲爾德，她把維爾伯恩的種種塞滿麥斯的耳朵，他更爲自己沒去而懊惱了，但同時也很高興。在妻子的描述下，維爾伯恩在他心裡彷彿是個神祕王國，一個更適合在夢裡尋訪的國度。

一九二四年五月底，露易絲跟朋友一起坐郵輪去加勒比海玩，麥斯又因爲工作無法同行。這次他

8 喬治·華盛頓的故居，也在維吉尼亞，是他一生中居住時間最長的地方。

忙的是最新作家道格拉斯．紹索爾．費里曼。費里曼擁有約翰．霍普金斯大學歷史學博士學位，在里奇蒙《新聞導報》當編輯。他對南方邦聯史有著濃厚興趣，編過羅伯．李（Robert E. Lee）和傑佛遜．戴維斯（Jefferson Davis）的私人書信。一九一四年，史克萊柏納出版社邀他寫羅伯．李小傳，責任編輯是愛德華．柏林蓋姆，過了將近十年還沒交稿，柏林蓋姆卻已去世，始終對美國內戰感興趣的柏金斯被派去協助這位作家。一九二四年，費里曼寫信對他的新任編輯說：

> 寫李的傳記的最大麻煩，是我一直在等查閱邦聯紀念館最後一批未公開檔案的機會。看不到這批材料，我出任何關於李的書都不完整，沒有意義。在最後一批李的信翁眼看就要到手的時候急於出版，顯然是愚蠢之舉。

費里曼即將看到這批檔案時，他又提出必須延遲較長時間交稿，因爲把所有材料壓縮在史克萊柏納期望的十萬字內是很費神的事。柏林蓋姆在等待書稿的九年中，與費里曼的互動始終很有耐心。作家在給柏金斯的信中說：「希望你也有耐心。」柏金斯有的不僅是耐心，他還有個新計畫，雖然它將使費里曼博士的作品再延遲十年面世，但可能讓它流芳百世。柏金斯建議費里曼不要顧慮交稿時間和篇幅，放手寫一本羅伯．李的權威性傳記。

一九二四年五月，麥斯前往維吉尼亞與他面談這個想法。南下的路上，他在里奇蒙打聽如何去米德爾堡，猶豫著要不要去看伊莉莎白．萊蒙。雖然只要幾小時車程，他終究不允許自己接近她，反而埋頭工作，與費里曼待在里奇蒙，結伴在這座費里曼寫作中大量提及的城市漫步。要到十年後，費里曼才把他那部里程碑式作品的完整書稿交給麥斯。

麥斯回到紐約，收到伊莉莎白．萊蒙的信，讀完只恨自己沒有在維吉尼亞期間見她。她剪了頭髮，面貌煥然一新；還說這種「明顯變化」歸功於她對占星術日益投入。一想到此時的伊莉莎白恐怕和他當初見到的樣子不同，他就心煩意亂。他回信說：

> 我想像不出還有什麼新形象比得上你當初「那麼美好」。新的伊莉莎白會不會少了之前女神般的嫻靜氣質？那氣質曾令她與那些熱切、煩躁、好勝的女人截然不同。如果她變了，我還是不見為好，不然會破壞她留在我記憶中的那個「伊莉莎白」的形象。

他解釋：「妳讓我到現在還後悔沒有冒險從里奇蒙繞去妳那裡。我原本怕置身於維吉尼亞宴會中，我這塊新英格蘭崗岩只會礙手礙腳。」數天前，露易絲嘲笑麥斯是「一塊新英格蘭崗岩」，因爲他看完電影《白衣修女》（*The White Sister*）後，居然沒有爲女主角麗蓮．吉許落淚。

那年夏天，麥斯去了幾次長島的大頸鎮，名義上是去和林．拉德納討論稿子。他們喝掉的高球調酒（highball）量多得會出事，但柏金斯說，因爲天氣熱，沒引起什麼副作用。

拉德納打算去歐洲，順道看看在那裡的費滋傑羅夫婦，但他的樣子恐怕無法成行。他咳嗽得厲害，幾乎什麼都吃不下，吃得下的時候菸又一根接一根地抽。他對柏金斯說準備戒菸戒酒，這樣就能在出國前把和漫畫家迪克．多根（Dick Dorgan）合作的漫畫多趕出一些來。

徵得林．拉德納同意後，麥斯在各家報刊上蒐集林的文章，湊足一本書的稿量。這本文集定於一九二五年出版，麥斯對此很高興，但希望林能寫點更具野心的作品。他說：「林，如果是因為錢你才不肯寫長篇小說，你可以放心，我們樂意促成。但我猜我們就算雙手奉上五千元也沒用。」拉德納說這跟錢毫無關係，主要是因為他更擅長寫短篇。

一九二四年聖誕節前，林從歐洲歸來，他的選集《你說呢？》（*What of It?*）已排好版。開篇是新作〈另一邊〉（**The Other Side**），寫他的同伴與最近在歐洲「橫越舊池塘」的冒險，文中寫道：「費滋傑羅先生是小說家，費滋傑羅太太則是小說人物。」

林對自己的文學創作從未像現在這麼高興，之前他的態度頗為悲觀，他相信自己的文學地位上升是因為與柏金斯合作的關係。《短篇小說寫作指南》銷量已超過一萬六千冊，而且不出麥斯所料，史克萊柏納重出他的舊作，又帶動市場上拉德納其他書籍的銷量。他的新書好評如潮，孟肯也寫了一篇佳評。

拉德納的兒子在家庭回憶錄《拉德納一家》（*The Lardners*）中寫道：「《短篇小說寫作指南》意外的成功，令評論家們驚呼他是此一體裁的大師，多虧了柏金斯堅持不懈地施壓，把他拉上最終奠定文壇地位的寫作。」一九二四年十二月，林寫信對柏金斯說：「我覺得現在可以跟每天趕工的漫畫斷絕關係了，這樣應該可以騰出不少時間。我打算每年至少寫十篇短篇小說。」三個月後，柏金斯讀到林的短篇小說〈理髮〉（**Haircut**），由一位小鎮理髮師講述喜歡惡作劇的人被鎮上一個笨蛋殺死的故事，基調比他之前大多數作品灰暗。麥斯回信告訴林：「我無法忘記它。事實上，時間愈長，它留給我的印象愈深。當代沒有人比你寫得好，這點毫無疑問。」拉德納用打字機敲出工工整整的回覆：謝謝。

看到拉德納又出了一本選集，史考特．費滋傑羅寫信給麥斯，說他擔心林如果只寫短篇小說，創作可能陷入停滯。他說：「天啊，我眞希望他寫出長篇小說代表作，就算不是大長篇。你沒辦法說服他嗎？」費滋傑羅的建議來得正是時候，麥斯那時正好想到一個適合拉德納的大計畫。他覺得應該有一種「嘲諷傳記辭典的書」，諷刺它們「一本正經地寫出最令人瞠目結舌的廢話」，打算邀一批以機智著稱的作家如拉德納、羅伯．班奇利（Robert Benchley）、唐納德．奧登．史都華（Donald Ogden Stewart）、喬治．艾德（George Ade）和史考特．費滋傑羅，每人「寫幾篇虛構的傳記，以嘲諷的筆調模擬各種人，而插圖、製作、裝訂都仿傳記辭典。」柏金斯一邊四處說明這個構想，一邊催促林動筆寫長篇作品。不到一星期，他面前就出現了林．拉德納「自傳」的第一章。

柏金斯懇求：「看在上帝的份上，繼續寫，至少寫到兩萬五千字，愈長愈好。」拉德納說不可能那麼長，因爲「那會讓讀者和作家都筋疲力盡」，但柏金斯堅持。他說完整的「自傳」應該出單行本，如果必要，可以加入插圖使書厚一點，而且應該盡快出，「因爲許多內容都跟當下有關」。接下來幾週，他陸續交來的稿子積累到一萬五千字，拉德納取名爲《奇人傳》（*The Story of a Wonder Man*）。

在這本人物傳記的戲仿之作中，拉德納的眞實生活只是最基本的架構。他這樣寫如下事件：「我初次見到珍．奧斯汀（Jean Austen）是在白宮的一場派對，這位漂亮嬌小的英國女人應米高梅公司之邀來到此岸。他們有位高階主管很喜歡《傲慢與偏見》（*Pride and Prejudice*），認爲可以把它改編成七大本喜劇。」柏金斯從中選出他認爲適合收入書中的篇章，爲每一章下標。他告訴林：「我當不了幽默作家。」但他仍想好章名，還不斷提供林新點子，例如：「你要不要寫一個原本相信廣告的男孩……熟讀那些博學者肚子裡的東西後拿去追女孩的故事？」「哪天你該去當一下『辦公桌清潔』專員。」「你談過乾草熱嗎？……可憐的病人只能假裝他也覺得很好笑。如果你考慮寫這個，那我願爲科學進步而獻出自己，接受仔細研究。」柏金斯從未間斷催促林寫長篇小說，或至少寫個篇幅較長的短篇小說，帶出一本書；但其他寫作計畫總是分散拉德納的注意力，例如與喬治．科恩（George M. Cohen）合作音樂劇。

那年夏天，柏金斯一家人在康乃狄克州新迦南郊外租了一幢別墅。麥斯寫信對費滋傑羅說：「你會討厭它的，但我喜歡。」感覺對了，麥斯和露易絲開始打算在新迦南定居。之前，麥斯一直住在普蘭菲爾德，他相信男人一旦在某地扎根，就不該拔起，但又覺得普蘭菲爾德已發展成「一個該死、無趣、潮濕、陰沉、落伍的地方」。至於康乃狄克，他在給小說家湯瑪斯．波伊德的信中說：「那裡的人都好相處，至少對一個新英格蘭裔人來說是的。要是我們能賣掉普蘭菲爾德的房子，就能馬上在這裡買一棟，以往我和露易絲意見不一的時候都聽她的，也就是我們最終還是要買。但我不希望這樣，我知道這有風險。」

露易絲列舉了一堆買新屋的理由，首先是她討厭普蘭菲爾德的房子，因爲那總讓她想到母親纏綿病榻多時去世，而且維護的代價不小。柏金斯寫道，搬家的理由還有一個，「新迦南的魅力。那是鐵路盡頭的英格蘭村莊，三面幾乎都是荒野——東部人眼中的荒野。這是養育孩子的理想之地，尤其是女孩」。

露易絲已經開始看屋，夏天還沒結束他們就買了。麥斯對這棟房子的外觀印象很好，它有四根有凹槽的木質柱子。他寫信對伊莉莎白．萊蒙說：「可以讓四個女兒在等年輕男士開車來接時，每個人有一根柱子靠。」

一九二五年一月十六日，露易絲又生了，麥斯稱這是她「爲了成爲男孩的母親而再一次做的勇敢嘗試」。他寫信告訴伊莉莎白．萊蒙：「結果失敗了。他們告訴我，女孩的力氣很大，身體很結實。如果是男孩，他一定很棒，或許會是哈佛橄欖球隊的四分衛，進軍德國的將領。但身爲女子，力氣大有什麼用？」一天在火車站，一個新迦南人問麥斯打算給第五個女兒取什麼名字，他說：「叫『咒罵』。」冷靜時，他和露易絲爲孩子取名南茜．蓋特．柏金斯。五女兒出生那天，柏金斯發給母親的電報上只寫著：「又一個。」

柏金斯一家在新迦南的社交生活比在普蘭菲爾德時更豐富。附近住著好幾位小有名氣的文壇人物，麥斯很快就喜歡上科倫夫婦。他們是詹姆斯．喬伊斯（James Joyce）的好友，也是作家、評論家。瑪麗．科倫（Mary Colum），朋友們都叫她「茉莉」，高眺身材，一頭紅髮，她不漂亮，但麥斯發現她「很神奇，像貓一樣敏捷」。而她丈夫派卓克．科倫（Padraic Colum），麥斯在給伊莉莎白的信裡描述，「給人愛爾蘭人式的親切、愉快印象，非常有魅力、有趣、和氣，雖然挺年輕，卻有一種六十多歲人的寬容氣度和淵博風度」。威廉．羅斯．班奈特（William Rose Benét）和他妻子、詩人埃莉諾．懷利（Elinor Wylie）也住在附近。麥斯特別想多了解懷利，發現她也不漂亮。他告訴伊莉莎白：「她的五官小小的，相貌平平，臉有點方，身材很瘦，我覺得滿難看的，不過我這麼說的時候露易絲嗤之以鼻。」但她的個性令人傾倒：「是那種勇敢、敏感的人，很自信……她昂著頭，或者更準確地說，揚著下巴，不得意洋洋也非咄咄逼人，但清楚表明著：我代表我自己。」

「我們度過許多美妙的文學之夜，雖然這裡還稱不上文學村。」瑪麗．科倫在回憶錄《生活與夢想》（*Life and the Dream*）中寫道。柏金斯夫婦、貝內夫婦和科倫夫婦常常聚餐，有時會邀請住在西港的范．威克．布魯克斯夫婦和房龍（Hendrik Willem Van Loon）參加。暢銷書《人類的故事》（*The Story of Mankind*）的作者房龍是個「高大的荷蘭人，脾氣不好，基本上沒有什麼事情看得順眼」。

不久，柏金斯認定埃莉諾・懷利是新迦南眞正的活躍份子。麥斯喜歡說：「友誼眞正的基礎是一兩種共同的偏見。」和埃莉諾每談一次話，對她的好感就多一分，因爲他們同樣不喜歡許多事物，例如當時流行的花俏、油滑的文風；他們都覺得麥可・阿倫（Michael Arlen）那年風靡全國的暢銷書《綠帽子》（*The Green Hat*）沒什麼價值。他明瞭她的脆弱，覺得她沉思的樣子像個流浪兒；他喜歡她，也爲她惋惜。柏金斯在給伊莉莎白・萊蒙的信中感歎：「她身上有某種悲劇氣質，彷彿渴望對立面，注定讓愛她的人悲傷。一個難愛的人。」

彷彿新房契約也包含鄉村俱樂部會員資格似的，柏金斯夫婦馬上加入新迦南鄉村俱樂部。麥斯成了「紐約、紐哈芬與哈特福德」俱樂部酒吧的常客。茉莉・科倫常常批評他「太循規蹈矩，太紳士派頭」，但他說「在這樣一個參加任何能參加的活動都被視爲愛國表現的小鎮」就應該這樣。不過他承認，康乃狄克州的新生活比他過去喜歡的生活更快樂。爲了有更多時間和青春期女兒們在一起，他開始回絕宴會邀請。「我一天能和孩子們在一起的時間最多兩小時，不想連這點時間都放棄。」他說。這倒沒有影響露易絲興高采烈單獨赴會，於是獨自和孩子們在一起的那些晚上，麥斯爲她們朗讀文學作品，最常讀的是《戰爭與和平》裡的片斷。讀到關鍵戰役處，他就拿火柴棒向聚精會神的女孩們演示俄、法軍隊如何排兵布陣。他認爲他的每個女兒都應該熟悉這部小說。他曾在給佩姬的信中說：「因爲那個故事裡有個有史以來除了哈姆雷特外，被刻畫得最好的人物，就是安德列公爵。我希望你們每個人，結婚對象一定要選安德列公爵這樣的人，即使他有點高傲和急躁。」

那一年，麥斯與伊莉莎白・萊蒙保持著通信。他從每一個俱樂部（此時他參加的俱樂部還有「哈佛俱樂部」、「世紀協會」、「紐約咖啡屋」）寫信給她，談自己的家庭、工作和鎮上的生活。一九二五年春天，他還寄給她幾本書，包括拉德納的最新作品《你說呢？》與史考特．費滋傑羅的小說。麥斯告訴她，《大亨小傳》是作者迄今寫得最好的作品，「別人寫不出他這種集諷刺與浪漫愛情於一體的小說。這個結論來自如下事實：即使帶著批判眼光，他看到的一切依然帶有青春幻想的魔力，給故事一種憂鬱的色彩」。

柏金斯讀完費滋傑羅修改過的稿子，寫信對他說：「我認爲這本書是個奇蹟，現在的蓋茲比是最吸引人、最生動、最眞實，而且完全是獨創的。」幾個月前編輯提出的問題都解決了。他寫信對史考特說：「蓋茲比會對他的創造者大有貢獻。」

隨著出版日期接近，費滋傑羅卻沒有柏金斯這麼自信，他最不放心的是書名。三月初，他發電報給麥斯，問此時把書名改成《戴金帽的蓋茲比》（*Gold-Hatted Gatsby*）是否還來得及。麥斯回電報說改書名不僅會令書延期出版，對銷售不利，也令人費解。作家勉強同意用《大亨小傳》，但心底裡仍相信這個書名始終是書的缺憾。

柏金斯繼續爲四月十日《大亨小傳》的出版做最後準備；但三月十九日，費滋傑羅又忍不住從卡布里島發來緊急電報：「我好喜歡《紅白藍三色下》（*Under the Red White and Blne*）這個書名，延期出版會怎樣？」柏金斯回電說，那會拖好幾個星期。而且，「用不那麼暗示性的書名，諷刺的力道會強得多。大家都喜歡現在的書名，我主張保留。」三天後，費滋傑羅同意了。他在電報上說：「你是對的。」但不安感與日俱增。

到書出版的時候，費滋傑羅滿腦子「害怕和不祥預感」，以至於在給柏金斯的信中貶低《大亨小傳》，說它勢必會讓大眾、評論界和他自己失望。「我懷疑女性不會喜歡這本書，因爲裡面沒有一個重要的女性角色；評論家不會喜歡，因爲是有錢人的故事。」費滋傑羅寫道，最糟的是，「要是它還不清我欠你的錢怎麼辦——那至少得賣出兩萬冊！說實話，我毫無信心……自己都對這本書感到厭煩。」

要上市滿一週後，柏金斯才能回報銷售走勢。令他非常難過的是，費滋傑羅的擔心正在變成事實。他發電報說：「銷售不明朗，評論極佳。」但其實兩者的情況都沒有這麼樂觀。當天下午，他又寫信給費滋傑羅補充細節，解釋圖書零售界對這本書抱持懷疑。一個原因似乎是書太薄，只有二百一十八頁。柏金斯原以爲這種陳舊觀念早已被市場揚棄。

試過向他們解釋你選擇的寫法，以及它必將被愈來愈多人沿用。這種寫法讓許多內容不用明說，故事仍飽滿完整，換一種寫法能使篇幅增長，但效果是一樣的。這些解釋顯然徹底無效。

事實上，好幾家大發行商一收到薄薄的樣書就大幅下修首批採購量。

柏金斯知道這是史考特必須忍受的階段，他答應一有重大進展就發電報告訴他，尤其後續出現的佳評。他告訴史考特：「我非常喜歡這本書，非常重視，它被認可、成功對於我來說比眼下任何事都重要。我指的不只是文學，而是任何我感興趣的事。但從許多領會其妙處的人發表的評論看來，我覺得沒看懂的人可能多得超過想像。」他請史考特放心：「我會像作者一樣，以最迫切、焦慮的心關注（它的進展）。」

一星期前，費滋傑羅還希望銷量能超過七萬五千冊，現在，他只要一小部分——只要夠還清他從史克萊柏納出版社預支的六千美元就行了。費滋傑羅說，如果最終銷量仍像現在這樣，他會再寫一本書，用這本書決定是否繼續當個認眞的寫作者。「如果它能維持我的生活，使我不必時不時分身去寫無聊的東西糊口，我就會繼續當小說家，」他對麥斯說：「如果不能，那我就放棄，回家，去好萊塢學電影。我不能讓生活品質下降，也受不了一直在收入上沒有安全感。總之，一個人若寫不出自己最好的作品，那麼當藝術家就毫無意義。一九二〇年我曾有機會以較踏實的方式起步，我錯過了，現在只能受懲罰。也許四十歲時我可以不用這麼憂心、斷斷續續，可以重新開始寫作。」

書出版兩週後，柏金斯仍然沒有可以樂觀的本錢。他先電函費滋傑羅：「結果是，佳評仍需等待。」再寫信說：「雖然多數書評人似乎在摸索這本書，似乎沒有全懂，但仍給出很高的評價，更難得的是，他們都感染到它的活力，因而興奮。」完全讀懂這本書的人還保持著沉默，因爲迄今尙無這樣的評論。但柏金斯依然相信「當評論者和閒人的喧嚣鼓噪散去，《大亨小傳》將被證明是一部非凡作品」。

費滋傑羅爲了償還積欠史克萊柏納的債，交出一部短篇小說集讓他們秋季出版，他曾草草取名《親愛的錢》（*Dear Money*），現在改成比較有內涵的《所有悲傷的年輕人》（*All the Sad Young Men*）。麥斯認爲這個書名非常好，也很高興費滋傑羅沒再提要去好萊塢。他很清楚史考特討厭欠債，但不希望他老想著還錢，所以不能讓他覺得史克萊柏納急著銷帳。他告訴費滋傑羅：「就算拋開情義，只看實際，我們也會將它視爲一筆優質投資。」

柏金斯自己也因《大亨小傳》而承受巨大壓力。發行、廣告部門都因柏金斯先前的佳績而對這本書寄予厚望，一發現它瀕臨賠本便怒不可遏。好幾位他認識的書評家也寫文章攻擊這本書，甚至直截了當對他說，出版這樣一本無聊的推理小說眞是蠢事。露絲·黑爾（Ruth Hale）在《布魯克林鷹報》上撰文說，她發現「《大亨小傳》裡無論生活、諷刺、愛情、神祕性都沒有一絲魅力可言」。幾週後的一個聚會上，她對柏金斯說：「你那『可怕的孩子』[9]寫的新作可眞可怕啊！」

「這麼多人都因（《大亨小傳》）而批評我，我很傷心，」麥斯寫信對伊莉莎白·萊蒙說：「但他們不懂，他們不知道費滋傑羅是個諷刺高手。他刻意美化罪惡，是要讓人看不出他在鞭撻惡人。若不這樣，這本書就毫無價值。」柏金斯意識到，費滋傑羅已經超前於他的讀者。「他精湛的技巧已使他這個『大眾小說家』高於芸芸眾生。」麥斯相信他們從未細讀《塵世樂園》。在信裡他對伊莉莎白說：「那是一個裝滿珠寶的袋子，有些是廉價的假貨，有些是美麗的水晶，純度高的無價之寶也混在其中。」而《大亨小傳》更像一顆做工精美的鑽石，切面之燦爛是美國人前所未見。

一九二五年四月二十五日，麥斯寫信對史考特說：「也許它不完美！馴服一匹有天分卻昏昏欲睡的短腿馬是一回事，駕馭一匹桀驁不馴的壯年純種馬又是另一回事。」

到了晚春，《大亨小傳》暢銷的希望完全破滅後，好評出現了，薇拉·凱瑟（Willa Cather）、伊迪絲·華頓、艾略特（T. S. Eliot）都寫信給費滋傑羅盛讚這本書。

費滋傑羅也意識到，自爵士年代開始以來他有了多大的進步，也從不忘向幫助過他的人表達感激。「麥斯，」一九二五年七月，他寫信給編輯說：「當別人讚揚這本書的『結構』時我很高興，因爲結構是你救回來的，不是我；別認爲我不感謝那些有助於本書的明智建議。」

柏金斯告訴費滋傑羅《大亨小傳》銷量不振的壞消息，同時也轉述了傳得沸沸揚揚的謠言，說他對史克萊柏納出版社不滿，打算加入「波尼與李維萊特出版社」。麥斯遲疑地寫了一封信從新迦南寄往巴黎，詢問詳情。

「李維萊特一派胡言。」史考特電函道。費滋傑羅的確收到「波尼與李維萊特出版社」一位編輯的信，問他若對史克萊柏納不滿意，是否考慮下一本書交給「波尼與李維萊特」。費滋傑羅隨即回覆說，麥斯．柏金斯是他的好友，他與史克萊柏納出版社的相處一直很融洽，從未考慮換出版社。這謠言顯然是以訛傳訛，但令費滋傑羅沮喪，他認爲柏金斯應該夠相信他，根本不必來確認。他寫道：

> 麥斯，我跟你說過很多遍，你是我的出版人，只要在這變幻多端的世上還能任意使用「永遠」這個詞，你就永遠是我的出版人。如果你願意，我可以馬上和你簽後面三本書的合約。離開你的想法從未在我腦中閃現過。

費滋傑羅舉出四個於公於私，他都不能換出版社的理由。一是他強烈體認到由一家出版社逐一出版他作品的重要性——哪怕只求裝幀風格統一也好。另一個原因是，「一個風格前衛的作家，在一家相當保守的出版社能享有獨特優勢」。第三，費滋傑羅知道他還欠出版社數千美元，這「既是事實也事關他的名譽」，債沒還清就跟另一家出版社簽約是不妥的。第四，也是最重要的原因，從他們第一

---

9 L'enfant terrible，是個源自法語的英語詞彙，指說話令大人（尤其是家長）尷尬的孩子，也可以指以非主流、創造性的、前衛的方式取得非凡成功的人。

次通信開始，費滋傑羅內心的忠誠與日俱增。他寫信對麥斯說：「身為年輕人，我雖然不是都認同你們的某些出版觀念（那在二十、四十年前，沒有電影、識字率不高的年代還適用），但你和史克萊柏納的為人，以及我在那裡一直感受到的嚴謹、客氣、慷慨和虛心，還有你們對我和我作品的特殊禮遇——如果我可以這麼說的話——都遠遠足以彌補我們的差異。」

麥斯．柏金斯讓他的所有作者都感受到，他和作家一樣重視他們的作品。即使是史考特．費滋傑羅，讓史克萊柏納出版社開創新局的招牌作家，也需要這樣的感覺。麥斯從未要求費滋傑羅（或其他任何作家）簽訂永久合約，因為「理由很簡單，有時候換出版社也許是對的，雖然這對我來說是悲劇，但我不至於心胸狹窄到當你的擋路人」。事實上，柏金斯經手的許多書都來自他跟作家的口頭約定，從未食言。

柏金斯依然把重心放在成長中的新作家，也鼓勵他出版過的作家勇於嘗試新寫法。一九四四年，麥爾坎．考利論及這理念為柏金斯的出版社帶來的影響，他說：「當他上班，史克萊柏納便是個非凡的出版社，像維多利亞女王的大客廳。」由於柏金斯及其帶來的巨大變化，這家出版社「瞬間從純真年代躍入失落的一代」[10]。

# 6 伙伴

一九二四年十二月，一個包裹送達紐約市海關，裡面裝著一本在法國出版的短篇小說集《我們的時代》（*in our time*）[11]，作者就是幾個月前費滋傑羅提到的「那個海明威」。直到二月下旬，柏金斯才看了這本合集。其中幾篇講述參加過世界大戰的密西根年輕人尼克．亞當斯的生活。麥斯告訴史考特，這本書「透過一系列簡短的情節累積驚人成效，寫得簡潔、有力、生動。海明威把他眼中的當代景象出色、緊湊、完整地表現了出來」。

海明威的寫作有種特殊的節奏，柏金斯前所未見：讀完那些不連貫的短句很久之後，錘鍊過的文句依然難忘。麥斯寫信跟海明威說：「場景、事件的描寫力道，以及它們之間的有效性，都令我印象深刻。」他進而說：

> 從實際收益來想，我懷疑我們能出版這本書：它這麼薄，按照慣例來定價的話，書店的利潤很少。這令人扼腕，因為你的寫法顯然就是要在很短的篇幅裡表達想說的內容。

10《純真年代》（*The Age of Innocence*, 1920）是伊迪絲．華頓的代表作，而一戰後美國崛起的新一代作家被稱為「失落的一代」，以費滋傑羅、海明威為代表。這三位都是史克萊柏納出版社的重要作家，故有此說。

11 書名原文首字母都是小寫。

柏金斯想，海明威可能正在寫比較不逆反出版現實的其他東西，於是他保證：「無論你正在寫什麼，我們都有高度興趣考慮。」

五天後，柏金斯又給海明威寫了一封信，因爲他聽約翰．皮爾．畢夏普（John Peale Bishop）說海明威正在寫另一本書。畢夏普是費滋傑羅在普林斯頓大學的好友，與艾德蒙．威爾森合寫過《殯葬業者的花環》（*The Undertaker's Garland*）。「希望這是眞的，也希望我們有機會拜讀，」柏金斯寫信對海明威說：「如果你願意給我們機會，我們絕對會興致勃勃地馬上看。」

七個星期過去，海明威杳無音訊，這是麥斯第一次碰到海明威跑到世界不知哪個角落、音訊全無的習慣。他這次是去奧地利施倫斯滑雪，回到巴黎看到柏金斯的信後，很被他的誠意打動，但幾天前他才答應另一位在阿爾卑斯山聯絡到他的出版人。他告訴麥斯，他必須先看過「波尼與李維萊特出版社」提來《我們的時代》（此時，海明威知道書名首字母要大寫了）的合約，才知道怎麼跟麥斯正式地談。爲了向柏金斯表達感激，他表示有興趣在史克萊柏納出書，也提出幾個寫作計畫。他說他覺得長篇小說「是種非常做作、被寫濫的形式」，哪天他要寫一本深入研究西班牙鬥牛的書。海明威對自己想出這種不合常規的主意得意洋洋，也試著暗示像他這樣的作者並不會帶給出版人大好前景。

「運氣眞差——我是說我。」柏金斯回信說，爲自己沒能早點找到海明威而懊惱。他請海明威記住，至少史克萊柏納是最早打算在美國出他的書的出版社之一。他寫信對費滋傑羅說：「關於海明威，情況很不妙。」

一九二五年春天，費滋傑羅夫婦租下巴黎一幢無電梯公寓樓的五樓。五月，他和厄涅斯特．海明威初次見面。海明威覺得費滋傑羅「長相俊美得過分」。那個月，費滋傑羅酒喝得凶，在丁戈酒吧和海明威見面時醉得打瞌睡。厄涅斯特發現費滋傑羅每舉杯一次酒臉色就一變，四小杯威士忌下肚，臉色糟得像死人。費滋傑羅發覺海明威是個「極有魅力的傢伙」，很喜歡看柏金斯的信。「如果李維萊特無法讓他滿意，他就會投奔你。此人前途無量，才二十七歲。」

到那年夏天，史考特和厄涅斯特見面愈來愈頻繁，有時是在葛楚·史坦（Gertrude Stein）家裡。史坦家位於佛洛里斯路27號，大客廳四壁掛滿年輕的畢卡索、塞尚、馬諦斯和其他尚未成名前她就贊助的現代派畫家的作品。柏金斯從未見過史坦小姐，但很敬佩她寫的小說《美國人的形成》（*The Making of Americans*）。不過，他寫信跟費滋傑羅說過，他懷疑許多讀者對她重複、印象主義的寫法會有耐心，雖然「這種寫法令人印象深刻」。費滋傑羅和海明威則覺得她在場的氣勢跟她的寫作一樣居高臨下。他們喜歡與其他客居巴黎、順便來訪的美國文人一起，包括約翰·多斯·帕索斯（John Dos Passos），福特·馬多克斯·福特（Ford Madox Ford）、艾茲拉·龐德和幫海明威出過一本小書《故事三篇詩十首》（*Three Stories and Ten Poems*）的羅伯·麥卡蒙（Robert McAlmon）。

海明威和費滋傑羅開始結伴遠行，史考特的孩子氣和不切實際總爲旅程增添說不出的麻煩。有次，他們駕車從里昂穿過「金丘」，海明威興致勃勃地寫信告訴柏金斯此行的趣事。一開始，費滋傑羅就沒趕上巴黎來的火車；兩人一路喝了許多酒，在馬孔內地區幾番徒勞地追獵；最後以海明威的結論告終：「永遠……別和你不愛的人出遊。」麥斯回信說：「我旅行只去過波士頓、費城和華盛頓，同伴就是那些吸菸車廂裡的人。」

厄涅斯特早期非常喜歡、敬重費滋傑羅；他認爲《大亨小傳》「絕對是一流之作」。但從一開始，他就對史考特的幼稚感到不耐，雖然他比費滋傑羅小三歲，對他的態度卻像父親。一九六〇年海明威在早年巴黎寫作生涯回憶錄《流動的饗宴》（*A Moveable Feast*）中寫到他們第一年的友誼，他的語氣已經從父親變成恩人。他提到讀完費滋傑羅的小說就明白「不論史考特做什麼，無論他的行爲如何，我必須知道那就像一場病，我應該盡量幫助他，盡力當他的好友。他有許多很親密、很親密的朋友，比我認識的任何一個人都多。但我願意加入其中，當他另一個朋友，無論我對他有沒有幫助。既然他能寫出《大亨小傳》，我確信他還能寫出更棒的。」

一九二五年夏天，海明威和費滋傑羅各奔東西。厄涅斯特和妻子海德莉（Hadley Richardson）去西班牙潘普洛納參加奔牛節，史考特和賽爾妲去法國南部。柏金斯一再滿足費滋傑羅金錢上的請求，並代表史克萊柏納出版社向他保證「如果這能讓你馬上動筆寫新長篇小說，我們絕對樂意匯錢給你」。麥斯要史考特談談手上在寫什麼，儘管他知道「要作家這樣做有時的確會有反效果」。

夏季將盡，費滋傑羅才開始寫新小說。這部帶有鮮明個人色彩的《夜未央》（*Tender Is The Night*）定稿前，他重寫了五次開頭，修改十七遍，過程中費滋傑羅又發展出許多細部情節。柏金斯關注著史考特的進展，有時他覺得史考特寫的內容可以拆成三部各自獨立的長篇小說。

八月，史考特從法國昂蒂布向柏金斯第一次報告進度，他寫道：「《我輩》（*Our Type*）與好幾件事有關。其一是受李奧波德—勒伯案[12]啓發的智力謀殺。順帶一提，賽爾妲和我今年五、六月在巴黎，她的歇斯底里症發作（務必保密）。」另外是李奧波德—勒伯案幾個月後發生的另一起凶殺案，舊金山一名叫桃樂西．艾林森的十六歲少女因爲生活放蕩而與母親爭吵，將母親殺死。

像往常一樣，費滋傑羅打算把他欽羨的耀眼上流人士都寫進小說。回顧在歐洲的那幾年，他找到一個完美典型，他後來說：「我與其他人處得很好的時候，是他在約束我，怎麼做，說什麼，怎樣讓人獲得哪怕只有片刻的快樂。」這個人是傑洛．墨菲（Gerald Murphy），他削瘦文雅，有一張保養得恰到好處的臉。墨菲和他漂亮的妻子莎拉（Sara Sherman Wiborg）在位於昂蒂布的「美洲別墅」裡款待客人的方式令史考特和賽爾妲著迷。費滋傑羅夫婦與墨菲夫婦共度了「許多次盛會」。

小說的第一稿中，費滋傑羅描述一個血氣方剛的青年法蘭西斯．梅拉齊與他控制欲很強的母親在歐洲遊歷。他們在蔚藍海岸受到美國僑民精神領袖塞斯．羅巴克夫婦——原型爲墨菲夫婦——的款待，結果梅拉齊愛上塞斯的妻子迪娜。費滋傑羅起初不確定怎麼安排法蘭西斯．梅拉齊殺害母親，但三角戀是確定的。「我的情節在某種程度上與德萊塞的《美國悲劇》不無相似處，」幾個月後，費滋傑羅從巴黎寫信給柏金斯說：「我最初很擔心這一點，現在不會了，我們的想法很不同。」當時，他給小說取的名字是《世界博覽會》（*The World's Fair*）。

接下來的一年裡，柏金斯除了偶爾收到史考特金錢支援的請求，沒有收到其他信。費滋傑羅爲自己欠史克萊柏納愈來愈多錢而煩惱，他問：「我還得清嗎？」他在意自《塵世樂園》後作品銷量每況愈下，擔心他的書再也無法暢銷，最新短篇小說集《所有悲傷的年輕人》銷量恐怕不會超過五千冊。柏金斯認爲這部短篇集裡的九個故事令人耳目一新，因爲它們兼具商業性和藝術性。他特別提到〈富家子〉（The Rich Boy）和〈冬之夢〉〈Winter Dreams〉「比以前短篇集收錄的小說……更寬闊。事實

12 一九二四年，兩個出身有錢世家的知名大學高材生內森．李奧波德（Nathan Freudenthal Leopold, Jr.）和理查．勒伯（Richard Albert Loeb）為了試驗完美謀殺，撕票一名十四歲少年，事發被捕，判處終身監禁。此案轟動美國。

上，你能爲大眾讀者把它們寫得如此有趣又意味深長，是很了不起的」。接著，他安慰史考特說：「信賴你的那些人現在又可以得意地說：『我早就說過了！』」

到了年底，史考特又一次陷入「可怕的憂鬱」。柏金斯試圖讓他振作，但幾乎無力可施，因爲費滋傑羅的消沉不是從創作失敗感而來。他寫信告訴柏金斯：「這本（新）書很精采，我眞的這樣認爲，只要它出版，我就是美國最好的作家（這並不誇張），可是，距離寫完它似乎遙遙無期。」令他恐慌的是他看到自己日漸衰老：

> 好想回到二十二歲，跟我那些誇張、瘋狂又耽溺的煩惱為伍。你記得我說過我只想活到三十歲——呃，我現在二十九歲，對那樣的生活仍然嚮往。除了微醺，工作是唯一能讓我快樂的事。為了這兩種快樂，我身心投入，付出了巨大代價。

柏金斯認爲，費滋傑羅的憂鬱和客居海外都與他竭力留住青春的心理有著奇特關係。他看著史考特用頻繁旅行挽留青春，也知道他會在醉眼中看著青春消逝而頹喪。身爲編輯，柏金斯提出的唯一建議是費滋傑羅夫婦應該在某個典型美國人社區安頓一陣子，這「與其說是爲了你做爲公民的未來，不如說是爲了你做爲作家的未來，因爲那會讓你看到生活新的一面」。

幾個月後，費滋傑羅宣布，除非其他美國人都被逐出法國，否則他不會回國。「啊，這兩年半我在歐洲大有斬獲，」史考特在給麥斯的信上說：「彷彿過了十年，我感覺老了不少，但我不願錯過，即使它有非常難過、痛苦的一面……我好想見你，麥斯。」此時，海明威已經取代柏金斯成爲史考特最親密的朋友，只有他能緩解史考特的負面情緒。「他跟我很親近。」費滋傑羅補充道。

麥斯也想深化與海明威的關係。《史克萊柏納》雜誌剛收到他的第一篇投稿〈五萬塊〉（Fifty Grand）。柏金斯發現這個人的寫作「像清爽的涼風令人精神一振」。讓柏金斯失望的是，雜誌沒有立刻接受稿子，反而要海明威壓縮篇幅。「要是我們對他投來的第一篇短篇沒有提出要求就好了。」麥斯寫信告訴史考特：「（因爲海明威）是那種興趣在於創作而非發表的作家，要求篇幅非得符合某種人爲規範，恐怕會令他反感。」海明威的確沒有刪改，聲望同樣卓著的《大西洋月刊》隨即登出這篇小說。麥斯擔心這會導致作家不跟史克萊柏納出版社合作。費滋傑羅對柏金斯的處境深感同情，一九二五年聖誕節後，他寫信對麥斯說：「但願李維萊特對厄涅斯特喪失信心。」

奇蹟發生了。幾天後，霍瑞斯．李維萊特果然沒了信心。他發電報給海明威說：「《春潮》（*The Torrents of Spring*）退稿，靜待《太陽依舊升起》完成。」這個消息剛傳到費滋傑羅耳裡，他就寫信告訴柏金斯：「如果他自由了，我幾乎有把握讓你先拿到那篇諷刺小說，如果你清除阻礙，就可以把他的小說整個簽下來。」

《春潮》是篇兩萬八千字的小說，諷刺舍伍德．安德森及其感傷風格的模仿者。費滋傑羅喜歡它，但說這本書不會暢銷，李維萊特出版社的編輯退稿是因爲他們出版的安德森新作《黯淡的笑》（*Dark Laughter*）十分暢銷，已經十刷，而《春潮》是「對他近乎惡毒的嘲弄」。史考特認爲，現在看來，唯有柏金斯先出版《春潮》，海明威才會把其他作品給他。他說，海明威收到李維萊特的電報後，想過直接找史克萊柏納，又因爲這家出版社以堅持保守風格出名而舉棋不定。

業內消息傳得飛快。沒幾天，阿佛列德．克諾夫出版社的威廉．阿斯平沃．布萊德利（William

Aspinwall Bradley）、出版人阿佛列德・哈考特（Alfred Harcourt）的代表路易・布隆菲爾（Louis Bromfield）都對海明威的書稿表示興趣。費滋傑羅催麥斯快行動，不過海明威無意背叛柏金斯，早在幾個月前他已有過承諾。

海明威告訴費滋傑羅，先把稿子寄給柏金斯，他覺得是在逆反「有把握的情況」，換來的會是出版延期和風險。但基於書信往來的印象，以及從費滋傑羅那裡聽到的，海明威願意冒這個險。他寫道：「對史克萊柏納也有信心，願意和你在同一家出版社。」哈考特出版社剛提給海明威預付金條件，費滋傑羅就通知柏金斯，如果他能馬上寫明他們願意沒有但書地出版這部小說和那部「沒有前途」的諷刺小說，他就能拿到海明威的書。柏金斯很想完全照辦，卻必須堅持公司在出版品味上的方針。他發電報給史考特：「版稅十五%，若他希望，也可預付。諷刺小說版稅亦然，除非公司有財務之外的考量。海明威的小說都是傑作。」

麥斯盡了最大努力。他在給史考特的信中解釋：「公司擔心那篇諷刺小說……可能會被壓制。實際上，在這些層面上我們無話可說，某幾種書史克萊柏納顯然不會出版。好比，它若像拉伯雷（François Rabelais）那樣諷刺到極端，就可能無法過關。」

麥斯擔心他電報中提的條件太苛，做好了失去海明威這位作家的心理準備。他向史考特承認哈考特是令人敬重的出版社，但確定由史克萊柏納出版更好，因爲「我們對作家絕對眞誠，一旦信任作家的作品品質與人格，即使經歷長時間虧損仍會忠誠地支持他們。海明威需要的也許是這樣的出版社」。柏金斯說：「因爲我認爲他不太可能一下子就擁有大批讀者。他的書應該由一家相信他作品水準、願意爲培養讀者而賠錢的出版社來出版。雖然沒有這種支持，他也一定能靠自己的力量得到認可。」

當了幾年收入微薄的自由撰稿人後，海明威認爲出頭的日子到了。他決定去紐約，加快事情的進展，不用爲了報價、談條件耗上幾星期。他可以親自把《春潮》和新小說交給合作的出版社，要是霍瑞斯·李維萊特決定爭搶，他也可以名正言順地採取行動。「你聽他（海明威）講，會以爲李維萊特已經砸了他的家，搶了他幾百萬，」史考特寫信對麥斯說：「但這是因爲他對出版一竅不通，他只知道那些蠢雜誌。他太年輕，又在異鄉，感到無助。你絕對會不由自主喜歡他的——他是我所認識最好的人之一。」費滋傑羅最後強調，務必簽下《太陽依舊升起》。

海明威於一九二六年二月九日抵達紐約，與霍瑞斯·李維萊特好聚好散。輾轉反側一夜後，他去見麥斯·柏金斯。麥斯提出《春潮》的優先選擇權及尚未看過內容的《太陽依舊升起》合計一千五百美元預付金，海明威握手成交。

柏金斯非常感激費滋傑羅傾力幫他簽到這位作家。「這個人非常有趣，喜歡談鬥牛和拳擊。」麥斯寫信告訴史考特。

史考特也爲史克萊柏納簽下海明威而高興，回信說：「他回來後，我跟他在巴黎見過一次，他認爲你很棒。」

海明威回到奧地利，在三月底前改完《春潮》的校稿，也把《太陽依舊升起》的初稿寫好，然後回到巴黎，打算在初夏時節去「逗逗那些公牛」。麥斯趕緊警告這位新作家：「別在飛行或鬥牛中送命。」海明威回信說，他才不想讓《太陽依舊升起》變成遺作。

一個月後，厄涅斯特把這部小說稿寄給麥斯，並附上一封他所謂「胡言亂語的長信」。他說，稿子還要改，不過他猜柏金斯一定著急想看這部閉著眼睛下單的作品。海明威以為這位編輯急於「驗貨」，對信中的其他內容不感興趣。但麥斯關心他信裡所有訊息，尤其是此時與海明威交情匪淺的費滋傑羅的消息。史考特最初想交新朋友的熱切心態已趨緩；厄涅斯特雖然依舊敬重費滋傑羅的作品，但不再認為他是年輕一代作家理所當然的領軍人物。事實上，厄涅斯特此時還以長者自居，為費滋傑羅時常操心的金錢問題擔憂，決心幫助他。過去幾年他從歐洲文學雜誌獲得的微薄稿費不足以應付家用，需要妻子海德莉從家族基金中拿錢出來貼補。現在，史克萊柏納出版社給了他一大筆錢，他手頭一鬆便心血來潮想做點壯舉。他跟麥斯說要把所有版稅都送給費滋傑羅，還寫信給費滋傑羅說他剛找了律師，指定史考特當他的遺產繼承人。至於費滋傑羅是否覺得此舉荒誕如兒戲，則無案可查。

海明威與史克萊柏納簽約，麥斯自然就成為厄涅斯特與史考特兩位文友的調解人。在費滋傑羅一九四〇年去世之前，麥斯的辦公室一直是他們交流感情的地方，尤其是當兩人想溝通又要避免衝突的時候。

麥斯收到海明威書稿時，史考特正在里維耶拉的瑞昂萊潘鎮，享受「一個燦爛的夏天」。厄涅斯特還在巴黎，雨連下了三星期，他哪裡也去不了，常苦於失眠。柏金斯的下一封信來得正是時候，像是一帖補藥：

> 我認為《太陽依舊升起》非常出色，沒有人能寫出更有生氣的作品了。所有場景，特別是他們翻越庇里牛斯山來到西班牙，以及他們在冰冷的河裡釣魚，公牛和犍牛被趕到一處，在鬥牛場裡對峙，這些場景都寫得栩栩如生，令人身歷其境。

柏金斯認為這本書堪稱藝術之作，「好得驚人，尤其是它含括那麼多種體驗與情感，卻能極富技巧又不露痕跡地揉合為一。我只能向你致上最高的敬意。」

紐約出版界開始傳言，不是柏金斯的所有同事都像他一樣看重這本書。亨利．霍特出版社的編輯查爾斯．麥迪遜（Charles A. Madison）說，柏金斯會發現「要說服老史克萊柏納出版一本有髒話、下流對話的書」並非易事。管一條雌狗叫「母狗」是一回事（儘管這個掌管出版社的老頭也曾赫然發現《大亨小傳》中有相同比喻），但拿它來稱呼女性是另一回事——書中女主角布蕾特．艾希利夫人就是一例。麥斯很擔心，便帶著《太陽依舊升起》書稿回家跟妻子露易絲討論。他解釋，問題不僅是某些字詞，海明威的寫作主題也令人驚駭。露易絲憑直覺明瞭了情況，她握緊拳頭對丈夫說：「麥斯，你得站出來，力爭出版它。」

幾天後，史克萊柏納出版社召開每月一次的編輯部會議，討論收到的書稿。這時的查爾斯．史克萊柏納已經七十二歲，但咆哮起來還是中氣十足。出版下流作品對他而言是無法想像的，防止「骯髒的書」玷污他的品牌是極為重要的事。他被海明威的書嚇得目瞪口呆卻力圖冷靜，在編輯部會議前先找老友——波士頓的羅伯．格蘭特（Robert Grant）法官，聽取意見。七十多歲的格蘭特也是位成功的小說家，他震驚於海明威的粗魯用語，卻又很欣賞大部分內容。「查爾斯，你一定要出這本書，」法官宣判：「但我希望這個年輕人以後會後悔。」

約翰．霍爾．惠洛克還記得，走進編輯部會議時他心想：即使有格蘭特法官的意見，但「查爾斯．史克萊柏納不會允許他出的書有粗俗褻瀆的內容，因為那無異於邀朋友把他的客廳當廁所來用」。

對《太陽依舊升起》的爭論驟然升溫，柏金斯反駁這個問題已經超出這本書的範圍。他後來寫信跟當時不在場的小查爾斯·史克萊柏納說，他在會議上斷言，「這是我們爭取年輕作家的關鍵一步，我們已經在為『極保守』這樣的外界評價付代價，雖然這說法不公平也不無惡意。假使我們退稿的消息傳出去——一定會外傳——公司的形象就再難翻身了。」

查爾斯·史克萊柏納耐心聽著柏金斯堅定的闡述，這一幕一定讓他想起一九一九年麥斯為費滋傑羅辯護的情景。他聽著，緩緩搖頭。年輕編輯拜倫·德克斯特愛傳八卦，曾私下告訴麥爾坎·考利：「柏金斯代表新思想，公司裡年輕一派都支持他。我記得危機的那一刻……老查爾斯·史克萊柏納當時還大權在握，說一不二。我們都知道柏金斯必須為海明威力爭，但某天晚上有人壓低聲音說，查爾斯·史克萊柏納已經拒絕這本書，柏金斯要辭職了。」

這些事沒有發生。投票表決後，柏金斯回到辦公室寫信給小查爾斯·史克萊柏納：「案子過了，但憂心仍在。」他坦言，他對出版社形象的意見「很有用……我到最後一刻才發現，贊成票略微勝出，儘管大家不無擔憂。」

諷刺小說《春潮》於一九二六年五月二十八日出版。麥斯寫信告訴費滋傑羅，書「得到一些好評，但不是所有人都懂。」麥斯在書中看到的是尖刻的機智和真正的幽默，使它免於「一味挖苦」。不過，麥斯說，他最大的興趣還是在《太陽依舊升起》，等不及要出版它：「那部作品展現的才華高於我從《春潮》看到的，我對《春潮》的評價不是太高。」

從風格到主題，《太陽依舊升起》不同於柏金斯以往編過、甚至讀過的任何一本書，這使他在提出修改意見時極爲猶豫。費滋傑羅從法國來信，建議麥斯僅要作者做最低限度的改動，因爲海明威已經「被之前那些出版人和雜誌編輯對他作品的態度弄得很沮喪」。

在《流動的饗宴》中，海明威說他把《太陽依舊升起》改完寄給史克萊柏納出版社之後才讓費滋傑羅看。事實上，費滋傑羅在那年春天就讀了，還寫了意見寄給作者。他說，讀者只要撐完前十五頁，就會覺得這本書寫得「眞他媽的好」。那十五頁主要是介紹布蕾特·艾希利夫人和羅伯·科恩，費滋傑羅覺得寫得太鬆散。他說，它們呈現「一種繞著某件剛好吸引你的軼事碎碎念，或（像它常見的結果）讓你忘不掉的傾向」。

收到信幾天後，海明威向柏金斯提議把那十五頁刪掉，讓柏金斯很爲難。他同意海明威說的，開頭交代的資訊書中已經有了，從這個角度來說的確不需要。但這部分，他說：「其實是好的……對於不熟悉你的寫作風格，甚至對書裡很多地方會覺得奇怪的新讀者來說，這樣的開頭很有幫助。」柏金斯讓作者決定，並強調：「用你的方式寫就好，我無意批評，也沒有把握哪個一定對。」

但對其他部分，麥斯就不那麼猶豫了。他覺得《太陽依舊升起》的主要問題不在哪一章，而是個別詞彙、片語的使用，因爲柏金斯知道，污言穢語和不堪的人物描述可能引來誹謗官司。他在信裡對作者說，說到表意方式，「多數人受語彙的影響更甚於事情。我必須說，對事極遲鈍的人照樣會對某類詞極敏感。我想最好避免使用某些詞，讓大家聚焦在內容，而不是分心去討論與本質無關的問題。」麥斯認爲書中不同段落有十來處可能觸犯多數讀者的敏感神經。他說：「如果因爲那些低級、只關心下半身問題的弱智叫嚷，使這部有新意的作品被冷落，那很不值。」

> 你也許不理解這種討厭的可能性，因為你在國外的時間很長，感受不到這樣的氛圍。那些整天吸著污濁氣的人抨擊某本書，不僅看它是不是色情淫穢（這理由就這本書而言並不成立），還看它是不是「正派」，指的就是用詞。

「我對你作品的藝術完整性毫不懷疑。」麥斯說，但他還是督促海明威盡可能減少令人反感的粗口。

海明威回信說，他想，麥斯和他對文字的看法是一致的，每一個詞都經過「是否無可替換」的斟酌才決定使用。接下來的一個月，他埋頭做最後一校，盡可能刪去他認爲可刪的詞。一九二六年八月底，他已處理完柏金斯指出的不妥處：將書中寫到「史料記載」陽萎的亨利．詹姆斯僅稱亨利；直接提及的在世作家如約瑟夫．赫格希默（Joseph Hergesheimer）、希賴爾．貝洛克（Hilaire Belloc）則或刪或改；用破折號代替下流字眼；描寫西班牙鬥牛時不再提它們那「令人尷尬的下體」。但提到布蕾特夫人時用的「婊子」一詞要保留，因爲海明威堅持他從來不把這個詞作「裝飾」用，而是必需。他說，如果《太陽依舊升起》算褻瀆之作，那他和麥斯也只能認了，期望他下一本會寫得「神聖」些吧。他已在構思好幾個短篇小說，關於戰爭、愛情，以及老套的主題「爲生活奮鬥」。

另一個討論是關於卷首語。海明威想用一段話來設定對他來說很重要的主題，即他這一代人在一戰後的動盪漂泊中對自我身分的掙扎。在《流動的饗宴》裡，海明威寫到他如何突然想出卷首語。他說葛楚．史坦「當時開的那輛老福特T的點火器出了毛病，而修車行的那個年輕人大戰最後一年在部隊服役，技術不太行，或許也沒有先處理她的車。不管怎樣，他不夠當一回事，經史坦小姐抱怨，他被老闆狠狠訓斥了一頓。老闆說：『你們都是失落的一代。』」後來史坦跟海明威說：「那就是你們，你們這些參加過大戰的年輕人，你們是失落的一代。」

海明威覺得用最後一句話來形容《太陽依舊升起》裡的人物非常貼切。他在信中告訴柏金斯，他要把史坦小姐的話和摘自《舊約·傳道書》中的一段話並列爲卷首語，這段話是：

傳道者說，虛空的虛空，虛空的虛空，凡事都是虛空……一代過去，一代又來，地卻永遠長存。日頭出來，日頭落下，急歸所出之地。

這段卷首語令柏金斯深有同感。〈傳道書〉是《舊約》裡他最喜歡的部分——他曾對女兒佩姬說：「它包含古世界的所有智慧。」他覺得這段卷首語十分合適，欣然同意。

即使到《太陽依舊升起》出版後的一九二六年秋天，海明威仍在斟酌卷首語。他問柏金斯能不能把「傳道者說，虛空的虛空，虛空的虛空，凡事都是虛空」這句刪掉，認爲刪掉可以凸顯本書「眞正的重點」，也就是「地卻永遠長存」。柏金斯再度同意。「大地與人的關係是《太陽依舊升起》中最強烈的主題，「多數評論者在書評中並未觸及這一點。」他回信說：「但我常懷疑，這樣的情感……是否被讀書人……感受到。我相信心思單純的人能夠體會。」

麥斯的女兒柏莎還記得父母讀到幾份報紙週日書評版後鬆一口氣的樣子，尤其是康拉德·艾肯（Conrad Aiken）在《先驅論壇報》上的文章：

今時今日，我不知道哪裡能找到寫得比這更好的對話。這些對話活靈活現，有節奏，有慣用語，有耐人尋味的停頓，有餘味，有諷刺，又簡短，是生活中活生生的語言。

麥斯的同事羅傑．柏林蓋姆多年後寫道，《太陽依舊升起》「讓麥斯．柏金斯等許多編輯相信，新一代作家或許『失落』，但他們已經找到並掌握多數前輩作家幾乎一無所知的寫作方式。」麥斯寫信告訴海明威，《太陽依舊升起》的銷量從八千冊攀升至一萬二千冊乃至更多，「太陽升起了……而且仍在穩步上升」。

翌年春天，「波尼與李維萊特出版社」的一位合夥人唐納．弗里（Donald Friede）到巴黎拜訪海明威，表示願意支付大筆預付金拉攏他回他們出版社出書。海明威直截了當告訴他不可能，他對史克萊柏納百分之百滿意，知道他們在《太陽依舊升起》上市前就積極宣傳這本曾被許多出版社拒絕的書。海明威相信讓這本書最後賣到兩萬多冊的關鍵是廣告宣傳，卻沒有意識到柏金斯爲這本書付出多少心血。

憤怒的指責信幾乎每週都把史克萊柏納的信箱塞滿，然後來到柏金斯桌上。《太陽依舊升起》在波士頓被禁，到處都有氣沖沖的讀者要求史克萊柏納爲迎合大眾的低級趣味道歉，至少要給個說法。柏金斯已經成爲激動質問史克萊柏納尊嚴何在的讀者來信的回覆高手，也有來信責怪那個「言語粗俗，土裡土氣，鬼吼鬼叫」的史考特．費滋傑羅。柏金斯回信給一位海明威的讀者：「出版當然不是只看出版人的喜好。他要對他的職業負責，這責任要求他出版文學界公認文學價值高、對這時代的文化有批判精神的作品。」他還說：

通常看待這類書有兩種觀點：一、認為醜惡永遠不應該在文學中出現，雖然它實際上存在，因為它令人不快。二、認為如實呈現它是可貴的，因為它的確可憎可怕，公諸於世雖會令人痛恨，但置之不理或隱瞞則令醜惡披上虛假的魅力外衣，誘人墮落。

這兩種觀點孰對孰錯，尚未見分曉。

柏金斯忙著跟海明威的批評者們「搏鬥」的時候，海明威也正焦頭爛額，不是寫作出狀況，而是婚姻出問題；他正和已爲他生了一個兒子的妻子海德莉離婚。海明威後來寫道，當時的情形正如所有壞事的開頭一樣「始於幼稚無知」。在《流動的饗宴》中，他描述：「有個未婚年輕女子成爲另一個已婚年輕女子一時的好友。她搬來和那對夫妻住，之後，神不知鬼不覺地，毫無心機地，毫不留情地與那位丈夫結婚。」這位朋友是來自阿肯色州的時髦女子、《時尚》雜誌駐巴黎的時裝編輯寶琳·費孚（Pauline Pfeiffer）。一九二六年七月，海明威告訴妻子他已愛上寶琳；將《太陽依舊升起》題獻給海德莉並將該書所有版稅轉讓給她，是這段婚姻最後的儀式。海德莉後來回憶離婚後不久見到柏金斯的情景：「他被『海明威拋棄我、別戀（無論多好的）她』這件事嚇到了，這讓我感覺到他的友善。」她還說：「我意識到自己成了海明威的附屬品，而他需要更多刺激。有時候距離太近最後只能分開。」

其他人婚姻能維持是因爲距離。「露易絲和麥斯是奇怪的一對，」露易絲的姊姊瓊說：「異極相吸，他們從來沒有共通點。噢，他們相愛。但你看，麥斯整天忙著在紐約工作，下班就一心想回家看女兒們；露易絲呢，她從來不想整天在家，有了這個家之後她總想方設法離開。」

二〇年代中期，露易絲因當地戲劇、露天歷史劇編劇和演員的身分愈加活躍。麥斯仍然不贊成她登台，可能壓根不要她接觸戲劇。一九二五年，他認爲她應該寫小說、寫書。爲了鼓勵她，他把她的兒童劇本《紅心J》拿到史克萊柏納以大開本出版，還請插畫家麥克斯菲爾德・派黎思（Maxfield Parrish）繪製多幅插圖。派黎思是柏金斯夫婦的朋友，住處與他們在溫莎的別墅僅隔一條康乃狄克河。派黎思畫作的收藏者認爲《紅心J》的插畫堪稱這位藝術家最好的作品之一。

一九二六年，露易絲終於對丈夫讓步，不再寫劇本，做了兩次嘗試——兩篇短篇小說〈客套話〉（Formula）和〈別的開心事〉（Other Joys）。兩篇都在沒有柏金斯幫助的情況下成功登上雜誌，一篇給《哈潑》，一篇給《史克萊柏納》雜誌。他覺得她這麼順利得到發表機會很了不起，鼓勵她再寫。女兒們都記得他說，如果堅持寫作，「媽媽會成爲下一個凱瑟琳・曼斯菲爾德（Katherine Mansfield）[13]」。露易絲對演戲的渴望遠大於寫作，但她想讓丈夫高興。

露易絲的精力一陣一陣，有時候兩篇短篇之間隔好幾年，但寫作技巧不斷進步。這些以她婚前名字發表的小說情節安排得愈來愈精巧，人物性格也刻畫得愈來愈細緻。即使是最初幾篇，對角色的觀察也很敏銳，能有深度地表現角色內心的情感。這些短篇都不是自傳性的，但都是寫生活不安穩的女性，通常是獨身女子、寡婦，家境寬裕（對此她有詳細描寫）但對孤僻的生活感到窒息。

新工作讓露易絲有了奢侈的理由。麥斯跟費滋傑羅說：「每當開始寫新短篇，她就覺得錢將入袋，可以小小奢侈一下——小說還要很久才會寫完，她花的錢已經是稿費的四、五倍了。」

在新迦南住了一年，露易絲和麥斯都覺得搬來這裡是對的，因爲有很多有趣的朋友，他們與科倫夫婦及其他人持續往來。那年某天晚上，茉莉帶著四頁書稿來訪，她正在寫一本談文學評論原則的書《大眼睛，大翅膀》（*Wide Eyes and Wings*）。麥斯在信中告訴費滋傑羅，這個書名表達了她的信念，即「文學評論應該是感性的，文學不應該以一成不變的理性標準來衡量」。麥斯接著說：「我對她的思想已經夠欽佩了，她還是能令我吃驚：她非常清晰地闡明四個全新觀點。我過去（和其他人一樣）常認爲女人不善於理解抽象概念，但現在我很高興帶著我那群女孩成爲男女平等主義者。」這四頁書稿讓柏金斯想出版這本書。

麥斯最親密的朋友仍是他最早的朋友范．威克．布魯克斯。一九二六年年初，他們的友誼隨布魯克斯得憂鬱症而遇上考驗。他深陷於愛默生（Ralph Waldo Emerson）傳的寫作不能自拔。只有摯友知道，他憂鬱的根源不是這本書，而是上一本知名的文學評論《亨利．詹姆斯的朝聖》（*Pilgrimage of Henry James*）。約翰．霍爾．惠洛克說：「范．威克意識到亨利．詹姆斯再也無法爲自己辯白，因而無法原諒自己寫了那些苛刻的批評。」布魯克斯後來說：

> 折磨我的念頭是……我的書徹底錯了，我說的、想的全部不對……我晚上常做噩夢，亨利．詹姆斯睜著一雙發光的眼睛惡狠狠地瞪著我。我渾渾噩噩，內心分裂，曾以類似柏拉圖所謂「傷害他人名譽的、無情的狹窄眼光」看待他，讓我像罪犯一樣良心不安。總之，這段中年歲月我徹底崩

13 1888-1923，傑出的現代主義作家、短篇小說家，生於紐西蘭。

潰……睡不著覺，有一年時間幾乎坐不住，生活在地獄般灰暗的精神狀態中……所有感情和興趣都停止。

每個星期天，柏金斯都陪范．威克走很長一段路，有時雨天、霧天也走。布魯克斯憂鬱症病情加重，對柏金斯也是煎熬，他相信唯有讓他寫完那本關於愛默生的書，痊癒才有望，但布魯克斯認定那是無可救藥的失敗。麥斯讀了部分書稿，提出一個新方案以調整原本不夠好的結構，但布魯克斯拒絕。反之，他認爲自己必須找新工作，最好是兼職，以便有時間寫作。柏金斯相信這種安排「會把人耗盡」。他說：「以你的年紀、這麼高的聲望去兼差，自尊心會受不了的。不如選十位較不有名的美國作家，以他們爲題寫成十篇文章，我可以以每篇五百美元賣給媒體刊載，最後結集成書，銷量絕對超過你過去的紀錄。」范．威克說他不會寫命題作文，麥斯認爲他應該學著寫。

兩個男人沒有達成共識。麥斯繼續每星期天陪范．威克散步，但他仍朝四十歲危機愈陷愈深，逃避大部分人際關係。「我的世界，」布魯克斯後來坦承，成了「一間百葉窗拉下來的屋子，有個男人坐在裡面，當『人生』開車來到門口愉快呼喚時，他卻聽不到敲門聲。」

不久，柏金斯意識到，盤踞在范．威克．布魯克斯腦海中的不只亨利．詹姆斯的面容，他的病情還因他與茉莉．科倫的關係而產生的罪惡感更形複雜。這件事只有新迦南最核心的圈內人知道，麥斯在給伊莉莎白．萊蒙的信中透露了詳情。他說，范．威克「靦腆、敏感，總能和女性交朋友，他的妻子埃莉諾優秀、堅強、誠實，但他們有著不同的靈魂。茉莉．科倫則是知音，經常跟他在一起」。約翰．霍爾．惠洛克後來做了補充：「布魯克斯夫婦是非常傳統、令人尊敬的一對，布魯克斯念大學時的確很受女生歡迎……而茉莉是那種敢做敢爲的女人。」

得知布魯克斯罹患憂鬱症後，茉莉．科倫「讓他好起來」的方式是引誘他出軌。惠洛克說：「她想與他保持歐式風格的戀愛關係，認爲自己能讓他放下對家庭的高貴責任感，成爲藝術家。茉莉曾激動地說：『他那麼有才華，卻被責任心毀了。他什麼都好，就是少了做個眞男人的勇氣，只有瘋狂才能讓他釋放自己。』」

麥斯相信布魯克斯「根本不會做出不忠之舉，茉莉也不會」。據布魯克斯的病歷所載，他與茉莉．科倫最親密的身體接觸是一次激情的吻，僅只一次。「但他確實覺得對不起埃莉諾，自己的行爲不可原諒，」麥斯告訴伊莉莎白．萊蒙：「於是，他對埃莉諾坦白。埃莉諾是露易絲所謂佔有欲很強的人，她嫉妒茉莉在心靈上的優勢。她的一言一行加深了范．威克的罪惡感，藏在內心成爲揮之不去的執念，這應該是導致他憂鬱的根本原因。」結果，布魯克斯度過一段蘭波（Arthur Rimbaud）詩中所說「地獄一季」的日子。

布魯克斯不再見柏金斯，憂鬱症惡化爲精神失常。柏金斯雖然不解，但仍密切關注布魯克斯的病情。二〇年代末，布魯克斯唯一願意見的約翰．霍爾．惠洛克告訴柏金斯，他「病得可怕」，比幾年前被工作不穩定掐住脖子時還要嚴重得多。布魯克斯的母親告訴柏金斯，她兒子整天來回踱步，喃喃自語：「我再也不見麥斯。」從彼此的生活消失數月後，柏金斯收到埃莉諾的一張便箋，請他再像過去那樣陪布魯克斯散步，麥斯很樂意，只是擔心自己會「說出什麼讓狀況變糟的話」。

還有一個沒有明說的問題。麥斯遇到了，事實上許多編輯也都會遇到，那就是作家成了朋友，朋友有時又成爲作家，這種「混亂」的關係有時會產生好書，有時則會把情況攪得一團糟，令人頭大。

麥斯與布魯克斯的友誼此時危及他與茉莉．科倫的合作關係。他把煩惱告訴伊莉莎白．萊蒙：

幾年前，茉莉說想把正在寫的文學評論交給我出版，但沒有正式簽約，因為我覺得出於私人情誼的事不太適合用法律條文來約束。有位英國出版人強納森．凱普（Jonathan Cape）找了美國合夥人在美國開新出版社，第一步就是簽下茉莉的這本書。茉莉說在簽約前必須先跟我談。我們的見面很好笑，好似一齣商業滑稽鬧劇。他們竭力想讓她跟我的午餐會面破局，當著我的面派人送來一張支票給她。我說，我們能提供優於他們的一切條件，她同意，但是有某個我想不到的阻礙。最後，她流著淚告訴我，她聽說我要去見布魯克斯夫婦。既然我和他們又將恢復友誼，那怎麼能當她的出版人！

「如今男人如何能期望懂得女人呢？」麥斯問伊莉莎白：「女人都不懂女人了。妳能懂嗎？最後她還是跟我們簽約，所以我怎麼樣都得讓她把書寫出來。肺腑之言是……真實生活對我來說一天比一天難懂，希望對妳而言不是。」

通常在夏天，家人外出只留下他一人時，麥斯的厭世心理最強烈，但他的情緒還受另一個周期影響。幾年來，他注意到自己的情緒在上弦月和下弦月時最低落。柏金斯知道伊莉莎白．萊蒙篤信占星學。一九二六年，他向她提及自己的憂鬱情緒似乎有周期性，無論另外是否發生什麼事；而這個周期跟月亮的變化有關。

基於好奇，伊莉莎白排了麥斯的星座命盤，它準得令好幾個認識柏金斯但不信占星術的人折服。

象徵「天才」的多顆行星匯聚一處，有四顆在玄秘宮；土星在第九宮則使他無法外出旅行。伊莉莎白曾請教當時最有名的占星師埃文格琳·亞當斯（Evangeline Adams），最能象徵圖書編輯的星座是什麼，她說是主批評的處女座和主愛美的天秤座。麥斯生於一八八四年九月二十日上午七時，是接近天秤座的處女座。

一九二六年七月初，星星們顯然正歡歡喜喜地排成一排，因爲麥斯去溫莎的時候，露易絲說伊莉莎白兩星期後就要來了。「我眞不敢相信，」他寫信對伊莉莎白說：「但我願意假裝這是眞的。」伊莉莎白和麥斯一樣是不喜歡離開家鄉的人，但她搭了火車到佛蒙特和柏金斯一家度過愉快的幾天。她特別喜歡與麥斯在一起的寧靜時光，兩人在「天堂」松林懷抱的幽谷中漫步。他後來寫信對她說：「牧場山丘和麥斯山彷彿因妳的到來而大不同。但溫莎也有許多令我憤怒的地方，不知道爲什麼，我當時沒有幼稚地指給妳看。」

茱莉·科倫後來也來溫莎避暑，對這裡有那麼多性格各異的新英格蘭人印象深刻。她跟麥斯說：「做爲文學評論家，我不能坐視這麼好的題材白白浪費。」麥斯寫信告訴伊莉莎白：「我一直都這麼認爲，雖然我知道男人這樣看待自己的家鄉有多令人討厭。」

夏日將盡，露易絲在空曠的「天堂」深處上演了她編導的一齣戲。只演給家人看，但整個家族觀眾也夠多了。麥斯寫信告訴伊莉莎白，戲「好得不可思議，演技、場景、服裝都完美無缺，全是露易絲的功勞。最後，觀眾齊聲喊『作者！作者！』孩子們好沮喪，她們以爲觀眾喊的是：『做作！做作！』」

麥斯讚賞妻子對藝術的探索，露易絲一放下寫作，他就直言她在浪費自己的才華。如同對待其他作家，柏金斯從不要求露易絲寫什麼，只希望她發揮才能。露易絲從未質疑麥斯認爲作家高於演員的標準，因而陷入困擾她一生的兩難抉擇：違背丈夫意願踏上演員之路，還是遺憾地放棄自己的戲劇天分。她選了後者，這讓她得不到丈夫完整的尊敬，也失去了一部分自尊。在這件事上她始終沒有違抗丈夫的意見，也沒展現出性格中最令他欽佩的堅定。他們彼此怨恨，任由怨恨貫穿他們的婚姻。

與露易絲分居兩地時，麥斯的信寫得不像過去那樣頻繁了。在信裡還是稱她「我親愛的」，反覆說「我非常愛妳」，落款是「妳的麥斯」，但在一起時兩人連和睦相處都難做到。他們的女兒捷比曾兩手握拳，以拳頭碰拳頭來比擬這段婚姻。

麥斯．柏金斯一生大部分時間都把溫暖的肩膀和同情的耳朵借給別人（露易絲除外），他告訴捷比：「友誼最重要的義務就是聆聽。」至於自己周期性的憂鬱，只向伊莉莎白．萊蒙傾吐。麥斯通常在紐約某個俱樂部寫信給她，每封都手寫，總想寫得盡善盡美。他寫給露易絲的信自信滿滿，語帶激勵與勸誡，給伊莉莎白的則寫滿心底話——他告訴她，史克萊柏納出版社有位做裝幀設計的女同事對他說：「喝醉對你有好處。」——也願意讓伊莉莎白看到自己的弱點。他會爲信紙上最微小的瑕疵道歉，接著寫出一封神采飛揚、妙語如珠或簡單傷感的信。面對她，他徹底敞開心扉——就他膽量之所及。

在新迦南有一封給妳寫了一半就放下的信。我從頭讀到尾，發現即便是信——這種最能包容書寫者只談論自己的形式，我暴露的自我意識還是太多了；正因如此，不是所有人都愛寫信，這一點既令人納悶，也可以想見。

伊莉莎白樂見他的每一封來信，而且總是那麼理解，從不多問。「別好奇，」他曾在信中對她說：「不過妳也不是會好奇的人。」

多年以後，萊蒙小姐說：「根本不是那樣，我跟任何人一樣好奇。我渴望知道他的事，但從來不問，因爲我知道問了他就不會再寫信來。」

就這樣，麥斯相信伊莉莎白・萊蒙是可以傾訴內心不安的對象。「妳可以寫封短信給我，告訴我妳過得好不好嗎？」一九二六年十月，他在給她的信上說：「我已做好失去所有朋友的準備，面對千夫所指。不過現在風向變了，情況對我有利，讓我有勇氣問妳。」他眞正想知道的是：他心目中的女神是否還在天國裡。

靜靜承受著他的作家們經常感受到的各種孤獨，麥斯・柏金斯大劑量地吞服他新英格蘭祖先早就開過的藥方：工作，結果自然令史克萊柏納出版社大大得益。到一九二六年爲止，他確實爲史克萊柏納爭取到一連串精采作家。大家對柏金斯的看法就像費滋傑羅不久前對小說家湯瑪斯・波伊德說的：「是個奇蹟。自從那位老人走進上一代後，他就成爲出版社的靈魂人物。」

在人生的最後幾年，老查爾斯・史克萊柏納非常重視柏金斯對書的意見，但也不是一概接受。一九二五年，麥斯讀了布魯斯・巴頓（Bruce Barton）的《一個無人知曉的人》（*The Man Nobody Knows*）書稿，它用流行手法演繹《新約全書》。羅傑・柏林蓋姆記得柏金斯當時嗅到此書有暢銷潛力，拿著書稿去見查爾斯・史克萊柏納。麥斯說：「這書把耶穌寫成超級推銷員、積極份子、商業天才，當然可能大賣。」但史克萊柏納長年出版正統宗教書，他完全被這本書嚇呆了，堅持退稿。鮑伯—梅瑞爾出版社決定出版它，一九二六年第二個圖書銷售旺季一開始，它就勢如破竹。看到《一個無人知曉的人》月復一月地佔據暢銷書排行榜第一名，那位大家長竟把柏金斯叫來，問：「這本書怎麼回事？我們爲什麼沒有拿到？」

「我們討論過，史克萊柏納先生，」柏金斯答：「我一年前跟您提過，但公司決定放棄。」

「你跟我討論過？你是說稿子到過我們這裡？」

柏金斯驚愕於查爾斯．史克萊柏納的記性衰退成這樣。

「當然，史克萊柏納先生。您不記得我說它把耶穌寫成推銷員？我還說它應該會大賣。」

這位出版社老闆面無表情地凝視柏金斯許久。隨著眼中一絲微光閃現，史克萊柏納身體前傾，搖著一根手指說：「可是柏金斯先生，你沒告訴我它會賣四十萬本。」

# 7 有個性的人

《太陽依舊升起》出版奏捷幾個月了，厄涅斯特．海明威卻無法安心寫作。爲了防止自己從一次婚姻迅速掉進另一次婚姻，他避開生活中的兩個女人妻子海德莉和寶琳．費孚到奧地利滑雪去。感情的大風大浪令他疲憊不堪。

一九二七年二月，柏金斯寫信給在格施塔德的海明威，試圖讓他提筆寫作。麥斯希望海明威能選出一本短篇小說集的篇目，並說：「你的書我們一定全力做。」

柏金斯的約稿移轉了海明威對婚姻的注意力。幾天後，他告訴麥斯，他的頭腦「恢復活絡」了，正在寫一些「相當不錯」的短篇，也在挑選小說集的篇目，書名打算叫《沒有女人的男人》（*Men Without Women*）。柏金斯的面前很快出現了要他編排的十四篇短篇小說，對這本書空前投入。他編短篇小說集，通常會把最好的幾篇放在前面、中間和末尾，其他品質不一的穿插其中。他決定《沒有女人的男人》從海明威篇幅較長的〈不敗的人〉（The Undefeated）展開，收尾在較短的〈現在我讓自己趟下〉（Now I Lay Me）。

雖然一九二七年有個好的開始，但這一年大部分時間海明威的心思都不在工作上。四月與寶琳結婚前後，他旅行了好幾個月。九月，他告訴柏金斯已經開始寫下一部長篇小說，細節暫且不說，因爲說得愈多他的進度會愈慢。

一回到巴黎，海明威就規定自己每天寫作六小時，不到一個月已經寫了三萬字。接著又宣布他將結束四年海外生活，搬回美國。他終於意識到這幾年他把生活「弄得一團糟」，所以很感激柏金斯穩住他的事業。他的「生活，心思，所有的一切，一度全都糟糕透頂」，但漸漸恢復了。他告訴柏金斯很想寫一部好的長篇，爲了他們共同的事業，無論多長都行。他考慮定居佛羅里達州的基韋斯特島，在那裡審慎經營自己的寫作未來。如果寫了一段時間的「現代版湯姆．瓊斯」[14]（已經寫了二十二章）寫不下去，他就先擱置它，去寫兩週前才動筆的另一部小說。這部小說的來歷得上溯海明威的兩個短篇：一是以厄涅斯特戰時在米蘭愛上的一位護士爲原型的〈一則很短的故事〉（A Very Short Story）；另一篇是〈在異鄉〉（In Another Country），描述一位少校的妻子罹患肺癌，死於那位護士工作的醫院。海明威擷取這兩個短篇的主要情節元素，著手寫一個「關於愛情與戰爭、爲生活奮鬥的老故事」，他在《太陽依舊升起》出版後曾向柏金斯提過。到佛羅里達後，他決定繼續寫下去。

麥斯一邊迫切期待早日看到海明威的稿子，一邊評估在社內雜誌連載的可能，雜誌的稿酬應該能激勵海明威把小說寫完。此外他還有更深層的考慮。羅傑．柏林蓋姆回憶說：「社裡有些叛逆的年輕人似乎覺得《史克萊柏納》雜誌太老氣橫秋。」柏金斯就是其中之一，他想提升這份雜誌的文學品質。海明威可以從其他商業性更強的雜誌賺到高出許多的連載費，但麥斯說，《史克萊柏納》雜誌渴望刊登他的重要作品，願意付一萬美元，約翰．高爾斯華綏、伊迪絲．華頓的待遇也不過如此。海明威答覆說，這麼一大筆錢正是他想要的，但他擔心這份雜誌過去兩年來的風格變化不大，刊登這部小說很冒險。他對麥斯說，他作品總是先因爲「太這樣或太那樣」而被退稿，等出版後得到讚譽，人人又說當時眞該出版它。不過他還是同意讓《史克萊柏納》雜誌先鳴第一槍。

一九二八年仲夏，寶琳生下他們的長子，取名派翠克。厄涅斯特爲第二個兒子的誕生高興，但跟麥斯說，本來希望是女兒，就能和他的編輯一樣擁有女兒。母子身體都健康到能長途跋涉時，就前往寶琳位於阿肯色州皮戈特的娘家，厄涅斯特則去懷俄明州釣鮭魚，完成小說的結尾。讀完定稿，他足足喝了一加侖葡萄酒來慶祝完工，接下來兩天什麼也不能做。酒醒以後，他回報自己的身體和精神狀態好得不能再好。

雖然遠在西部，海明威還是從史克萊柏納另一位編輯得知，長期熬夜工作令柏金斯的身體每況愈下。海明威知道他的編輯工作如此之重，自己有一部分責任。對他而言，柏金斯代表史克萊柏納出版社，以及他所有出書計畫的未來，於是他寫信督促編輯「就算不爲別的，也要爲了上帝」保重自己。海明威打算秋天回基韋斯特，邀請麥斯加入他正在召集的釣魚團，團員有約翰·多斯·帕索斯、畫家亨利·史崔特（Henry Strator），另一位藝術家沃爾多·皮爾斯（Waldo Peirce）是麥斯在哈佛的同班同學。「我非常想去，」柏金斯回覆：「但我沒釣過魚，而且此刻不宜，因爲有五個孩子要照顧，希望六十歲的時候可以，但大概只有千分之一的可能性。」

海明威的長篇小說快寫完時，柏金斯觀察到，有種興奮感漸漸滲入厄涅斯特的寫作習慣：一得心應手就驕傲自大。史考特·費滋傑羅已經被海明威視爲競爭對手。起初，他敬佩費滋傑羅的才華，喜歡和他在一起；爾後目睹史考特時常入不敷出，看著他說要寫某本書，說了半天卻總是難產。海明威

14 十八世紀費爾丁（Henry Fielding，1707-1754）創作了《棄兒湯姆·瓊斯的歷史》（*The History of Tom Jones, a Founding*），或稱《湯姆·瓊斯》（*Tom Jones*）。

的個性中有欺弱的一面。終其一生，他寫給麥斯的信始終顯露出他愈來愈想與費滋傑羅一爭高下的心態，而且總以自己的勤奮簡樸對照費滋傑羅的揮霍無度。

令海明威不耐煩的不僅是史考特永遠缺錢，還有他在寫作上苟且妥協的做法，尤其介意費滋傑羅在《週六晚郵報》發表的那些風格怪異的短篇小說。史考特曾在巴黎丁香園咖啡館告訴厄涅斯特，他如何先寫出自己覺得好的故事，再為了發表而修改，他知道怎麼把小說改成雜誌喜歡的樣子。這令海明威震驚，他說這無異於賣身。史考特同意，但解釋「只能這樣，因為只有從雜誌賺夠錢，才能寫真正的小說」。海明威認為任何人寫作都不該隨便，「應該努力寫出最好的作品，而不是自毀才華」。不僅如此，費滋傑羅的狂歡作樂也不再吸引他。離開留在巴黎的史考特後，海明威最初對史考特浪擲才華的擔憂也漸漸發酵成不耐。他從不否認在那些日子裡，清醒時的史考特是他最忠誠的朋友，但他也擔心史考特對寫作的某些觀點會帶壞他，泯滅他純樸的理想。

一九二八年初，厄涅斯特告訴麥斯他多麼替費滋傑羅惋惜。他認為史考特應該在一年前、最好是兩年前就完成至少一部長篇小說。現在他應該做的是寫完它，不然就扔掉，另寫新的，這本書拖太久了，以至於他自己都不相信能完成，卻又害怕放棄。所以他才寫短篇小說——海明威稱之為「排泄物」——並不斷找藉口，非到萬不得已不去「碰釘子，完成那部長篇」。海明威說每個作家都必須放棄一些作品，另寫新的，即使這意味著他不再活在評論家的鬼扯意見中。他說，那些評論者，毀了每一位讀他們書評的作家。

對海明威的這套說法，柏金斯在一定程度上認同，但更同情費滋傑羅的處境。他相信費滋傑羅為了完成這部小說、維持他和賽爾妲奢侈的生活水準，押上了所有寫作資源。那年稍早，麥斯在給海明威的信裡承認：「賽爾妲確實對他很好，但她實在奢侈得驚人。」現在他則強調：「賽爾妲這麼聰明，應該也很堅強？我驚訝於她不面對現實，花錢毫不節制。他們的麻煩——也許最終會把史考特害死——主要在放縱奢侈。無論哪一個朋友像他們夫婦這樣花錢，早就破產了。」

海明威在巴黎第一次見到賽爾妲就不喜歡她。他注視著她「老鷹般的眼睛」時，看到的是一個放縱的靈魂。他判斷史考特的麻煩十之八九都來自她，並說他的這個朋友做的每一件「蠢到家的事」幾乎都是「受賽爾妲直接或間接影響」。厄涅斯特常想，若是史考特沒有娶這樣一個讓他幾乎「浪費」一切的女人，或許已經、至少很可能成為美國有史以來最傑出的作家。

在柏金斯眼中，史考特的事業還有其他障礙。其中之一是，費滋傑羅要在這部小說中嘗試不可能的寫法——他試圖將弒母故事向來存在的嚴肅性，與他筆下上流社會的浮華融合；也許他已意識到不可行，但不願承認。麥斯寫信對厄涅斯特說：「若我能得到任何暗示這看法正確的回應，我就會勸他放棄，另寫新小說。」但史考特仍然拖著。他最初打算以第三人稱來寫，如今改成第一人稱。和《大亨小傳》中的尼克．卡羅威不同，這部被定名為《莫拉基事件》（*The Melarkey Case*）的小說的敘述者身分始終不明，用第一人稱也行不通，不久史考特就徹底放棄。

在史考特平日歡顏的背後，還有一個他竭力掩飾的問題：對衰老的恐懼。在愛麗絲．托克勒斯（Alice B. Toklas）近四十年後寫的回憶錄中，她還記得一九二六年九月史考特拜訪葛楚．史坦時對她說：「妳知道，今天我三十歲了，眞可悲。我會變成什麼樣子，該怎麼辦？」

換個環境似乎不失為可行的權宜之計。數週後，賽爾妲寫信告訴麥斯：「我們想回去想得快瘋了，渴望讓別人看到這三年來我們在文化樞紐之地的變化有多大——儘管時有憤怒，也被美麗閒適的里維耶拉征服。住在這裡對我們來說有種難以形容的好。總之，我們的言談舉止變優雅了，現在我們要帶著那些貼有法文標籤的藥瓶回去。」

費滋傑羅從歐洲回家鄉過冬，見到了麥斯，然後去好萊塢第一國民電影公司工作三星期，這是他未來數次去加州的開端。對史考特來說，電影業是彩虹另一端的迷人世界，他去那裡永遠是為了尋一桶金。麥斯在信中對史考特說：「希望你只去三個星期。麻煩的是你對那些電影人太有價值，我擔心他們開出多得難以拒絕的錢籠絡你。但我知道你已推掉很多提案，看來你始終明白自己在做什麼。」

柏金斯願意這樣相信，多少是為了分散史考特對高薪的注意力，他在信裡說：「我現在壓力很大，因為得回答別人關於你的兩個問題：你在哪裡，你的下一部小說是什麼？」過去幾個月，柏金斯想過用《世界博覽會》為書名；根據史考特描述的內容，他認為這個書名再貼切不過。麥斯說他想對外宣布，以便先確定「某種所有權。我也認為這有助於激發讀者對這部小說的好奇和興趣」。

柏金斯希望史考特回到美國定居，認為費滋傑羅應該會喜歡宛如杜邦家族封建領地的德拉瓦州，便去那裡找房子。一九二七年四月初，費滋傑羅夫婦搬進埃勒斯利，這是柏金斯推薦的威明頓郊外一幢希臘復古式豪宅。令他們滿意的是房租不貴，宏偉的風格也正投他們所好——也許太宏偉了，艾德蒙．威爾森相信這房子燃起史考特對浮華生活的渴望。多年後，在《光明之岸》（*The Shore of Light*）的一篇文章中，他提到正是史考特「難以抑制過得像百萬富翁的心態」以及對那部小說的「心理障礙」，導致「他不尋常地中斷嚴肅創作，改幫商業性雜誌寫故事」。不管出於什麼原因，費滋傑羅幾乎放棄了這本書。在德拉瓦州的馬球球友聚會上，或獨自在埃勒斯利時，他縱情作樂，三番四次被控擾民而遭拘留。

麥斯對史考特奢侈的生活方式（四處旅行、華美的家居、精緻的著裝、與歐美墮落的富人相偕尋歡）心懷矛盾。一部分的麥斯（來自艾瓦茨家族的血統）與這種生活沒有交集，但另一部分（柏金斯家族的血統）則對這種刺激有著強烈的共鳴。新英格蘭人麥斯不允許自己墮入史考特熱衷的聲色犬馬，但他對費滋傑羅的包容，多少說明他以感興趣但不涉足的旁觀者立場欣賞著如此自由的生活，而不反感。麥斯喜歡送小禮物給史考特，製造驚喜，例如史考特把鍾愛的手杖弄丟了，麥斯就送一支新的，或為史考特特製《大亨小傳》限量皮面精裝版，宛如古板但縱容的叔叔，與得寵、趕時髦又令人難以拒絕的侄子之間的關係。

對費滋傑羅來說，柏金斯填補了另一個角色。他很小就對父母失去敬意，因為他們的一生沒什麼成就，只靠繼承來的遺產坐吃山空。後來在一篇自傳性短文〈作家的房子〉（Author's House）中，費滋傑羅回憶第一次湧現的孩子氣的自傲：「我相信我永遠不會像別人那樣死去，我不是我父母的兒子，而是王子，統治全世界的國王的兒子。」不久前他寫信對麥斯說：「我父親低能，母親有精神病，半瘋半癲，動不動就神經兮兮的。他們沒有，也不可能有凱文．柯立芝的頭腦。」柏金斯準備好扮演父親的角色，再三督促費滋傑羅回到創作，面對那部情節發展得愈來愈累贅的小說。一九二七年六月，史考特提出與之前作品迥然不同的書名：《弒母的男孩》（*The Boy Who Killed His Mother*）後沉默數月，遠離人群，努力為這部小說理出頭緒。

一九二七年春天，露易絲．柏金斯七十一歲的父親在倫敦病倒了。他退休後四處旅行，研究鳥類。麥斯和露易絲怕有不測，於六月搭上奧林匹克號郵輪去英格蘭。她照料父親時，他去看看史克萊柏納倫敦分社的情況。這是他第一次離開美國。他發覺輪船是一座豪華監獄，除了沒完沒了地吃飯，無事可做。他在給伊莉莎白・萊蒙的信中說：「大海竟沒有給人無邊無際的感覺，因爲你可以清楚地從各方向看到它的邊際，距離同樣遙遠。大海就像個大圓盤。」沒幾天，船開始晃，麥斯第一次感受到大海的威力。邊聽著打開的舷窗外海浪飛濺的聲音，他寫信對女兒捷比說：「下次我會離海遠遠的。」

柏金斯一直想像倫敦是個「單調乏味的地方，充滿呆板、冷漠的人」，結果出乎意料，他錯了。（「看，書本帶給我什麼影響！」他在信裡對伊莉莎白說。）

麥斯公餘的大部分時間都和露易絲一起陪伴她康復中的父親。柏金斯夫婦這次歐洲之行僅限於倫敦，此外只去約翰・高爾斯華綏位於蘇塞克斯的別墅拜訪，住了一夜。在高爾斯華綏家的大部分時間，麥斯都在和他談書。柏金斯希望得到高爾斯華綏的支持，以擴大費滋傑羅在英國讀者中的知名度，但高爾斯華綏對此無動於衷。事實上，麥斯發現他根本不認同當代文學。他後來寫信告訴費滋傑羅，高爾斯華綏提起《大亨小傳》是「一大進步」，但他眞正喜歡的書，看來是那些「遵循老套框架寫成的東西……不足以表達當今的思想、情感」。高爾斯華綏告訴柏金斯：「這些一開始就成爲作家的寫作者毫無例外會令人失望。作家在涉足寫作前做點其他事是有益的，能讓他從穩固的立足點看世界。」

沒有人比高爾斯華綏夫人更無禮。她一邊拎著茶壺爲露易絲倒茶，一邊說：「當然，我知道妳更喜歡喝茶包。」點燃壁爐裡的木柴時，她輕蔑地盯著露易絲說：「你們想必都用模擬木材壁爐芯吧。」露易絲沒有理會這些無禮之詞，因爲麥斯更令她失望。那天下午有一刻，高爾斯華綏夫人讚美他彬彬有禮時脫口而出：「柏金斯先生，您也許是英國人。」

「噢，我不是。」他面無表情的冷淡回應讓談話陷入死寂。

多年後，露易絲告訴麥斯的外甥奈德．湯瑪斯（Ned Thomas）：「我們在那裡時，麥斯擺出他們艾瓦茨家固執的死樣子，毀了整頓午餐。」不過高爾斯華綏事後對朋友說，柏金斯是他認識最有趣的美國人。

一天下午，麥斯和露易絲逛到英國下議院，正巧遇上財政大臣溫斯頓．邱吉爾（Winston Churchill）的演說。議員們低沉單調地談論財政問題，麥斯卻發現邱吉爾「才華洋溢」。他寫信回家跟女兒們說：「邱吉爾，那個我希望哪天能說服他寫一本大英帝國史的人，他做了一場演講，只要講到兩個黨派中任何一黨的議員喜歡聽的話，他們就會說：『聽啊！注意聽啊！』」

麥斯將此行的詳情寫成一封長信寄給伊莉莎白．萊蒙。談到名勝時他插入一句溫柔的話：「倫敦經常可見長得像妳的女子，比在美國多。不知為何，她們的長髮總讓我想起妳，雖然在我眼中她們都不如妳美麗。」

這一週半的倫敦之行給他留下了深刻印象，他在信裡對伊莉莎白說：「我這輩子第一次在城市裡過得這麼安逸。」但麥斯沒有安於享樂。露易絲本來可以愉快地在這裡度過整個夏天，不過桑德斯先生康復後不久，他們就去南安普敦搭船回國。

一回到美國，露易絲就和孩子們去溫莎。除了偶爾去溫莎，麥斯整個夏天都待在他岳父位於紐約東49街的宅邸，替桑德斯先生照看鸚鵡和猴子。從那裡去史克萊柏納出版社步行即達。

這一年裡，麥斯寫了好幾封信給伊莉莎白，也常寄書給她。他告訴伊莉莎白，她的占星術研究給他家裡帶來麻煩了，因爲露易絲去找伊莉莎白推薦的占星師，占星師畫了一張麥斯的星盤，顯示他正陷入「絕望的境地，很明顯是愛造成的」。

「噢，我知道他不可能，因爲我每天晚上都和他在一起。」露易絲說。

「但是，」占星師繼續說：「妳不知道他下午在做什麼。」這位占星師認定麥斯在「痛苦中」掙扎，而露易絲根本不了解丈夫。

「妳怎麼看？」麥斯問伊莉莎白。她表示，顯然麥斯在那年春天陷入婚外情。麥斯回信說：「雖然我知道妳對我的評價不高，但妳必須知道我不會做那種事。那位女士說的完全是空穴來風。」伊莉莎白說，即便星盤那樣顯示，她依然相信他。

接下來的冬天，麥斯給寫了三封長信給她，但都揉成一團沒有寄出去。他試著弄清楚：「我不知道究竟爲什麼，我覺得妳的注意力轉移到別的星球去了。」的確，當工作信件中夾著伊莉莎白的來信時，他都吃驚地盯著，不敢置信。那年九月讀完她的一封短信後，他回信道：「我把其他信推開，讀它」，雖然「我以爲妳在歡樂、寧靜的鄉村生活中早就忘了我們」。

這一年，與柏金斯通信最頻繁的是他過去的英文教授查爾斯·科普蘭。自一九二〇年起，麥斯和另外幾位出版人都邀他寫回憶錄，但散漫和驕傲使他沒能「回憶」。他認爲講述人生經歷無異於承認自己已失去戰場。科佩還要教好幾年書，還不打算回顧過去。但他最終編了一本他稱爲「活的」書，那是他最喜歡的作品選集，厚達一千七百頁，收錄二十年教學生涯中選給學生們讀的文章，名爲《科普蘭讀本》（*The Copeland Reader*）。

「就這樣，開啓了出版史上最不尋常的一段作家與出版人的合作過程，」《紐約時報書評週刊》主編和《哈佛的科佩》（*Copey of Harvard*）一書作者唐納德．亞當斯（J. Donald Adams）寫道：「柏金斯渴望爲這位他非常敬重的人出書，準備接受他提出的任何合理要求。」但他起初沒有料到，科普蘭會在這本書的編輯過程中斤斤計較、得寸進尺。《科普蘭讀本》（以及一本與之配套的科佩選編外國作品集：《科普蘭翻譯讀本》〔*Copeland's Translations*〕）的檔案在史克萊柏納出版社的櫃子裡佔了創紀錄的空間。亞當斯解釋：

> 他不停寫信來討論文本、作品挑選、宣傳推廣；何時加印，字型大小、開本大小也問了一遍又一遍，鍥而不捨……無論信裡有多少牢騷不滿，甚至要求『立刻回答』，他都得到迅速而周到的回覆。

他寄了一張明信片給柏金斯，提醒他目錄的「版型必須寬鬆一些」。柏金斯對科普蘭的要求幾乎照單全收，甚至盲從；他對科佩的縱容超過任何作家，遑論文集的編者。柏金斯讓史克萊柏納出版社爲他收集所有他編書要用的文本，一反常規地支付與權利人洽談授權的費用，還分擔了一些授權必要的聯繫、談判工作。

「但他們的合作中最不尋常的是科普蘭對預付版稅的態度。」亞當斯指出。科佩堅持視它們爲貸款，嚴格來說也的確是。亞當斯接著說，結果，「科普蘭還要求合約中明定預付金的利息，他肯才簽約，這樣的作家在出版史上恐怕是絕無僅有」。

另一方面，科佩跟柏金斯的其他作家一樣。《科普蘭讀本》過了幾年才賣到幾萬冊，它剛面世時科佩曾抱怨廣告宣傳不夠，柏金斯表示認同後，科佩逼得更緊。最後，麥斯認爲廣告宣傳就像人推著一輛靜止不動的汽車：「如果推得動，那麼推得愈用力車就動得愈快；但若推不動，就算推到死也是不動。」

麥斯比過去更忙碌了，但他知道他和露易絲不能總是謝絕費滋傑羅邀他們去德拉瓦州別墅共度週末的美意。他告訴伊莉莎白，他不想去是因爲「那裡充斥廣告、雞尾酒、濃妝豔抹的女人、香菸味、高談闊論」，他討厭這一切，但據說世故的紐約編輯都得熟悉這一套。總之，柏金斯夫婦還是在一九二七年十月拜訪了史考特和賽爾妲。

麥斯告訴海明威，埃勒斯利別墅是「一幢堅固、高大的黃色建築，是我去過的房子中最獨特的」。它很古老（就美國而言），綠樹環繞，肆意生長。別墅前後都有廊柱，二樓的房間都有陽台，還有大片草坪一直延伸到德拉瓦河邊。星期天，麥斯最早起床，獨自吃了早餐。秋日的微風撩撥著窗簾，陽光灑進來。「彷彿想起很久以前愉快的事，」他告訴萊蒙：「全都屬於寧靜的過去，讓我覺得安心、愉悅。」

但是，屋主與這寧靜、古老的傳統並不和諧。費滋傑羅正深受神經緊張的折磨，酒喝得凶，說話緊張，手會顫抖。麥斯擔心史考特隨時可能崩潰，建議他過得簡單點，少喝酒，認眞運動一個月，抽不含尼古丁的薩諾斯牌香菸；令他欣慰的是，賽爾妲很健康，精神狀態也好。麥斯在信裡告訴伊莉莎白：「她是有個性的女子，一心想要過比現在更好的生活。」

那個月稍晚，費滋傑羅到紐約來看麥斯。他說小說還差五千字便完成，但麥斯覺得他神經的弦繃得太緊，無法把剩下的內容寫出來。史考特在史克萊柏納大樓五樓那間陳列許多書的會客室工作了一小時，突然心煩意亂。他得出去散步，要求麥斯陪他喝一杯。麥斯不知道這會對史考特會造成什麼後果，有條件地地答應，說：「好，如果只喝一杯我就去。」費滋傑羅迸出一句：「你講得好像我是林·拉德納。」兩人走出大樓，麥斯一度覺得費滋傑羅似乎冷靜些了。「我們一邊喝一邊聊了很多，」第二天，麥斯寫信對拉德納說：「總之我相信，他若把這部小說寫完……再好好休息一陣子，規律運動，他會完全好起來。」

過去一兩年，費滋傑羅的收入因爲賣出附屬版權而增加不少，《大亨小傳》改編成戲劇在紐約票房很好，電影版權也賣給了好萊塢。這一年剩餘的大部分時間裡他又開始爲《週六晚郵報》寫三千五百美元一篇的短篇小說，長篇小說被擱在一邊，但柏金斯仍寄給他這本書未來版稅的預付金。一九二八年元旦，費滋傑羅想到自己的處境，寫信給麥斯：「我請求你再耐心一小段時間，永遠感激你匯款給我。」他對自己欠了那麼多錢很內疚，又請麥斯放心，他會一口氣還清，這是「一筆安全的投資，而非冒險」，因爲他從去年十月中開始戒酒，菸也只抽薩諾斯。

麥斯回信說：「我們都應該爲你決心戒酒而驕傲，這對任何人都不容易，對於不用上班，自由支配時間的人來說更難。」對費滋傑羅的寫作事業，麥斯眞正擔憂的是，《大亨小傳》沒賣起來已經三年了，記得它的讀者已不多，期待他新書的更少。他跟他另一位作家、詩人兼小說家康拉德·艾肯談起費滋傑羅，結果倒是深受鼓舞。艾肯對《大亨小傳》的評價仍和它剛出版時一樣高，而且說，這本書在評論界已有一定地位，因爲「現在人人都知道這本書，知道『蓋茲比』代表什麼」。

另一件令麥斯高興的事是他簽下了一位很有潛力的新作家，加拿大人莫利·卡拉漢。卡拉漢早年在多倫多《星報》與海明威共事，後來去了巴黎，又與費滋傑羅等其他美國旅法作家交往。麥斯讀了好幾篇卡拉漢發表在歐洲小雜誌上的文章，起初只是覺得他是「冷峻的」現實主義作家。見到本人後認為他「非常聰明、敏銳」。卡拉漢來紐約寫長篇小說《奇怪的逃亡者》（*Strange Fugitive*），描寫一個貯木場工頭厭倦婚姻生活，被人鼓動去賣私酒。柏金斯看了未完成的書稿，相信它將受歡迎。幾個月後小說完成，史克萊柏納那一年就出版了，但費滋傑羅的書還在拖。

二月，史考特從德拉瓦州發來電報：「小說未寫完，上帝保佑我早點寫完。」

縱然是在寬敞的埃勒斯利，這時的費滋傑羅夫婦還是悶得慌。事實上，史考特也承認，他力圖追求象徵莊園生活的一切，都只不過是「試圖從外在彌補內心的不足。我要受人喜歡，要讓人肯定我不僅有小天才，還是個大人物。但同時，我也知道這很荒謬。」因而，他們又要去歐洲了。整個春天，史考特寫給柏金斯的信都在調錢。六月，他來信說他們一家已在巴黎落腳，住在盧森堡公園對面的沃日拉爾路上。他現在「滴酒不沾，專心寫長篇小說，這部小說，不寫其他」。他說：「八月我將帶著書稿，或未完成稿回來。」

《大亨小傳》出版後已進入第四年。七月，詹姆斯．喬伊斯到費滋傑羅家吃晚餐，喬伊斯的話令他深受鼓舞。史考特問他的下一部作品，已經寫了六年的《芬尼根的守靈夜》（*Finnegans Wake*）是不是快要完成了。「是的，」喬伊斯答道：「我希望最多再用三、四年就寫完這部小說。」於是費滋傑羅告訴柏金斯：「他每天寫十一個小時，而我斷斷續續才八小時。」

費滋傑羅直到十月才回國。柏金斯看到他步下輪船踏板時，發現他醉得東倒西歪——他在船上點了兩百多美元的酒。但史考特仍緊緊抓著手提箱，裡面裝了「完整……但未定稿的」小說，他說全部內容都寫在紙上了，只是有些部分還需要修改。

費滋傑羅回到埃勒斯利，準備下個月交稿。書稿未定，史考特卻寫信對他的編輯說：「但我獨自跟它在一起的時間太長了。」他打算分批交，他在這邊修改時，麥斯可以在那邊每個月讀兩章定稿。「又寄稿子給你的感覺眞好。」十一月，史考特寫信給柏金斯說，他把第一批書稿寄給了柏金斯；這只是內容的四分之一，共一萬八千字。史考特上一次寄稿子給他已經是三年前的事。現在，費滋傑羅得先趕一篇短篇小說，以便有錢安心把預計十二月初寄給柏金斯的三、四章改完。他請柏金斯等看過完整書稿再提出意見，因爲「我想有每一部分都定案的感覺，不要再爲它憂心忡忡，即使最後一刻說不定又會大改。我只想知道，整個來說你是不是喜歡……上帝呀，看到這些章節躺在信封裡眞好！」

柏金斯回信給史考特說：「非常高興你這樣設想，現在別再改變主意了。」一週後，麥斯針對剛收到的書稿表達意見：「我剛讀完前兩章。第一章我們完全贊同，寫得極好。第二章有些片斷是你迄今寫得最好的，有些迷人的場景，給人簡潔而美麗的印象……我希望能在春天出版它，因爲它前途無量；等不及想看全部。」

柏金斯等著費滋傑羅寄來第二批書稿的時候，他的暢銷作家威拉德．漢汀頓．萊特（Willard Huntington Wright），也就是成千上萬讀者熟知的范達因（S. S. Van Dine）寄來了推理小說新作。萊特曾是收入勉強糊口的藝術評論家和報刊編輯，他把自己的優雅風度和細膩情感移植到他創造的小說人物，私家偵探費洛．凡斯身上。最初幾個月，他始終找不到一家願意出他推理小說的出版社；後來柏金斯讀了他幾篇大綱，被複雜的情節吸引，便簽下他。首先出版的是《班森殺人事件》（*The Benson Murder Case*），接著是《金絲雀殺人事件》（*The Canary Murder Case*）。現在，在一九二八年新年假期中，麥斯通宵看新稿《格林家殺人事件》（*The Greene Murder Case*）到凌晨三點半，覺得它寫得非常好。短短幾年中，范達因已成爲愛倫．坡（Edgar Allan Poe）之後最暢銷的推理小說作家。他的成功部分得歸功於柏金斯在主角費洛．凡斯性格塑造上的細膩協助。對待推理小說作家，柏金斯投入的思考和嚴格要求，與他對費滋傑羅、海明威及其他文學性更強的作家並無二致。

從事編輯工作十五年，麥斯．柏金斯在史克萊柏納出版社逐漸被公認爲最寶貴的員工，薪資也隨之增加。過去十年，他的年薪翻了一倍，達到一萬美元，還獲得爲數不少的出版社私有股份。然而對麥斯來說最重要的，毫無疑問是史克萊柏納兄弟讓他在工作中逐漸擺脫那年邁、保守的上司威廉．克拉里．布勞內爾的控制。在史克萊柏納出版社工作了四十年，布勞內爾最近退休了。不過，七十七歲的他仍幾乎每天到辦公室報到，他的工作效率已大不如前，而柏金斯正値巔峰。現在，麥斯與同輩同事挑起編輯大樑，最活躍的新編輯中有一位華萊士．梅爾（Wallace Meyer），二〇年代初曾在社內擔任廣告經理，辭職去「開開眼界」後，決定穩定下來尋找終身職業。一九二八年，麥斯好言相勸把他找了回來。

那年夏天，柏金斯正在溫莎度假，布勞內爾去世了。麥斯寫信對史克萊柏納先生說：「我讀到布勞內爾先生去世的消息，非常難過。他是好人。」年齡的差距讓他們有著不同的文學品味，但柏金斯發現這位前輩停留在十九世紀的思想無損他做爲一位文學顧問的能力。柏金斯說：「如果年輕人在他（布勞內爾）身邊工作幾年，還不能成爲合格編輯的話，他就沒有能力擔任這份工作。」布勞內爾嚴守的原則是：讀作家的訪談，跟讀作品一樣可以看出他的水準，因爲「流水不會高於源頭」。另一條柏金斯信服的布勞內爾格言是：出任何書，最糟的理由是它像另一本書，無論作者多麼無意，「模仿之作永遠低人一等」。有時候，一本二流書稿因爲某些不尋常的特色而讓編輯部下不了決心退稿，布勞內爾就會說：「我們不可能什麼書都出，讓別人去體驗它的失敗吧！」以此結束爭論。

布勞內爾總是爲被他退稿的作家設想周到。每當有潛力的書被退稿，布勞內爾總會親筆寫一封深表同情的信。柏金斯很敬佩這種有人情味的退稿方式，視爲一門藝術。有封退稿信寫得太感人，以至於作家又把書稿寄回來，並在信的空白處寫道：「那你爲什麼不出呢？」

總之，柏金斯相信，布勞內爾建立了他做爲總編輯的尊嚴。聽到他的死訊，麥斯主動提前結束假期，通知出版社他將在當週回去工作。他寫信給查爾斯．史克萊柏納，言不由衷地解釋他不需要剩下來的假期：「反正剩下的時間我也無事可做，雖然我認爲洛克和梅爾完全能接手。我們現在擁有一支任何出版社都渴求的強大編輯團隊，相信我們的書單會呈現出這一點。」

如今，柏金斯四十三歲了，已是成熟的職業編輯，風格也已確立。麥斯剛結婚時曾告訴露易絲，他希望成爲「坐在大將軍肩頭的小矮人，告訴將軍什麼該做什麼不該，而不被人察覺」。麥斯以各種方式指導著他的「將軍們」。有時很大膽，他常常對請他提供意見的作家說：「你寫作時必須把自己抛開。」有時他刻意少說甚至一言不發。當某位作家來找麥斯，喋喋不休講起作品或生活中種種悲哀事時，麥斯常只是靜靜地聆聽。有位史克萊柏納的同事記得，在一次午餐飯局上，有位作家說起他的種種問題，他說著，麥斯慢慢吃，一言不發。這頓飯持續了好幾個小時，最後，作家站起身，兩手握著編輯的一隻手，結結巴巴地說：「感謝柏金斯先生給我這麼多幫助。」然後飛快地奪門而去。

羅傑．柏林蓋姆也記得有一次，一位作家在麥斯的辦公室裡吐苦水。柏金斯走近窗邊，似乎深感同情，凝視著樓下的第五大道。看了一會兒，他微微移動身體，似乎準備說話，作家也滿心期待。但柏金斯沒有轉身，說：「你知道，我不懂這些忙碌的人為什麼走得這麼慢，走得快的反而是那些穿著溜冰鞋，無所事事的男孩，我們——大家為什麼不穿溜冰鞋呢？」這位作家後來感謝柏金斯讓他暫時從自己的苦惱中抽離出來。

人近中年，柏金斯對古怪嗜好的興趣大增。他尷尬地相信著顱相學——藉由研究顱骨形狀和隆起，來分析人類性格的學說。他認為高鼻樑的人有個性，小鼻子或塌鼻子的人不會有多大出息。柏金斯還認為，承認記性差是精神有病的表現。他常說：「永遠不要承認你想不起來，把水桶投到潛意識裡去打撈記憶吧。」

他漸漸以自覺有趣的方式變得大驚小怪。嬰兒吸奶瓶會令他反胃。有次宴請某名媛，他因「她的裸背上有白天穿衣服留下的痕跡」而有微詞，還認為「眞正的淑女」不喝啤酒也不吃伍斯特醬，他告誡女兒們：「在我們家，只說襯衣，不說內衣。」

他帶書回家放進書架時，總是立刻把書衣拆下扔掉。每次看見書本打開，頁面向下，他就會下意識地將之闔上。對別人舔手指翻書頁的動作，他也看不下去。

他喜歡塗鴉，不斷隨筆勾勒拿破崙肖像，毫無例外都是側面。他常以猜想日常問題的「實際」解決辦法為樂，他認為蜂蜜必須裝在透明容器裡，像牙膏一樣擠出來才好，於是建議一位廣告界朋友以「液體陽光」為賣點為蜂蜜宣傳；他還認為打字機的紙應該長長的，打了孔以後像衛生紙一樣捲起來。

然而，任何與機械有關的東西柏金斯都一竅不通。一位女兒說：「他連把螺絲拴緊都不會。」一天，史克萊柏納大樓五樓有幾個人聞到煙味跑進麥斯辦公室，發現麥斯無視於垃圾桶在冒火。老查爾斯·史克萊柏納的外孫喬治·麥凱·席費林（George Mckay Schieffelin）說：「我敢說麥斯不知道那火怎麼燒起來的，更不知道怎麼滅火。」

柏金斯的女兒們都一致認爲，讓父親手握汽車方向盤簡直是置身險境。佩姬說：「他開車快得令人擔心出車禍，只有想到什麼感興趣的事才會慢下來，慢得近乎爬行。別人超車會激怒他。他還拒絕把遠光燈切換成近光燈，說這很愚蠢。有一次，我們的車前方有一對男女走在路側，他放慢車速，非常慢地跟在他們後面，試著對我們講解從藝術家的角度來看，男人和女人走路姿勢的區別。我們都求他快點開過去，因爲這對可憐的男女顯然被我們弄得不知所措。但他不聽，依舊興致勃勃地沉浸在如何區分走路姿勢的問題中。」

以發明家自詡的柏金斯認爲，世界上最偉大的發明家永遠比不上偉大詩人。他曾寫信對露易絲說，前者「從外部滿足人的快感，只在這個角度讓生活舒適一點」。發明家——

已經改進了我們的外在環境——若那可視為改進的話。但詩人改變了我們的心靈。我們邂逅偉大詩人，精神的高度就永遠得到昇華，可以更清楚、更深刻、更廣闊地觀察、聆聽、感知事物。就算沒有直接接觸他，我們仍會被他改變，因為他影響了別人，透過別人將影響傳遞給我們。所以自古以來，一個民族會因為偉大詩人而不同，正如莎士比亞改變了英格蘭，事實上，他改變了全世界。荷馬和但丁的影響力也是如此。

范·威克·布魯克斯在自傳中寫道：「我最早的朋友，也是我的終生摯友麥斯·柏金斯過去常說，每個人都蘊藏著一部小說。這句話非他首創，實際上是老生常談，但他這樣有個性的人把它內化了。我總覺得，如果他好好思考自己的人生，必能寫出一流的長篇小說，他擁有風格獨特的小說家天賦。但是他沒有發展這項特長，而將天賦貢獻給別人，發展他們的寫作事業。」

這也是一場內戰——柏金斯家族對陣艾瓦茨家族，保皇黨對抗圓顱黨。布魯克斯說：「一邊欣賞作家，另一邊則要幫助他們，這種矛盾心理可以解釋為什麼麥斯始終沒有成為作家，而成了他人倚靠的磐石。」

# 8 一點眞誠的幫助

一九二八年的秋天，一位活潑開朗的法國女士捧著一疊書稿來見柏金斯。她是文學評論家厄涅斯特．波伊德（Ernest Boyd）的妻子瑪德琳．波伊德（Madeleine Boyd），也是許多歐洲作家在美國市場的經紀人。會談中，她提起一部篇幅巨大、不同凡響的小說，作者是來自北卡羅萊納州的高個子，名叫湯瑪斯．沃爾夫，隨即接著繼續介紹其他書。當柏金斯把話題拉回這部名叫《噢，失去的》（*O Lost*）的小說時，她面露猶豫之色。「瑪德琳，妳爲什麼不把這本書稿帶來？」柏金斯追問。她要求柏金斯答應逐字逐句讀完全書，才肯把書稿送來。他們約定當天下午五點拿稿，「但是，」波伊德太太笑著說：「你得派輛貨車來裝。」五點整，一輛貨車準時來到她的公寓門口。她把巨大的包裹遞給司機，司機問她裡面裝的是不是一本書，「耶穌基督！」聽到她肯定的回答，司機驚呼。

二十年後，麥斯．柏金斯在一篇未發表的文章中寫道：「我第一次聽到湯瑪斯．沃爾夫的名字就有一種不祥之感。每件好事總有麻煩相伴。」

柏金斯拿到《噢，失去的》的時候，手上還有許多其他工作。這份厚得不得了的新書稿很容易淹沒在每週都會堆在他案頭的幾十份篇幅較短的新書提案和書稿中。但這本書稿附有一封給出版社審稿人的短信，作者在信中解釋這部作品的一些特點，頗爲動人。以下是部分內容：

這本書的字數，我估計在二十五到三十八萬字之間。一個無名作家寫這麼長的書，無疑是種輕率的嘗試，也顯示他對出版業運作的無知。這話沒錯。這是我的第一本書……

但我認為，只因為它太長而認定它不宜出版是不公平的……這本書也許缺乏情節，但不缺布局。它的布局精心、細緻……在我看來，這本書不是大而無當，而是必須用大段落而非單句來表現。總之，我相信它並不囉嗦、冗長，也不累贅。

我始終沒有把這本書當做小說。對我而言，它是一本可能埋藏於每個人心中的書。它來自我的生命，代表我二十歲時對人生的看法。

我寫了這麼多，並非為了取悅你……而是懇請你在花了許多小時細讀它之後，再多抽一點時間告訴我你的看法。如果它還不適合出版，是否能修改到足以出版……我需要一點真誠的幫助。

如果你有足夠的興趣看完這本書，能否給我這樣的幫助？

麥斯拿起幾頁，立刻被開篇吸引住，開場是主角的父親甘特，小時候看著一隊衣衫襤褸的南方邦聯軍隊經過。接下來的一百頁講述甘特的生平，這些事遠遠發生在他兒子，也就是本書眞正的主角尤金．甘特出生前。麥斯後來回憶說：「這些都是沃爾夫聽來的，與書的整體沒有實際關係，很難協調，寫得也比第一章乃至其他部分弱。」接著他去忙別的工作，將這本書稿交給華萊士．梅爾，心想：「這可能又是一本有潛力但沒有結果的書。」

十天後，梅爾來找柏金斯，給他看這包巨大書稿中另一個寫得十分精采的片斷，這讓麥斯的注意力重新回到這本書。他開始重讀。很快，他和梅爾交換各章節，約翰．霍爾．惠洛克和編輯部其他同事也都拿了一部分書稿同時看。當麥斯與瑪德琳．波伊德談妥出版協議時，他對這本書的價值已沒有絲毫懷疑。但他很清楚，要讓這本書付印還有一些障礙。例如，他知道史克萊柏納社內有許多人不喜歡風格如此強烈的作品，因為它就像「一塊硬得咬不爛的肉」。這本書也需要做大幅度的「結構調整」，並刪去大量內容。麥斯知道，在了解作家的脾氣、了解請他改稿難度究竟多高之前，還是先別保證會出這本書比較好。但他又很想出版它，想起當年為了爭取費滋傑羅和海明威而戰鬥時，曾經閃過遺憾沒有自己的出版社的念頭。

十月末，波伊德太太查到湯瑪斯．沃爾夫的下落，交給柏金斯一個慕尼黑的地址，表示給沃爾夫的信可以寄到那裡。於是編輯寫信對作家說：「不知道有沒有討論的空間，把這（書稿）修改到我們能出版的狀態，先不論操作面的問題，我確實知道它不是泛泛之作，任何編輯只要讀了都不可能不興奮，由衷喜愛它的許多段落和章節……不知道你最近會不會來紐約，我們可以當面談。」

這封信經德國轉到正在奧地利的沃爾夫時，他知道幾家出版社編輯已經退了這部自傳性小說。其中幾位說了它一些好話，但沒有人表示過半點出版興趣。「我無法形容你的來信讓我多興奮，」一九二八年一月十七日，沃爾夫在維也納回信給柏金斯說：「你的誇獎讓我充滿希望，對我而言堪比鑽石。」他預計聖誕節後回美國，而且由於已經幾個月沒看這本書，相信回來時再看它會「更新鮮、更有感覺」。他承認：「我無權期望別人幫我做原該由我做的事，但是雖然我會批評別人的作品囉嗦冗長，卻無法客觀地評論自己。」

「我需要一位年長、具批判力的人直截了當的意見和建議，」沃爾夫繼續寫道，他不確定柏金斯信上的簽名是柏金斯還是彼得斯：「不知道我能否在史克萊柏納出找到有足夠興趣和我討論這個長篇怪物的人。」沃爾夫對自己居然與查爾斯．史克萊柏納家族出版社往來感到驚訝，「我一直模糊地認爲這是一家穩健、但有點保守的出版社」。最後他提出兩點希望：首先，希望柏金斯能辨認他閃電般的筆跡，「許多人看不懂我的字」；第二，「希望我回來的時候你還記得我」。

對於第一個願望，柏金斯基本上沒問題，第二個就更不是問題了。波伊德太太最近告訴他，沃爾夫在慕尼黑啤酒節被人打得半死。這件事加上他從閱讀沃爾夫自傳式作品零星收集到的線索，讓柏金斯窺見未來爭吵的場面。接下來的幾星期裡，麥斯憂心忡忡地思考著他將不得不駕馭兩頭「莫比．狄克」[15]的問題——人比書更麻煩。

一月二日星期三，柏金斯結束新年假期上班了，非常忐忑地準備與那部佔據他整個桌面的書稿作者見面。有人事先提醒麥斯沃爾夫不同尋常的外貌，但他還是被這個一百九十幾公分的黑髮大個子嚇了一跳。大個子靠在門側，擋住了他辦公室的門。多年以後，麥斯回憶說：「我抬頭看到他雜亂的頭髮，明亮的面容，突然想到雪萊，雖然體形上他與雪萊全然不同。雪萊皮膚白淨，頭髮蓬亂，面孔發亮，頭不合比例地小。」

沃爾夫慢慢進入辦公室，上下打量這位編輯，發現與他想像中不同。作家後來寫信告訴對他影響最大、家鄉阿什維爾的中學老師瑪格麗特．羅勃茲（Margaret Roberts），這位召見他的男人一點都不像「柏金斯」。

（這個）名字聽起來像中西部人，但他是哈佛畢業的，多半來自新英格蘭家庭，四十出頭，看起來比較年輕，衣著、舉止都溫文儒雅。他看出我既緊張又興奮，平靜地和我說話，請我脫去大衣，就座，然後問我幾個小說和人物的問題。

柏金斯先提到開篇不久主角的父親、石匠甘特與當地妓院老鴇之間的一段情節。老鴇爲了旗下妓女要向他買一塊墓碑。沃爾夫急忙脫口道：「我知道這不能出！我會把它刪掉，柏金斯先生。」

「刪掉？」柏金斯叫道：「這是我見過最精采的短篇故事之一！」

麥斯繼續就他閱讀時所做的一堆筆記，談這本書的各部分，提出修改和重新安排的意見。沃爾夫立刻抽出他願意刪掉的段落，但他每次抽的段落柏金斯都打算阻止，還說：「不，你必須一字不動地保留，這段描寫太棒了。」沃爾夫的眼眶濕潤：「我非常感動，終於有人這麼用心地對待我的作品，我激動得快哭了。」

柏金斯把最難談的問題放在最後，是基於他把困難放在後面解決的本能，而不是怕沃爾夫起疑所要的花招。《噢，失去的》缺乏眞正的結構。他認爲要解決這個問題，唯一的辦法是有選擇地刪減。具體來說，他認爲講述主角父親小時候的第一章雖然寫得好，但書應該從他在阿爾塔蒙特鎮（這是沃爾夫幫自己的家鄉杜撰的名字）長大成人後開始，將故事集中在主角尤金小時候的經歷和記憶。在這場初次會談中，沃爾夫沒有同意多達一百頁的大幅刪減，但並未因這個建議喪氣。相反，他內心感到前所未有的輕鬆。「在我的記憶中，這是第一次有人這麼具體地告訴我，我寫的東西値錢。」

15 梅爾維爾（Herman Melville，1819-1891）的經典小說《白鯨記》中的主角白鯨的名字，引申指麻煩、不受控制的人和事。

隔了幾天，柏金斯再度和沃爾夫見面。湯姆[16]帶來了筆記，表明他在著手修改，他同意每週交一百頁修改後的稿子，還問現在能不能把出書的確定消息告訴密友、劇場服裝設計師愛琳．伯恩斯坦（Aline Bernstein）——正是她把這部書稿拿給瑪德琳．波伊德。麥斯笑著說，他認爲可以，史克萊柏納出版社已經決定出這本書。沃爾夫走出柏金斯的辦公室，遇見約翰．霍爾．惠洛克。這位詩人編輯握著他的手說：「希望你有合適的工作環境，艱巨的工作才要開始。」

一九二九年一月八日，柏金斯寫信給沃爾夫，說查爾斯．史克萊柏納出版社正式決定出版《噢，失去的》。沉醉在榮耀中的湯姆跑來簽約，領預付金。幾年後，他在《一部小說的故事》（*The Story of a Novel*）中形容這個欣喜時刻：「那天我離開出版社，走進第五大道和第48街路口熙來攘往的巨大人流中，沒多久又出現在第110街上，到現在我還想不出我怎麼到那裡的。」一連幾天，他走起路來都輕飄飄，把合約藏在貼胸的口袋裡，合約上釘著一張四百五十美元的支票（給經紀人的十％傭金已扣除）。「我確實沒有什麼理由帶著合約和支票在紐約市裡到處跑，但有時候我會在擁擠人群中把它拿出來，含情脈脈地凝視它，熱烈親吻它。」他寫信對羅勃茲女士說。

「但，現在是恢復理智的時候了，」一九二九年一月十二日，他在給中學老師的信上寫道：「狂歡結束了，我對自己發誓。」當時他還在紐約大學兼職，但改稿比改學生作業更重要。他想辭職當專職作家。他一心要報答史克萊柏納出版社，在信裡對麥斯說：「希望這意味著長期合作的開始，他們不會後悔。」沃爾夫成天窩在位於西15街的一間二樓後排公寓裡，處理他和柏金斯發現的問題。

《噢，失去的》是作家在群山環繞的北卡羅萊納州阿什維爾成長的青春畫像。書還沒開始編，圈內的小道消息對此書篇幅的渲染已經誇張得失真。見過書稿的人指天發誓說它堆在地上足足有幾十公分高。實際上，用蔥皮紙打字的書稿共一千一百一十四頁，大約三十三萬字，厚十二公分。沃爾夫自己也意識到，這麼大部頭的書很可能讓人讀不下去，當然也太笨重。所以他在某天的寫作日記裡草擬了刪減篇幅的方案：「首先，刪除每頁中並非必要的字眼，如果每頁能找出十個這樣的詞，整本書就能減少一萬個甚至更多詞。」一月中旬，他開始動手。

沃爾夫寫信告訴他的朋友、《阿什維爾公民報》的喬治·麥考伊（George W. McCoy）：「出版社接受我的書時，就要我拿起小斧頭砍掉十幾萬字。」柏金斯針對如何強化主角的形象給了沃爾夫一些整體建議後，便放手讓他改。作家花了許多時間，幾星期後，興高采烈帶著新版《噢，失去的》回來。柏金斯依舊對他詩意的文筆讚賞不已，但還不滿意——沃爾夫忙了那麼多天，篇幅才減少八頁。他確實照柏金斯的建議刪了許多，但爲了連貫，又加了許多段落銜接，多出數千字。

沃爾夫告訴瑪德琳·波伊德，刪自己的稿子是「艱難又費神的事」。從現實面思考，他知道應該縮減打字稿，但他經常瞪著面前成堆的稿子，一瞪就是幾小時。他寫信告訴她：「要不是分辨不出刪掉哪裡會有嚴重後果，有時候我眞想隨便挑一塊大砍大削就算了。」波伊德夫人要沃爾夫認眞聽麥斯·柏金斯的意見，因爲「他是少數話不多但很有影響力的幕後人物，史考特·費滋傑羅能成功且現在仍成功……唯一的原因就是他」。每週一次，有時兩次，沃爾夫會直接帶著一百頁書稿來到史克萊柏納；若他沒有出現，柏金斯就寫信或打電話給他，問他爲什麼沒來。

春天到了，湯姆和柏金斯每天忙著改這本書稿。沃爾夫寫信告訴姊姊梅貝爾·沃爾夫·維頓：「我

16 湯姆是湯瑪斯的暱稱。

們大段大段地刪，我的心在淌血。但，若不要它成爲死稿，我就得吞下苦果。我們都不願意刪那麼多，但刪完就能有一本篇幅較短、容易讀的書了。所以，雖然丟了一些好素材，但我們正將它調整成渾然一體。柏金斯是個好搭檔，也許是美國最出色的編輯。我非常信任他，通常都聽他的判斷。」

關於《噢，失去的》編輯工作的謠言也隨之而來，傳得就像當初說原稿的篇幅那樣誇張；柏金斯也因而對正在做的事更低調，最後他說自己只是「重新組織一下」。的確，大段敘述從一處移到另一處，但對這本書眞正決定性的處理，還是刪減；足以成書的九萬字被刪掉了。

每處刪減通常都是柏金斯提出，經兩人討論、爭執，然後刪去。每一處刪減都經過雙方同意，每一頁底稿也都留存。沃爾夫保留每一件與作品有關的材料，柏金斯也建議他把刪掉的部分收好，以後寫其他作品或許用得到。

爲了把數百頁《噢，失去的》中穿插的種種故事、人物生活有機地結合在一起，麥斯建議整個家族故事「從男孩尤金的回憶和感受展開」。因此，首先被刪、也是刪減幅度最大的是打字稿開篇一千三百七十七行介紹文。沃爾夫最終接受了柏金斯的意見，他對父親到阿什維爾前的生活追述，並非取材自沃爾夫的經歷，「眞實感和力道大打折扣」。於是在書中，甘特來到阿爾塔蒙特鎮之前的經歷便壓縮爲三頁，他對內戰的回憶只用二十三個英文字的句子一筆帶過：「這孩子是如何站在離母親的農地不遠的路邊，看著南方來的『叛軍』列隊向蓋茨堡行進。」由於柏金斯覺得是他說服沃爾夫將「兩個小男孩站在路邊，大戰迫近」的第一幕刪掉，有幾年時間他一直心情沉重。但沒有了這一幕，讀者就可以馬上進入故事。

然而，更難的是要把這樣的修改堅持到小說最後。到了某個程度，柏金斯就不能整頁刪，經常只刪掉一些詞。他始終堅持的標準是，尤金和他家人的關係是整部小說的核心，任何干擾它的情節都只能刪掉。例如原稿有一段諷刺有錢地主在阿什維爾郊外大蓋莊園的描寫、一首戲仿艾略特風格的詩，都因為與其他內容不協調而刪去。另外還刪掉五百二十四行猥褻、不妥的內容。

沃爾夫在書中有二十處以向讀者獨白的方式現身。麥斯認為，如果這部作品旨在表現尤金長大成人過程中逐漸增強的成長意識，那麼就不能讓作者在多年後以現在的口吻談論過去。於是這些內容也刪掉了。

柏金斯提刪改意見，正如湯姆動手執行一樣為難。他還覺得書中有好幾個人物形象，沃爾夫雖然多有著墨，但並未達到他希望的效果。「當我意識到……書中所有人物幾乎都真有其人，這本書可以說是自傳時，我記得當時感到一陣恐懼。」二十年後，麥斯對另一位作家詹姆斯．瓊斯說。麥斯每次宣判把某個書中人物送上「死刑台」，沃爾夫都會聲辯：「可是柏金斯先生，你不明白。我認為這些都是『了不起』的人，應該寫出來。」麥斯同意，但若因而少刪一些，他會覺得自己沒有盡責，因為他知道許多人物非但不能推進情節發展，反而拖慢節奏。以沃爾夫的舅舅為例，原稿寫了他四頁，最後只剩下「最年長的亨利現在三十歲」。

那年四月，柏金斯和沃爾夫的《噢，失去的》改稿工作大有進展。兩人還是每改完一個章節就碰面，他們相信很快能壓縮到能出單行本的篇幅。麥斯提出新的修改意見，沃爾夫就退居公寓繼續修改，或者重寫。柏金斯提出最後一項意見時坦承：他不贊成這個書名，他和同事們都不喜歡《噢，失去的》。沃爾夫又想了好幾個書名，還列成一張選單。麥斯和約翰．霍爾．惠洛克都傾向用引自米爾頓詩歌〈利西達斯〉（Lycidas）中的短語，也是沃爾夫曾暗自認為最佳的書名：《天使，望故鄉》

（*Look Homeward, Angel*）。

一九二九年夏天，瑪德琳．波伊德已如同未來多年那樣堅信，「如果沒有另一位天才——麥斯，世人將永遠不會知道湯姆．沃爾夫。」七月底，她讀了修改後的書稿，發電報給麥斯．柏金斯：「沃爾夫的書，非常感謝你。」的確，見證了柏金斯對沃爾夫採取大膽創新的編輯方式後，波伊德夫人鼓起勇氣向麥斯提了一個她很久以前就想問的問題。她在一封信中問道：「你為什麼不寫作？我覺得你的寫作水準遠高於現在大多數作家。」柏金斯直到他們下次見面才回覆。她回憶說：「麥斯看著我很長一段時間，然後說：『因爲我是編輯。』」

大學畢業後，柏金斯就一輩子與文字爲伍。雖然最初新聞業的職志顯露了他對寫作的興趣，但在出版生涯中，他從未露出當不成小說家的挫敗情緒。他自願把想法提供給既有時間又願意投入寫書的作家，以此宣洩壓抑的寫作欲望。他以書信表達自己，在編輯生涯中，麥斯向秘書口授成千上萬封信，經常一天二十多封。「好像對方就在他辦公室似的。」麥斯的秘書伊爾瑪．威科夫談到：「連標點符號柏金斯先生都要交代。」他喜歡用分號，還喜歡在逗號、句號後面用破折號，「這使他的信很像娓娓道來的談話。所以他的許多作家都說他談文學比任何作家都好，尤其可以從他的信上看出來。」

范．威克．布魯克斯從更學術的角度分析柏金斯的信，他說：「麥斯的書信文體帶有鮮明的十八世紀風格——這是受了我和他都欣賞的綏夫特（Jonathan Swift）、艾迪生（Joseph Addison）、笛福（Daniel Defoe）、波普（Alexander Pope）等人的影響，當然也包括詹森博士（Dr. Johnson）等人。」布魯克斯收過柏金斯的一封來信，談起綏夫特的生平，令布魯克斯印象特別深，這封信展現出他這位好友擁有「作家的敏感」。布魯克斯說：

柏金斯想的不是人們津津樂道的綏夫特與凡妮莎的愛情故事[17]，而是小說家會觀察到的事：綏夫特喜歡坐在草原上的酒館裡，聽趕牲口的人和馬車夫談話。史蒂芬．克蘭（Stephen Crane）也愛定時坐在波威里街的酒館裡，感受別人生動談話中的韻律和節奏。這些都讓我明白為什麼麥斯好像天生就能理解同時代的本國作家。

柏金斯說，很少有人能理解作家的觀點，而「真正的藝術家總是依照自己的意願寫作」，絕不允許編輯或任何人改動。他對作家的了解使他能不只一次勾勒出整部小說的輪廓，讓作家去執行寫作任務；或建議作家們寫作時應該採用某些形式，這些形式已證明是他們最終成功的關鍵。同時，他還斷言，「唯一最重要的事」是「忠誠、堅韌和正直」，他覺得「天生就知道這點」意味著至少已經朝「超越技術層面的偉大寫作者」之路行去。

雖然柏金斯始終沒有成爲「創造性」作家，但也很接近了，他成了眞正具有「開創性」的編輯。對布魯克斯來說，麥斯最有趣的是「他內心永無休止的戰爭，使他最終成爲悲傷的俘虜」。他「絕望地拒絕成爲自己」，實際上意味著一個人「違背了服從內心的意願」。

17《格列佛遊記》（*Gulliver's Travels*）的作者、愛爾蘭著名作家強納生．綏夫特，曾與比他小二十多歲的女子艾絲特．范諾默利（Esther Vanhomrigh）——綏夫特稱她凡妮莎（Vanessa）——相戀十七年，有大量通信，傳為佳話。

那年夏天，麥斯和湯姆．沃爾夫有五、六個傍晚在一起。這座城市讓沃爾夫著迷，他不工作的時候喜歡什麼也不做，和他的編輯一起在城裡四處走走。沃爾夫彷彿要將整座城市的光、聲音和氣味全部吸入。柏金斯注意到，這種時候湯瑪斯．沃爾夫就像綏夫特、史蒂芬．克蘭一樣，是個敏銳的觀察者。「他常去酒館，在那裡喝酒，結交的酒保多達百人，」麥斯說：「但這不是因爲他愛喝酒。他愛的是這種生活，愛聽酒館裡自由自在的人喝到話變多，用生活語言高談闊論，活靈活現，很有張力。」

和麥斯散步時，湯姆通常談他接下來想寫的書。他下意識知道應該說什麼，又常不知如何表達。沃爾夫沉默時，繼續談話的重任就落在柏金斯身上，他常提出對新書的想法、尚未成型的故事，有時喋喋不休，直到湯姆聽到什麼、有了反應爲止。多年後，麥斯告訴沃爾夫的崇拜者威廉．威世登（William B. Wisdom）一次他們散步的情形：

> 我對湯姆說，我總想看到這個精采故事被寫出來：一個從沒見過父親的男孩；父親因為某種原因，例如當傭兵，在他小時候或更早就離開了他。之後這個男孩如何踏上尋父之旅，一路上歷經各種磨難——就像浪人小說——最後在某種怪異情境下找到了他。這樣的故事當然只是說說，我想只有放到哪裡都能出版的童話作家才會寫。

但湯姆對此反覆思量，很認眞的樣子，然後說：「我想我能用這個故事，麥斯。」柏金斯很驚愕，因爲這只是個粗略的冒險故事，以湯姆的才華寫這種故事太委屈了。他甚至爲沃爾夫竟會考慮寫它而擔心，後來他才發現這對沃爾夫有內在意義，因爲湯姆「在深層意識裡也在尋找父親，他遲早會寫這樣的故事」。一九二二年，沃爾夫還在哈佛攻讀藝術碩士學位時父親去世，他在巨大的精神打擊下寫了幾百頁詳細生動的描述。接下來的四年中，父親的死是他寫作的核心。

沃爾夫修改《天使，望故鄉》校稿的時候，有些段落仍需要動手術。但他發現自己總忍不住添加新東西，因爲每一處刪改，在他看來都像一個開口很大、需要縫合的傷口，而不是故意跟編輯作對。他向約翰・霍爾・惠洛克解釋說：「我只是無法明智地在我刪剩的稿子裡做選擇。」他寫信給編輯們，爲給他們添麻煩而道歉：「修改的過程常讓我覺得像在幫大象穿緊身衣，下一本書不會比駱駝大了。」直到一九二九年八月二十九日，這本書才終於定稿。

改稿工作一結束，沃爾夫生活中的另一個問題就冒出來。湯姆在一九二九年夏天第一次告訴柏金斯他與已婚婦女的婚外情，對方是紐約街區大劇院著名舞台設計師愛琳・伯恩斯坦（但沃爾夫沒有透露她的名字）。在未來幾年中，麥斯將讀到描述她的千言萬語，因爲湯姆以她爲原型塑造了一個小說人物艾絲特・傑克。

愛琳・伯恩斯坦和湯姆・沃爾夫於一九二五年在奧林匹克號郵輪甲板上認識時，她四十二歲，他二十四歲。她是身材嬌小但精力旺盛的猶太人，有一張紅潤有生氣、愉快的臉，湯姆對她的最初印象是個「好看」的中年婦女。她的婚姻已無激情。在他們的交往中，愛琳・伯恩斯坦在各方面支持身爲劇作家卻還沒有劇本搬上舞台的沃爾夫，也鼓勵他寫第一部長篇小說。如今他發覺自己「非常敬慕（她），但不再是現代意義上的那種愛了」，但她還深愛著他。

湯姆需要指點，所以他一五一十把他與這個年紀夠當他母親的女人，近四年既溫柔又狂暴的生活告訴柏金斯。麥斯認為這已超出編輯的工作分際，幾次在不同場合都避開話題。最後，他說他看不出「這種關係要怎麼維持，既然她年齡大這麼多，當然只能結束」。這是麥斯涉入的極限。

之後不久，沃爾夫寄來他要放在《天使，望故鄉》前的獻辭：「獻給A. B.」，下面接著預示分手的六行詩——約翰．多恩（John Donne）〈別離辭：他的名字在窗上〉（A Valediction: Of His Name in the Window）中的片斷。他拿到樣書後首先送給愛琳．伯恩斯坦，題寫的獻辭說的是他們共同的過去，不是未來。「因為她，才有這本書，所以我獻給她。在我過得淒涼，幾乎喪失自信的時候，我遇見了她。她帶給我友誼、物質需求、精神寬慰，還有我從未得到過的愛。我希望這本書的讀者會發現，這本書至少有一部分對得起她這樣一位女性。」瑪德琳．波伊德再次感謝麥斯為沃爾夫做的一切，並說湯姆非常想把第一本書題獻給麥斯——「是他的朋友愛琳．伯恩斯坦先把書稿寄給我們，理當居首功。所以我告訴他我相信你不介意他下一本書再題獻給你。我提這件事只是想讓你知道，他多麼感激你，也深知你的和善、耐心和理解。」

沃爾夫接受了柏金斯的最後一項建議：刪掉前言提到編輯在成書過程中提供幫助的所有文字，然後返回家鄉阿什維爾，讓鄉親們準備迎接《天使，望故鄉》的出版。「我算是衣錦還鄉，」湯姆在寄給柏金斯的一分錢明信片上寫道：「全鎮人都和善地向我道喜，為新書加油。我的家人都知道書的事，我覺得他們既高興，也有點擔心。」

約翰．霍爾．惠洛克談起《天使，望故鄉》時說：「就我所知，沒有哪一本書編輯涉入的程度超過它，但麥斯仍覺得，他只是盡了該盡的責任而已。」在編輯過程中，沃爾夫雖然沒有明說，但對柏金斯的文學造詣確實既敬佩又認同，因而接受他的種種建議。沃爾夫對自己的寫作有信心，也非常信任柏金斯的觀點。那年，湯姆寫信對瑪德琳．波伊德說：「我非常尊敬他，對他極有好感。我的信心很單純，就是相信他會爲一本書竭盡所能。」麥斯爲這位年輕作家愈來愈依賴他而不安，但他明白沃爾夫寫作事業的主要問題之一，是「家人認爲他做的事很奇怪，不是正經事」。藝術家沃爾夫覺得自己像頭獨眼怪，只要有人對他好，他就回以過度感激、超量奉獻，無視他們之間可能出現的危機。麥斯曾以他那自制的慣常口吻寫信對沃爾夫教堂山[18]時代的朋友約翰．泰瑞（John Terry）說：「跟後來相比，他當時對編輯尊敬多了。」

一九二八年十二月六日，柏金斯收到海明威母親葛蕾絲的電報：「設法在紐約找到厄涅斯特．海明威。他父親今天去世，請他馬上跟家裡聯繫。」不到一小時，柏金斯又收到一份電報，厄涅斯特發來的。在紐約待了幾天後，他正在開往佛羅里達的哈瓦那特快列車上，從特倫頓請柏金斯電匯一百美元到費城北站，供他趕回家之用。幾天後，海明威在橡樹園寫信給柏金斯說，他父親是自殺的，丟下妻子和六個子女，以及「該死的少得可憐的錢」。海明威對父親的感情更勝母親。從那天起，他與柏金斯的友誼加深了，在生活的跌宕中，麥斯成爲堅實、可靠的長者，一個可以求助、依靠的人。

年底，厄涅斯特料理完父親的後事，帶著妹妹回到基韋斯特，寫關於世界大戰的小說，每天修改六到十個小時。到一月第二週，他改完大部分章節，讓妹妹桑妮打字。海明威打算去灣流航行幾天，

18 湯瑪斯．沃爾夫本科母校北卡羅萊納大學所在地。

他邀柏金斯同往，並提出令柏金斯無法拒絕的條件：他如果要書稿，就必須親自來拿。麥斯立刻想到如果讓費滋傑羅也參加這次旅行，豈非一舉兩得。但史考特沒去，專心寫小說。

二月一日，麥斯在佛羅里達見到海明威，隨後八天一直住在基韋斯特，發現這是充滿奇蹟的地方。他和厄涅斯特每天早上八點外出，回來時月光常已灑滿椰樹環繞的漁村。他們在灣流垂釣的每一天都豔陽高照，看著淺水折射出彩虹般的光暈，柏金斯問：「你為什麼不寫這個？」恰好正上方有隻傻頭傻腦的鳥飛過。「有一天我也許會寫，但不是現在，」海明威說：「拿那隻鵜鶘來說，我還不知道牠在這裡的角色是什麼。」麥斯有個預感：海明威很快會找到答案，因為據他觀察，厄涅斯特永遠都在思考，在吸收、創造。

海明威一定要讓柏金斯釣到一條大海鰱，這是一種名貴海魚，被梭魚搞得筋疲力盡的麥斯不相信自己能釣到。柏金斯在基韋斯特的最後一天，一條大海鰱在最後一刻咬住海明威的魚鉤，他立刻把魚竿塞進麥斯手裡。但一場突如其來的暴風雨把他們打得渾身濕透，大海鰱逃脫的機會也大增，他們在船上搖搖晃晃、不顧一切地堅持了五十分鐘，柏金斯和海明威總算把牠拖上船。

麥斯沒有忘記他去佛羅里達的目的。他利用幾次外出的空檔讀了海明威的新小說《戰地春夢》書稿，激動得不得了。他跟海明威討論讓它在《史克萊柏納》雜誌上連載，雖然他還不確定他們會否接受這份被「髒話」污染的稿子。他從基韋斯特發電報給亞瑟·史克萊柏納：「書非常精采，但有棘手的問題。」回到紐約後，他寫信給查爾斯·史克萊柏納，費力解釋：「基於主題和作者，這本書無可避免地會出現棘手狀況。海明威對生活和文學的原則是永不迴避事實，但這部作品只在這個層面上有麻煩，它一點都不色情，雖然書裡的愛情主要是以性愛場面表現。」麥斯難以暢言哪些部分有問題，因爲這封信是他口述，秘書威科夫小姐打字。不過他想，社長「對海明威風格的熟悉程度，足以自行補充」。

麥斯．柏金斯與老查爾斯．史克萊柏納就海明威這本書中哪些字眼不可付印的面對面會商，已成爲出版界的傳奇故事。麥爾坎．考利的版本通常被認爲最可信，因爲他是聽麥斯說的。麥斯告訴考利，老查爾斯走進辦公室後，麥斯向他解釋書稿中大概有三個字不能用。「哪三個？」史克萊柏納先生問。平常說話到最激動處也只會用「天啊！」，而且只在非常沮喪的時候才用的麥斯，此時發現自己難以啓齒。「那就寫出來吧！」史克萊柏納先生說。柏金斯在便箋簿上寫了其中兩個，交給他。「第三個是什麼？」史克萊柏納問，把便箋簿遞回給柏金斯。柏金斯最後寫了，史克萊柏納先生瞄了一眼，搖著頭說：「麥斯，如果海明威聽說你連那個字都寫不出手，會怎麼看你？」

往後多年中，這件事被加油添醋衍生出許多八卦版本。一說這三個問題字眼是寫在麥斯的桌曆上，那一頁的抬頭是「今日當做之事」。伊爾瑪．威科夫糾正了這點，她回憶說：「柏金斯先生已經離開辦公室去吃午飯，走到半路又折回來，把那張清單藏了起來。」

令柏金斯吃驚的是，《史克萊柏納》雜誌編輯部對這部書稿唯一的異議只有這幾個問題字眼。雜誌主編羅伯．布里吉認爲這本書寫得非常好，連受傷士兵與護士戀情的細緻描寫也精采之極。顯然是布里吉接班人的年輕人、「德國佬」阿佛列德．達希爾（Alfred Dashiell）和布里吉一樣激動，恨不能一字不改地發表。

機會一到，柏金斯馬上通知海明威，雜誌願意支付一萬六千美元稿費連載這部作品，這是他們購買小說獨家連載權從未有過的高價。麥斯也直接和他討論那幾個「特定字眼」的問題，解釋說：「我總是誇大困難，部分原因是我總是習慣一開始就設想好最壞的情況。」這是真的，不過，《史克萊柏納》雜誌的確被許多男女合校選為教學輔助讀物，社方認為女孩們的耳朵還太脆弱，受不了海明威筆下士兵的粗俗。

厄涅斯特回信說，他不知道能抽掉哪段文字，因為這本書節奏緊湊，每一段都相互關聯。他告訴柏金斯，閹割雖然對人、動物和書都是小手術，但影響巨大。

柏金斯希望《戰地春夢》能擴大海明威的讀者群。他在信裡對厄涅斯特說，他希望雜誌刊載的首要原因是「讓更多人看懂你寫的東西，幫助你得到更多認可」。有一封信，麥斯提醒作家，許多人對《太陽依舊升起》是有敵意的：

> 這種敵意被這本書的品質及其贏得的讀者忠誠度擊潰，落荒而逃。藝術上任何一種新事物必會招致大量敵對勢力，因為它帶來混亂。它展現了生命不同的面向，然而人們能接受的是慣性、平穩的生活，傾向把令人不快的一面隱藏起來。有些敵意來自根本不懂這本書的人，因為它的表現手法是全新的……就像新畫家也會遇到不被理解的問題。人們就是看不懂，因為他們只看得懂自己習慣的東西。

柏金斯努力讓海明威明白，「如果我們連載完而未招致太嚴重的指責，就能大大鞏固你的地位，避免討厭的批評。那種批評很糟糕，它讓許多人看不到作品真正的價值」。

對海明威來說，個別字眼的問題不是單純的爭吵，而是一場捍衛「詞彙充分使用權」的戰鬥。他相信那樣使用那些詞，會比他改換的任何字眼創造出更持久的價值。厄涅斯特告訴麥斯，人們評斷文學，永遠先提一流文學再談美國文學，他要用自己的作品把這個順序顛倒過來。但柏金斯還是讓他動搖了，再次讓步，用空格來代替那些字眼。

《維吉尼亞人》一書的作者歐文．威斯特（Owen Wister）有一次來出版社，跟柏金斯談到海明威用字粗俗的問題。他認爲這些字完全沒必要，只會招來偏見。那時候柏金斯已經明白海明威這樣寫並不只是行使自己的文學權利，更是要維持風格一致。在一封信中，麥斯告訴海明威，威斯特似乎並不明白——

> 任何委婉迂迴的敘述方式都會與你的寫作風格扞格。我努力解釋了這點，但我實在沒法完全領會你的寫作路數，所以也沒法解釋得很好。但我提出一點為例：你幾乎從不用明喻，這是與眾不同的寫作風格。我始終明瞭這不只是不使用某些詞彙的問題，迴避這些詞就意味著悖離你的寫作風格、方法，以及任何層面的你。

一九二九年三月，海明威準備去歐洲。臨上船前，他匆忙寫了一張便條，叮囑麥斯別把他在巴黎的地址告訴史考特．費滋傑羅；他知道他也要去歐洲。上次史考特在巴黎時，曾把海明威夫婦反鎖在公寓外，房東與他們的關係一直很緊張，所以海明威聽說他們同時間去巴黎，滿心恐慌。他說會在某些公開場合見史考特，在那裡可以隨時脫身，但再也不讓史考特接近自己的住處。

費滋傑羅生活中最大的困難還是那部沒寫完的長篇小說，柏金斯也只看過令人振奮的四分之一內容。那年三月初，他從埃勒斯利別墅寫信給麥斯說：「我沒交稿就像賊似的逃走了。本來只需要一週時間整理，但在流感和準備出發的混亂中，我沒做完。」他打算在船上繼續，到熱那亞就把稿子寄出。他萬分感謝編輯的耐心：「請再多信任我幾個月。過去這段時間我也很洩氣，但永遠不會忘記你的寬容以及你從不責備我。」

比起書稿，柏金斯更擔心作家，他擔心史考特「得失心太重」。在給海明威的信中，他說如果費滋傑羅堅持寫完，「就會好轉。雖然他在意青春逝去，但只要能走出困境，年紀愈大也能寫得愈好」。

整個夏天，柏金斯一直在權衡費滋傑羅是否應該暫時擱置這本作品，這樣會不會對他的寫作生涯造成不可挽回的影響。他問海明威：「你認爲他應該完全放棄這本小說，另寫新作嗎？」柏金斯聽到好幾位他和費滋傑羅的共同朋友「很不妙的報告」，但只收到費滋傑羅寄來一封言簡意賅的短信，點到爲止地提了一下他的書，好像不願多談，後來柏金斯寫信問史考特，自己在美國是不是什麼忙也幫不上。「我不想讓你沒事也要勉強寫信給我，因爲你的事情夠多了。」麥斯說。

不過，費滋傑羅的確有寫信給麥斯的理由：他那部小說的寫作又有了進展。那年他又爲《週六晚郵報》寫了一篇短篇小說〈風暴渡航〉（The Rough Crossing），講一位成功劇作家和妻子爲了遠離喧囂的百老匯而遠渡歐洲，在船上，劇作家迷上一位皮膚白如象牙的黑髮女子——被稱爲「這次航行的頭號美女」。這短暫的花心擊沉了他的婚姻，正如這艘越洋郵輪在大西洋颶風中顛簸。〈風暴渡航〉給了費滋傑羅寫長篇小說的新方向。他想到一段新三角戀情：聰明、年輕的電影導演路·凱利和妻子妮可在船上遇見女子蘿絲瑪莉，她渴望演出導演拍攝中的電影。

「我整天整夜地從新角度寫這部長篇，我認為這個角度可以解決現在的困難。」費滋傑羅充滿希望地告訴柏金斯。凱利的版本並未寫下去，但也不無成果。其中許多元素仍在費滋傑羅的腦子裡繼續發酵。他又回頭去寫梅拉齊的故事，做最後一次努力，然後把它放在一邊。

雖然史考特進展緩慢，但麥斯從史考特的幾個朋友，尤其是林·拉德納那裡等來了好結果。雖然拉德納的記者身分阻礙讀者將他視為嚴肅作家，但麥斯不為所動，仍努力提升他的聲譽。在麥斯埋首整理拉德納兩年來第一部短篇小說集《故事集》（*And Other Stories*）時，文學公會俱樂部來找，希望柏金斯為他們出一本拉德納短篇小說合集，把《短篇小說寫作指南》、《愛巢》（*Love Nest*）裡的短篇和已經排好版的新作合出成一本。為此他們願意付一萬三千五百美元，史克萊柏納提出與作家五五拆帳。柏金斯告訴林，比這更重要的是，出這本合集對他非常有利，因為「你的一本精選之作能經由俱樂部的管道送到大約七萬人手中，還不包括透過一般管道購買的讀者，所以你的讀者人數會大增。我們認為，有書評版的各家報紙也會重新評價你做為短篇小說家的地位，這也非常有幫助」。柏金斯甚至說服出版社，把他們從文學公會俱樂部分得的六千七百五十美元全部用來打廣告。麥斯寫信對林說：「我們一直覺得，你目前的銷量還沒達到應有的水準，我們要努力做到，也為未來打好基礎。」

柏金斯暫且擱下《故事集》，開始思考這本新合集用什麼書名好——「要整體性的書名，強調作者獨有的國民性格，或許強調他筆下的人和環境特質」。麥斯想了一串書名交給文學公會，並說他的首選是《聚攏》（*Round Up*）。他解釋：「這是美語詞組，暗指選集——雖然乍看也許帶有西部味，但現在它被用於形容幾乎每一種集合，甚至小偷。」

在這個冬末斟酌書名的時候，拉德納動身去了加勒比海，但出發的時間沒有麥斯料想的那麼早。爲了趕上文學公會俱樂部的截稿期，柏金斯沒有徵詢作者意見就直接跟文學公會敲定書名爲《聚攏》。當這消息最終傳到拉德納耳裡時，他發電報給柏金斯說，更喜歡自己取的書名《合奏》（*Ensemble*）。麥斯追悔莫及，因爲扉頁、內封和書衣都已付印。麥斯向作家道歉說：「眞抱歉發生這種事，我們不是故意用你沒有完全贊成的書名，而是我愚蠢地搞錯了你去拿索的時間。」但文學公會俱樂部非常喜歡麥斯取的書名，史克萊柏納出版社加印了兩萬冊，《聚攏》共售出近十萬冊。

柏金斯又一次問林・拉德納是不是能寫篇幅長一點的故事，四萬字左右，這事他們已經談論多年。麥斯催促：「有了《聚攏》積累的高人氣，現在是時候了。」令柏金斯遺憾的是，拉德納還迷戀戲劇，忙著寫劇本和俗套的輕歌舞劇，根本沒考慮寫中篇小說。「但是娛樂事業的經濟報酬來得很慢，恐怕我很快就會向你要一點預付金。」

柏金斯的另一位作家，同時也是費滋傑羅的朋友艾德蒙・威爾森，走過艱難時期終於出書了，雖然他的精神狀況仍滑向崩潰。滿腦子不忠、不滿的情緒，艾德蒙・威爾森正考慮是否和第一任妻子離婚，和另一位女子再婚。令他的憂鬱症加劇的是，他最近把一本小說書稿《我想起了黛西》（*I Thought of Daisy*）寄給麥斯・柏金斯，此時正陷入通常寫完一本書都會出現的憂鬱情緒中。

威爾森寫信跟柏金斯說：「這部作品若非大獲成功，就是一敗塗地。」

> 我的意思是，自始至終我都讓人物、事件和環境符合一整套生活觀、文學觀，除非這些觀點真的闡釋清楚了，除非它們能滿足讀者的興趣，填補人們行動、情感上的缺失和通常能在小說中得到的東西，不然這部作品就會失敗。

自從柏金斯幾年前提出對《殯葬業者的花環》感興趣後，威爾森就一直與這位編輯通信。麥斯始終沒能幫助威爾森做出決定的是，他應該集中精力在哪種類型寫作上。《我想起了黛西》是他第一部長篇小說，負責威爾森論文、日記的編輯萊昂．艾德爾（Leon Edel）說：「他驚訝地發現它可能和任何其他類型寫作都不同。」在修改這本書稿的過程中，威爾森開始寫一系列長篇評論，就是後來的《阿克瑟爾的城堡》（*Axel's Castle*）。他在信中對柏金斯說，這些文章「更容易寫，而且有擺脫《黛西》、如釋重負的感覺。」這部長篇小說只賣出幾千冊，但獲得的好評爲他在文學界贏得尊敬。幾年後，麥斯的女兒捷比問父親，爲什麼威爾森的小說不能贏得更多讀者。他回答：「威爾森是美國寫作者中最有智慧的，這樣的人寫小說時容易顯得賣弄聰明。每當他寫沒人想得到的東西時，讀起來會感覺他彷彿紆尊降貴爲大眾寫作。」另一次，他語重心長地說：「哪怕只能獲得史考特．費滋傑羅做爲小說家的一半聲望，艾德蒙．威爾森都會不惜代價去換。」

那年夏天，麥斯總算抽出一個月時間去溫莎，在那裡度過晴朗無雨的燦爛假期。這個八月，他幾次驚訝於大女兒和二女兒的快速成熟。柏莎曾是戴著邊框眼鏡、莊重的小女孩，麥斯常誇她「能把自己想要的放在一邊，做出公正的判斷」。而總能蠱惑父親心甘情願帶她多看幾場電影的婕比，如今正出落成能造成交通阻塞的大美女。現在，這兩個少女結伴去溫莎、科尼希和伍德斯托克參加舞會，玩到凌晨兩點才回來。麥斯覺得熬夜等她們回家不成體統。

過去，柏金斯常爲了觀察某一本自己經手的新書的市場反應，離開溫莎回到紐約，今年按時回來則是爲了統籌幾本書的出版進度。《天使，望故鄉》和《戰地春夢》都於一九二九年九月上市，從書評人到一般讀者都一面倒地讚揚。

海明威告訴柏金斯要盯緊印刷進度，這是他們的「重要一擊」。隨著影響日增，他預估銷售量會破十萬大關。不出幾星期，《戰地春夢》就達到這數字的三分之一。厄涅斯特對如何使用這筆版稅已有打算。他準備把前七萬冊版稅存起來，設立家庭信託基金，七萬冊後的版稅則拿來買一艘船。

至於湯瑪斯．沃爾夫，尤金．甘特童年時夢想的功成名就，正由他的創造者催生爲現實。沃爾夫被譽爲一流文學新秀，陶醉在他認爲是「多年來評論家給長篇小說處女作的最高評價」中。唯一的負面反應來自沃爾夫的家鄉，北卡羅萊納州的阿什維爾。當人們發現自己被寫進虛構的阿爾塔蒙特鎮，所有缺點都赤裸裸地暴露在全國讀者眼底時，群情激憤。有人揚言要拖著沃爾夫「肥大的屍體」，在阿什維爾的派克廣場遊街示眾。但這本書在北卡羅萊納州跟其他地方一樣暢銷，史克萊柏納很快就賣了約一萬五千冊。

這是柏金斯的幸福時刻，就連天空都在微笑。十月將盡，紐約仍沐浴在溫暖宜人的秋日中，空氣中沒有一絲冬意。這個金色秋季裡沒有任何跡象顯示，大蕭條時代和艱苦的歲月就要到來。

# 第二部

*We ruined ourselves ——I have never honestly thought that we ruined each other.*

*——F. Scott Fitzgerald wrote to Zelda*

# 9 信心危機

一九二九年十月二十四日星期四，股市崩盤。「沒人知道影響究竟多大，」該月底，柏金斯寫信告訴史考特．費滋傑羅：「包括圖書在內的所有零售業恐怕都會很慘。」

華爾街股價直線下跌時，費滋傑羅正在法國寫長篇小說。外界盛傳，他的人際關係、事業和婚姻都陷入風雨飄搖中。柏金斯聽說，他在莫利．卡拉漢和海明威一次拳擊比賽上計時出錯，害海明威下巴中了幾拳，這幾拳也打傷了史考特的自尊；意識到海明威不再對自己透露行蹤後，他的情緒更加低落。海明威和費滋傑羅依然通信，但互動未必友善。在一封信中，厄涅斯特稱史考特是「該死的傻子」，告誡他「看在上帝的份上」，「趕緊寫那部長篇小說」。他警告柏金斯絕對不要相信史考特的隻字片語，因為他清醒時已經守不住祕密，喝醉後更像「神志不正常的人一樣毫無責任心」。

史考特和其他朋友的關係也在惡化，墨菲夫婦就厭煩他老想把他們寫進小說。傑洛．墨菲說：

他不斷追問我們的收入到底是多少、我如何加入骷髏會（耶魯一個高年級學生社團）、我和莎拉結婚前是否同居等問題。我沒辦法不認為他打算寫我們的事，要相信他問了那些後什麼也不寫實在很難。他打量我的樣子我記得很清楚：嘴唇抿緊，一種居高臨下的審視姿態，好像一定要搞清楚我做事的意圖。他的問題令莎拉非常惱火。通常，為了讓他閉嘴她會隨口敷衍一下，但到最後總讓人忍無可忍。一次晚宴進行到一半，莎拉再也受不了，她說：「史考特，你以為問這些問題就能了解別人嗎？你錯了。其實你什麼都不懂。」史考特氣得臉色發綠，從桌前站起身，用手指著莎拉說從來沒有人敢這樣跟他說話，莎拉反問，是不是要我再說一遍；她真的做了。

最干擾費滋傑羅的是他的婚姻。瑪德琳．波伊德不久後在巴黎見到費滋傑羅夫婦，回來後告訴柏金斯，賽爾妲完全變了個人，常和史考特鬧得不可開交。她原本讓人以為是個性衝動的舉止，現在顯得怪異。最反常的是她對芭蕾舞的癡迷，動輒一練幾個小時，耗盡體力。她體重過輕，面容憔悴，臉色像蠟一樣蒼白。她非常容易激動，以致有時很難分清她的尖叫是憤怒還是大笑。正如海明威在《流動的饗宴》中所說，她始終憎恨丈夫專心寫作，但史考特卻因她忙於跳舞而覺得被冷落。對這幾年信心重挫的史考特來說，無異於最終被拋棄。後來他寫了一封給賽爾妲卻始終沒有寄出的信，回憶他們在一起的最後一年：

現在妳走了——那年夏天我幾乎沒有想起妳，妳只是其中一個不喜歡我或對我無動於衷的人。我不願想起妳……妳愈來愈狂熱，把狂熱當天賦，而我在走向毀滅——怎麼說都行。我想，無論是誰，即使因為距離太遠無法親見我們對自己的誇誇其談，也一定猜得到妳近乎狂妄的自私、我的酗酒無度。到頭來，什麼都無足輕重了。當妳對我說（你認爲）我是巴拉丁路上的男同志時，我差點離開妳，但現在無論妳說什麼，我對妳都只有憐憫……但願《美麗與毀滅》是部成熟的作品，因為它全是真的。我們毀了自己。說實話，我從未想過，我們毀了彼此。

那一年，費滋傑羅夫婦努力節省開支，住進較便宜的酒店，但史考特花錢的方式並未改變。三〇年代才開始兩星期，他就請柏金斯匯五百美元到他帳戶，以支付剛剛過去的聖誕節帳單。上一年，短篇小說爲他進帳了兩萬七千美元，但書的收入只有三十一．七七美元。《大亨小傳》出版已快五年，史考特也爲他的下一本書預支了八千美元。柏金斯委婉地問他新小說何時寫完，他回答：「首先，我沒有提我的小說並不是因爲它還沒寫完或我忘了，而是不願意在將它寄給你前就設定交稿日期。」

職業驕傲是費滋傑羅唯一還能緊抓不放的東西。「我很早開始寫作，寫得又多，現在塡滿罐子得花更長時間，」他告訴柏金斯：「但是這部長篇小說，我的小說，已經跟一年半前匆忙趕完的品質大大不同。」

麥斯在那年春天寫信對他說：「我唯一擔心你的是你的健康。我知道你其他一切都沒問題，只掛念你的身體，也許是因爲我自己愈來愈禁不起熬夜工作的關係。」

疾病的確在一九三〇年初春來襲，沉溺於芭蕾的賽爾妲因爲過度疲勞而倒下。一連二十一天，費滋傑羅連一個字母都沒辦法寫。他向麥斯要錢，幾星期後才說出他的困境。「賽爾妲精神崩潰，病得很嚴重，住在瑞士的療養院。」他解釋。這又佔去史考特許多寫作時間。

在賽爾妲「走火入魔」（史考特語）時，他也「對生活日益憂心」。他的主要開銷都用於支付幾乎全職醫治賽爾妲的精神科醫生。麥斯從史考特的來信推斷，賽爾妲若不是徹底瘋了，也離發瘋不遠。那年夏天，她被診斷爲精神分裂。由於喝酒是賽爾妲發病時出現的幻覺之一，醫生們要求史考特一年內不能碰酒精，她則永遠戒酒。院方從未說是費滋傑羅的不穩定和酗酒導致妻子精神崩潰，但柏金斯自有看法。他在給湯瑪斯．沃爾夫的信上說：「我心裡清楚，妻子變成這樣，史考特是有責任的。但他是個勇敢的人，以行動面對困難，始終坦然以對，而不是自我欺騙。」史考特在日記中這樣概括這一年：「崩潰！賽爾妲和美國。」

即使在絕望中，費滋傑羅仍維持與「我最忠實、最信賴的鼓舞者和朋友」柏金斯的通信，每月報告一次文學創作狀況。沒有小說進度可說，他就改談出書建議。他介紹好些「全新一代」的作家和作品給麥斯，都是在某一期《美國商隊》雜誌上看到的。費滋傑羅說，其中最值得關注的是厄斯金．考德威爾，儘管他的作品「還看得出海明威甚至（莫利）卡拉漢的痕跡」。柏金斯於是寫信跟他聯繫。

二十六歲的考德威爾是喬治亞人，大學肄業，做過摘棉花工人、書評人、職業橄欖球員、木材工人，有作家夢。當時他住在緬因州弗農山，收到柏金斯的信請他寄書稿過去。這是考德威爾首次接到約稿信。他後來回憶說：「這封信令我激動得連續三個月埋頭狂寫，那種寫作強度對我來說完全是空前絕後。」

起初，考德威爾連續七天每天寄一篇短篇小說給柏金斯，每篇都迅速被退。但考德威爾不甘心，反而加足馬力，每週再多寄上兩篇短篇，決意要敲開《史克萊柏納》雜誌編輯部的大門，不過他視麥斯威爾．柏金斯爲關鍵人物，作品都寄給他。稿子一被退回——往往是因爲「太離奇」——他就改投給其他「小雜誌」，如《當季》、《異教徒》、《獵犬與號角》、《黏土》，每篇都獲刊登。一個月後，考德威爾從柏金斯的退稿信中覺察他的語氣變緩和了。到了春天，麥斯決定錄用一篇，雖然他還沒選好哪一篇。考德威爾看著自己做的短篇小說去向統計表，知道柏金斯手上有五篇短篇可選。

考德威爾在回憶錄《就叫它經歷吧》（*Call It Experience*）中說：「我只怕他改變主意——搖搖欲墜

的國家經濟已有瓦解之虞，在我的某部短篇確實印上他們雜誌之前，什麼都可能發生。」考德威爾從收到柏金斯的好消息當天傍晚開始工作，他要給編輯更多稿子挑選。三十六小時後，他又寫好三個短篇，再從桌上一疊舊稿中抽出三篇，這樣柏金斯就有十一篇可選。考德威爾決定親赴紐約，當面交給柏金斯，而不是寄給他，因爲郵寄多少存在著「火車故障導致延遲送達的可能」。

考德威爾從緬因州波特蘭連夜坐長途汽車去紐約，忐忑中一宿沒睡。「我沒見過麥斯威爾·柏金斯……到拂曉時分，我開始想像他是個可怕的人，痛恨被我貿然來訪打擾，連帶對作品懷有偏見。」早上八點到十點，考德威爾在史克萊柏納大樓對面的人行道上踱來踱去，努力想爲沒有事先約好就上門找個好藉口。合理的說詞還沒想出來，他就發現自己僅有的那點勇氣正在迅速消失，於是他緊抓著裝了稿子的信封，穿越馬路走進大廈。搭電梯來到編輯部時，他已經沒有勇氣見柏金斯，便將稿子交給櫃台。他留了一張便條給柏金斯，說接下來兩天他會在曼傑飯店。

那天整個下午考德威爾都待在飯店房間，只在買三明治和幾份報紙時才離開一會兒。他輾轉反側，想著如果回去前柏金斯沒有來電，就要鼓足勇氣打電話去史克萊柏納出版社，直到半夜才睡著。第二天上午十點左右，電話鈴響了。鈴聲一開始讓他驚恐，隨即開心，硬是等響了兩遍才接聽。兩人自我介紹後，柏金斯說：「昨天我收到你放在辦公室的新稿子了，眞希望你來辦公室的時候有找我。」考德威爾回憶兩人的對話是——

柏金斯：對了，我已經讀過你給我的短篇，包括你昨天拿來的新作品，這陣子我不用再看其他的了。

考德威爾：（沉默）

柏金斯：我想我前些時候寫信跟你說過，我們想在《史克萊柏納》雜誌上刊登你的一篇短篇。

考德威爾：我有收到那封信。你還沒改變主意，對吧？我是說，刊登一篇短篇？

柏金斯：改變主意？不，絕對不會。事實上，我們編輯部一致同意刊登。我還要告訴你，我們現在決定登兩篇而不是一篇，就在六月號。一篇是〈馬喬里的婚姻〉（The Mating of Marjorie），另一篇是〈姍姍來遲的春天〉（A Very Late Spring）。兩篇都是發生在新英格蘭北方的好故事，情感真摯，正是我在尋找的小說。能掌握形式、精於技巧的作家很多，但傾注感情去寫的卻少。我認為那很重要。

考德威爾：非常高興你喜歡，而且喜歡兩篇。

柏金斯：現在談談這兩篇。我剛說，我們兩篇都要。兩篇加起來你希望多少錢？我們遲早要談到錢，沒辦法略過，對吧？

考德威爾：呃，我也不清楚。我是指金額，我沒怎麼想過這個問題。

柏金斯：二五〇怎麼樣？兩篇加起來……

考德威爾：二五〇？我不知道，我以為會多一點。

柏金斯：你這樣想？那，三五〇呢？這兩篇我們最多能出到這樣。目前雜誌發行量不像以前那樣攀升，我們必須考慮成本。我想景氣不會很快好轉，恐怕會更糟。以現在的經濟狀況，我們只能精打細算。

考德威爾：那就這樣吧，我原以為兩篇加起來的稿費會比三塊五多一點。

柏金斯：三塊五？噢，不！我一定是讓你誤會了，考德威爾，不是三元五角，不是的，我的意思是三百五十元。

考德威爾：原來是這個意思！啊，那當然不一樣，肯定不一樣。三百五十元很好。

考德威爾當即立下諸多壯志，第一個是發表一百篇短篇小說。

一九三〇年四月十九日，七十六歲的查爾斯．史克萊柏納去世。柏金斯剛來史克萊柏納出版社工作時，該社如日中天的作家如今還在出書的已寥寥無幾。小約翰．福克斯（John Fox, Jr.）、理查．哈定．戴維斯（Richard Harding Davis）和亨利．詹姆斯十多年前已入土爲安；約翰．高爾斯華綏和伊迪絲．華頓還在寫，最新小說卻彌漫著十九世紀的氣息。老查爾斯．史克萊柏納的影響並未消失，依然見於這個家族企業，兒子查爾斯延續他的名字和精神，弟弟亞瑟管理出版社，麥斯威爾．柏金斯被擢升爲管理人員，往總編輯的道路上穩步前進。華萊士．梅爾發現：「老史克萊柏納去世後，麥斯再也不用爲簽什麼書而辯解了。」

那一年，柏金斯最成功的作家是厄涅斯特．海明威，老查爾斯．史克萊柏納無論如何都想不到他能贏得那麼大的聲望。大蕭條並不影響《戰地春夢》大賣，登上暢銷書排行榜第一名。麥斯寫信給海明威說，大蕭條「影響了一般書籍的銷量，這是一定的，但對《戰地春夢》這麼出色的作品卻影響不大」。

初登名流之列，海明威成爲文學圈八卦的焦點，最離奇的版本出自羅伯．麥卡蒙之口。當初是海明威把他推薦給柏金斯，但在飯桌上，麥卡蒙把那個介紹他們認識的人說得很不堪，令麥斯目瞪口呆。他先批評海明威的作品，之後又散布謠言說，費滋傑羅和海明威搞同性戀。

從費滋傑羅那兒，海明威的耳裡也颳起另一個風聲：說他對出版社不滿意，正考慮換。厄涅斯特寫信對麥斯說，他不知該如何戳穿這些剛出爐的謠言，但他確定沒有離開史克萊柏納出版社的打算。他希望，如果運氣和健康能持續，麥斯也許未來有一天可以出版海明威的作品集。他提出要寫幾封信澄清他對柏金斯的忠誠。

麥斯很珍惜海明威這封信，坦言那個流言令他不安。「謠言四起的時候，某天晚上我一度很焦慮，手寫了一封信問你願不願意寫信駁斥他們毫無根據，但最後把它撕了，因爲我想，那只是一局棋，清者自清，我們不必理會。」幫作家彙總納稅申報單，這一年一次的職責對經濟學背景的麥斯來說輕而易舉，並幫他設立家庭信託基金後，麥斯說服出版社提高了《戰地春夢》的版稅率，公司將多付幾百美元給作者，「因爲我們想，爲你出書本身就是一件很有價值的事」。最後，柏金斯建議海明威考慮接受史克萊柏納出版社每年至少付給他一定金額，這筆錢絕對夠他生活。

厄涅斯特同意了柏金斯的所有提議，除了最後一項——他相信自己不可能用拿薪水的方式寫作。爲了履行與史克萊柏納的約定，他請柏金斯去「波尼與李維萊特出版社」要《我們的時代》的版權，因爲他們曾答應只要海明威離開，就把這本書的版權賣給史克萊柏納。然而麥斯與他們聯絡的時候，霍瑞斯．李維萊特暴跳如雷。作家現在成了全國的文學偶像，他不肯放手。「我們認爲海明威先生的名字是我們書目上的王牌，」他回信對柏金斯說：「而且他的第一本書是我們出的，我們很看重這一點。」麥斯堅持不懈地爭取了幾個月——並祭出金錢攻勢——史克萊柏納總算拿到這本書。遵照海明威的建議，柏金斯請艾德蒙·威爾森爲史克萊柏納的新版寫序，因爲厄涅斯特認爲威爾森是對他作品「最理解的人之一」。

圖書市場於秋天陷入慘澹，當季幾乎沒有什麼書到十二月還賣得動的。因爲有柏金斯編的四、五本書：包括范達因的《主教殺人事件》、海明威的《戰地春夢》（二〇年代即將結束時銷量達七萬冊），史克萊柏納出版社度過了創社以來最興盛的一年。但柏金斯知道這不預示未來一定光明，前景處處堪憂，於是在聖誕節到新年那個乏味的星期裡，柏金斯籌畫著嚮往已久的灣流遠行，讓自己高興起來。

一九三〇年一月末，海明威從巴黎回國後順道去了紐約。柏金斯見他神采奕奕，發誓一定會在三月到佛羅里達跟他相聚。二月的圖書銷況非常糟，柏金斯恐怕走不開，但他寫信告訴厄涅斯特：「我已經學會了，在這種情況下唯一能做的就是離開。」他於三月十七日到達基韋斯特，見到「暴徒們」——這是海明威和他鬆散的朋友群的統稱。海明威帶著夥計們去馬克薩斯群島釣魚。柏金斯釣到一條二十六公斤的大魚，比世界紀錄還重一磅。收竿把魚拉上來時，大家在一旁看著笑鬧說，他應該笑一笑，以推翻他們給他取的綽號「冷面孔」。這次遠行，柏金斯再一次對厄涅斯特的觀察力留下深刻印象，更甚於他健壯的體格。幾年後，麥斯在回憶基韋斯特時說：「必須要有藝術家的直覺才能迅速知道海洋下的地形和魚類習性，海明威只用一年就掌握了這些，別人常常需要十年乃至一生的時間。他好像憑藉本能就能進入魚的身體，知道大海鰱或大型魚類的感受和想法，也因而知道該怎麼做。」

這群水手又從基韋斯特漂流到一百一十二公里外的另一個小群島——海龜群島，在那裡待了兩個多星期，而原本的計畫是四天。只有不可抗力的因素才能讓柏金斯離開辦公室這麼久——北方來的風暴在海中掀起了大浪，他們無法回到大陸。厄涅斯特和他的「暴徒們」睡在一間小屋裡，以酒、罐頭和海明威每次出海前都要丟上船備用的百慕達洋蔥，以及能夠找到的食物度日。他們只能在小碼頭附近抛餌釣魚，或者趁風浪間歇時坐小船冒險出海底釣[19]。他們天天釣魚，除了有兩天忙著拿槍射擊被北風趕來的鳥群。為了融入這群孤島客，柏金斯也蓄了鬍子，只是跟其他人相比顯得又短又整齊。北風逐漸消退，他們平安返回港口，麥斯瞥了一眼鏡中的自己。後來麥斯寫信告訴伊莉莎白・萊蒙：「要是妳看到我滿口灰鬍子，看起來像海盜一樣粗暴，妳會認為我除了殺人之外什麼也不做。他們說我像叛軍騎兵隊長。兩個星期沒辦法照鏡子後，再看到鏡子裡的自己嚇了一大跳，彷彿變了一個人，眞是太震驚了！」他十分感激海明威，因爲這是他一生中極爲快樂的一段時間。

麥斯回去不久，海明威就動身去蒙大拿州的大農場寫他的新書，一本厚重的西班牙鬥牛研究專著，最早在跟柏金斯的通信中他提過。不久，他寫信告訴麥斯，他將不收郵件，已經幾星期不看報紙，此刻是多年來他感覺自己身體最強健的時候。除了敞開肚子喝冰涼的窖藏啤酒可能增加腰圍，佔去幾小時時間外，他的生活習慣是斯巴達式的簡樸，每週工作六天，不到一個月已經寫了六萬字。他告訴麥斯，啤酒還剩下六箱，足夠他再寫六章。柏金斯把史克萊柏納新版的《我們的時代》校稿寄給

19 底釣（bottom fishing）是垂釣技法之一，將餌鉤投於選定的釣點，使其落入水底，垂釣棲息於水體底層的魚類。分為手竿底釣、投竿底釣和手釣底釣三種。

他，並提出一些修改和增補篇目的意見，厄涅斯特把它們扔在一邊，說他寫新書正入佳境，沒心思再去「剝死馬的皮」。

湯瑪斯．沃爾夫的寫作事業在大蕭條之前安然起航，但他感覺到全國性災難的威脅，正如他後來在自傳性小說《你再也回不了家鄉》（*You Can't Go Home Again*）中這樣描寫主角：「不僅有普世的危機，也遇上個人危機。因為此時此刻，他既來到終點，也來到起點。是愛情的終點，但不是愛別人的終點；是獲得認可的起點，但不是盛名的起點。」

沃爾夫想要斬斷一切束縛、與過去的聯繫，但一想到此又覺心驚。他已經成了阿什維爾的棄兒，又渴望了斷與愛琳．伯恩斯坦的感情。柏金斯建議湯姆申請基金會資助，也許可以讓他有保障地辭去紐約大學的教職，到國外工作一年，自立生活。伯恩斯坦夫人知道這樣的獨立意味著什麼，而誤會了柏金斯提議的初衷——她認為他逼沃爾夫離開她。

柏金斯向古根漢基金會寫了一封推薦信後，湯姆得到一筆專案補助金。麥斯還為他的下一本書申請了四千五百美元預付金，按月發放。加上即將結算的《天使，望故鄉》版稅，他總共有大約一萬美元，不必再依靠愛琳．伯恩斯坦的資助過日子。她急瘋了，竭盡所能要他明白她多麼愛他，沃爾夫也的確心軟了幾個月，然而，他對她的愛仍逐漸消退。

一九二九年聖誕夜，湯姆坐在紐約的哈佛俱樂部，給麥斯．柏金斯寫了一封情眞意切的信：「一年前，我對自己的作品幾乎不抱希望，也不認識你。現在發生的一切對許多人來說也許不算什麼，但對我而言既奇特又美好。那是奇蹟。」他接著說：

我再也想不起寫《天使，望故鄉》的時間，卻記得你第一次和我談起它，以及你為它付出心血是什麼時候。我看人總是比看事情清楚。「史克萊柏納」這個名字自然而然地在我心中升起一股暖意，對我來說，你就是「史克萊柏納」。過去我不相信人會為別人做事，但你做了——你給了我自由和希望。

年輕人有時候會相信，世上有比他們更強大、更睿智的英雄，對一切煩惱、悲傷都有解答……對我來說，你就是這樣的人，是能穩定我人生的基石。

柏金斯回信說：「很榮幸給你這樣的感覺——但實在不敢當。無論如何，希望我們之間不要有人情債這麼嚴肅的想法，順帶一提，我認為即使你欠我很多，也已被我欠你的一筆勾銷了。從收到你的書稿到現在，整個互動過程對我來說都十分愉快、有趣，且令人興奮。」

最近幾個月，和愛琳．伯恩斯坦的爭執令沃爾夫大為傷神。一部分煩惱可能根植於沃爾夫強烈、狹隘的反猶太偏見，這遺傳自母親，她是個矮小的女人，吝嗇，熱衷炒房地產。三月底一天深夜，他在現用的筆記本第三百三十七頁上潦草地寫道：「今天去了公共圖書館，猶太人進進出出。」他進而在本子上坦承：「我發現自己和兩年前一樣陷入毫無成果、才思枯竭的狀態。我寫不出東西，無法集中精神，對這個世界，我怒火中燒，充滿痛苦不安的憤恨，對愛琳也開始有這種感覺。必須結束了！結束！結束！」他得出結論：擺脫這狀態的唯一辦法就是離開伯恩斯坦夫人。第一步就是讓兩人之間相隔一片海洋。

一九三〇年五月十日，他前往歐洲。沃倫丹號郵輪一出海，沃爾夫就把救生索拋向陸地，他寫信跟柏金斯說：「我覺得像面對一場巨大考驗，既相信自己有力量應付，又不禁怦怦心跳，思前想後。我迫不及待想開始寫新書，我知道只要我有能力把想到的寫出來，它會是本好書。」

「獨來獨往的沃爾夫」[20]（柏金斯開始這麼叫他）開始在法國遊蕩。麥斯感覺沃爾夫對寫第二本書這項挑戰膽顫心驚，他努力幫作家打氣，讓他調整好心態再寫。「如果世界上有天生的作家，你就是，」柏金斯說：「不必擔心新書會不會比《天使，望故鄉》好之類的事，只要你盡力發揮，它就會是好書。」收到柏金斯的信後沒多久，沃爾夫就開始以每天六到十小時的速度寫作。

在麥斯的鼓動下，史考特．費滋傑羅趁沃爾夫在巴黎時來酒店見他。湯姆也打破新生活規律，抽一天時間到史考特位於布洛涅森林附近的豪華公寓吃午飯，混飲各種紅酒、干邑白蘭地和威士忌後，他們去了麗茲酒吧，史考特把賽爾妲精神崩潰和他正努力完成新書的事告訴沃爾夫。一開始，湯姆覺得他友善、大方，雖然談到美國時兩人爭論了一番。沃爾夫告訴麥斯：「我說我們是思鄉的民族，對土地和家園有歸屬感，就像我知道的任何國家一樣。但他說，不是，我們不是一個國家，他對他的家園沒有情感。」湯姆先行離開麗茲酒吧，留下史考特和一大夥喝醉後原形畢露的普林斯頓校友，他們對沃爾夫的出身明嘲暗諷，但沃爾夫不以為忤，他寫信跟柏金斯說：「我喜歡他，他很有才華，希望他很快能完成那本書。」

費滋傑羅對沃爾夫的印象更深。回到瑞士，發現妻子的狀況還不能會面，就連續二十小時讀完《天使，望故鄉》。他發電報給沃爾夫，說他「受到極大震撼，非常感謝」，並寫信告訴柏金斯：「你找到他無異挖到寶，他的前途無可限量。」

沃爾夫回覆柏金斯，他不知道自己要在歐洲遊蕩多久，也許寫完新書的第一部分後會拿著稿子回美國。他戰戰兢兢地告訴柏金斯，這本書將非常厚，他說：「我怎麼也無法在兩百頁內寫完我想寫的故事。」他有個大計畫，小說將由四部分組成，取名爲《十月集市》（*The October Fair*），描寫他認爲男人最深層的兩種衝動：「永遠遊蕩和回歸大地」。他解釋道：

> 永恆的大地是家、心的歸屬，而塵世間的愛、女人的愛，在我看來也屬於大地，一種讓男人遊蕩的動力，讓他們尋找，讓他們孤獨，讓他們對自己的孤獨又愛又恨。

「我希望寫出一本好書，爲你，爲我自己，也爲該死的整個家族，」他在信裡對柏金斯說：「請祝福我、幫助我，有空就寫信給我吧！」

沃爾夫到瑞士去構思新書，經常寫信尋求柏金斯的意見和認可。整個夏天，他源源不絕地把筆跡潦草的信寄給麥斯，加起來有好幾十頁，足夠出成一本書。信裡詳細交待他對新書基調、態度、結構和人物的想法。

他在瑞士各地旅行，最後來到蒙特勒，住進一家安靜的旅店，從房間能俯瞰一片燦爛的花園及花園外的日內瓦湖。有一晚，他坐在一家賭場的露台上，看到史考特．費滋傑羅。史考特過來喝了一杯，隨即帶他去體驗蒙特勒的夜生活。那天晚上，史考特勸他一起去見他的朋友桃樂西．帕克

---

20 此處原文為lone Wolfe，沃爾夫（Wolfe）的英文發音與狼（wolf）同，lone wolf形容獨來獨往的人。

（Dorothy Parker）和傑洛．墨菲夫婦。看到湯姆對這提議沒反應，費滋傑羅便說他是膽小才不肯去。這大概是那天晚上費滋傑羅說的話中，沃爾夫唯一認同的。沃爾夫看似傲慢，實則內心靦腆；文字那麼優美，個性卻笨拙。「和史考特這樣的人在一起時，我自覺孤僻、陰鬱，有時說話、做事都顯得粗暴，」湯姆向柏金斯坦言：「我想，後來我惹他們厭了。」

現在，沃爾夫為費滋傑羅感到可惜。他懷疑史考特若不去麗茲酒吧，不跟那群崇拜他的普林斯頓小子混在一起，他能獨處多久。湯姆寫信對曾一起在紐約大學教書的亨利．沃肯寧（Henry Volkening）說，費滋傑羅「現在才思枯竭、缺乏自制、酗酒，沒有能力寫完新書，我認為他還想破壞我的寫作」。沃爾夫認為自己那時不適合和別人在一起。他對柏金斯說：「現在要我開懷痛飲很容易，但我不打算這樣。我來這裡是為了寫書，接下來的三個月我要看看我究竟是廢人還是男人。不瞞你說，現在我常覺得寫作很難。」

那年夏天，湯姆從兩本書中得到靈感，一本是柏金斯經常推舉為文學典範的《戰爭與和平》。他告訴柏金斯：「如果要崇拜什麼的話，就崇拜這樣的書吧！」他注意到書中大環境如何與個人命運交織，尤其是那些明顯取材自托爾斯泰生活的片斷。「大作家是這樣運用自己的素材，每一部好作品都該像這樣帶有自傳性色彩，所以我這樣寫也不必覺得丟臉。」這本書的核心，沃爾夫說，就是一年前柏金斯在中央公園偶然提起的概念：「尋找父親的男人」，它「很像果仁，起初藏在裡面，一直要到很後面才露出來」。

沃爾夫也重讀了《舊約聖經》。較之於宗教性，他更欣賞它的文學性。一連三天，他都在讀柏金斯最喜歡的《傳道書》，一遍一遍地讀，然後寫信告訴他：它應該是「有史以來最偉大的詩，還有它的敘事，講述大衛王的一生、路得與波阿斯、以斯帖與亞哈隨魯王等，讓所有現代小說家的敘事風格相形見絀」。沃爾夫挑了《傳道書》中的一段做爲《十月集市》第一部分〈不朽的土地〉（The Immortal Earth）的題詞：「一代過去，一代又來，地卻永遠長存。」可惜這段文字已被海明威在《太陽依舊升起》中引用過了，他猜人們會指責他模仿，雖然他們引用這段完全是英雄所見略同。

沃爾夫打算搭火車去附近的洛桑鎮看看有沒有漂亮的女人，以慶祝自己新生。他告訴柏金斯：「我現在性慾強烈，空氣、群山、寧靜，單調但非常健康的飲食讓我充滿活力，我曾擔心自己再也沒有活力了！你要是在這裡就好了，我們可以一起散步。」

柏金斯沒有回應性慾問題，但對沃爾夫提及的寫作進度，他回應沃爾夫比較苦惱的問題——文字上沒有節制。「聽你所說，這本書在你內心深處好像是個龐然大物，」柏金斯有點焦慮地寫道：「我相信你有能力把它寫成一本『巨著』。出於某種直覺，我現在能判斷的是，你說的計畫和目的全都是正確而眞實的。」柏金斯提醒沃爾夫要嚴格要求自己：

> 我確實認為你才華洋溢，但那種才華需要紀律來約束。篇幅已經不像第一本書時那麼重要，但還是得控制。只要始終把篇幅放在心上，我想你有控制篇幅的能力。

一夜之間，沃爾夫的日子變得一團糟。史考特．費滋傑羅跟巴黎一個女人說起沃爾夫的居處，她便發電報通知在美國的愛琳．伯恩斯坦，於是，伯恩斯坦一下子寫信一下子發電報給沃爾夫，說她痛苦得快死了，要坐船到歐洲來找他。接著，過去總是寄來英國報刊上《天使，望故鄉》好評的英國出版社，這次竟寄來幾篇負評。上面的話讓沃爾夫一輩子都忘不了。法蘭克．斯溫納頓（Frank Swinnerton）在《倫敦晚報》上說，他覺得這本書「許多段落中欣喜若狂的撇號令人難以忍受」，充滿「過度興奮的冗長」。傑洛．顧爾德（Gerald Gould）更在《觀察家報》上尖刻地說：「有人要這樣寫，我沒有理由阻止，但我看不出有什麼理由讀這樣的東西。」沃爾夫發現這些評論「骯髒，曲解，充滿嘲諷」。雖然書仍在賣，但此時他認爲英國版是一場災難。

「這世上沒有值得過的日子，沒有值得呼吸的空氣，只有極大的痛苦，以及在噁心、陣痛間喘一口氣，除非我克服內心的混亂和悲傷。」沃爾夫寫信對約翰．霍爾．惠洛克說。他表現得滿不在乎，說這本書對他的意義只有錢——「足夠讓我撐到生活恢復正常的錢」。

在憤怒中，沃爾夫只看到《天使，望故鄉》在他家鄉遭恨，在「紐約的文學騙子們」中激起惡意，在歐洲招來嘲諷和侮辱。他對惠洛克說：「我曾希望那本書象徵著開始，儘管它有種種缺點，但它反而宣告了結束。這兩年，我在公開、私下場合都飽受抨擊，這樣的生活一點也不值得過。如果有另外一種生活——我相信有——那我要選那種。」未滿三十歲的湯瑪斯．克萊頓．沃爾夫向史克萊柏納出版社宣布：「我已封筆，再也不想寫作。」

沃爾夫通知完史克萊柏納後，著手寫一封短信給麥斯威爾．柏金斯：「我們創造了父輩的形象，也創造了敵人的形象。」這封信沒有寫完。他沒有明說，但懇求柏金斯支持他遭受莫名批評後的反擊，至少公開聲明立場。「給我友誼，或最徹底的懷疑。」湯姆寫道。他把這封信塞進其他幾百頁文稿中，直到去世後才被人發現。

沃爾夫決定徹底獨處一段時間。雖然悖反內心深處的願望，他仍相信必須結束與編輯的關係。他從日內瓦寄了一封正式通知給柏金斯，希望拿到財務總結算明細，並說：「我再也不寫書了，鑑於我必須為未來做別的打算，我想知道還能拿到多少錢。感謝你和史克萊柏納出版社，感謝你對我好，也希望有一天能重續友誼，它對我很重要。」

一九三〇年八月二十八日，柏金斯回信說：「我若真的相信你做了這樣的決定，你的信對我便是沉重的打擊。這世上如果有人注定是寫作的料，那個人就是你。」儘管如此，柏金斯還是依照要求結清了沃爾夫的版稅，寄給他，但力勸沃爾夫客觀看待那幾份負評。「看在上帝的份上，請回信給我。」他難以接受沃爾夫封筆的決定，無法置信。然而隨著時間過去，沃爾夫沒有改變心意，柏金斯漸漸擔心沃爾夫是認真的。離秋季新書季還有十天，他去了溫莎，試著平靜沃爾夫的沉默在他內心激起的波瀾。

從佛蒙特州回到紐約後，麥斯心中對湯瑪斯．沃爾夫的憂慮並未比離開時少。依舊沒有他的隻字片語。「我無法確知你為什麼做出這個決定，」柏金斯又寫了第二封信給他：「但相信你會回心轉意——從來沒有人在這麼年輕的時候，單憑一本書就讓評論家留下這麼好的印象。可以確定的是，你不該受少數幾篇不友善評論影響，甚至也不必受大多數、極其興奮的熱情評論影響。」

沃爾夫依然沉默，但柏金斯堅持不懈，冀望某一封信能打動他。「你知道，」他寫道：「有句話說，一個人在擁有或得到某樣東西之前，得先付出代價；我能明白你遭受的懲罰是絕望的攻擊，這是偉大作家們因其才華而常遭受的懲罰。」麥斯接著說：「如果短時間內收不到你的好消息，那我只好動身去看你。」經過四星期的等待，柏金斯總算收到一份發自德國弗萊堡的無線電報：「再度開始寫作。道歉信。正在寫。」

又過了杳無音訊的兩星期。柏金斯等不及沃爾夫答應要寫的那封信寄來，又寫了一封信給他，但石沉大海，他又憂心起來。「看在老天的份上，跟我們說句話。」柏金斯懇求道。他希望湯姆回國，但就算寄一封明信片也好。柏金斯又發了一次電報，沒有回音。

一九三〇年十月十四日，「封筆」兩個月後，湯瑪斯．沃爾夫從倫敦發電報給柏金斯：「住在此地一間小公寓，有位老婦人照料。不見外人。相信書終可寫完。興奮。現在談還太早。信保證隨後就到。」

# 10 良師

湯瑪斯·沃爾夫埋頭寫了整整兩個月，精疲力竭地離開英格蘭，到巴黎向一九三〇年告別。他大吃大喝，恢復體力，但不是來英吉利海峽此岸社交。他獨自待了幾天，拚命補眠，寫信。在一封沒有寄給柏金斯的信中（後來寄的比這份底稿長），他認爲自己的寫作要改變。他說「鑑於還沒有人寫過關於美國的書」，他有意寫，也許能囊括每個美國人都有體認但從未說過的事。「我自認能（寫它）也許是大言不慚，但看在上帝的份上，讓我試試。」他說。

柏金斯要他寫的那本書，沃爾夫已經考慮了一年多，他不想讓麥斯覺得他放棄了想做的事，他解釋：「我有這麼多素材，你說的開始有眉目了」。與此同時，他想起神話中的安泰厄斯，那個只要不離開大地就戰無不勝的巨人。沃爾夫在倫敦連夜寫了一封長信給柏金斯，宣布他的書有了一個「又好又美」的新書名：《十月集市》或《時間與河流：幻象》（*Time and the River: A Vision*）。

沃爾夫把這本書的進展記錄寄給柏金斯，以說明編輯在中央公園偶然提到的一句建議如何像滾雪球般在作者的腦中愈來愈成熟，不僅容納了阿什維爾的山谷，還能容下奧林帕斯山。「感謝上帝，我開始照自己想要的方式創作了，」他告訴柏金斯：「自傳性比我能想到的任何一本書都強……但同時也純屬虛構。」沃爾夫說：「貫穿這本書的主題是每個男人都在尋找他的父親。」

好像是注定的，這本書已經寫成巨大的篇幅，因爲沃爾夫腦中從不停止賦予每天發生的事無窮意涵。「我深信，人應該心繫民族和國家：了解國家的每一件事、每一則見聞，以及民族的記憶，」他對柏金斯斷言：「現在我明確地知道，那是做爲美國人或任何一國人的意義所在。」

不是政府，不是革命戰爭，不是門羅主義，是你生命中千百萬個時刻：你看見的形狀，聽見的聲音，吃的食物，你生活的這個地球的顏色和結構；我告訴你這就是意義，這就是鄉愁，上帝為證，目前在這問題上我是世界級權威。

那年十二月，沃爾夫在一封信裡塞滿了名字，這些名字足以串出美國的故事──美國各州名、美國印第安人部落名、美國鐵路線名、美國百萬富翁、美國的流浪漢、美國的河流名。湯姆覺得自己對柏金斯既說得太多又嫌太少，但要麥斯不必擔心。「這並不紊亂，而是個完美統合的龐大計畫，」沃爾夫說：「我想完全掌握這本書之後再回國。」那時，他請柏金斯寫信告訴他是否認同這個計畫，但不要跟別人說起這本書的事。他寫道：「如果我說了蠢話，寧願只有你知我知。」

在祝柏金斯聖誕快樂的同時，沃爾夫說：「至於我自己的聖誕節，就不像去年那麼快樂了，但上帝爲證，我相信生於憂患的我不會被命運擊潰，因爲我不會倒下──現在就是看出我的韌性的時候。」雖然從信中看出沃爾夫不太開心，柏金斯仍爲他來信而高興。他對這本書所知有限，仍對湯姆說：「你每次談起那本書，我就像當初開始看《天使》那樣興奮。我希望用雷鳴般的歡呼聲迎接你帶稿子回國。」

一九三一年一月初，沃爾夫「簡直是以書度日」，他決定把在海外的剩下時間都放在書稿上，直到寫完爲止。他推測還需要六星期可以寫完，然後回美國。「回來後我想見你，再去那個方便說話的地方，」他寫信對麥斯說：「但不想見其他人，也就是我只要靜靜地工作，再也不想當該死的文學圈酒會上的猴子。我是個沉默寡言、簡單樸實的傢伙，但絕不會對你食言！」在埃伯利街七十五號公寓中，沃爾夫時常想到柏金斯。最孤獨的時候，他會想起以前常和麥斯去「路易與阿曼」酒吧喝幾杯濃烈的琴酒，狼吞虎嚥地吃厚厚的牛排。之後，他們會漫無目的地走遍紐約，或搭渡輪去史泰登島。湯姆在信中對麥斯說：「對我來說，那就是快樂；你比我年紀大一些，也比我內斂，但我想你當時一定也樂在其中。」

現在，湯姆愈來愈想讓麥斯．柏金斯關心他創作的同時也進入他的生活，兩人可以不必再分開，也不想分開。沃爾夫愈來愈像柏金斯從未有過的兒子。

幾個月來，幻覺一直困擾著沃爾夫，身體和精神都幾近崩潰。「我聽見各種怪聲響和噪音，來自我青少年時期、來自美國。我聽見上百萬顆奇怪、神祕的時間之沙在流動。」他告訴柏金斯。最後，湯姆意識到自己需要幫助，他請麥斯在曼哈頓附近找個清靜地方，讓他能幾乎與世隔絕地生活、寫作至少三個月。在此期間，他希望柏金斯只要有空就和他聊聊，還希望柏金斯能幫助他解決人生中的一大煩惱。

> 我不是請你治好我的病，因為你做不到，只有我自己可以。但我非常渴望你幫我做某些事，讓我的治療更放鬆，少受苦。

湯姆第一次對柏金斯描述他在與愛琳．伯恩斯坦的事上所受的折磨，詳細的程度堪比問診。

我二十四歲時遇到一個大約四十歲的女人，愛上了她。這裡我無法詳述我與她之間漫長、複雜的故事——它歷時五年……起初，我只是個年輕人，很享受有個優雅、時髦的女人當情人。後來，不知道怎麼回事，也不知道從什麼時候開始、出於什麼原因，我深深愛上了她，對她的思念無時無刻佔據著我生活。我想擁有她，佔有她，容易吃醋，內心開始變得可怕，肉體的愛和欲望消失得無影無蹤；但我還愛著這女人。我無法忍受她愛別人，和別人有肌膚之親，瘋狂和妒忌心如毒藥般吞噬我，讓我一事無成。

沃爾夫說他原本不想去歐洲，但許多朋友希望他爲她著想，他只好屈從。他在往歐洲的船上寫了一封信給她，此後再沒有與她通信。分開的前五個月，她一封接一封地發來電報。以下是其中片斷：

我的最愛：

救救我，湯姆。

為什麼你狠心讓朋友痛苦，與你徹底分離我活不下去。

沒有你的音信，心重如鉛。

愛你的愛琳

她的來信折磨著沃爾夫，因爲有時候竟以血落款。接著沃爾夫又接到電報：「沒有你的消息活不下去，你是否願意接受絕望的後果。」有幾天，他覺得自己要發瘋了，但他既不回信也不回電報。「我每天都極度緊張地去收信，擔心是否會收到某個可怕的消息，」他寫信告訴柏金斯：「我盼望沒有消息，又期望得到消息——但什麼也沒有，這比有還糟。」他幻想她已自殺，那些深愛她的朋友陷入悲傷中，什麼都不告訴他。他在美國報紙上尋找訃聞，直到有一天找到她的名字——不是在訃聞版，在戲劇版。他讀了一篇愛琳·伯恩斯坦演出成功的報導。後來，沃爾夫遇到一個男人，問他是否認識她，還說不久前在紐約的酒會上見到她容光煥發。

一九三〇年的最後幾星期，她又開始哀求。戲劇成功後她沉默了兩個月，但當成就感逐漸減退，她的痛苦便又重生，沃爾夫又成爲痛苦之源。她沮喪地寫道：「在我需要的時刻，請向我伸出你的手。我無法面對新年。在你困難的年月我一直站在你身邊，你爲什麼要毀了我？我愛你，至死不渝，痛苦難耐。」她傷心地發了八、九次電報。沃爾夫回了電報，問在他獨自在國外努力創作的時刻，她發這樣的電報是否公平。

沃爾夫告訴柏金斯：「你也許納悶我爲什麼跟你說這件事，我的回答是，如果不能找你，這個世界上我就沒有可以找的人了。」他試圖以傾訴來消除痛苦——從醒來的那一刻胸口的疼痛，整天噁心和恐懼，到晚上因爲不舒服而嘔吐。過去三個月，湯姆一直待在同一個地方，寫了十多萬字。他在倫敦寫信給柏金斯說：「我是勇敢的人，喜歡在這裡做的事，希望你也喜歡我，因爲我敬重你，相信你能幫助我拯救自己。」但湯姆想拯救的不僅於此，他「原本對愛情和人性美德堅定的信念」也動搖了。沃爾夫說：「無論這女人在誠實、忠誠方面可能犯了什麼錯，我對她還是有愛與信任……（因爲）她還是那麼美麗，那麼惹人憐愛。」

他在信中對柏金斯說：「我絕不能死。但我需要幫助——人們希望從朋友那裡獲得的那種幫助。我求助於你是因爲我覺得你健康，理智，堅強……（如果）你理解我的困境，就說你理解並會盡力幫助我。」麥斯曾說沃爾夫從歐洲寄來的信似乎「不快樂」，沃爾夫希望至少能把不快樂的原因說清楚。

柏金斯回信說：「我會做任何你要我做的事，如果猶豫，也是因爲沒信心做好，但很高興你想到向我求助。」柏金斯已經開始盼望沃爾夫回國，希望他夏天來紐約，因爲，他坦言：「我常感到非常孤獨。雖然這裡有很多人，但沒有我眞正關心且想見的。無論如何，我期待與你共處一段時間……」「我已經猜到事情不妙，沒想到這麼糟，」柏金斯繼續說，觸及沃爾夫的問題核心：「天知道換成我在這種情況下會怎麼辦，但希望你能從什麼地方獲得力量，擺脫困境……但願我有類似的經驗，那我就能告訴你應該怎麼辦。」他相信湯姆的出走是最好的解決辦法。

至於我，只能對她（指愛琳·伯恩斯坦）憤怒。她也許真的很好，但女人的私心遠多過男人，那令我憤怒。我知道這是我對女人的偏見，但哪個女人肯承認自己對某件事的看法是錯的呢？我知道你一直活在地獄裡，我不擅長忍受痛苦，所以也很難鼓勵別人忍受。但我絕對相信你做的是對的，你必須盡可能堅持下去。

柏金斯能給沃爾夫的唯一安慰是聽他吐苦水，唯一的幫助是要他專心寫作的老生常談。除此之外，他能做的頂多是告訴他：「我期待看到你捧著六、七十公分厚的書稿走來的那一天。」一九三一年二月底，沃爾夫發電報給柏金斯：「週四登歐羅巴號，現在不需幫助，我自己可以。必須獨自工作六個月。問候。」

愛琳·伯恩斯坦已經玩過自殺的把戲。她從報紙上看到沃爾夫坐歐羅巴號郵輪回國的消息後，又吞下大量安眠藥被送進醫院。「顯然，我這樣愛你是不理性的，」她寫信對湯姆說：「我非常煎熬。我對你的愛永不停止，但我現在知道，你的心裡不再有我，也不會接近我。」愛琳暫時退一步，但沒有放棄，她提出請求，希望在出版前先一步看到沃爾夫的新書。伯恩斯坦夫人了解他的寫作方式，知道他會把他們交往的過程寫進書裡。對於即將付梓的書，她希望至少能表示意見。如果沃爾夫對此躊躇，她建議請他的柏金斯先生來調解。

沃爾夫忙著搬進布魯克林維蘭達廣場四十九號公寓，準備著要給柏金斯看的稿子。他發了電報給愛琳：「我一定要過現在這一關，不然一切都會前功盡棄。妳要健康快樂，做我的密友，就當是幫我。妳親愛的。」

沃爾夫剛回來時，柏金斯只見了他幾次，聊的多是他的生活，而非寫作。沃爾夫很絕望，伯恩斯坦夫人正竭盡所能說服湯姆回到她身邊。她寫信對他說：「我們活在瘋狂的世界，在這裡，百分之九十九的人都認爲我愛你是一種罪，撈錢卻不是。」一天，她在看過湯姆的公寓後把一張百元紙鈔拋下布魯克林大橋，想著：「如果人們理解不了我多愛你，那就讓這東西取悅你們崇拜的神。」從未陷入沃爾夫這種困境的麥斯覺得自己沒有幫上多少忙，只能耐心傾聽。他只向伊莉莎白·萊蒙隱約提過這件事，在給她的信中說：「我沒辦法再聽到任何麻煩事了。似乎每個人都陷入困境，彷彿再也沒有事是理性，再也沒有人是健康的了。」

沃爾夫回國後幾星期內，史考特．費滋傑羅的父親去世了。和沃爾夫一樣，史考特這一整年也很不順。他努力找時間寫完被他稱為「百科全書」的長篇小說，以清償他欠史克萊柏納一萬美元的「國債」。噩耗傳來時，他剛經歷一段為《週六晚郵報》趕稿賺高稿酬的苦日子，正在格施塔德休養，聽到消息後馬上直奔巴爾的摩。柏金斯在紐約和他見了一面，短短十五分鐘卻令他深感沮喪。他告訴海明威：「他變了很多，看上去老了。但不只這個，他過去的招牌活力消失了，至少暫時消失。但也許這樣對他反而好，因為你會覺得他是個真實的人。」至於賽爾妲，「仍然很糟」。

兩週後，費滋傑羅啓程回歐洲前和柏金斯一起午餐。他已經分別見了自己和賽爾妲的家人，麥斯猜想這兩次探訪一定讓費滋傑羅很痛苦。不過這次，柏金斯發現他還是老樣子，和他在一起很放鬆。他在給約翰．皮爾．畢夏普的信裡說：「這讓我相信，他已有應付絕大多數事情的能力，終會度過這一切。」

一九三一年五月，費滋傑羅從洛桑寫給柏金斯的信裡說：「爵士年代結束了。如果馬克．蘇利文為史克萊柏納出版社寫的美國社會史著作《我們的年代》第五卷，已經從上一卷的世紀之交寫到世界大戰，準備繼續寫下去，那麼你可以告訴他，為這時代命名的功勞應該歸我，它從一九一九年五月一日鎮暴事件開始，一直到一九二九年股市大崩潰結束，將近十年。」

柏金斯知道是費滋傑羅創造了「爵士年代」這個詞，不能只在系列歷史書裡一筆帶過，它值得深思。他相信史考特至少應該寫一篇文章談這個年代，是生動的回憶，甚至是讓大眾想起他曾影響這個時代的輓歌，同時也會在他心中豎立一座里程碑，此後就能進入事業新階段。柏金斯把這個想法告訴雜誌編輯部的佛列茲．達希爾（Fritz Dashiell），達希爾於是寫信給費滋傑羅：「沒有誰比你更合適為它敲喪鐘。」史考特沒有答應這篇邀稿，卻心心念念揮之不去。

直到八月底，他才又寫信給麥斯，當時賽爾妲的病情已開始好轉。在日內瓦郊外一座療養院接受精神治療及與史考特周期性分開一年多之後，她固定發作的濕疹和哮喘，及偶爾的失去理智、歇斯底里都緩和了。她的病被認為是「由自卑情結激發的反應，自卑主要源自丈夫」。史考特和賽爾妲和睦相處了幾星期，熱切地討論著回國。她的健康已經恢復到能離開瑞士的醫生，史考特還寫信告訴麥斯，她甚至「在寫一些令人讚歎的東西」。在他們回國的郵輪阿奎塔尼亞號靠岸前四週，麥斯收到他之前建議史考特寫的那篇文章：〈爵士年代的回聲〉（Echoes of the Jazz Age）。

費滋傑羅這篇文章引起廣泛討論，不僅因為它勾起人們美好的回憶，也因為作者的直率。那段時期對年輕人來說似乎是玫瑰色的、浪漫的，費滋傑羅說：「因為從此以後，我們再也不會對身處的環境有這麼強烈的情感。」

幾個月來，柏金斯對厄斯金．考德威爾近來的寫作不太滿意。不時覺得他那些簡練、引人共鳴的小故事太像海明威的某些短篇，但他還不想放棄這位作家。

從一開始短篇小說被柏金斯接受後，考德威爾持續寫短篇，每篇都經由柏金斯轉給《史克萊柏納》雜誌。雜誌社編輯覺得這些作品不是雜誌讀者想看的東西，一篇都沒有錄用，它們最後的歸宿是一些小雜誌。過了好幾個月，見《史克萊柏納》雜誌一篇投稿都沒有要，考德威爾把他未發表的詩歌、短篇小說、速寫等稿子裝滿三口手提箱，帶去一間小木屋重讀。第二天早晨他把所有稿子及他保留的退稿便箋——許多來自柏金斯——全都燒掉。

付之一炬幾星期後，考德威爾收到麥斯·柏金斯一封與之前很不一樣的信。編輯想出讓考德威爾的故事走向大眾的新辦法。他建議考德威爾把他最好的短篇小說整理成一本三百頁的書，一半的背景在新英格蘭，另一半在南方各地，也許過了元旦就可以出版。考德威爾用打字機打完這些故事，隨即趕去紐約，覺得這次有面對柏金斯的勇氣。他還是坐著那部老掉牙的電梯上到五樓，但這次沒有臨陣脫逃。他走進柏金斯的辦公室，把打算結集的書稿《美國的土地》（*American Earth*）遞給他。考德威爾回憶當時的情景：

他戴著一頂帽沿上翻的帽子，帽子看上去至少小了半號。他在桌旁坐下，慢慢翻著書稿看了十五分鐘，不發一語。最後，他站起來，帶著淡淡的笑容，不太自然地穿著一雙亮褐色新鞋子在辦公室裡踱步，偶爾看向窗外樓下的車流往來，說起他年輕時在佛蒙特經歷過的事。

柏金斯時而嚴肅、時而幽默地追憶著往事，過了近一個小時，才第一次提起考德威爾帶來的書稿。說得很簡單：他會出這本書。

《美國的土地》於一九三一年四月底出版，反應各式各樣，大多數紐約書評人仍像聞到臭味那樣看待考德威爾直言不諱的故事。這本書的銷量不足一千冊。為了讓考德威爾的寫作走上成功之路，柏金斯做了第三次努力，在那個年代，很少有出版人願意這樣：柏金斯問考德威爾能否寫一部長篇小說。他不知道這位作家已經寫了一部長篇小說《菸草路》（*Tabacco Road*）的初稿，描述喬治亞州偏遠林區裡的人們。夏天快到時，他修改完畢拿給柏金斯看。

史克萊柏納出版社於一九三二年二月出版《菸草路》，但它的銷量還不到之前給考德威爾的微薄預付金。書評對這本書跟他的第一本書一樣缺乏熱情，但作家又埋頭寫起新長篇《秋山》（*Automu Hill*），寫一個生活在緬因州偏僻農場的家庭，一個月後就交稿了。柏金斯回信對他說：「我們決定放棄《秋山》，我個人對此深感失望。」從這封信來看，柏金斯說的不是客套話：

我很想說我相信它，更相信你；但我看著它歷經不同立場的評估。六個人讀了書稿，包括那些通常不看稿、更傾向從商業角度思考的人。《美國的土地》和《菸草路》的銷售成績阻礙了它。實際上，令人沮喪的銷量讓出版社以前所未有的現實態度衡量這本書，簡直無法跟那些只看銷售數據、只重實際的人爭論。無法向你形容我遺憾的心情。

柏金斯覺得無權對自己退的稿提意見，但實際上提出建議已成爲他的習慣。在信後的附言中，他不無矛盾地提到，希望考德威爾修改一兩處情節後再向其他出版社投稿，因爲「我想看到你得到應有的成功」。

考德威爾的文學經紀人是馬克辛．利柏（Maxim Lieber），他們一起到麥斯的辦公室，友善地會談。柏金斯說他希望考德威爾把下一本書給史克萊柏納看看，而不是其他出版社，雖然他們合約中的優先權已經失效。考德威爾現在可以在任何出版社出書，不過他願意讓柏金斯看下一本書，但利柏沒等他許諾就把他拉出辦公室。利柏說，他喜歡那部新長篇；考德威爾喜歡，麥斯也喜歡，那就意味著一定有出版社願意出版，如果史克萊柏納不要，他們就找別家出版社。考德威爾表示同意。

考德威爾回憶說：「我認識麥斯．柏金斯很久了，一想到這決定意味著再也不能隨時去找他，獲得他的幫助和忠告，我就很不安。」第二天，他沿著第五大道去經紀公司，走到48街轉角停下來，抬頭看著五樓的窗。「過了一會兒，我的眼睛模糊了，」他說：「最後，我邁步往前，心裡想著怎麼告訴利柏我改變主意了，不想再找其他出版社。」考德威爾一到經紀公司辦公室，利柏就告訴他，離他們與維京出版社的哈洛德．金茲柏格（Harold Guinzburg）、馬歇爾．貝斯特（Marshall Best）的會談只剩下幾分鐘。考德威爾想留下來向利柏解釋內心的變化，但利柏興奮地跟他討論起美好前景。不到一小時，金茲柏格和貝斯特就開始列舉與維京簽約的種種優厚條件。他們邊吃午餐邊談，要考德威爾想吃什麼就點什麼，不用考慮價格。他情不自禁地暗暗比較起這頓優渥招待和麥斯威爾．柏金斯唯一一次請他吃飯的情景。那是在一間速食餐廳的長櫃台前，麥斯幫兩人各點了一份花生醬果醬三明治和一杯柳橙汁。那頓飯考德威爾唯一記得柏金斯說的話是：「在佛蒙特，男人消瘦而飢餓的面容非常受人尊敬。」

考德威爾從未明說是不是那頓小氣的花生醬果醬三明治的回憶讓他改變主意，但總之，他同意把接下來的三本書稿先給維京出版社審閱。他們和史克萊柏納出版社一樣退了《秋山》，但考德威爾已經在寫另一部以南方爲背景的小說：《上帝的一畝地》（*God's Littlt Acre*），根據新簽署的協定，維京出版社有優先審閱權。該書出版時，《菸草路》的戲劇劇本已改編好，之後的七年中，這齣戲創下百老匯的演出紀錄。考德威爾的事業從此蒸蒸日上，但他再也沒有在史克萊柏納出書。

麥斯．柏金斯相信，只要讓作家們專心寫作，他們都能在事業上穩步前進，度過大蕭條時代。在給海明威的一封信中，柏金斯提出他那樸實的招牌看法：「也許眼前令人喪氣的狀況，在那些努力挺住的人境況得到改善時，會宣告終結。」

遠在蒙大拿的海明威寫那本鬥牛書正漸入佳境，但只限於一九三〇年十一月之前。十一月一日晚上，他和約翰．多斯．帕索斯結束了十天的打獵，開車送多斯．帕索斯回比靈斯，迎面開來的汽車車燈妨礙了海明威的視線，車頭一歪栽進路邊的溝裡。毫髮未傷的多斯．帕索斯爬出翻倒的車；海明威卻右上臂骨折，必須緊貼著身體纏上繃帶不能動。海明威開玩笑似的建議柏金斯要史克萊柏納出版社幫他買意外和健康險，就能獲得大筆賠償金，可能比出他的書還賺。自與柏金斯簽約後，他先後有過炭疽熱、右眼球劃傷、腎充血、食指和額頭割傷、臉頰戳破、一根樹枝刺穿大腿，現在是手臂骨折。另一方面，他又強調這段期間他從不便秘。

厄涅斯特向柏金斯推薦了好幾位可以考慮簽約的一流作家，以彌補自己不能寫作的歉意。曾與約瑟夫．康拉德（Joseph Conrad）合作的福特．馬多克斯．福特多年前在巴黎主編《大西洋兩岸評論》時就認識海明威，他希望海明威向麥斯．柏金斯暗示他想換出版社。福特對比他小一輩的海明威說：「我當然不是要你說保證我的書暢銷之類的話，只是你也許可以提一下這件事。」雖然福特才高名大，但他的二十五本書沒有一本暢銷。海明威把他的信轉寄給柏金斯，附帶寫了他對福特作品的分析，認為他的作品在「自以為厲害」和「真的很厲害」間循環，下一部必然是佳作，好出版社應該

「穩穩抓住他」。

柏金斯不知道該拿福特．馬多克斯．福特怎麼辦。幾年前一次偶然見面後他就喜歡這個胖得像頭熊的男人，也非常喜歡他的戰爭小說《不再閱兵》（*No More Parades*）。「但首先我敢說他一定很在乎預付金多寡，而且，接受這樣一位要求愈來愈高、常換出版社且這次又主動要換的前輩作家，永遠是麻煩事。」麥斯在信裡對厄涅斯特說。對柏金斯而言，做出版的主要興趣還是「開發從未出過書或起步不久的作家，而且不只出版他的這本或那本書，而是出版他的所有作品」。如此就禁得起一本書虧本，因爲有其他作品的營收可以彌補。

心存疑慮的柏金斯仍邀請福特來到社裡，了解他最新的寫作計畫，一套三卷的《我們這時代的歷史》（*History of Our Own Times*），從一八八〇年寫到現在。柏金斯覺得這套書也許能讓他們雙贏，但福特時常擱置這部歷史去寫別的。所以史克萊柏納與福特的合作，最終只停留在《史克萊柏納》雜誌上發表他回憶錄《回到昨日》（*Return to Yesterday*）的其中一章。

這一年稍晚，海明威熱情地給柏金斯寫了一封推薦信，同樣是他在巴黎認識的詩人阿契博德．麥克列許（Archibald MacLeish）對他的出版社霍頓．米夫林不滿意。海明威的推薦經常出於對那位作家做善事的心態，但他對麥克列許確有寫作上的敬意。他在信中說，柏金斯要找當代詩人，麥克列許是最佳人選，因爲他「始終在穩步上升」，其他人不是原地踏步就是每況愈下。因爲柏金斯對海明威「好得沒話說」，推薦麥克列許就是他最好的報答。厄涅斯特說麥斯不簽他便是悲劇。麥克列許與柏金斯通了幾封信，並從海明威和費滋傑羅那裡對柏金斯有更多了解，於是表示願意讓史克萊柏納出版社優先審閱他的下一本書，但一兩年內未必能寫完。麥斯對厄涅斯特說：「我非常喜歡他的詩。」

過了幾個月，柏金斯看到期待已久的麥克列許新作《征服者》（*Conquistador*），是以寇蒂斯遠征墨西哥爲背景的敘事長詩，凸顯男人對冒險的熱愛。柏金斯認爲它寫得非常好。但由於還卡著霍頓・米夫林出版社，他擔心史克萊柏納不會下決心競爭《征服者》。結果，史克萊柏納開出麥克列許滿意的條件，但麥克列許顧念與原來的編輯羅伯・林斯考特（Robert Lincott）的關係，難以一口答應。於是柏金斯選擇不爭取這本書，不讓詩人爲難；也由於麥克列許對原編輯的道義，他要求海明威不要幫史克萊柏納說話。柏金斯向海明威嘆道：「非常遺憾錯過那首長詩，但這正是出版值得做的原因之一。」（多年後柏金斯要簽羅伯・佛洛斯特〔Robert Frost〕時也採取了類似的可敬立場。佛洛斯特過去是亨利・霍特出版社的作者，麥斯和傑克・惠洛克[21]跟這位新罕布夏詩人麥克列許一起吃過兩三次午餐。惠洛克回憶說，擬合約時，「佛洛斯特因爲擔心影響與霍特的關係而反悔，麥斯覺得不能勉強作家」。）海明威在阿肯色州皮戈特從麥克列許那裡了解了情況，麥克列許也很內疚。厄涅斯特覺得自己幫柏金斯介紹作家的運氣很差，但那本鬥牛書《午後之死》（*Death in the Afternoon*）已經寫了不少，他誇口實在「不再需要海明史坦[22]了」。厄涅斯特回到佛羅里達過冬，等待他那因骨折不能寫字的手臂痊癒。

一九三〇年的國會選舉完全符合柏金斯認同的結果，尤其是禁酒令的問題。它終於啓動了「解除酒禁」的立法，麥斯希望最終能廢除酒禁。在最新的哈佛校友通訊錄中，他列出自己兼職的單位，包

21 即約翰・霍爾・惠洛克，傑克是約翰的暱稱。
22 海明威在這裡玩了個文字遊戲，即把他的名字和史坦組合成「Hemingstein」，指他像史坦那樣熱心推薦其他作家。

括在反禁酒修正案協會擔任主席。至於書籍銷量，他在給厄涅斯特的信中說「似乎永遠在變糟」。麥斯感歎：「從來沒有這麼多人絕望地認爲，或掛在嘴邊說，資本主義正步入末途，但老史達林認爲我們應該能安度這一次，或許再一兩次也不是問題。我希望那時候我的女兒們都已出嫁，嫁給機械師或工程師。」

中斷通信一年多後，麥斯收到伊莉莎白・萊蒙的信，他們的關係並不因時間推移而改變。伊莉莎白在巴爾的摩忙於社交，追求者眾，所以沒空寫信；麥斯也有工作要忙，但他們依然時常惦記對方。現在，麥斯在信裡解釋道：「好幾次我寫了信給妳，去年七月還把一封寫好地址、貼好郵票的信帶在身上一星期，但後來被我撕了。」

第二天他寄給她一封閒話家常的信。麥斯說他的大女兒、史密斯學院的優等生柏莎第一次期中考試不及格，他一點都不緊張，因爲他知道怎麼回事。還有兩天就要考試，她卻完全不準備，反而捧著《天使，望故鄉》一口氣讀完；她說史密斯學院人人都在讀這本書。麥斯覺得這非比尋常，因爲「它更像男人會讀的書」。

三月初，跟麥斯很親近的妹夫阿契博德・寇克斯去世，留下七個孩子。年齡最大的小阿契博德在哈佛念書，考慮未來從事法律工作；他將成爲新生代某些新英格蘭人美德的象徵：純樸正派、明白事理、精明但不營私，正如認識麥斯的人對他的印象。

三月下旬，麥斯去南方，灣流之行已成爲他一年一度的固定活動。他看到厄涅斯特身體狀況很好，唯獨右臂尚未痊癒。海明威用左手掌舵，巧妙架設漁具後還能釣魚，在麥斯看來，這是他將康復的明確信號。柏金斯和海明威等「暴徒們」這趟航行得很遠，海明威儲存在船上廚房的百慕達洋蔥都吃光了；但柏金斯中途搭上一艘單桅帆船回基韋斯特島，趕在暴風雨將他們困住前回到紐約。

海明威返航後不久，雙臂都復原了，他很快投入工作，決心成為天下第一作家。他認為，要勝過「文壇搖錢樹」很容易，他在信裡告訴柏金斯，他更在意能不能寫得比那些已故大師好；只有他們是真正的對手，儘管他承認威廉・福克納（William Faulkner）「寫得好的時候真他媽的好，但他經常寫些沒必要的東西」。柏金斯表示贊同。多年來，福克納寫了不少短篇小說，並以「堅持不懈的樂觀態度」向《史克萊柏納》雜誌投稿，但幾乎無一被採用。他向雜誌編輯部承認：「我確定我沒有短篇小說的手感，不再寫了」。在剛讀完福克納引起轟動的長篇小說《聖殿》（*Sanctuary*）的柏金斯眼中，福克納簡直「瘋了」，他認為《聖殿》是「一位才華橫溢的作家所寫的可怕作品」。福克納沒有一本書能打開暢銷局面，柏金斯認為這是把他延攬至旗下的好時機，但他沒有行動。約翰・霍爾・惠洛克認為「麥斯當時沒有順勢找福克納，是怕招致海明威嫉妒」。海明威最近剛表示他相信湯瑪斯・沃爾夫還會為柏金斯寫出許多「滔滔不絕的書」，也堅信費滋傑羅毋庸置疑的才華，但，惠洛克說：「在海明威的心目中，麥斯的人生不能容下像威廉・福克納這樣對他的地位構成威脅的作家；海明威是極其自我的人，麥斯知道這一點。」

五月，厄涅斯特去了西班牙。在那裡，新建立的西班牙共和國取代了君主統治。海明威遠離政壇風雲，埋頭寫鬥牛書的最後幾章。

同一個月，道格拉斯・紹索爾・費里曼邀柏金斯夫婦去里奇蒙。此行看來比麥斯上一次里奇蒙之行更具社交色彩，因為費里曼的羅伯・李傳記寫得很順利。他接受了柏金斯為他規畫的策略，雖然這似乎適用於每一位傳記作者。

你要寫的不是羅伯・李的研究專著，也不是你對他的闡釋，而是首部或許可以蓋棺論定的全傳。它很重要的特點之一是收錄所有相關資訊，其中許多應為首次公開。無庸置疑地，這應該成為這本書最重要的寫作原則的特色——既能防止你像斯特拉奇（Lytton Strachey）那樣發揮想像，隨意闡釋；也決定你如何選材，因為你必須納入一切，而不只從純藝術或文學角度去挑選有價值的素材。

柏金斯常一針見血指出費里曼值得發展的主題，讓他轉述羅伯・李生活的各方面，避免這本書像乾巴巴的檔案。它不能是死氣沉沉、僅爲了紀念而豎立的紀念碑，柏金斯提醒費里曼：

任何私事、軼聞若能表現他的行為，顯示出他的與眾不同，或能解釋他為什麼如此受人愛戴、如此自制，都能大大緩和敘述者無所不在的語氣。

費里曼有條不紊地又寫了兩年。一九三三年一月十九日，他發電報告訴柏金斯：「我自負地認爲你將爲我高興，昨天寫完李傳正文。僅剩文字修改。」歷時二十年，費里曼這部四卷傳記終於出版了。它以卓越的品質得到評論界盛讚，榮獲普立茲傳記文學獎，也成爲暢銷書。編這本書花了柏金斯近兩年時間。一九三四年十二月，費里曼向柏金斯表達感激：「沒有你的鼓勵，這本書永遠不會寫完。許多次進展變慢時，你一句話就讓我堅持下去。」

費里曼已經在思考接下來的十年要寫什麼。柏金斯認爲他可以寫一部絕好的華盛頓傳。

寫華盛頓，你同樣會寫到大量軍隊生活，不管人們會從其他什麼角度談李的傳記，我相信你對戰役、戰爭的描寫勝過任何軍事作家。我第一次讀書稿時就這麼認為，現在我們知道權威專家們也這麼認為。那些戰役描述之清晰、激烈，令人手不釋卷，深受啓發。當然，華盛頓的傳記中，軍事戰略可能簡單得多，但我認為革命時期的戰役不像內戰那樣易懂，而你會處理得非常出色。你為了寫李傳而對戰爭所做的研究，是你寫華盛頓傳的有利條件。

提完建議，柏金斯把費里曼交給在編李傳時表現優異的華萊士．梅爾。費里曼接續李傳又寫了《李將軍的副官們》（*Lee's Lieutenants*），然後寫七卷華盛頓傳記；去世時最後一卷還沒寫完。

這段時期，麥斯與湯姆．沃爾夫雖然在地理位置上僅隔著東河，但主要透過書信聯繫，只在沃爾夫的寫作進度允許時才見面。一九三二年八月，柏金斯覺得該見面了，至少該談談新小說的出版時間。柏金斯寫信給在布魯克林的沃爾夫：「你該竭盡全力在九月前完成定稿，上次見面時我就想跟你說。希望你盡快來一趟，告訴我是否能完成。」

沃爾夫回信說：「我知道你不是開玩笑，你指的是今年九月，而不是四、五、十五年後的九月。呃，今年九月要完成一本類似於書的完整定稿是毫無可能的。至於明年九月，或今後一百五十年內任何一個九月，我是否願意拿什麼東西示人，現在對我來說還是最大、最痛苦的疑問。」

湯姆說這樣一來勢必影響柏金斯對他的信任，爲此他很難過，就像他害怕失敗一樣難受。但「至於那些無聊低能的作家，只會東聞西嗅、虛張聲勢的垃圾文人、惡毒的學人精是否對我失望，我毫不在乎」。眼下沃爾夫只在乎是否有足夠的信心和力量支撐他寫下去，他寫信對柏金斯說：「現在沒有人能奪走我珍視的東西，他們可以把廉價、噁心、七日速朽的名聲給其他傻瓜，我百分之百滿意回到默默無名的狀態，我已經這樣過了將近三十年，並不難。」他無意在書稿「剩餘、腐爛發臭的魚身」上磨蹭，但如果有人想知道他何時出新書，他會不帶歉意地回答：「等我寫完一本，再找到某個想出版的人。」

沃爾夫最流利的表達管道是書寫（在現實中，他激動時就結巴）。所以，他長篇大論地寫信把自己究竟在想什麼告訴柏金斯，比當面說更交心。沃爾夫終於願意告訴柏金斯，關於新書他有疑惑但非絕望。他在信中對柏金斯說：「我以前覺得若我生命不息，精力旺盛，若我的精神能注入每一頁，若我能一以貫之，將會成就一部傑作。」

但，接著我就懷疑我能否活得夠久，我覺得它有十本的量，是我寫過篇幅最長的。能寫的不是太少，而是太多，多到讓我的手發麻，腦子累得轉不動。另外，只要繼續寫，我就想把一切都寫進去，把能說的每一個細節都說出來，我在飢餓歲月裡搬運的巨量貨物——讀過的那麼多書，取之不盡的記憶，以及幾百本筆記反過來要把我淹沒。有時候我感覺自己好像要吞下它們，卻又被它們吞噬。我要寫一本龐大的書，同時也想說：它不可能寫完。

沃爾夫像拼貼馬賽克似的寫他的故事，一片一片。他希望每一片都是一個完整的故事，合起來又構成整個計畫。剛寫的這部分本身已成爲一大本書，且第一次在他腦海中展現出最微小的細節。他寫信告訴柏金斯：「它是由好多本書構成的完整計畫的一部分，好比一條匯入大江的小河。」

沃爾夫說，要讓這些書全部出版，他知道他與史克萊柏納出版社並沒有任何形式的合約約束，史克萊柏納既沒有跟他簽約，他也沒有拿過不屬於自己的錢。他唯一清楚的關係是出於友誼以及對柏金斯所屬出版社的忠誠。他仍希望自己既是柏金斯的朋友，也是他的作者，但他相信那些是要他爭取才能獲得的榮譽。對於柏金斯爲《天使，望故鄉》付出的一切，他仍感激，因而不願再從柏金斯那裡接受什麼，直到他認爲的人情債還清爲止。所以他說保持他們之間關係的最佳方式是「結清」——既不預支版稅，也沒有糾葛。他在信裡對柏金斯說：「如果我寫了什麼我認爲值得出版、或你們出版社可能會有興趣的東西，我都會拿給你看，你讀不讀、接受或退稿，都悉聽尊便，就跟你對待一個作家的第一本書一樣。我不求人。」

沃爾夫清醒地看到，在他們以「二〇年代」統稱的過去十年中，許多作家身上發生的事。他不想與那些「骯髒、貪杯、醉醺醺、妒嫉心重的假波希米亞小人」有任何關係。他深知這些文壇當權派在污染、腐蝕作家之後，如何把他們踢出局，再招攬一批他們稱之爲「新一代作家」的人來玩弄，湯姆知道他的名字在其中。但沃爾夫不會讓自己貼上職業拳擊手似的標籤，他說：「現在我唯一的競爭標準在我心裡，要是做不到我就退出。」

（沃爾夫在給柏金斯的信裡說）我是局外人——這是一場比賽，一場騙局。我現在要做的是必須為自己寫作，無所謂誰「領先」我，這場比賽一文不值。我只在乎是否讓你失望，你的失望就是我的葬禮。

湯姆．沃爾夫說，他小時候常把敬仰的人稱作「高級紳士」。在信裡他告訴柏金斯，「我覺得你就是這樣的人。我做不到——做不到你這樣的風度，無論是天性、文雅或自然而細膩的和善，都做不到。若我領會了某些你告訴我的事，那便是我相信你認爲世上最生動、最美的是藝術，最好、最有價值的生活就是藝術家的生活。我也這樣認爲。我不知道我內心是否存在著藝術，讓我能過那樣的生活，如果有，我想我就擁有某種配得上你的友誼的東西。」

# 11 悲痛

麥斯威爾．柏金斯最新一位身陷困境的朋友是林．拉德納。一九三一年初，他臥床不起，顯然是工作過勞、抽菸、喝酒造成的。「我想我是在為過去的透支付出代價，」林在給麥斯寫的一封短箋中說，這封信裡沒有他往常的俏皮話：「我現在寫的短篇小說一年平均不超過四篇，最近寫的都不值一提，恐怕今年秋天湊不齊出短篇集的篇目。」柏金斯相信拉德納是去追逐「虛無縹緲的戲劇夢」而犧牲了真正的寫作，但他並未責備拉德納。他的確告訴過拉德納，希望他遠離百老匯的上流社會，花一年時間安靜生活，寫一部長篇小說。「春天已經不遠了，」麥斯寫信對他說：「而我發現，春天總能讓人精神煥發。」

春天來了又去，拉德納愈益衰弱。到了秋天，柏金斯終於發現是多年前拉德納得過的肺結核復發，在吞噬他的健康。有一陣子，林為了錢而幫好幾家報紙寫「每日電報」專欄，但仍不夠。他的版稅大為縮水，《聚攏》的印量雖已升至十萬冊，但現在銷量滑落，他的總收入下降之快令人擔心。妻子愛麗絲向柏金斯說明他們的困境：「林有五個月時間什麼都不能做，拉德納家非常辛苦。」身為這家庭的新財務管理者，她希望史克萊柏納出版社先支付原定十二月結算的版稅二〇八．九三美元。柏金斯馬上把支票寄給她，他知道這筆錢只能應急，不能解決問題。顯然，林唯一的治療方式是休息，但麥斯知道人在這麼需要錢的時候很難休息。愛麗絲．拉德納見林未好轉，也聽說費滋傑羅夫婦這些年的境況，深爲沮喪，她問柏金斯：「你認爲這世上還有男人既健康又聰明，又有經濟能力嗎？」《大亨小傳》出版已六年，過去兩年裡，費滋傑羅幾乎沒有動筆。當然，這段時期他寫作停滯的主要原因是妻子的病。一九三一年秋天，他們買了一輛斯圖茲汽車，搬進阿拉巴馬州蒙哥馬利一幢太大的房子，打算重新生活。史考特在信裡告訴柏金斯，事實上，在蒙哥馬利沒人談大蕭條，彷彿大蕭條與這座城市擦肩而過，一如之前的經濟榮景也與之無關。但沒過多久，費滋傑羅就發現這座城市的節奏慢得讓人疲累。想到日子一天天流逝，他的名聲日漸黯淡，夜裡就難以成眠。

十一月，史考特突然收拾行囊奔赴好萊塢。他要去八個星期，爲米高梅電影公司寫劇本大綱，他不在時賽爾妲埋首寫自己的小說。史考特帶著六千塊錢，也滿載著未來數年的寫作材料回到阿拉巴馬，回到妻子和女兒身邊。他寫信告訴柏金斯：「兩年半來，我終於第一次能連續五個月寫我的小說了。」他的新計畫是從已寫完的書稿裡挑出好的部分，再補充四萬一千字。他要求編輯：「別告訴厄涅斯特或任何人，他們愛怎麼想就怎麼想，只有你是始終信任我的人。」

費滋傑羅花了幾個月時間，爲這本當時名叫《酒鬼的假日》（*The Drunkard's Holiday*）的書草擬年表、目錄、大綱和人物設定，事先思考過每一個細節，這樣一旦動筆就不會出錯。在他的「總計畫」開頭，費滋傑羅寫道：

> 要寫出一個天生的理想主義者，一個半途而廢的神學士，因種種原因想躋身上流資產階級，他在一步步爬向世俗世界頂端的過程中喪失了理想和才華，酗酒放蕩，虛度年華。背景之一是正處於最顯赫、最耀眼的安逸階層如墨菲一家。

小說主角名叫迪克，是位精神科醫生，愛上了病人妮可，她的大部分病史來自賽爾妲的病歷。費滋傑羅遲早會把正在思考的政治經濟學理念放進這個故事中，並探討精神、心理層面。這位年輕醫生將釋放他的全部活力，直至感情崩潰，成爲一個「被掏空的人」；這部小說將反映費滋傑羅過去十年大部分時間裡，所有讓他筋疲力竭的內心折磨。

史考特到蒙哥馬利整理這本書的新版書稿後不久，賽爾妲的哮喘和預示病情的一片片濕疹再度發作。沒過幾天，她的行爲舉止又回到瑞士時期。一九三二年二月，史考特把賽爾妲送到巴爾的摩約翰．霍普金斯大學醫院的亨利．菲普斯精神病診所。他一回阿拉巴馬，她的心情就開始好轉——好得足以邁出一大步。自從賽爾妲停止芭蕾生涯，寫小說就成爲她的有效療法；每次她靠自己寫完一篇故事，就有種成就感。麥斯了解這一點，但三月收到她的信時還是吃了一驚。信上說：「另函寄發（相信這個專業詞彙我沒用錯），我已經把我的第一本小說寄給你了。」那是一部標準長度的長篇小說，名叫《爲我留下那首華爾滋》（*Save Me the Waltz*），是賽爾妲在菲普斯用六週時間完成的。她在信裡告訴柏金斯：「史考特正忙於工作，還沒看過，所以我完全無法判斷它有沒有價值，但當然非常期望你會喜歡……如果它太粗糙不符合你的標準，你能給我一點建議嗎？我知道，這樣濫用你的友誼幾乎是不講理的。」

柏金斯不知如何是好。起先，這稿子給他的印象是寫得有點錯亂，作者似乎分不清什麼是現實什麼是虛構。情感強烈又相互無關的場景比比皆是，情節像史考特早年用誇張風格寫他們倆生活的作品，卻經過哈哈鏡反射而變形。《爲我留下那首華爾滋》的主角是蒙哥馬利一位法官的女兒阿拉巴馬·貝格斯，她嫁給戰時結識的英俊、前途無量的藝術家。在他一鳴驚人的同時，她發現自己不幸福也不滿足，於是開始跳芭蕾舞。賽爾妲爲這位藝術家取名艾默里·布萊恩，《塵世樂園》的主角。

當週，賽爾妲發電報給柏金斯：「應史考特建議，請把書稿退到約翰·霍普金斯大學醫院菲普斯診所，感謝，遺憾，致意。」費滋傑羅終於知道了書稿的事，要求在麥斯之前先讀。柏金斯回電報表示同意：「抱著極大興趣已讀大約六十頁，非常生動、感人。望妳再寄給我。」

柏金斯在給海明威的信中談起這部小說。「看起來其中有許多不錯的東西，但也讓人不由自主回想起《美麗與毀滅》的那些時光。當然，艾默里·布萊恩這個角色不行，這樣對史考特太不禮貌……我想她完成以後，這部小說應該會很不錯。」

史考特放下正在寫的小說跟賽爾妲談，然後寫信告訴麥斯，中間一整段都將「徹底重寫」。他說，藝術家的名字一定會換。但事實上，史考特反彈的不只書稿。他對賽爾妲大怒，不單因爲她沒給他看過稿子就寄給柏金斯，彷彿拆他的台；也因爲他很快意識到，她寫進小說裡的那些事，是他們共同經歷的事——那些他近年忙著寫爛小說以支付賽爾妲醫療帳單而還沒使用的素材。

賽爾妲竭盡所能安撫史考特，就差沒跪在他腳邊。她寫了一封情眞意切的信：「史考特，我愛你勝於世間一切，如果冒犯了你，我很難過。」她知道自己做了什麼：「我……恐怕我們觸及共同的題材了。」但她解釋：「我不是故意（沒給你看就把書稿寄給麥斯），我知道你忙著寫作，眞心覺得無權打擾你，要你給我建議；我知道麥斯也不希望。我想先照他的意見改……所以，我親愛的，請你明白我絕非刻意不先給你看稿，而是時間和其他沒控制好的因素讓我太依賴麥斯。」

費滋傑羅於三月三十日離開阿拉巴馬，搬去巴爾的摩離妻子較近的地方。五月，他向麥斯報告：

「賽爾妲的小說現在是好作品了，各方面都改得很好，是全新的，主要刪去了令人聯想到我們在巴黎混地下酒吧和夜生活的部分。你會喜歡它……我距離太近無法公正判斷，但它也許比我想的更好。」當月中旬，他把書稿寄給柏金斯再讀，並強調它有任何一部處女作都難免有的優缺點。

它的個性強烈，像《天使，望故鄉》而非厄涅斯特．海明威那樣的成熟之作。它會吸引成千上萬喜歡跳舞的人。它有一定的意義，而且絕對新鮮，會暢銷。

起初，史考特擔心毫無保留的道賀會助長醫生在賽爾妲身上發現的自大狂初期症狀，當時他寫信告訴柏金斯：

如果她的成功即將到來，她一定會認為這是出於自己的嘔心瀝血之作，但它有一部分是在疲憊不堪、毫無靈感的狀態下寫的，部分則在心理學誘導下記起最初的靈感和動力寫成。她已不是二十一歲，身體也不好，而且她必須避免模仿我的風格，當然這種風格在她心裡像火一樣燃燒著。

但現在，他覺得無論麥斯如何誇賽爾妲，她都當得起。她傾注所有心血寫這本書。起初拒絕任何修改，後來全部推翻重寫，「把那些與她不相稱的膚淺、自我辯解的所謂『眞實自白』刪掉，寫成一部誠實的作品」。

柏金斯把書稿塞進破舊的公事包去度週末。星期一，他發電報給賽爾妲：「讀著妳的小說過了一個美好週日。我認爲它非常特別，有時令人深深感動，尤其是跳舞的部分。樂於出版。」當天，他又寫信給她：「它從頭至尾都生氣勃勃。」麥斯小心翼翼提了幾點建議，希望賽爾姐考慮，主要是風格問題。和她以前的短篇小說一樣，她常因使用太多隱喻而離題：

許多隱喻很高明，但我認為……隱喻少一點效果會更好。在我看來，它們有時顯得太大膽，太有趣，會讓讀者把注意力移到它們身上，而不是它們要揭示的含意。

賽爾妲很激動。「你喜歡我的書，讓我非常興奮、非常滿足，而辨別我的興奮和滿足，對你是再熟悉不過的事，」她寫信對柏金斯說：「我很驚訝你眞的打算出版它，我得提醒你，這可能是很快會過時的平庸之作，就像一九〇四年斯伯丁公司的草地網球說明書。天啊，墨水將褪色，你也許會發現它一無是處。我怎麼可能成爲作家！」她同意修改任何「値得商榷的部分」，但柏金斯發現《爲我留下那首華爾滋》實際上無法編輯，這很奇怪。書稿裡有他見過最華麗的辭藻，她的比喩很自然地流淌出來，有時一頁就有幾十個，當然，並非每個比喩都恰當。例如她這樣描述二〇年代末一艘船載滿美國人到法國閒逛：

他們在凡爾賽宮蕾絲窗簾般的草坪上買威洛納糕點，在樹木猶如披上撒粉假髮的楓丹白露宮點雞肉和榛果。圓盤般的傘隨著悅耳、飽滿的蕭邦華爾滋舞曲的熱情伴奏，鋪滿郊外的梯田。遠處，他們坐在憂鬱、滴水的榆樹下，那些榆樹就像一幅幅歐洲地圖，頂端磨損得像黃綠色的羊毛，一串串果實像酸葡萄般沉甸甸。他們以歐洲大陸人的胃口呼風喚雨，傾聽半人馬抱怨馬蹄的價格太高。

所有人物、情感、場景，她幾乎都用這樣誇張的文字來表現，但那正是她的寫作有別於他人之處，這種風格也讓她的談話變得生動。柏金斯碰到有這種問題的文字多半會手下留情，把它原汁原味地呈現給讀者，看看接受度如何。

丈夫盯著賽爾妲大幅修改書稿，篇幅縮短了，主要刪掉他們放縱任性的婚姻生活。接下來的幾個月，校稿忙碌地在柏金斯、作者和排版人員間來來回回，最後每個人都精疲力竭，只想退守以避免下一個輪迴。麥斯想過提醒費滋傑羅夫婦要爲這些額外的修改付費，又知道他們勢必不計成本要做到他們想要的程度。最後，難以計數的拼寫錯誤、不清楚的段落及大部分洛可可風格的華麗文字被印出來。裝訂完成後，賽爾妲對厚度頗爲驚訝，寫信對麥斯說：「只希望你和我一樣對它滿意。」

費滋傑羅夫婦的婚姻像蹺蹺板。一九三二年春天，當賽爾妲對她的書滿懷期望時，史考特的情緒卻很低落。他擺脫了過去，卻看不到未來。「我不知道到底應該做什麼，」他情緒複雜地告訴柏金斯：「五年時間從我手上流走了，我仍不能決定我到底是誰，到底是哪一種人。」他鍥而不捨地找房子，讓他能感覺過著恆久、顯赫的生活，最終費滋傑羅夫婦搬進了和平莊園，這是一幢冷冰冰、維多利亞時代的大宅，在馬里蘭佔地多畝，歸騰布爾家族所有。賽爾妲寫信給柏金斯說：「我們住的地方光線微弱，陰暗，就像孩子長大後廢棄的、沒油漆的遊戲室。」麥斯希望平靜的環境能讓費滋傑羅夫婦生活清淨。他寫信給海明威說：「要是賽爾妲能開始賺錢（她的確可能做得到），他們應該就能進入狀態，史考特可以安心寫作。」

那年，史考特仍然低迷，在他與柏金斯的所有通信中，編輯、作家的關係第一次、也是唯一一次發生了轉換。費滋傑羅感覺柏金斯像變了個人似的，似乎總是沒精神，不勝重負。「看在上帝的份上，今年冬天好好休個假吧，」史考特催促他：「沒有人會在你不在的期間毀了出版社，更不敢有大膽的動作。給他們一個機會看看他們是多麼依賴你，等你回來，就裁掉一兩個腦袋空空的傢伙。」

幾乎沒有外人知道，一段日子以來，麥斯一直爲女兒柏莎原因不明的病憂心忡忡。她經歷過一次車禍，因爲看起來沒有受傷而走路回家，但隨即昏迷了十八小時。麥斯爲女兒這種無法診斷卻導致她定期抽搐的症狀痛苦不堪。他把實情告訴史考特，之後史考特便時不時主動跟他討論，他的說法是：「我對這類問題兼具科學和門外漢的態度，比你想得到的任何人都有幫助」。賽爾妲也很關心。在她待的精神病院裡，她總是特別照顧重病患者。

那年六月的信中，麥斯對賽爾妲說：「我還要經受幾重煉獄，但現在起一個月內，我應該走出之前踏入的那片深深的密林。」

湯瑪斯．沃爾夫也察覺了柏金斯的變化。他相信他的編輯「願意畢生維持並增益自己的品德，挽救可挽救的，栽培可栽培的，治癒可治癒的，保持美好的。但對不可挽救的事，不可栽培的生命，不可治癒的疾病，他是不關心的。他對失去生命力的事物沒有興趣。」沃爾夫相信，如果柏金斯的女兒不能治癒，他就不會這麼憂慮了。然而情況依然不見起色，湯姆注意到柏金斯的眼窩愈陷愈深，人愈來愈瘦，經常在辦公室加班，好暫時忘卻家中的愁苦。沃爾夫也給柏金斯許多事，讓他的心思放在編務上。

過去幾個月，沃爾夫大部分時間都埋頭工作，不跟外界往來。他在維蘭達廣場的公寓裡已寫了厚厚一卷書稿，現在他搬到同樣位於布魯克林的哥倫比亞高地111號，維生工具仍是他在任何地方工作時用的那些：鉛筆、紙、地板空間及一台冰箱。麥斯曾告訴一個研究沃爾夫作品的學生，這四樣東西對他的創作有多重要：

沃爾夫先生用一隻大手握著鉛筆寫作。他曾說他可以為富及第冰箱公司的人寫出他們能想到最好的廣告文案，因為他發現這冰箱的高度正好便於他把稿紙鋪在冰箱頂部，站著寫作或整理筆記。大部分時候他就這樣站著寫，也常因一時找不到恰當詞彙來表達而在房裡大步走動。

完成每天的工作量後，沃爾夫就收拾散落一地的稿紙，找人打字。除了打字員，他幾乎從不讓人看稿。那年冬天柏金斯告訴海明威，他看到沃爾夫新作的少許片段「好得不能再好」。不幸的是，湯姆一再發作的「自我懷疑病」又犯了，嚴重得讓他無法寫下去。一九三二年初，麥斯在給厄涅斯特的信中說：「他經常不安，現在也是。我要抽一個晚上和他談談，讓他相信他的狀態變好了。他的確寫得好。」

一九三二年一月二十六日，湯姆發了一頓牢騷後，跟麥斯去中央車站，搭上開往康乃狄克的火車時還唉聲嘆氣。沃爾夫需要說服自己有能力寫作，所以麥斯力邀他去自己家過夜。火車緩慢啓動時，沃爾夫突然改主意，他必須回到布魯克林，獨處，寫作。他沿著走道向車廂出口奔去，車已駛離月台，他奮力跳下，火車司機猛地拉下緊急煞車，湯姆躺在軌道旁，左手肘流血，柏金斯衝過去幫他。

柏金斯送他去中央車站醫院急診室，等著照X光，縫傷口。湯姆在給姊姊梅貝爾的信中說：「感謝上帝讓我傷的是左臂而不是右臂，我現在謀生要靠右手。」

同一個月，柏金斯二度照顧沃爾夫的需要，這回是當調解人。柏金斯收到一份《天使，望故鄉》德國出版社的官方資料，上面說瑪德琳．波伊德偷藏了一筆給沃爾夫的版稅。無疑，湯姆對此大爲光火，要求經紀人到史克萊柏納出版社來見他和柏金斯。在下午的會談前，沃爾夫和編輯一起午餐，討論談判策略。他要求攤牌時麥斯務必在場，自己會「毫不留情」。但會談並沒有如他們所想的進行。幾年後，麥斯把那天下午發生的事寫下來寄給湯姆的朋友約翰．泰瑞：

我們到辦公室時，波伊德太太正坐在小藏書室裡翻看文件。我直接進去，但湯姆不知道為什麼沒有進來。她的眼淚立刻掉了下來。當時是大蕭條時期最艱難的階段，她入不敷出，日子過得很苦，我不禁為她難過。不幸的是，湯姆進來時我正拍著她的背說：「別哭，瑪德琳，現在每個人的日子都不好過。」我突然意識到湯姆就在旁邊。他居高臨下看著我們，盯著我的眼神裡充滿鄙夷。瑪德琳竭力解釋她沒把錢匯給他是因為銀行帳户出了令她困惑的問題，複雜到湯姆和我都聽不懂。（回想起來，她曾以玩笑口吻跟我說過那個帳號的事，所以現在我想這應該是真的。）不管怎麼說，湯姆跟她的合作算是完了。她承認即使她不是有意欺瞞，也是她的錯。所以當他說：「瑪德琳，難道你不明白，必須到此為止了嗎？」她同意了。

這次會面，湯姆對她的斥責非常苛刻，麥斯差點忍不住阻止。

在他們近期的相處中，柏金斯總是努力建立沃爾夫的自信，而沃爾夫在私生活和寫作上如此需要柏金斯，也讓柏金斯暫時忘卻對家人的擔憂。那時節，沃爾夫寫信給仍在召喚他的愛琳・伯恩斯坦說：「我的自信心回來了……本來已經完全喪失，這輩子從未工作得像現在這樣賣力。我差一點徹底覆沒，還是走出來了。」湯姆預言，再集中精力寫三個月，他就能向史克萊柏納出版社交出一部二、三十萬字的書稿，可以在秋季出版。「但若今年不能完成，」爲了將她拒於門外，他在信裡說：「我就徹底完蛋，再也不能寫作了。」

在不那麼樂觀的時刻，連柏金斯都擔心沃爾夫眞會那樣。因爲一心期望那年秋天能出版沃爾夫最新長篇小說，他告訴沃爾夫，如果他夠魄力堅持寫作，順利交稿，做爲回報，他可以休假半年跟沃爾夫一起駕福特車穿越美國。於是，沃爾夫懷著新的決心回到冰箱旁，渴望寫完這本書，爲柏金斯也爲自己。他寫信告訴愛琳：「他實在……太累了，這一年過得很糟。他女兒經常抽搐到昏過去，又查不出原因。麥斯是個了不起的人，我認識的人裡他是最好的，也是活生生的完人。」

當最好的醫生在苦苦查找柏莎的病因時，心情痛苦的柏金斯寫信問海明威那本鬥牛書的進度。「希望書稿早點來……我盼望從中獲得豐盈收穫，以抵消我經歷的那些。」海明威寫完還需要一個月。

海明威認爲自己「寫作從來沒有像最近這樣順」。一九三一年秋天從西班牙回國時，他只剩下「棒極了的最後一章」及西班牙政府鬥牛管理條例的翻譯尚未完成。「這本好書」將以鬥牛管理條例收尾。他和寶琳在堪薩斯城住了下來，等待他們的第二個孩子降生。十一月中旬，海明威宣布自己的第三個兒子葛列格里（Gregory Hemingway）出生，麥斯發了一條極短的祝賀電報：「嫉妒你。」海明威回覆，如果柏金斯能透露如何生女兒的訣竅，他就拿養兒子的祕辛來交換。

一九三二年二月一日，麥斯收到《午後之死》的全部書稿。海明威辛苦寫了這麼久，自然特別期待柏金斯的反應。柏金斯寫信對海明威說：「只說它是一本大書未免顯得愚蠢，但光是讀它就讓我很受用。我可以因為它而開心地上床睡覺，把無數煩惱擱在一邊（其實我想也沒那麼糟）。這本書匯聚了你的光芒，那些原本把鬥牛看成毫不重要小事的讀者也會來讀。」三天後，麥斯跟他討論在《史克萊柏納》雜誌上連載時寫道：「它給人的印象是你自然寫就，而非縝密構思下的產物。這是偉大作品的特點。」柏金斯想到的編輯問題是開本。他想把這本書的開本做得大一些，以便充分呈現配圖的效果，但又不想把書價定得太高。第二個問題是摘哪些內容登在雜誌上。「從這樣一本書裡挑選段落眞難，不過從我們所謂的商業立場來看，這對書是有幫助的。」

海明威認為這些問題留待他們出海時即可輕易解決。他請柏金斯去海龜島，說如果他不來「就讓合約見鬼去吧」。不過這一年，海明威的最後通牒沒有奏效。柏金斯辯稱出差經費不足、時間不夠，更重要的是他沒有心情。「現在我手邊堆積的問題比我這輩子加起來還多。」他解釋。他女兒被送去波士頓，因為他聽說「那裡有更有名、更好的神經科醫生」。她的病因仍查不出，累垮了露易絲。她沒日沒夜照料女兒的病，終於撐不住，在醫院住了幾星期。「總覺得眾神都在為難我，很難擺脫這種灰暗的想法，」他在信裡告訴海明威：「正如你所想，我心裡一有事就不容易放下……只要撐得住，就讓霉運一次到齊吧！」他一頭栽進工作裡，不願去想錯過去基韋斯特的事。

那年春天，海明威從海龜島回來後，柏金斯說服他把書裡的配圖從兩百幅降到六十四幅，並跟他爭論眾所周知的那個「四字母單字」的使用。海明威同意遵照多數州的法規，把四個字母中的兩個字母改用空格表示，套句麥斯的話，「當然，這條法規就像莎士比亞說的——愚蠢」。這本書沒有照他設想的做成豪華攝影集，讓海明威很失望，但約翰．多斯．帕索斯對《午後之死》的評語令他振奮。多斯．帕索斯說關於西班牙的書，這是他讀過最好的一本。遵照多斯．帕索斯的建議，海明威刪掉幾頁說教內容。柏金斯從來不提刪稿建議，如果提了，也許能減少海明威文字上的炫耀感，讓這本書更好。

隨著《午後之死》問世，海明威的詞彙裡多了cojones和macho兩個字[23]，猛男硬漢的崇拜風潮也找到了代言人。他的確變得自我陶醉，下筆不像以前那麼節制。柏金斯看到海明威許多故作姿態的地方，但他寧願相信這背後還跳動著一顆眞正的勇士之心，他敬佩海明威生活和文字中的男子氣概。捷比記得父親曾說：「海明威喜歡爲我們這些永遠不敢直視危險的人寫作。」柏金斯與費滋傑羅的關係像叔叔和愛享樂但受寵的侄子，和海明威的關係則像另一種。對柏金斯來說，海明威是個膽大妄爲的「小弟」，總要闖入險境，總需要「大哥」的勸告和提醒。海明威身上有種「毛毛躁躁」的特質，讓柏金斯想起自己快樂的童年；他鮮明的男子氣概，又是柏金斯身爲「紳士」無法在生活中表現的，他很嫉妒。如同和費滋傑羅的交往，柏金斯再次間接體認海明威和自己多麼不同。他認同海明威的男子氣概，卻無法在生活中實現。

海明威一邊優閒地修改校稿，一邊住進哈瓦那「兩個世界」旅館一間陽光充足的房間。他又催柏金斯來看他，這樣兩人討論完書稿中可能有的問題後，麥斯可以帶走校稿和配好文字說明的圖片。麥斯說他非常想來，但七月之前顯然不可能，他在信裡對海明威說：「我現在的束縛比以往更多了，不

23 cojones意為睪丸，macho意為男性，均為西班牙語。

過將來一勞永逸的希望也更大。」

就在海明威結帳離開「兩個世界」的前一天，他釣馬林魚釣得滿身大汗，又逢一場驟降的滂陀大雨，被冰冷的雨水淋得濕透。坐船離開古巴時，他已經得了支氣管肺炎還渾然不知。他在三十八．九度的高燒下穿過佛羅里達海峽，一回到家就上床去改校稿，校稿又讓他情緒激動起來。按照慣例，每頁校稿的頁眉都會標上作者姓氏及書名的第一個字，所以這本校稿每頁都印著「海明威之死」（Hemingway's Death）。海明威問柏金斯，他是不是覺得在每頁印上「海明威之死」很好笑，身爲作者可不認爲這有什麼幽默。他斷言麥斯知道他這個人很迷信，一遍一遍看到這麼顯眼的字樣眞是「一件該死、可惡的事」。

柏金斯並未看到校稿上的那行字。他向海明威保證：「如果看到了我會處理，因爲這樣你就不能跟我說什麼預兆了。要說預兆，我比世上任何人都見得多。要是諸事不順，我一個人在車上，剛好有隻黑貓穿越馬路，我眞的會開槍；但如果車裡有家人，我會叫他們別傻到相信那個。」

一連數月，柏金斯相信自己被詛咒。好幾位作家和同事都說，那年他的工作狀態就像夢遊一樣，總是掛念女兒的健康，也憂愁到無法寫信給伊莉莎白．萊蒙。那年六月，他再度提筆，解釋好幾次他開了頭就寫不下去。

這一年發生的事，我只能抱著陰鬱的心情寫，而且也羞於寫。面對這一連串霉運，我無法不憂心、不懦弱，所以每次提筆總是沒寫完就放棄。

麥斯的困境是，柏莎的病令他太沮喪，那一年無論談什麼都無精打采。他在信裡對伊莉莎白·萊蒙說：「別的時候雖然也有一堆問題，但總能期望某些事會順利。但近來，我無論看向哪裡，所見之處都埋伏著災難。」麥斯相信，只要他女兒康復就能驅散所有厄運。生病一年多之後，她開始好轉。「她的病讓我陷入冰冷的恐懼中，後來露易絲的情況也不好，令人戰慄。公司也有很多狀況，這眞是糟糕透頂的一年。」

那年夏天，亞瑟·史克萊柏納心臟病發去世，他出任出版社社長僅兩年。他的侄子查爾斯接手，麥斯·柏金斯則擔任總編輯兼副社長。平日，他總有各種編務上的事要掛心：海明威又要做什麼危險事，費滋傑羅的新書不寫了，湯瑪斯·沃爾夫需要更多心理和感情上的支持，或林·拉德納憂心貧困而讓肺結核和失眠更加惡化，現在還有管理責任。他對伊莉莎白·萊蒙說：「有什麼關係？日子除了一敗塗地還會怎樣？」在另一封信中，他說：

> 妳知道，期望妳的祝福對一個新英格蘭人來說並無好處，反而更糟。這個新英格蘭人會認為他得到的祝福正好證明他運氣很背，因為福禍平衡世界才公平。父親去世幾天後，我母親說：「我就知道有事要發生。」我問她為什麼，她說：「之前每件事都太順了。」當時我只有十七歲，但完全理解。

麥斯希望相信，如果這世界能免於眞正的崩潰，那麼會變得更適合他五個孩子生活。他問：「但，它能爲這幾個女孩及時穩定下來嗎？她們靠什麼過下去？前人賴以維生的東西都已不在了。」

露易絲到維爾伯恩拜訪伊莉莎白，在那裡休養幾天，並問伊莉莎白，夏季稍晚柏金斯定期到約翰．霍普金斯大學醫院看耳科時，她能否「照顧麥斯」。他在巴爾的摩一個人都不認識，常獨自在德魯伊山公園一帶散步。

麥斯．柏金斯深受耳硬化症之苦，更具體地說，就是中耳鐙骨和內耳交接處骨質增生。他的左耳經常響起雜音，聽上去像鳥鳴。在現代，醫生可以用人造骨替換那塊小骨頭，但當時，柏金斯必須每隔三個月在耳中插入藥線撐開耳咽管，使耳中的共鳴更清晰。一九三二年七月，麥斯依約來見詹姆斯．柏德利醫生。他覺得天氣太熱，打算請伊莉莎白下次再來會面，她卻於星期六出現在貝爾維德酒店。那天下午，她驅車載他去蓋茨堡。四十年後，伊莉莎白回憶說：「當時我覺得這是此生最熱的一天，但他爬上每一座紀念碑，細看古戰場上的每一堵石牆。我在車裡等。終於回到城裡時，我們熱得直吐舌頭。麥斯渴死了，但一時買不到喝的，他說：『這是我見過的最乾燥的城市。』」後來，他寫信對她說：「那是我最快樂的兩天……為此我要永遠感謝妳，一個月的假期都抵不上這兩天。妳讓一切都變成對的、幸福的……謝謝伊莉莎白，妳對我實在太好，我永遠不會忘記。」

第二天，柏金斯打電話給史考特，史考特開車來到巴爾的摩接他去和平莊園。麥斯發現它「真是個令人傷感的好地方」，讓他有漫步四周、欣賞樹林之興。但史考特認為他們應該舒服地坐下來喝金利奇酒。他們在小陽台上拉了椅子坐下，等著微風吹起厚厚的落葉。賽爾妲從屋裡飄然而出加入他們，看上去氣色不錯——雖然不如以前那麼漂亮，但比之前見到時平靜多了。麥斯從她的言談發現她更「真實」了，但對他們倆都放心不下。在炎夏白晝的烈日照耀下，麥斯看到史考特神色困頓、緊繃，像骷髏；賽爾妲則拿出幾幅她風格怪誕的素描。和費滋傑羅夫婦用完午餐，麥斯送賽爾妲回鎮上，她得回菲普斯診所，自己再跳上回紐約的班機。

「可憐的老史考特。」海明威看到柏金斯信中描述和平莊園裡那兩個歷經戰鬥般筋疲力竭的人，悲嘆道。厄涅斯特仍然認爲這是賽爾妲的錯。他說費滋傑羅早該在五、六年前，在賽爾妲「最瘋狂但還有追求者」時，在她被診斷爲「狂熱」之前，換掉這個妻子。他也認爲賽爾妲當作家不能讓他們回歸正常生活。海明威警告柏金斯，要是出版他任何一任妻子寫的書，「我絕對開槍射你。」他說，正是賽爾妲使史考特．費滋傑羅成爲「我們這一代天才的悲劇」。

麥斯寫信對厄涅斯特說：「如果我們能給史考特特整整六個月時間寫作，或許就可以把這個悲劇變成別的什麼。賽爾妲成爲暢銷書作家未嘗沒有可能。她有許多寫作的壞把戲，但目前她正在克服最壞的部分。」事實上，他希望賽爾妲能成爲史考特最需要的那張王牌。柏金斯向海明威透露，史克萊柏納出版社預支給史考特新小說的款項太多了，即便這本書大暢銷，也不可能還清欠史克萊柏納的錢。實際上，他們打算拿賽爾妲的一半版稅來支付史考特的債務，直到還清五千美元爲止。

最近這次見面前，麥斯從未像現在這樣擔心費滋傑羅。他寫信跟伊莉莎白．萊蒙說：「如果一個人疲憊不堪，而且還有個推脫的好藉口——史考特的藉口是賽爾妲，他就可能接受失敗。他們都對他失去信心，包括厄涅斯特。但願他能挺過來，讓他們好好看看！」

《爲我留下那首華爾滋》於一九三二年十月出版，始終賣得很慢，只有五、六篇書評讚揚或中肯地評論。在某些方面，柏金斯對這本書的全盤失敗有責任。那年他精力渙散，沒有在賽爾妲出書時有力地推她一把。《紐約時報》批評說：「她的編輯不僅一直沒有意識到應該限制那堆砌到可笑地步的寫法，連及格的校對工作都沒有做到。」

又一年，《週六晚郵報》成了費滋傑羅夫婦的頭號恩人。它在那年夏天刊登了史考特的三篇短篇小說；八月，他又寄給他們第四篇。這些故事基本上無助於提高他的文學聲望，但他終於有錢能繼續已中斷數月的嚴肅創作。他在筆記本上寫著：「現在構思好長篇小說了，絕不再讓它中斷。」

賽爾妲在給柏金斯的一封信裡也證實：「史考特的小說接近完成。他最近進展神速，看過稿子的人都說寫得好。」她對書稿沒有表示意見，她說，爲了防止彼此「偷獵」素材，「我們要等到雙方的書稿都做了版權登記後才看，因爲我多少想借鑑他的寫作技巧，而我們經歷過的事很可能重疊」。

一九三三年一月，史考特來紐約喝酒狂歡三日。後來他寫信告訴柏金斯：「我本來要打電話給你，但完全沒辦法，癱倒在床上躺了二十四小時。毫無疑問，這老小子已經禁不起這種折騰了……我寫這封信給你，與其說像盧梭寫《懺悔錄》，不如說是跟你解釋爲什麼我到城裡卻打破多年來的習慣，沒跟你聯絡。」回到和平莊園，他發誓從二月一日到四月一日要滴酒不沾。他叮囑柏金斯別把這件事告訴海明威，「因爲長久以來他認定我是無可救藥的酒鬼，我們幾乎總在酒會上相遇。我在他眼裡是個酒鬼，正如林．拉德納在我眼裡是個酒鬼一樣，我不想讓他幻滅，就算是《週六晚郵報》上的短篇小說也是在清醒狀態下寫的。」麥斯回信時技巧地告訴他，事實上，史考特打過電話給他。

由於費滋傑羅投入在這本小說的時間比以往多，那一年他的收入只有大蕭條頭幾年的一半，不到一萬六千美元。即便搬出和平莊園，住進城裡較小、租金較低的房子，史考特發現自己還是得節儉度日。他問柏金斯，賽爾妲還能不能從她的書上賺到錢。他寫道：「她不好意思問你，要是有的話，或許她還能爲自己添購一套冬衣。」

賽爾妲的版稅基本上沒辦法讓她買衣服。《爲我留下那首華爾滋》賣了一千三百八十本，換算成收入是四〇八・三〇美元。照規定扣掉因多次修改校稿而產生的額外費用後，柏金斯寄給賽爾妲的支票是一二〇・七三美元，他同時寫道：「這個結果一定不會令妳高興，基於此，我不宜問妳是否在寫新作品，不過我確實認為那本書的最後部分寫得很好。要不是現今我們深陷大蕭條，結果會大大不同。」那年史克萊柏納出版社銷量較好的都是成名作家的書，諸如高爾斯華綏的《還有一條河》（*One More River*）、詹姆斯・楚斯洛・亞當斯（James Truslow Adams）的《民主進行曲》（*The March of Democracy*），或社會名流的書如克萊倫斯・達羅（Clarence Darrow）的自傳。

關於《為我留下那首華爾滋》的銷量，柏金斯寫信對費滋傑羅說：「在那麼蕭條的一年，那已經高於平均銷量，但你看慣了大數字，看到這個恐怕覺得很糟。」費滋傑羅以理解的心情接受了這個消息，尤其是他聽說約翰・多斯・帕索斯的新作《一九一九》也只賣了九千本。史考特不知道自己的書要怎麼還清他欠史克萊柏納的錢，因為多斯・帕索斯的美國三部曲為他在美國文壇贏得的聲望，要比費滋傑羅替《週六晚郵報》寫的那些短篇小說大得多。麥斯回信告訴費滋傑羅，他覺得多斯・帕索斯的書並不吸引人。

> 他完全認為書應該是社會學文件，或近於此的東西。每當我拿起他的書，就必然經受三、四個小時的痛苦，只能靠著對他才華的景仰才能緩減。他的作品有吸引力，卻讓你難受得像網球打到最後平手。人們不想要那樣。

麥斯寫信給費滋傑羅：「假如世界唯有在某種穩定的基礎上安頓下來，人才能專心做自己的事，那我想你很快就可以開始穩定、持續地寫作。這個基礎可以是任何事物，只要它像基石一樣長久穩固，只要它是人觀察事物時相對固定的立足點。」

《大亨小傳》出版已過八年，麥斯仍在信中對史考特說：「無論何時冒出耀眼的新作家，我總認爲你的才華、技巧高於任何人，但種種情況讓你已經很久意識不到這個事實。」那年夏天，麥斯想出一個讓費滋傑羅擺脫史克萊柏納出版社沉重債務的辦法：爭取在雜誌上連載他的最新小說。

一九三三年九月底，費滋傑羅答應到十月底完成整部小說的初稿。他寫信告訴柏金斯：「我會戴著尖頂頭盔，帶著書稿出現。千萬別請樂隊來慶祝，我不想聽音樂。」他如期出現，吃驚不小的柏金斯拿到將被命名爲《夜未央》小說的第一部分書稿，立刻宣布它「非常出色，不同凡響」。麥斯約好下次看柏德利醫生的時間，那個週末可以和費滋傑羅在一起，讀完整部書稿。

史考特佔了柏金斯整整兩天時間。柏金斯想一口氣通讀全稿，卻發現它並未寫完，雜亂無章。每次他全神貫注進入一個章節，史考特都遞給他一杯湯姆可林斯調酒，彷彿這樣能讓之後的工作更順暢，然後史考特會抓起一疊稿子朗讀。儘管完成度不高，柏金斯已能斷言這本書會成功。回到辦公室，他擬了以下合約條款：

> 史克萊柏納出版社同意，從十二月二十日左右出版的《史克萊柏納》雜誌一月號開始，分四期連載這部新小說，稿酬共一萬元。其中六千元將抵償你欠我們的部分預支款項，剩下四千元以現金支付，建議每刊登一期支付一千元。

在日記中，史考特記下這幾年來最快樂的事：「麥斯只看第一稿就接受了這本書。」

現在，林．拉德納每天至少可以寫作幾個小時了。但失眠奪走了他最好的狀態，他仍入不敷出。一九三二年八月，柏金斯寄給他將在十二月結算的版稅報告。只有二二二．七三美元，但林說：「這是救命錢，更確切地說，它延續了我的生命。」這句話值得一記，因爲接下來幾個月，他又要從這筆錢裡預支。

爲了幫拉德納多賺點錢，柏金斯想出好幾個讓他快速出版作品的辦法。林以書信形式寫過一個棒球系列，跟《艾爾，你懂我》很像；也在《紐約客》新開一個談廣播的專欄。麥斯建議把這些稿子都編成書。那年冬天，拉德納的醫生認爲沙漠對他的健康有好處，要他去沙漠。但拉德納還沒賺到這趟遠行的旅費，只能借錢。他寫信給柏金斯：「我大概終有一天會意識到困頓的存在。」麥斯又寄給他一百美元預支款，並提出史克萊柏納願意隨書的銷售同步結算版稅，即使目前他們出版的書很大部分是以寄售方式跟書店往來。

拉德納去了加州拉昆塔，把剛寫完的短篇小說〈貴賓狗〉（Poodle）交給某個「窮作家的經紀人」去叫賣。小說先投給兩家刊物，一家退稿。這是拉德納第一次碰到這種情況。幾個月後他回到東漢普頓，病得很重，閉門謝客。柏金斯甚至不忍心打聽他的情況。

一九三三年九月二十五日，四十八歲的林．拉德納歷經七年肺結核、失眠、疲勞、酒精中毒的折磨後去世。馬克．吐溫在《兩份遺囑》（*The Two Testaments*）中曾感慨：「當人再無法忍受活著，死亡就到來，讓他解脫。」這句話很悲哀，卻似乎是對的。

柏金斯寫信對年輕時崇拜過拉德納的海明威說：

> 嚴格來說，林不算偉大作家。他總把自己當成記者，對文學作者有點狹隘的藐視。他若寫得更多也許能成為大作家。阻礙他寫得更多的原因就是阻礙他成為偉大作家的原因，無論那是什麼。但他是個了不起的人，可惜才華沒能充分施展。

做爲對拉德納才華最後的致敬，柏金斯想出版林．拉德納的精選集，請某位夠資格的人選編他的代表作。他請費滋傑羅推薦人選，也不掩飾請費滋傑羅擔當此任的意圖。費滋傑羅說，在自己的小說即將完稿的此刻，他不能接下這工作。他推薦既是記者也是文學評論家的吉伯特．賽德斯（Gilbert Seldes）。

不到兩星期，賽德斯就開始進行這件事。他著重於收集拉德納早期的作品，以及他到紐約前散見於各報的文章。在中西部報紙資料室裡翻找了六星期後，賽德斯選出這本選集的篇目，取名叫《最初與最後》（*First and Last*）。賽德斯的選編方針是「每一篇都是『拉德納的傑作』」。這本書沒有收拉德納的第一篇文章，但確實收了最後一篇。對他的讀者來說，不會再有別的拉德納作品可讀了。正如賽德斯所說，拉德納「已經病了多年，沒有留下未出版的書稿。爲了自己的聲譽，他也不必再寫」。

一九三三年二月，麥斯去波士頓探望柏莎，看到她接受治療後正在好轉，大大鬆了口氣。差不多此時，醫生們讓露易絲遵行的高蛋白食譜也奇蹟般地恢復了她的健康。困擾麥斯一年之久的憂慮終於結束，他很快地像過去那樣投入工作。

# 12 兩性

「整體來想，你眞的不認爲女人應該爲這世界四分之三的麻煩負責嗎？」有一次，麥斯．柏金斯狡猾地問他的朋友、也是作家的斯特拉瑟斯．伯特（Struthers Burt）。

伯特後來說：「麥斯非但不討厭女人，還非常佩服女人的潛力，因而對大多數女人浪費自己的天賦深感痛心。他認爲，女性做爲一個性別，是可憐的服務員；給她們自由，她們也寧願做奴僕；她們完全能在同等條件下，用坦率的態度和智慧去抗爭，但她們太依賴陰謀、藉口和性等可以較輕易使用的武器。這並非意味著他恨女人；反而是太喜歡、太迷戀她們可能成爲的那種理想女人。」不只一位有抱負的女作家寫信問他是否眞的不喜歡女人。他都把這類信推給伊爾瑪．威科夫，讓她以他的名義答覆。她曾這樣替他回信：「是，我不喜歡女人，但我愛她們。」柏金斯讀了這封信，告訴她：「那眞像我的口氣。」

三○年代，許多女人帶著自己的書和寫作計畫來找柏金斯，他總是保持一定距離。他曾告訴女兒佩姬：「我見過太多男人毀於美色。」漂亮女子尤其令他慌亂。他跟作家詹姆斯．波伊德坦言：「只要碰到迷人的年輕女子我就害怕。」無論怕什麼，他都不令女人反感，女作家普遍覺得他有磁鐵般的吸引力，覺得他對她們想講的各種故事很敏銳，他有魅力但在性方面不具攻擊性，這令她們跟他一起時很自在。大多數女作家都寫信取悅他，表達某種「安全」的愛意。

歌劇女演員艾瑪．格拉克（Alma Gluck）的女兒瑪西亞．達文波特在《紐約客》編輯部工作。一九三〇年，二十七歲的她起意寫一本莫札特傳記，急於聽聽出版人的意見。她找到哈潑兄弟出版社的尤金．薩克斯頓（Eugene Saxton）——此人算是麥斯．柏金斯的對手，他說如果書稿寫好了，他願意看一看，但不能保證哈潑出版社一定會出版。

達文波特頗爲喪氣，直到一位友人、詩人菲爾普斯．普特南（Phelps Putnam）說他喜歡這個想法。瑪西亞．達文波特在她的回憶錄《劇烈幻夢》（*Too Strong for Fantasy*）中說：「前一年史克萊柏納出版社出過普特南第一本詩集，他也加入崇拜麥斯威爾．柏金斯的作家行列。他請麥斯見我。第二天，我就來到那以雜亂、多灰塵著稱的辦公室，坐在破舊的橡木桌前，桌上歪歪斜斜放著一落一落書，以及一個馴馬人菸灰缸；桌子那頭坐著那位矜持、言辭簡潔的人，他有一張敏感的臉，一雙特別的眼睛。麥斯幾乎不說話。沉默寡言永遠是他的個性，但他很懂作家，很懂書，知道如何讓他們寫出、說出內心想要表達的東西。全紐約大概沒有比麥斯．柏金斯對莫札特更不感興趣的編輯，但他坐著聽完達文波特女士說明寫這本書的種種理由，邊聽邊觀察她，最後說：「動筆寫吧，我們會出版。」」柏金斯提議她先寫幾頁讓他很快看一下。多年後，他在給評論家愛麗絲．迪克森．邦德（Alice Dixon Bond）的信中說，從這幾頁中，「我們看到……她有技巧，就我們對她的認識來說，她有不屈服的性格，會完成她答應的事。」瑪西亞．達文波特在自傳裡強調，「他用了最能代表編輯部意見的『我們』。」

經過一年半的寫作，瑪西亞．達文波特把書稿交給柏金斯。遞稿子的時候，她先注意到他直接翻到最後一頁的獨特習慣。達文波特在回憶錄裡寫道：「我相信他一開始並不知道這對我意味著什麼。但事實上，我準備寫一本書的時候，就是先寫結尾。」這是她童年練鋼琴時，母親建議她「猛敲一下琴鍵，結束。」的延伸。幾天後，柏金斯約見達文波特女士。她繞著街區走了快兩小時才鼓足勇氣踏進出版社大樓，以爲柏金斯一定會用同情的口吻告訴她，這本書不適合出版。但麥斯沒幾分鐘就讓她相信他對這本書抱有巨大熱情。她後來寫信對他說：「當然，這本書可能失敗，可能根本沒人買，但你讚許的態度正是我在尋找的（過去都不敢相信我會找到）。」

《莫札特》（*Mozart*）在藝術和銷售上都大獲成功，不久，達文波特夫人就開始寫新書，這回是長篇小說。

一九二八這一年，麥斯·柏金斯見到南茜·黑爾。她是《沒有國家的人》（*The Man Without a Country*）作者愛德華·埃弗里特·黑爾（Edward Everett Hale）的孫女，聰明，漂亮。二十歲的她正爲《時尚》雜誌寫稿，雜誌社的一位朋友問她想不想認識麥斯·柏金斯。他們見了一面，柏金斯也在一九三一年五月讀了她正在寫的小說前四分之一內容。夏末時，這部名爲《年輕人死得其所》（*The Young Die Good*）的小說完成了。柏金斯建議稍加修改，交由史克萊柏納出版社翌年春天出版。這本書的生命很短，但幾年後，南茜·黑爾以另一篇短篇小說獲得歐·亨利獎。

第二部長篇小說跟第一部一樣短命。柏金斯告訴也認識她的伊莉莎白·萊蒙：「她沒開始寫作前，我就認爲她能寫。和妳一樣，維吉尼亞人認爲小馬在幾乎不會站的情況下就能跑。所以我關注她，說服出版社在她還沒成名就出她的書。現在她在許多雜誌上是大牌作家，但我們出的書還沒有大賣。我想證明自己沒有看錯，我總是處在這種境地。」

接著她的第三部小說來了。編輯看了三分之二，就覺得這是證明他判斷正確的證據。麥斯苦惱地寫信對伊莉莎白說，她「開始孕育寶寶」了。

透過書信，他努力讓南茜．黑爾（當時的查爾斯．沃騰貝克夫人）不要擔心她的作品：

> 寫長篇小說很難，因為它會耗去很長的時間，妳若沮喪，不是壞現象，而是好事。如果妳認為現在寫得不好，那就表示妳正以真正小說家的方式思考。我從沒聽說有誰不常沮喪，有些人甚至絕望，而我總是知道那是好預兆。

他意識到她還要好幾年才能完成新書，但他願意等。

麥斯．柏金斯最敬重的作家是卡洛琳．戈登（Caroline Gordon），她是艾倫．泰特的妻子。艾倫．泰特是平均地權論者，主張藝術回歸南方古老傳統。普特南出版社併購的明頓—巴爾齊出版公司後來出版泰特所寫、「石牆」傑克森和傑佛遜．戴維斯的傳記，以及他的第一本重要詩集《波普先生》（*Mr. Pope and Other Poems*）。一九三二年泰特轉到史克萊柏納出版社，出版了詩集和散文集。「從那時起，我和麥斯就成了好朋友，他也願意出我的書，哪怕它們根本不賺錢。」泰特說。

一九三一年，史克萊柏納推出卡洛琳．戈登的第一部小說《彭哈利》（*Penhally*），描寫肯塔基州一個農場三代人的故事，柏金斯認爲這部作品寫得很美，「從頭到尾毫不矯情」，幾乎不需編輯即可出版。「對有實力的作家，麥斯・柏金斯幾乎從不要求修改。」她後來說。

在書店幾乎無人光顧的特殊時期出版像《彭哈利》這樣的好書，令柏金斯心痛。史克萊柏納出版社的利潤大幅縮水，一九二九年是他們的豐收之年，淨收入為二十八萬九千三百零九美元；一九三二年只有四萬零六百六十一美元。他只能無奈地通知卡洛琳・戈登及所有作家，史克萊柏納在預付金方面必須更保守。整個大蕭條時期，麥斯經常像戲劇獨白那樣說著這個國家的經濟災難。麥爾坎・考利說過一位異常堅持要拿預付金的作家的事。麥斯跟她說得太傷感，以致她彷彿看到自己跟他一起排隊領麵包的悲慘情景。談完後他邀她去麗茲酒吧小酌。經過穿制服的門僮時，她按著他的手臂，說：「柏金斯先生，你確定付得起錢？」

愛麗絲・朗沃思是希歐多爾・羅斯福（Theodore Roosevelt）六個孩子中的長女，六歲就置身政治環境，因此以在華盛頓社交圈自然大方、獨樹一格的反應著稱。一九〇一年她父親勝選入住白宮後，羅斯福小姐引人注目的機智和即興幽默使她成為美國人民的寶貝。當人們得知她最喜歡的顏色是一種特別的灰藍色時，大家就稱這顏色為「愛麗絲藍」，成為熱門新詞。一九〇五年，總統家這位有著高挺鼻子、愛大笑的漂亮大小姐陪同父親的國防部長威廉・霍華德・塔夫特去東方巡遊，受到皇室成員般的對待。同行的還有來自俄亥俄州的國會議員尼古拉斯・朗沃思（Nicholas Longworth）。她比朗沃思小十五歲，但美國報紙都猜測兩人陷入熱戀。果然，第二年，希歐多爾・羅斯福在白宮東廳舉行的婚禮上，將女兒託付給了朗沃思。朗沃思一九一五年出任眾議院發言人，身為總統女兒和眾議院發言人的妻子，愛麗絲自然獨領華盛頓社交圈風騷。她在使館區一端、麻薩諸塞大街策辦的喧鬧沙龍，是華盛頓散布小道消息的中心。她的沙發上放著一個枕頭，上面用粗體字繡著她的格言：「如果你沒有任何人的好話可說，坐到我身邊來。」

一九三一年丈夫去世後，愛麗絲．朗沃思發現自己債務纏身。《仕女居家雜誌》雜誌提出付費連載她的回憶錄，如果她能寫得出來。她後來回憶說：「一開始我覺得這個提議簡直是場災難。我這輩子寫過最長的東西不超過一張明信片。」史克萊柏納出版社得知此事，報價要出版這本還沒影子的回憶錄，主要是基於他們與希歐多爾．羅斯福的長期關係。早在一九八〇年代，他們就開始出版他荒野西部和非洲探險紀實。

朗沃思夫人和柏金斯初次見面是在紐約古老的麗池—卡登酒店。她回憶說：「我一眼就看出他是被女人控制的男人。我發現，在我們共事的整個過程中，這個奇特的麥斯威爾．柏金斯從來沒有直視過我。他說話都用嘴角說，像這樣，」說著，她把嘴唇努向左臉：「好像正視女人很痛苦似的。」

柏金斯發現朗沃思夫人說起話來很迷人，落筆卻很艱難。她說：「我對不起可憐的麥斯，他費盡力氣讓我把事情擠出來。我不是不願意，而是覺得寫這本書得透露許多內幕，很可怕。」柏金斯認為若能讓她敞開心扉寫出這本書，史克萊柏納就挖到一口金礦。第一次見面時，他提出許多建議讓她度過起頭之難，他說：「妳就當自己在說話那樣往下寫。」

不出幾天，愛麗絲．朗沃思就沉浸在她的回憶錄中，整天坐在打字機前。她自稱是急切的海狸[24]，很快就製造出幾百頁被她命名為《擁擠的時光》（*Crowded Hours*）的回憶錄內容，從容地交稿給《仕女居家雜誌》雜誌。在文稿中，朗沃思夫人一會兒生硬地追求句子的文學性，一會兒又像無意義地閒聊——這兩種風格還常在同一段中出現。她分不清哪些看法是犀利、恰當的，哪些不然。對於雜誌上的前幾篇連載，柏金斯寫信對伊莉莎白．萊蒙說：「我嚇得全身發冷。」

柏金斯又見了朗沃思夫人幾次，希望她能寫得更放鬆、更情眞意切。她後來回憶當時的情景：「他一遍一遍地跟我說，妳不能說些比『塔夫特先生在那裡』更有意思的話嗎？」柏金斯一字一句把關，幾乎對《擁擠的時光》第一章的每一個場景都提出修改意見。他提醒她慢下來，避免乏味。「要讓每個人都有特點，每件事都像那麼回事。」他說。偶爾，朗沃思夫人會談及某件重要的事，卻記不清細節。柏金斯勸她別在書中爲自己記性不好道歉：「不用告訴我們妳不知道的事，把妳知道的告訴我們。」他反覆要她描述一些人物，說出對他們的看法；她寫作時會想像柏金斯彷彿站在她身後問她問題。

經過五、六個月，朗沃思夫人的寫作有了改觀。她說：「所有『教誨』終於都吸收了。」一開始沒有血肉、支離破碎的回憶文字逐漸有了眉目，成形，甚至不乏尖刻。談到柯立芝前總統，她寫道：「我好希望他看起來不像吃醃黃瓜長大的。」她寫了幾段關於哈定（Warren Gamaliel Harding）的醜聞，又說：「哈定人不壞，只是笨。」

十月下旬，柏金斯終於可以寫信老實告訴伊莉莎白．萊蒙：「愛麗絲．朗沃思的這本書，是我們——或她自己——用豬耳朵做成的絲錢包……」[25]現在它是本好書了，也許應該更好。但要知道，我們是在寫了比不寫更糟的情況下改出來的。」一連幾週，《擁擠的時光》在所有非虛構類暢銷排行

24 eager beaver，形容幹勁十足、做事賣力的人。

25 美國俚語「你無法用豬耳朵做成絲錢包」，相當於「巧婦難為無米之炊」。

榜上都是冠軍。確定它成功後，麥斯才承認，與這位作家的合作相當有趣，雖然也是「一項極其艱巨的任務」。

瑪喬麗．金楠．勞林斯是位漂亮的圓臉記者，又黑又高的眉毛下是一對眼神犀利的藍眼睛。她和丈夫查爾斯住在紐約州羅徹斯特，兩人都是活躍的記者。她把自己在赫斯特報系寫感傷文章的記者經歷描述爲「猶如進了一所糟糕的學校，但我注定不會錯過它……當你必須寫下人們說的話，寫他們如何應對人生中的巨大危機時，你必然從中學到許多。它教會你客觀。」但她也說這種工作把時間切割得「支離破碎」，一切都那麼匆忙，「而我痛恨匆忙」。她的婚姻也不比職業令她滿意。一九二八年，她和丈夫放下新聞事業，試圖過簡單生活以挽救他們的婚姻。他們在佛羅里達霍桑市郊外十字小溪買了一片二十九公頃的橘園，在灌木叢生的鄉下生活，種植四千棵樹。

多年以後，她在自己的書《十字小溪》（*Cross Creek*）中寫道：「當我來到十小字溪，得知這老舊的橘園和農場將是未來的家，心裡有些害怕，第一次體認人和土地的結合正如人和人的結合一樣，是一種人類的愛，一種同甘共苦的承諾。」

最初幾年，她既忙於農事，也勤寫小說。一九三一年，她寄了幾篇關於佛羅里達高地的小品文給《史克萊柏納》雜誌，並告訴自己若被退稿就放棄寫作。柏金斯讀了這些文章後，推薦雜誌以〈鄉民怒吼〉（Cracker Chidlings）爲題發表。隨後幾個月，他們又刊登她幾篇短篇小說，接著，麥斯鼓勵她考慮出書。

那年秋天，勞林斯夫人深入灌木叢林地帶，跟一位老太太和她釀私酒的兒子一起住了幾個月，帶回一些有意思的故事，關於人在文明邊緣掙扎謀生的狀況。她一回來就寫信告訴柏金斯：「我做了大量筆記，這種深入人們私生活的採訪，再豐富的想像力也替代不了。」她心裡裝滿成千上萬個畫面，整理時她意識到必須以釀私酒者貫穿全書。後來，她寫道：

這些人根本沒有法律意識。他們過著完全自然且非常艱苦的生活，不干擾任何人。文明世界與他們無關，除非有人來買他們上好的玉米酒，或在狩獵季節闖入他們的領地大肆狩獵。他們做的事幾乎都是非法的，但又是維持生計所必須。那些古老的林中空地已被過度耕種，再也長不出「好」作物。大樹砍光了，設陷阱也捕不到什麼獵物。他們釀私酒，因為這是他們在這熟悉且不願離開的鄉間唯一的謀生方式。

第二年，瑪喬麗·勞林斯交給編輯寫實小說《南方月亮下》（*South Moon Under*）的書稿。這書名是當地俗語，指一年中人們「感覺」月亮在地平線下的那段時間。

瑪西亞·達文波特在《劇烈幻夢》中說：「瑪喬麗的心像她筆下的灌木叢林那麼大。她是特色鮮明的美國人，深深扎根於鄉土，但我不是。她不在乎形象，喜歡放聲大笑，待動物非常溫柔，極爲好客，她是一流廚師，熱愛美酒佳餚。」麥斯覺得她很好相處，收到她有話題有觀點的親筆信時，總是興致勃勃地看。

像海明威一樣，勞林斯夫人也喜歡在寫作中用不雅的詞彙來「調味」。她告訴柏金斯，她丈夫讀了《南方月亮下》手稿，建議她把那些「四字母單字」全部刪掉，讓它不僅是一本正常的、普及版小說，也能是男孩子的讀物。柏金斯附和道：「毫無疑問，海明威因爲使用被我們稱爲『四字母單字』的詞彙而少賣了幾千本書，我認爲他不必那樣寫。事實上，那些禁用詞彙對讀者的暗示性力量，比對使用者更強，所以不適合放在藝術裡。它們只具有被說出口時的含意，但碰到不熟悉的耳朵和眼睛時，它們的意思就全然不同。」

一九三三年年初，勞林斯夫人完成了《南方月亮下》，但那些不文雅的詞彙還在書裡。麥斯·柏金斯把這部小說提給「每月之書」俱樂部，他們將它選入春季書目。她在信裡對柏金斯說：「我眞的覺得你太照顧我了，《南方月亮下》已經完成，這本書一點都不適合我，但我盡了目前所能的最大努力。我有個感覺，它現在成了你的包袱，而非我的。」柏金斯再度寫信催她寫新小說時，她回答：「只要想到萬一史克萊柏納投資我的第一本書血本無歸，你再也不想看到我、也不提新小說的事，我就有罪惡感。」

勞林斯夫人的預言跟實際情況相去不遠。但諷刺的是，《南方月亮下》最好的暢銷機會卻影響了它的銷售。「每月之書」俱樂部延後了販售日，以致碰上一九三三年羅斯福總統下令所有銀行關門放假的日子。麥斯原來認爲銷量可以超過十萬冊，實際上賣出一萬冊。

隨後幾個星期，柏金斯和勞林斯互通書信，討論新書的想法。事實上，她已在構思另一部新小說，講一個英國人來到貧困白人之地。柏金斯對這個人物不特別感興趣，反而常想起《南方月亮下》中那個男孩蘭特，他在給勞林斯夫人的信中說：

我只想建議你寫生活在灌木地帶的孩子的故事，可以定位為青少年讀物。你應該記得《南方月亮下》被你丈夫盛讚的部分就是寫男孩的。的確如此。如果你寫孩子的生活，不管女孩或男孩，或兩個一起寫，它都會是一本好書。

勞林斯夫人喜歡這想法，但她已開始寫那個英國人的故事，不太願意中斷，也擔心那樣無法超越《南方月亮下》。「的確，創作時妳只能寫妳想寫的東西，」柏金斯說：「但如果妳能把這部小說擱置一陣（它會一直在你的意識裡日漸成熟），放夠長時間再來寫，我認爲會更好。」他自告奮勇，到時候她每寫完一部分他都會先看。他說：「妳千萬別被我新英格蘭人的矜持誤導，以爲我對任何（其他的）書都這麼感興趣。」

其實，他對那本青少年小說更有興趣，但也認爲那會像這本寫英國人的書一樣，在她腦中慢慢成熟。隨後的幾年中，他隔一陣子就會在信裡提起這本書，因爲這個主題在他心裡愈來愈清晰。他催促她動筆。「男孩在灌木林中生活的書正是我們想要的——故事裡有美妙的河上航行、打獵、狗、槍、性格單純的人的情誼，他們關心的事和《南方月亮下》裡寫的一樣。很簡單，不複雜，別讓任何因素使妳覺得應該複雜。」這封信勞林斯夫人讀了一遍又一遍，特別是柏金斯把這本還沒寫的書跟《頑童歷險記》（*The Adventures of Huckleberry Finn*）、吉卜林（Rudyard Kipling）的《基姆》（*Kim*）、大衛·克洛科特（David Crockett）的回憶錄、《金銀島》（*Treasure Island*）和《印第安那學校的男孩》（*The Hoosier School Boy*）等同看待：「這些書主要都是寫給男生看的。它們的讀者是男孩，更是某些男人的最愛；而男人最寶貴的部分就是他孩子氣的時候。」她問編輯：「你有沒有意識到，你那麼鎮定地坐在辦公室寫信叫我寫的，是一部經典？」

過了大半年，柏金斯收到她一直捨不得放棄、那本描寫英國人的小說《金蘋果》（*Golden Apples*）書稿。柏金斯不怎麼喜歡，但他知道她必須寫完這本才能調整心態著手下一本。所以他幫她編完，順利出書。麥斯正把瑪喬麗．勞林斯推向快樂的命運、巨大的成功，而她仍在抗拒。

厄涅斯特．海明威提醒柏金斯別太在意他那些女作家，以至於看不到她們的作品和他的差距。他說，如果大做宣傳，《午後之死》會大賣；要是柏金斯「縮手縮腳」，在這麼艱困的時期這書當然會失敗。

圖書業的狀況比海明威知道的更糟。許多書店瀕臨倒閉，包括紐約最大的三家書店。如果沒有賣起來，書店連一本都不肯補。

《午後之死》出版於一九三二年九月，一開始銷量可觀。從出版者的角度來看，書評沒問題，但麥斯知道厄涅斯特討厭其中幾篇。評論家愛德華．威克斯（Edward Weeks）喜歡這本書，但他在《大西洋月刊》的「書架」專欄中寫道：「我不喜歡他故意繞來繞去的風格。我認爲他放縱的性描寫既有趣又乏味，也討厭他偶爾擺出一副文壇『硬漢』的姿態。」《泰晤士報文學副刊》的書評人說：「他的文風令人煩躁，太多『男子氣概』，野蠻而令人憤怒。」但這麼挑剔的書評不多。大多只當它是不太重要的書簡單帶過。柏金斯向海明威解釋，爲了節省成本，不少報社讓領薪水的編輯部人員而非夠水準的書評人寫評論。

海明威從懷俄明一路旅行去基韋斯特，再到阿肯色與寶琳及三個兒子會合。那時，《午後之死》的銷量停在一萬五千冊。十月過兩週，銷量開始逐漸下降，比往年的季節性下降整整提前了一個月。

柏金斯相信，它的命運取決於感恩節後的買勢。總統大選即將開始，富蘭克林．羅斯福（Franklin D. Roosevelt）當選似乎是必然。「你知道我的看法，要是羅斯福當選，我們就會有位女總統了。」麥斯寫信對《現代月刊》的左翼主編、在史克萊柏納出過好幾本書的卡爾華頓（V. F. Calverton）說：「我見過羅斯福夫人，我想，個性隨和的富蘭克林會被她騎在身上策馬加鞭。」柏金斯對前一任總統胡佛（Robert Hoover）也投了反對票。

一九三二年十二月中旬，海明威邀柏金斯去阿肯色州，租船去獵鴨，在船上住一星期。麥斯只在帆布包裡裝了些保暖衣物。厄涅斯特想，麥斯的那些女作家和家裡嘰嘰喳喳的女兒對他的休假必定有諸多抱怨，但他的編輯需要喘口氣。他說要用曾祖父時代的方式打獵，保證柏金斯不虛此行，不然，他就用小推車送他回紐約。

在一陣突來的寒潮中，麥斯在孟菲斯與厄涅斯特會合，然後搭火車再轉坐汽車趕了五小時路。在船上的第一晚，麥斯脫掉外衣，穿著一身保暖的長內衣鑽進被窩。第二天早上天還沒亮，厄涅斯特在漆黑中叫醒他，兩人沿著結冰的河逆流而上，找到狩獵點。這天整個上午都沒有太陽，隨後一連五天早晨，他們蹲在雪地裝彈，射擊，看鳥兒被擊落，下午到因結冰而銀光閃閃的森林裡打獵；還登上好幾艘船屋買玉米酒，和一輩子都在水上討生活的船主聊天。一天黃昏，麥斯和厄涅斯特聽見河灣那裡動靜很大，一艘舊時的密西西比蒸汽船正向他們駛來，船身掛著巨大的外輪、兩個並排的煙囪噴著炊煙。幾年後，麥斯在寫給作家安．奇德斯特（Ann Chidester）的信中說：「這對海明威是稀鬆平常的，但在我這個佛蒙特來的新英格蘭人眼裡，時光彷彿倒流八、九十年，進入馬克．吐溫的世界。」

麥斯和厄涅斯特打到幾十隻鴨子，不及厄涅斯特原先設定的目標數，但麥斯不太在意，他喜歡和厄涅斯特在一起，他們談了很多厄涅斯特接下來可能的寫作。麥斯說他盼望有一天能看到他寫一本關於基韋斯特、在那裡釣魚的書，一部「全是人、天氣、當地風貌」的作品。晚飯後，兩人喝著蘇打威士忌暖身子，麥斯聽厄涅斯特評論他的其他作家。

他坦言他極度喜愛湯瑪斯．沃爾夫的作品，想見這位柏金斯的「世界級天才」；雖然也擔心他們相衝的脾氣可能導致一見面就不歡而散。麥斯也和厄涅斯特聊了許多費滋傑羅的事。厄涅斯特翻過賽爾妲的小說，但一拿起它就發現「完全、絕對讀不下去」。他相信，史考特已經墮落成廉價的「愛爾蘭式喜歡失敗，自我背叛」的狀態。海明威認為，到這地步只有兩件事能讓史考特．費滋傑羅這樣的作家恢復：一是賽爾妲死掉，「這樣他想做的事還有完成的時候」；二是他的胃徹底完蛋，再也不能喝酒。雖然海明威說話刺耳，但與他的圍爐夜談是麥斯此行最珍貴的收穫。

麥斯一感到身心放鬆就急著回家，多年後，厄涅斯特跟查爾斯．史克萊柏納說，麥斯有某種「討厭的清教徒式毛病」，無論什麼事只要做得開心就馬上喊停。

柏金斯離開阿肯色幾星期後，海明威宣布要來紐約。湯瑪斯．沃爾夫就住在布魯克林高地，於是麥斯安排史克萊柏納出版社這兩位重量級作家見面。他知道兩人的風格、寫作方式迥異，但沃爾夫可能會從與厄涅斯特非正式的會晤中獲益。後來，柏金斯告訴沃爾夫的朋友約翰．泰瑞：「我促成這次見面，因為我希望海明威能影響湯姆，讓他克服寫作上的缺點，雖然這些缺點源自他的個性，例如愛重複，囉嗦。」麥斯請他們到53街的奇里歐餐廳午餐。他們圍著一張大圓桌，他坐在兩人之間，很少說話。大部分時間，他讓海明威滔滔不絕地談寫作，湯姆全神貫注地聽。厄涅斯特傳授的有用訣竅之一是「在『寫得順手』時停下來，輕輕鬆鬆地休息，第二天就能很快進入狀態繼續寫。」柏金斯給泰瑞的信裡還說：「海明威既直率，談吐也比我知道的任何人文雅。他想幫助湯姆，這次會面一切都好，只是我想，湯姆絲毫沒受影響。」

海明威表現出對沃爾夫的敬佩，主要是出於對柏金斯的尊重，但他其實對這樣的「文學作家」並不耐煩。當他聽說作家沒辦法在不對的地方寫作時，他堅持，人只有一個寫作的場所，就是頭腦。他認爲湯姆就像天賦異秉但未受訓練的拳擊手：他稱之爲「作家中的普利莫．卡爾內拉（Primo Carnera）[26]」。他在信裡告訴柏金斯，沃爾夫有著所有天才的通病：像個大孩子，這樣的人也是「責任的地獄」。海明威相信沃爾夫才華過人也精神脆弱，他知道柏金斯替他做了許多作家應該思考的事。爲了沃爾夫好，他提醒柏金斯千萬不能失去湯姆的信任。一九三三年六月號《新共和》雜誌刊登了一篇遲來的《午後之死》書評，作者馬科斯．伊士曼（Max Eastman）是海明威的舊友，也在史克萊柏納出過《詩歌的愉悅》（*Enjoyment of Poetry*）等好幾本書。但這是一篇攻擊文章，標題是〈午後的公牛〉，文中譏笑海明威對「簡單事實添以孩子氣的氾濫抒情和多愁善感」，伊士曼寫道：「海明威是個『大』男人」，但他「對自己是大男人這一點還缺乏篤定的自信」。

我們大多數從小被呵護、長大後成為藝術家的人，仍擺脫不了內心隱隱自我懷疑的困擾。但海明威身上似乎出過什麼狀況，讓他不斷強迫自己展露他健壯陽剛的男子氣概。顯然，這不僅體現在

26 1906-1967，義大利拳擊手，身高一百九十七公分，人稱「移動的阿爾卑斯山」，是義大利史上第一位重量級世界冠軍，但一直受黑手黨控制，很多比賽有爭議。

他寬闊的肩膀和穿著，也表現在他行文的風格節奏和容許外放的情緒上。

伊士曼斷言，海明威「牛皮吹得太過」，甚至形成一種「堪比在胸口上貼假胸毛」的文字風格。海明威大怒，認爲這篇評論是在攻擊他的性能力。他寫了一封情緒激動的信給《新共和》，要他們「讓馬科斯‧伊士曼先生詳細說明他如何以念舊之情猜測我陽痿」。他寫信跟柏金斯抱怨，要是伊士曼膽敢找某家出版社出版這些「誹謗」文章，他們就等著付出高額賠償金，伊士曼從此也將在監獄度日。法律報復和經濟賠償還不是最重要的，但他向柏金斯發誓，無論在哪裡，只要看見馬科斯‧伊士曼必定要他付出代價。

怒氣未消的海明威向柏金斯承認，他幾乎決定再也不出版任何該死的東西，因爲不值得爲評論界那幫「豬玀」寫作。他發現那篇「騙子文章」每個字都像嘔吐物般噁心。海明威堅稱，他寫的西班牙鬥牛，字字句句絕對眞實，是仔細觀察過才寫的，所以他很氣憤，居然有人付錢給對此一無所知的伊士曼，讓他說海明威寫的東西是矯情的鬼話，彷彿這位評論家很了解鬥牛是怎麼回事。他告訴柏金斯，那些人接受不了的是，厄涅斯特‧海明威是個能把他們任何人打得「屁滾尿流」的男人，而最令他們難受的是，他會寫作。

柏金斯向海明威保證，伊士曼的文章對他沒有任何影響。他說：「你作品的品質就是眞相，誰都損害不了，就算有影響也是一時。」海明威在動身去西班牙跟鬥牛士西德尼‧富蘭克林一起製作《午後之死》電影前，收到馬科斯‧伊士曼的道歉信，海明威稱之爲「馬屁信」。伊士曼爲他倆之間的誤會道歉，否認書評裡有任何人身攻擊。海明威仍沒消氣。

也許是作家與評論家之間的這種爭論，啓發了他爲最新短篇小說集取名爲《勝利者一無所獲》（*Winner Takes Nothing*）。海明威把它寄給柏金斯的同時也附上一則短格言，寓意是永遠不要對「海老爹」失去信心。就算第一個小時大魚折騰得他筋疲力竭，兩小時後海明威總是能戰勝那條魚。柏金斯回電報說：「我認爲書名很棒，而且伊士曼和其他人絕對打擊不了你。」

那年夏天，另一個「其他人」出現了。化身《愛麗絲．托克勒斯自傳》（*The Autobiography of Alice B. Toklas*）的葛楚．史坦回憶錄正在《大西洋月刊》連載。她在文中批評好幾個曾是朋友的人。跟麥斯．伊士曼一樣，她的話也因爲涉及海明威的寫作能力而激怒了他。史坦聲稱其實是她和舍伍德．安德森成就了海明威，且兩人「對這件作品既自豪又羞愧」，接著質疑厄涅斯特的體力和耐力。海明威斥責她公然背叛他，痛惜「可憐的老葛楚．史坦」喪失了正常的判斷力。他告訴柏金斯，在史坦小姐把他趕出家門前，他一直對她很忠誠。後來她進入更年期，頭腦發昏，跟「一群四流妖精」混在一起，鑑賞力「爛到了家」。這種史坦已衰頽的說法讓厄涅斯特較能容忍她編派他的某些「編得很逼眞的故事」。他說，他現在只爲她難過，因爲她寫了「這本爛得令人同情的書」。他決定有一天要好好寫回憶錄，因爲他誰也不嫉妒，且記憶力極佳。

柏金斯也讀了葛楚．史坦那些文章，覺得她寫這樣一本書實在很糟，說它「把她毀了」。它讓人看到這位文壇女祭司「也是個小角色……而小角色不會有多少成就。她本來聲望很高，現在被她自己毀了。而且我認爲她這樣說你，背後必有某種卑鄙的惡意」。麥斯在信裡對厄涅斯特說：「還是很強烈的女人的惡毒，最糟的那種。這齣戲在我看來演得很差。」

海明威嘴上說不在乎，但「可憐的老史坦」和馬科斯．伊士曼的羞辱影響了他的情緒，也激起了他的怒火。當時，海明威一家人正要從基韋斯特出發，到外地旅行。《勝利者一無所獲》的校稿還沒到，麥斯的部分修改建議卻先到了，令海明威大怒。他說這種時候如果能得到一點忠誠他會很感激，結果卻是這樣，如果柏金斯覺得史克萊柏納出版社後悔付他那幾千美元預付金，他樂於奉還並取消他們的合作。他跟柏金斯說，那表示史克萊柏納沒有遠見，跟馬科斯．伊士曼說的相反，海明威沒有「完蛋」。他有一個新的長篇小說已經寫了三分之一多，比柏金斯出過的那些「可憐的俗人」寫的任何書都好上百倍。

柏金斯爲校稿沒有及時送到而懊悔，但不能接受海明威的其他指責。兩週後，海明威爲這封魯莽的信道歉。爲了和解，他同意不在《勝利者一無所獲》裡用髒話，雖然他仍鄙夷「文雅的傳統」。

海明威度過了混亂的一年，在這一年裡，「灣流」小說只寫了開頭就放棄了，隨後展開長達數月的旅行。他去古巴和西班牙，兩個國家都深陷政治動盪中。然後到了巴黎，在那裡，他收到柏金斯寄來的第一份《勝利者一無所獲》銷售報告。這本合集一開始就賣了九千冊，且讓史克萊柏納出版社兩年來第一次收到以電報發來的補書單。但柏金斯發現此書的評論「絕對讓人生氣」。

它引發一場對厄涅斯特．海明威的公開討伐。雖然這本書中有好幾篇精采的短篇小說，如〈暴風之後〉（After the Storm）、〈一個乾淨明亮的地方〉（A Clean, Well-Lighted Place）、〈你們絕不會這樣〉（A Way You'll Never Be），仍有許多評論指他的眞實敘述是虛構的；另一些評論者則看不到他虛構的部分，將之視爲尋常的報導。一九三三年十一月，海明威把這一切令人抓狂的批評拋諸腦後，因爲他多年來夢寐以求，而柏金斯基於安全考量反覆勸他徹底打消念頭的旅行即將成爲現實。海明威奔向非洲的青山。

一九三四年一月，他來到坦干依喀。在歐洲、灣流地區和美國最偏僻的角落待了多年，厄涅斯特自覺見多識廣，但這裡，他一抵達就寫信給柏金斯，說這是他見過最壯觀的國度。非洲充滿實實在在的奇觀，甚至令他想定居下來。

在一次捕獵遠遊中，他染上阿米巴瘧疾。不想因生病而退出這次大冒險，於是搖搖晃晃硬撐了兩星期，期間除了兩天外都在打獵。幾天後，由於拉了幾公升血，他被用擔架抬進小型飛機飛到奈洛比。這段顛簸航程長達一千多公里，但白雪覆蓋的吉力馬札羅山峰在遠方雄偉屹立，氣勢之磅礴宛如能扛住天庭，令人難忘。沒幾天，他就到恩戈羅恩戈羅火山口與遠征隊會合，捕獵犀牛、黑馬羚和敏捷、善逃的東非條紋羚。他懷著敬畏之心在非洲艱苦跋涉了幾星期，也開始思考如何把它寫成作品。

一九三三年一月，海明威結束與柏金斯、沃爾夫的那頓午餐離開後，柏金斯邀請沃爾夫陪他去巴爾的摩回診耳疾。沃爾夫一口答應，回去的路上，還告訴柏金斯一個新寫的故事。這令柏金斯意識到，沃爾夫家裡有滿滿一大袋書稿，成打的零散篇章。麥斯說：「看在老天爺的份上把它拿來吧，讓我們出版。」接下來一如既往是長長的拖延，但最後沃爾夫還是交出盡他所能寫得最好的六萬字作品。它「極其熱切」，幾乎沒有對話，直接敘述又確實完整。

接著柏金斯靈機一動，心裡冒出一個更驚人的想法。他想起曾讀過沃爾夫堆積如山書稿中的另一些片段，發現它們相互呼應，因而意識到可以用它們來完成沃爾夫一直在寫的那部龐大書稿。想清楚如何組合這些片斷後，柏金斯打電話給沃爾夫說：「你現在要做的是停手，你的小說已經完成了。」

他們談了幾小時，湯姆始終想掙脫這個想法，但禁不起柏金斯的說服，還是答應照柏金斯的提議，從既有篇章中組構出新作品。沃爾夫如期交了一些稿，柏金斯急切地等待週末到來。他在專心讀稿前向沃爾夫解釋說：「無論何時我讀你寫的東西都很享受，樂於爲它工作。這種情況，出版人並不常碰到。」

柏金斯決心定要在那年秋天出版湯瑪斯．沃爾夫的這本書，他知道這表示夏天的前半會有堆積如山的工作。但身爲艾瓦茨家族的一員，這種工作方式他很自豪。

然而事情沒這麼簡單。一九三三年四月中旬，沃爾夫來了，把大約三十萬字的書稿放在編輯的桌上，其中很多章節麥斯以前看過。柏金斯手上已有十五萬字左右的稿子，但仍張開雙臂迎接這些新稿，仍然相信這本書的定稿可以完成。他發現新書中有六章寫得比《天使，望故鄉》任何部分都好，讓他很高興。當稿量不斷增加、完成無期時，柏金斯寫信跟伊莉莎白．萊蒙說：「我在考慮把書稿和沃爾夫一起帶到鄉下住一個月，雖然這個月必定難熬。」但這計畫並未實行。

麥斯知道他不得不自己動手處理沃爾夫的所有書稿。他先試著說服需要錢的湯姆，書稿中的某些部分可以做爲較長的短篇小說，適合在雜誌上發表，但沃爾夫對此很猶豫。因爲把部分書稿交給印刷廠印成鉛字，就意味著定稿。約翰．霍爾．惠洛克也加入勸說，麥斯總算讓沃爾夫明白，只有作品讓大眾看到，他才能被視爲作家。一九三三年二月，「窮得只剩下七塊錢」的湯姆總算從原始書稿中抽出〈無門〉（No Door），一篇乾淨漂亮的短篇小說，發表在七月號的《史克萊柏納》雜誌。

柏金斯還有一招讓沃爾夫無法反駁。他說不先看到大部分書稿，就沒法善盡職責，例如沃爾夫還沒交出的重要篇章〈彭特蘭家那邊的山〉（The Hills Beyond Pentland）。麥斯懇求：

你為什麼不把這篇交給我……讓我讀一讀，熟悉它？當我們進入編輯流程，準備付印時，你會希望我對內容有充分而全盤的了解，但這本書如此龐大，不是很容易掌握。我希望讓我讀那篇，而不是告訴我內容。

在麥斯的壓力下，沃爾夫開始屈服。當時他還有許多東西要寫完，但幾天後，他把〈彭特蘭家那邊的山〉的書稿搬到麥斯的辦公室。

倫敦的威廉·納曼出版社是沃爾夫在英國的出版社，編輯弗雷—里夫（A. S. Frere-Reeves）隔一段時間就會寫信給柏金斯，追著要沃爾夫的新書。他提醒柏金斯：「我們的《天使，望故鄉》確實賣得很好，但時間不等人，大眾的記性總是很短。」六個月後他又說：「我確實很焦慮，急著想讓湯瑪斯·沃爾夫在這裡像固定資產一樣保值。」他提議先把沃爾夫的短篇小說結集出版，尤其是已經在《史克萊柏納》雜誌發表的短篇。從一九三二年春天之後的十五個月裡，他已經發表了五篇，全長超過十萬字。其中一篇〈巴斯康·霍克的畫像〉（A Portrait of Bascom Hawke）更在一九三二年《史克萊柏納》雜誌舉辦的短篇小說競賽中獲獎，是兩篇最佳作品之一，獎金二千五百美元。儘管評論界對沃爾夫的流行評語是他不善於處理結構，麥斯卻認爲他的另一個短篇〈大地之網〉（The Web of Earth）是「複雜的佳構」。柏金斯曾對他說：「這篇一個字都不能改。」

柏金斯爲自己沒有規畫短篇小說集而抱歉，但沃爾夫和史克萊柏納出版社發行部之前也都反對。出於種種原因，柏金斯認爲現在不是出短篇集的時機，現在只要等作家把新書寫完。柏金斯向弗雷—里夫解釋說：「湯姆的問題並不是不寫，他寫得很賣力。問題是愈寫愈多，彷彿失控。」

柏金斯告訴伊莉莎白．萊蒙，是費滋傑羅交稿和愛麗絲．朗沃思新書暢銷，讓他下定決心逼湯姆定稿。他安排好時間，讓兩人每天都能單獨見面討論書稿，但最近他不但要等書稿，還時常得等這位作家。柏金斯知道，沃爾夫只在苦悶時才喝酒。愛琳．伯恩斯坦對沃爾夫不依不饒地糾纏，他難以擺脫，只能借酒澆愁。過去麥斯還指望他守時，現在只要他見面時沒有醉、記得見面時間就好……如果他來了，則希望他頭腦清醒，能有條理地討論作品。

一九三三年十月三日是沃爾夫的生日，他在筆記本上憤怒地寫道：「我三十三歲，一無所有，但可以重新開始。」他決定，新的人生中不會再有伯恩斯坦夫人的位置。「愛琳，妳幫助我的時期已經過去，」他在一封未寄出的信中寫道：「現在我不再需要妳爲我做任何事。」就算沒有收到這封信，她也知道自己在沃爾夫的心目中已被過去五年來她愈來愈討厭的男人完全取代。湯姆曾寫道：「今天，這個世界上只有一個人相信我能寫出成績，就是麥斯威爾．柏金斯，他的這種信任對我來說比世上任何東西都重要。就算所有人都不信任我，只要他信任就夠了。」沃爾夫不容許自己再被愛琳佔據，他決心佔據麥斯．柏金斯。

一九三三年初夏，剛在史密斯學院念完三年級的柏莎．柏金斯告訴父親，她要帶未婚夫回家。對方是哈佛大學醫學院二年級生，名叫約翰．弗辛翰（John Frothingham）。麥斯對女兒很滿意，但每次談到她的訂婚就發牢騷，他在信上跟伊莉莎白．萊蒙說：「妳看柏莎，在哲學和歷史方面那麼優秀！」

婚禮那天早上，他來到女兒的房間，告訴她：「妳不必這樣，現在改變主意還來得及。」幾小時後，他在新迦南別墅的客廳把女兒嫁了出去。

不久，又發生一件改變柏金斯生活的事。長期嚮往城市熱鬧生活的露易絲勸丈夫把家搬到她父親以前在烏龜灣區的房子，就在紐約東49街246號。考量到女兒們的教育，麥斯同意搬家，因為他意識到她們在新迦南的學校得不到一流的栽培。他寫信跟伊莉莎白說，畢竟，「我們想讓她們受好的教育——這樣她們就能為醫學院畢業的丈夫們做做飯什麼的。」麥斯以為要到冬天他們才搬往曼哈頓，但露易絲沒過幾星期就開始搬家了。新家離出版社走幾步路就到，他再也不必每天早上趕八點零二分的火車從新迦南到紐約（而且總是差幾秒就趕不上車），但也沒有改變到辦公室的時間，過去他總是九點半到，現在還是九點半。

到了辦公室，麥斯會先脫掉外衣，但不脫帽子，然後坐在辦公桌前讀信，向威科夫小姐口授信件，接待訪客。一坐下他就下意識地把右手伸進外衣口袋，掏出好彩牌香菸，抽出一支（後來漸漸改抽駱駝牌，甚至一天兩包）。上午的工作主要是各種非正式的編務討論，其中最重要的是和查爾斯·史克萊柏納的會議。查爾斯·史克萊柏納是麥斯的平輩，話不多，淡黃色頭髮整齊地中分。他在紐澤西遠山鎮穿著深紅色獵裝騎馬打獵時的樣子比在辦公室時威猛得多。他溫文爾雅地處理公務，與總編輯密切配合。史克萊柏納的秘書貝蒂·揚斯壯（Betty Youngstrom）說：「他和柏金斯先生之間有著神祕的心靈感應，超越公務和友誼的默契。不用多說，他們總能完全明白對方的意思。」上午的某個時間，一人會走進另一人的房間，然後柏金斯開始講述正在評估的作品。「史克萊柏納的文學品味不算高，但他對什麼書好賣的直覺確實很準，」約翰·霍爾·惠洛克說：「他通常坐著，手肘撐在膝蓋上，低著頭聽，總是看起來很不耐的樣子。無論麥斯說什麼，史克萊柏納都點頭。如果麥斯介紹的書他贊同，史克萊柏納就說：『做這本吧！』」

十二點半之後的某個時間，通常接近一點，柏金斯會離開辦公室，向北走四個半街區來到第53街，再向東一直走到53號，他最喜歡去的奇里歐餐廳。進了門，他會先向皮膚黝黑的瘦小義大利人、餐廳老闆羅莫洛・奇里歐（Romolo Cherio）打招呼，再下樓來到緊靠樓梯左邊的一張六人圓桌。桌上永遠放著「預約席」的牌子和一瓶特製辣椒粉。沒有麥斯威爾・柏金斯的邀請，沒有人會坐這個位子。這張桌子很少坐滿，但永遠有作家、文學經紀人或他某個女兒同席。麥斯的一位作家，也是小說家斯特拉瑟斯・伯特曾寫道：

> 他通常不解釋。我看過最奇怪的事（這件事他做了很多次）是：某天我們像往常那樣去奇里歐吃午飯。走到樓下的用餐空間時，我驚訝地發現兩位漂亮的年輕女子佔了他的保留席。麥斯一句話沒說，直接經過桌旁，走向吧台，在那裡喝了兩杯雞尾酒，我們總是這樣慶賀重逢。「我的桌子有人。」他嘴角一動，低聲地說。然後他帶我回到那張桌子，向我介紹兩位入侵者：她們是他的大女兒和二女兒，兩位柏金斯小姐。

禁酒令廢除後，柏金斯總在午餐時喝一杯馬丁尼，有時兩杯。他的菜單幾乎一成不變。他發現一道喜歡的菜就會天天點，直到不用說服務生也會主動上菜。奶油雞肉是他長期愛吃的一道菜，直到有一天他嘗了烤珍珠雞雞胸肉，才更換主食。只有偶爾奇里歐親自端上另一道料理時，柏金斯才不吃珍珠雞。要是服務生巡視餐桌發現麥斯沒有碰新菜，就會把菜收走，換上珍珠雞。

從奇里歐餐廳出來，麥斯會在街角買一份晚報，瞄一眼各版標題，然後夾在腋下沿著麥迪遜大街走。兩點半前回到辦公室讀書稿或會見訪客，四點半至五點之間，在他坐火車通勤期間，他會動身去開一天中最後一個也是時間最長的會。這個「下午茶」通常是在前往中央車站路上的麗茲酒吧，這裡能讓他趕上六點零二分那班回新迦南的火車，一樣是在最後一刻勉強趕上。其他搭火車通勤的乘客甚至懷疑火車特地等柏金斯，但事實並非如此。不過，大家都知道，時間快到時剪票員會張望柏金斯是否準時散會，常常等他到關門前的最後半分鐘。

羅伯・雷恩（Robert Ryan）在成為名演員前當過報社記者，也常坐那班火車。他回憶說：「過了幾星期，這傢伙引起了我的興趣。他在火車上總是坐在同一個角落，你知道，他從不脫帽。有天晚上我在去康乃狄克的路上一直盯著他，這聽起來很瘋狂，但很有意思。對他來說，整個世界都是模糊的。他一坐下，也不抬頭打量周圍就打開手提箱拿出書稿，接下來的一小時都在閱讀。我注意到他閱讀時嘴唇是動的，總是有點迷惘的樣子，我猜他正沉浸在某位作家的作品裡。而我幾乎只做一件事：觀察他。我從未走近過這個男人，天哪，我不敢跟他說話，也沒人這樣。大家都注意到他，雖然他沒有注意我們；但沒人想打擾他，因為擔心會斷送某位可憐作家的前程。」

經過二十多年的婚姻，露易絲盤算著即使住在紐約不能讓麥斯開心，至少能滿足自己對文化活動的需求。現在她離戲劇界更近，也想參與表演，她排練了一些角色去試鏡。一天，一位戲劇製作人登門，和露易絲討論某個跟她外表年齡相仿的角色。製作人看到家裡有好幾個接近成年的女子，她告訴他：「噢，她們是我丈夫的前妻生的。」伊莉莎白・萊蒙記得有位看過露易絲在業餘劇團演出的製作人，他的戲《雨》暫停了六個月，他想說服她演劇中的塞迪．湯普森小姐。露易絲大可用丈夫沉默的反對做爲婉拒理由，但她推給女兒——「南茜喜歡我晚上唸書給她聽。」露易絲後來向伊莉莎白哭訴：「唉，要是上帝稍微給我一點勇氣，我就演了。」這話說明了是她缺乏自信，而非麥斯反對才讓她沒成爲演員。許多年後，伊莉莎白說：「天啊，她眞的想演就能演，麥斯不會跟她離婚的。」

麥斯雖然在紐約安頓下來，但不開心。一天晚上，他坐在餐桌前端朝餐廳的另一邊望去，望著他們剛結婚時買的雕像。

「那個舊維納斯像看起來不錯。」他說。

「謝謝你，麥斯！」露易絲馬上回答。

他們經常吵架，都是個性很強而獨立的人。她一星期會有好幾次因爲他說了什麼而爭吵，一路吵到最後麥斯窩進扶手椅，開始晚上的閱讀，不再聽她說話。

白天，露易絲偶爾會路過他的辦公室，有一次發現他站在辦公桌旁，讀著書稿還戴著帽子。「麥斯，你在辦公室爲什麼要戴帽子？」她問，明知他不會搬出那個應付不速之客的標準答案：他正要外出。

「戴著玩的。」他略帶尷尬地說。

「如果在這裡戴著舊軟呢帽是唯一好玩的事，那我眞爲你難過。」她說。

在藝術品味上，麥斯對露易絲的判斷相當尊重。他很少給出版社以外的人看書稿，但不時會把稿子給露易絲看。費滋傑羅交新書書稿時，柏金斯就帶著稿子衝回家聽露易絲的意見，也希望她和他一樣對這本書有熱情。

在給伊莉莎白．萊蒙的信裡，麥斯說：「有時候露易絲顯得格外聰明，但是對於世事，她什麼都不懂。」伊莉莎白看著露易絲走過三〇年代，也有同感，她說：「露易絲是世界上最糊塗的人，跟錢有關的事簡直一竅不通。有一天她的錢包裡沒錢，一分錢都沒有，只有一張一千五百元的支票。」還有一次，她們在一列擁擠的火車上，她說：「伊莉莎白，妳不討厭債券嗎？我爸給了我一張股票，可以拿到四千美元分紅。但麥斯太過分了，他把這些錢都投到債券上去。債券！不就是上面畫著鐵路的紙嗎？」

露易絲的父親已於一九三一年在加納利群島去世，雖然留給露易絲和她姊妹很多遺產，柏金斯一家還是靠柏金斯的薪水生活。不是他賺的錢，他認爲不屬於他，他說這筆錢留給孩子們將來用。麥斯討厭管理桑德斯家的家產，但還是盡力做。負責處理桑德斯—柏金斯家帳戶的赫曼．沙因（Herman Scheying）認爲麥斯的投資哲學就像個胼手胝足艱難度過寒冬的農夫：「麥斯認爲如果不存一點東西，以後就沒有了。他極少投機，很精明。」他不相信靠股票發財（他曾在給伊莉莎白．萊蒙的信中談到這種做法「我覺得是不道德的，這樣做的人應該虧本」），他不碰本金，早早就把貶值的股票賣了，把三分之二收益重新投資，而不是花掉。令認識他的華爾街人士驚奇的是，麥斯．柏金斯在大蕭條最糟的那段時期在股票市場賺了相當多錢。

麥斯對露易絲繼承的遺產憂心忡忡，幾個晚上失眠，不知該如何處置這麼多遺產。但有件事至少顯示，這個財務管理任務未必令他沮喪。伊爾瑪．威科夫回憶說：「有一天，柏金斯夫婦到市中心的銀行去辦理她父親資產的相關事務，回到辦公室時，他作夢似的看著我說：『威科夫小姐，今天妳要是見到露易絲就好了，在華爾街的水泥建築叢林裡，她燦爛得像朵玫瑰。』」

露易絲不是唯一吸引麥斯的花朵，他喜歡看漂亮女人。柏金斯家有個很漂亮的女傭，每當她在餐桌旁忙著的時候，他喜歡盯著她看，靠近時更是直視她——只爲事後模仿她的反應給女兒看，逗她們開心。相對地，女人也常被麥斯吸引。令女兒們厭惡的是，她們的法國家庭女教師總是跟他調情；史克萊柏納出版社也總有女人試圖接近他，顯然是想藉以提高自己的位置。有個秘書甚至不拿錢也要爲他工作，就爲了待在他身邊。斯特拉瑟斯．伯特證實，麥斯對女性的確很有魅力，「儘管他表現得好像全然不知，絲毫不給她們機會」。

麥斯對文學之外的藝術形式沒什麼興趣，其他藝術都有種近乎纖細、柔弱的特性，不符合他艾瓦茨家族培養的品格。他倒是喜歡古典雕塑，認爲每個年輕男子都應該有一張米開朗基羅爲麥迪奇家族墓所做的、充滿男子氣概的雕塑《沉思者》的照片（雖然他只有女兒，但仍屋裡仍有這張照片）。由於聽力不好又耳鳴，他對音樂自然幾乎不感興趣。極少幾次被迫去聽音樂會，他都要求女兒們鼓掌不要太起勁，因爲「他們可能再演奏一次」。他最喜歡的歌曲是最受歡迎的老歌，如〈甜蜜的阿夫頓〉（Sweet Afton）、〈憂鬱的眼睛〉（There Are Eyes of Blue）；他一遍遍重看維克多．赫伯特（Victor Herbert）的《玩具國歷險記》（*Babes in Toyland*）。約翰．霍爾．惠洛克記得，有一次麥斯被硬拉去夜總會，一排男舞者表演時，他尷尬到用手遮臉，直到他們退場。最能讓他開心的表演，是他某位女兒坐在柏金斯家那架走音鋼琴旁自彈自唱：

我不需要女人，

無論淑女還是小鎮女郎，

她們要男人是圖他的錢，
等他落魄又當面嘲笑他。

那是表面的麥斯。對於異性，他把內心更深處的眞實感覺告訴伊莉莎白·萊蒙，他願意袒露一些心跡的女人。「在這世界上，女性得到的機會不平等，差之千里，」他在給她的信裡談到養育女兒：「如果我們由公正的神靈主宰，男人應該當一次女人，體驗箇中滋味，或已經當過女人；這是我的祈禱。」

# 13 戰勝時代

一九三三年秋，史考特．費滋傑羅還沒完全寫好新小說，卻已開始籌備宣傳計畫。他跟柏金斯談好在雜誌上連載。在他寄出連載的第一部分前，他寫信跟麥斯說：「我必須說，你們提到這是我七年來第一本書的時候要小心，別讓人覺得我這七年都在寫這本書。人們會對它的篇幅和視野寄予太高的期望……這本小說，我的第四本小說，是我寫繁榮年代故事的句點。也許強調它不是寫大蕭條時代比較明智，不要強調它描寫的是在異國的美國人——打著這個旗號的垃圾太多了……也不要用感歎式『終於，期待已久』之類的字眼，那只會激發讀者驚喜的情緒。」

費滋傑羅取的書名《夜未央》來自濟慈的〈夜鶯頌〉（Ode to a Nightingale）。柏金斯告訴《聖保羅電訊報》的詹姆斯．格雷（James Gray），這本書「透過一個單純、淳樸年輕人的眼，再現無聊富人在里維耶拉浮華的生活表象」。那個年輕人叫露絲瑪麗．霍伊特，女演員，迷上了有魅力的精神科醫生，也就是男主角理查．戴弗。費滋傑羅將場景瞬間拉回戴弗醫生和他妻子、也是他以前的病人妮可剛開始交往的時候，一路進展到後來在米迪生活時的衝突。柏金斯寫信告訴海明威：「整體來說，這本書眞的很好……它情節緊湊……是那種你會聯想到亨利．詹姆斯作品的故事，但它無疑是費滋傑羅式的，不是詹姆斯。」他說與之前的作品相比，它來自費滋傑羅內心更深處，而且「要不是因爲賽爾妲的病而接觸到療養院、精神科醫生等等，他絕對寫不出這本書」。柏金斯相信，以這部作品的複雜程度，不應該把它拆開在雜誌上連載，但「作家得吃飯，雜誌得生存」，柏金斯用連載讓費滋傑羅不得不寫完這本書：「一旦同意連載，就得寫下去。」

爲了按時連載，史考特必須加快寫作進度。現在，麥斯焦慮的是拿到完整書稿，以便出版單行本。他建議費滋傑羅把修改完的稿子分批寄來，他可以先排版而費滋傑羅可以繼續修改剩下部分。這個建議被證明是明智的，因爲史考特進度很慢。他仍是自己作品最一絲不苟的編輯，檢查每一個句子，不僅要看文字是否完美，還要確認醫學用語是否準確。他發現要讓自己滿意還需要好幾個星期，於是寫信告訴編輯：「麥斯，我終究是勞碌命。」到一九三四年春天，他把整部小說重寫了一遍。

柏金斯一拿到完整書稿就一口氣閱讀。他覺得開頭部分有點拖遝，主要是因爲在火車站的那一節跟故事主體關係不大；他問費滋傑羅能否刪掉這一節，因爲「一旦讀者看到迪克．戴弗，他們往下讀的興趣以及意識到這本書很重要的機率就會提高三、四成。」

費滋傑羅和以往一樣重視柏金斯的建議，但他不明白爲什麼要刪火車旁的那一幕。他說：

我喜歡慢慢開展，我認為這有一種心理上的重要性，不僅影響這部作品，整體而言也跟我寫作生涯有關。我是不是該死的太自大了？

排版稿完成後，費滋傑羅仍不斷修改，改到幾乎無法辨認修改的標示。史克萊柏納重出了一遍校稿，接著又出一遍。費滋傑羅送回校稿時說「眞是改得亂七八糟」，但還是忍不住要改。同時，他又指示麥斯應該把樣書寄給哪些合適的書評人，廣告應該怎麼做，甚至質疑封面設計用紅、黃色，讓人更容易聯想到義大利里維耶拉而非法國蔚藍海岸閃耀的藍白色光。史考特說：「天啊，給你添這麼多麻煩眞是太糟了，可是這本書現在是我的全部生命，我無法克制這種追求完美的態度。」後來他說：

我在這本書、這些人物中打轉太久了，好像除了這些人物，真實世界已不存在。不管這話聽上去多虛偽（天啊，我居然虛偽地對待自己的作品），卻絕對是事實——他們的快樂與悲哀，和我生活中的快樂、悲哀一樣重要。

費滋傑羅當然很需要錢，但可以抵這本書版稅的預付金已經用掉。柏金斯又想出一個開源辦法：他從史克萊柏納開出一張兩千美元的支票做爲借支，利息五％，等小說賣出電影版權時再還。《史克萊柏納》雜誌的發行量隨著《夜未央》的連載而上升，這鼓舞人心，但對小說的直接回饋幾乎是零，費滋傑羅只聽到少數作家和電影人的認可。「唉，」他寫信對柏金斯說：「也許我又寫了一本只適合給小說家看的小說，要讓每個人從口袋裡掏出金子的機會微乎其微。」

麥斯的期望更高。他回信說：「除非這本書因爲某種原因大眾無法理解，可是它這麼吸引人，我看不出會有這樣的結果。它應該比『可預期的成功』更成功。」

費滋傑羅最終決定把這本小說題獻給傑洛．墨菲和莎拉．墨菲夫婦，在他寫這本書的過程中，他們經常是書中主角迪克．戴弗和妮可．戴弗夫婦的原型。他在信裡對柏金斯說：「我唯一的遺憾是這本書沒能題獻給你。本該如此，因爲上帝知道在寫作過程中，是你一直陪著我，而且時間那麼長。」三月中，首刷的《夜未央》已在裝訂、上膠。

賽爾妲現在每天花好幾個小時畫畫，讀史考特的這本書。她驚愕地發現，他幾乎原封不動地把她的書信和病歷以虛構之名搬進書裡。這對她的影響顯而易見：她臉上的皺紋深了，嘴角開始抽動。她原本同意讓畫商蓋瑞．羅斯在他位於曼哈頓的畫廊展出畫作，但現在無法應付籌備工作了。她舊病復發，回到菲普斯診所，在那兒待了一個月未見好轉，史考特就把她安置在豪華的療養院克萊格莊園休養，從紐約坐船，沿哈德遜河向北兩小時可以到達。

三月底，史考特帶著女兒史考蒂來紐約參加賽爾妲畫展的開幕式。史考蒂待在柏金斯家，賽爾妲因爲畫展而獲准出來一個下午。她和麥斯、史考特一起吃了午飯。柏金斯發現她根本沒有好。她的雙眼深陷、無神；曾與她在里耶維拉曬成古銅色的皮膚相稱的一頭金髮，現在失去了光澤。她的畫展成績普通。奇怪的是，史考特的氣色倒是比幾年麥斯見到的任何時候都好。柏金斯寫信告訴海明威：

> 我相信，因為寫作《夜未央》，史考特即使不能變得更好，至少會完全復原。經過修改，他已讓它增色許多——我讀的時候幾乎是亂七八糟，現在他把它變成一部真正非凡的傑作……儘管家裡的情況仍然很糟，但我看得出來，他個人已經煥然一新。現在他有好些寫作計畫，也想馬上開始寫另一部長篇小說。

那個星期，露易絲爲史考特．費滋傑羅舉辦了一場晚宴。同居一年剛剛結婚的艾倫．坎貝爾和桃樂西．帕克出席了，伊莉莎白．萊蒙也來了。這場晚宴是個古怪的大雜燴。史考特喝醉了，吵吵鬧鬧；桃樂西．帕克說話刻薄，餐桌上每個人都被她嘲諷了一番。露易絲竭力讓這場聚會歡樂些，麥斯整晚則像木板一樣端坐不動。伊莉莎白一身淺灰色帝國風格禮服，胸口飾有一朵天鵝絨大玫瑰，看上去很可愛——除此之外，他覺得那個晚上很無聊。「他跟艾倫．坎貝爾夫婦在一起很不自在，」伊莉莎白說：「因爲他認爲他們仍活在罪惡中。」那晚到了最後，蓋瑞．羅斯跟史考特拚酒，結果喝到掛，躺在沙發上呻吟。「我敢說，如果是在其他場合認識，我們一定會喜歡他。」露易絲仁慈地說。「噢，露易絲，」桃樂西．帕克插嘴：「妳說得像上帝一直在聽似的。」匆忙離開紐約時，費滋傑羅忘了付阿岡昆飯店的房費，麥斯替他付了。

一九三四年四月中，《夜未央》出版了。費滋傑羅對銷售狀況很關心。「《大亨小傳》因爲篇幅短，又純粹寫男性感興趣的話題，影響了銷路，」他寫信對柏金斯說：「但這本書……是適合女人看的。我想，如果機會對，照目前的銷售來看，它有機會打開新局。」評論都刊登在報刊的顯著位置，有些是讚賞的好評。詹姆斯．布蘭奇．卡貝爾（James Branch Cabell）、卡爾．范．維賀騰（Carl Van Vechten）、夏恩．萊斯里、約翰．奧哈拉（John O'Hara）和《紐約客》那幫人善意的來信像花瓣般飄落在費滋傑羅面前。柏金斯寄了一本給莫利．卡拉漢，卡拉漢回信說：「這是一本迷人的書，一本絕對有生命力的書……史考特大概是唯一的美國人，至少是我認識的唯一一個，具有法國人的經典特質，能注意到人物的性格，然後機智地描述，同時又使之跟全文融合。」史考特感謝所有美言，但他最渴望聽到厄涅斯特．海明威的看法，他還未置一辭。

海明威在國外漂流了七個月（三分之一時間在非洲）後回到基韋斯特，他告訴柏金斯他希望《夜未央》得到好評，儘管他讀完仍有些個人看法。他認爲它和所有費滋傑羅寫的東西一樣出色，也存在同樣的缺點。書中有華麗壯觀的文字瀑布，但在表面之下，在「史考特如陳舊的聖誕節裝飾品般的文學觀」背後，似乎有什麼地方不對勁。厄涅斯特相信，書中那些人物受制於史考特對他們和自己抱有的幼稚、甚至愚蠢浪漫的看法，所以，他們的塑造者在感情方面好像對他們一無所知。例如，海明威看出費滋傑羅把傑洛．墨菲和莎拉．墨菲放進小說，把「他們說話的語調、他們的家和外表都寫得很好」，但卻把他們壓縮成浪漫主義的小人像，不知道他們到底是怎樣的人。他把莎拉寫成精神病態，寫成賽爾妲，又寫回莎拉，「最後寫得誰也不像」。同樣地，迪克．戴弗也被安排做一些史考特做過的事，但這些事傑洛．墨菲根本不可能做。

柏金斯同意海明威的觀點，即費滋傑羅是在竭力留住年輕時的夢想，但他也相信，「他寫過的許多好作品，正是來自某種青春期的浪漫主義。」麥斯剛去巴爾的摩見史考特，跟他討論了這一點。所以他向海明威解釋：

> 在某些基本問題上他有著最奇怪、最不切實際的想法，他一直這樣。但其中有一種錯覺，我想是我的影響。現在他只有三十五、六歲，還有充沛的精力寫作，卻處於無助中。但直接跟他講是沒有用的，唯一能影響他的方式是拐彎抹角，而且這個人得比我聰明。

短時間內，《夜未央》在紐約成了暢銷書，但在全國的銷量勉強超過一萬冊，遠不如同期其他好些小說，好比赫維．艾倫（Hervey Allen）的《風流世家》（*Anthony Adverse*），在一九三三和一九三四年間賣了一百多萬冊。費滋傑羅甚至不及柏金斯的一位名聲不大的作家史塔克．揚（Stark Young）。他一連出了幾本不賣的書，後來經麥斯指點寫出一本關於舊時南方的暢銷小說《玫瑰多麼紅》（*So Red the Rose*），成爲當年的熱門話題。

費滋傑羅又淪落到欠債的境地。他把賽爾妲從紐約「貴得離譜的診所贖了出來」，轉進巴爾的摩郊外的雪帕德和艾諾奇．普拉特醫院，她實際上得了僵直症。爲了讓費滋傑羅應急，柏金斯又從史克萊柏納出版社擠出六百美元，做爲他下一本短篇小說集的預付金。但柏金斯和費滋傑羅都沒料到，那本書的準備工作竟會那麼艱難。這本新小說集中的許多故事都是他受困於那本長篇小說的最後階段時寫的，史考特已經「忍痛割愛」，把它們當中最有力的段落「剝」出來補充《夜未央》薄弱的部分。這部小說修改之多，費滋傑羅已記不清哪些內容被保留，哪些沒有，所以現在只能重看整部小說，找出哪些地方已經用過。柏金斯說，他看不出作家爲什麼不能偶爾重複自己寫過的東西，海明威就這麼做過，史考特責備這話是「似是而非的論點」。

> 每個人都有優點，而我的優點之一，正是我的作品極其精確。他也許可以忍受那行文字中有個小錯，但我不能，而且最後是我來判斷在這些情況中怎麼做最合適。麥斯，我第三次重複，這完全不是懶惰的問題，是愛惜自己的問題。

四個月後，費滋傑羅還在日復一日地檢查這部小說中他抄自短篇小說的句子，他寫信對柏金斯說：「我知道有些人會反覆讀我的書，對讀者來說，沒有什麼比發現作者反覆使用同樣的措辭更氣惱、失望，彷彿作者的想像力已經枯竭。」

爲了還債，費滋傑羅又兼差爲《週六晚郵報》寫稿，但沒幾個星期就不支病倒。他在日記裡寫著：「我的困難時期開始了。」養病期間，湯瑪斯．沃爾夫給他寫來一封溫暖人心的短信，讚揚《夜未央》。費滋傑羅回信說：「萬分感謝你在我很低落的時候寫信我，讓我感到溫暖。我很高興從我們共同的家長麥斯那兒得知，你將要出書了。」至於整理費滋傑羅短篇集，這事說比做容易。

沃爾夫的新經紀人伊莉莎白．諾維爾（Elizabeth Nowell）說：「在出版界，一個無名作家的小說是很難賣的。唯一比這更難賣的是某位已經小有名氣的作家的小說，因為他已經好長一段時間沒出書，而變成了過氣作家。」自《天使，望故鄉》後，麥斯．柏金斯最關心的是沃爾夫的前途，但在沃爾夫的第二本書付印之前，柏金斯也無能為力。一連幾個月，他瘋狂地把生活中的事情塞進小說，柏金斯擔心他會枯竭，也擔心如果沃爾夫繼續寫下去，這本書會厚得難以裝訂成一冊。它的篇幅已是《天使，望故鄉》未刪書稿的四倍，是大多數小說的十多倍，而沃爾夫還在以每個月五萬字的速度繼續寫。為作家著想，柏金斯考慮採取斷然行動。

到一九三三年底，沃爾夫精神愈來愈緊張，不是失眠就是充滿罪惡的噩夢。「他不能再這樣下去了！」麥斯幾次對約翰．霍爾．惠洛克說。麥斯後來在為《卡羅萊納雜誌》寫的一篇文章中說：「時間、宿敵、數量龐大且堅硬的內容素材，人們對他新書進度經常、未必友善的打聽，以及經濟壓力——這些都包圍著他。」柏金斯確信，沃爾夫正走向崩潰，怕他可能發瘋。一天，麥斯站在編輯部中間的公共區域，搖著頭向同事們宣告：「我想我只能把那本書從他手上拿走。」

沃爾夫清楚記得柏金斯的行動。「那年十二月中旬，」他在很短的紀實書《一部小說的故事》裡寫道：「編輯……在整個折磨人的時期靜靜地關注我，叫我去他家，平靜地告訴我，我的書寫完了。」沃爾夫也寫了自己當時的反應：

我只能驚愕地看著他，最後，深深覺得無望，只能告訴他他錯了，這本書還沒寫完，它可能永遠寫不完，我再也寫不出來了。他用同樣平靜的語氣總結說，不管我理不理解，這本書都寫完了。接著他讓我回房間，用隨後的一星期把過去兩年積累起來的手稿照適當順序整理好。

湯姆服從了。一連六天他蹲在公寓地板的中央，周圍是像山一般的手稿。十二月十四日晚上大約十一點半，沃爾夫才趕來和柏金斯見面，仍像平常一樣遲到。他走進麥斯位於西南角的辦公室，在桌上放下重重一捆東西。它用棕色的紙包著，繩子捆了兩道，有六十公分高。柏金斯打開，發現裡面是打字稿——足足有三千多頁，是小說的第一部分。這些用各種紙張寫的稿子並沒有依次編頁碼，因為各個部分不是依次寫的。「天知道，其中許多內容還是支離破碎的，」沃爾夫後來在給母親的信中說：「但不管怎麼樣他現在可以看，也可以表示意見了。」

第二天，沃爾夫寫信給柏金斯說：「你常說，如果我給你的東西是你能接手並自始至終掌控的，你就能積極參與，幫助我走出森林。好了，現在你的機會來了。我想擺在我們面前的是令人絕望的作品，但如果你覺得它值得一做，讓我做下去，我會覺得世界上彷彿沒有什麼是我做不到的……我不羨慕你面前的這份工作。」

沃爾夫說，儘管書稿如大理石花紋般間雜著被柏金斯稱為「狂熱詩歌」的節奏和旋律，但「我想當我全部讀完，你會發現裡面有很多故事——或者應該說當你全部讀完，因為我必須不好意思地承認，現在我比以往任何時候都更需要你的幫助。」

沃爾夫是認眞的，柏金斯知道。幾年後在《卡羅萊納雜誌》上發表的文章中，柏金斯透露了他的核心工作是什麼：

我認為湯姆是天才，我喜歡他，不忍心看他失敗，對他的書我幾乎跟他一樣拚命，有很多事要做。但事實上，如果真要為他服務，就要信任他，讓他保有自信——我確實這樣做。在長期的困境中，他最需要的是志同道合的情誼和理解，這些是我當時能夠給他的。

多年後，麥斯在給約翰．泰瑞的信中說：「我對自己發誓，一定要把這本書編出來，哪怕它把我累死——有一次我早早離開晚宴回辦公室見湯姆時，范．威克．布魯克斯就說它會把我累死。」一九三三年聖誕節前兩天，沃爾夫交出剩下的書稿。過去幾年，麥斯已經斷斷續續看過其中大部分內容，終於第一次可以連貫地細讀整部書稿。沃爾夫帶著對柏金斯的信任離開，正如他在《一部小說的故事》中承認的，柏金斯的直覺又一次被證明是對的——「他說我已經寫完了這本書，絲毫不假。」

它還沒有到可出版或可閱讀的程度，從這個意義上說，它還沒有完成。與其說它是一本書，不如說它是一本書的骨骼，但這是四年來第一次，整副骨架完整地出現了。我就像個溺水者，在垂死掙扎中吸了最後一口氣，突然覺得雙腳又踩在陸地上。前所未有的巨大勝利令我的精神重新振奮起來。

在閱讀這一百萬字書稿時，柏金斯發現無論從年代順序還是主題來看，它實際上包含了兩個獨立的完整故事。第一個正如沃爾夫後來逐漸想清楚並具體闡述的「描述一個年輕人處於漂泊和飢餓階段」，源自「每個男人都在尋找父親」的概念，主角還是尤金·甘特，他在這裡尋找自我；這部分是《時間與河流》。另一部分「寫的是更有自信的階段，被一種激情支配」，是「猴子」喬治·韋伯的故事，仍歸在《十月集市》裡。第二部分更完整，但作家同意編輯先出第一部分，接上尤金·甘特漂泊的旅程。

因爲想讓這本書在一九三四年夏天出版，柏金斯和沃爾夫開始每天下午在史克萊柏納出版社一起工作兩小時，從週一到週六。麥斯檢查了稿子，發現《時間與河流》已完成的那一半需要刪減，另一半還沒寫。他們每天爭論，柏金斯主張寫作時對素材有所取捨是作者的責任，沃爾夫則辯稱作者的首要任務是把一整套生活方式呈獻給讀者。前數百頁手稿剛整理完，柏金斯就意識到要花好幾個月的工夫才能把稿子編好付印。他和沃爾夫決定晚上在辦公室加班，一週六次，從八點半開始。

柏金斯有時把簡短的修改方向寫在湯姆這本書的修改細則上：「插入火車上的一節」或「結束李奧波德」。其他說明則牽涉更廣：

第一遍修改就要做的事：

一、開頭的場景中那位富人要寫得老一點，更像中年人。

二、把提到以前的書和成功的地方刪掉。

三、充分運用對話，把監獄和逮捕的場景寫徹底。
四、把「輪盤上的人」和「亞伯拉罕．瓊斯」裡的素材用進第一年在城市和大學的情節裡。
五、愛情故事要從頭到尾講完整，描述和女人的見面等。
六、在妒忌、瘋狂的段落穿插更多和女人的對話。
七、保留〈輪盤上的人〉中回鄉和新興小鎮的描寫，也許可以接在火車站那一幕之後。渲染回鄉的渴望，思鄉和不安的情緒，然後寫他不熟悉家鄉了，感到陌生，醒悟自己再也不能在那裡生活。
八、考慮用他回到城市，站在窗前的情景和段落做為全書結尾，最後說：「有些事永遠不會變。」
九、在車站場景前夜晚的那一幕，用對話把那天晚上發生的事情完整交代，包括地鐵發生的死亡。
十、刪掉提到女兒的地方。
十一、盡可能用對話帶出所有事件。
十二、再補充幾個故事和對話，把童年記憶的場面寫得更詳細。

沃爾夫和柏金斯埋頭工作，紐約到處流傳著關於他們的誇張傳言，幾乎成爲每個文壇聚會上的笑料。「因爲工作而受影響的人是史克萊柏納出版社的編輯麥斯威爾．柏金斯，」評論家約翰．張伯倫（John Chamberlain）在「時報之書」（Books of the Times）專欄寫道：「傳聞柏金斯先生爲了說服湯瑪斯・沃爾夫刪掉一個片語，用自由式摔角跟他搏鬥了三天。大家都說沃爾夫的書稿是用卡車裝到史克萊柏納出版社門口。」這些多半是杜撰的，但純屬空穴來風的很少。

一九三四年春，沃爾夫決定讓新聘的打字員把他手上所有書稿都打出來，以便麥斯「盡可能看到整部作品」，因為只有她能破譯「我那極其難懂的字跡」。這是必要的步驟。湯姆向作家朋友羅伯・雷諾（Robert Raynolds）坦承：「我似乎再也沒有能力辨認自己寫的東西了」。談到柏金斯，他在信裡跟雷諾說：

上帝知道沒有他我會怎麼樣。有一天我告訴他，等這本書出版，他可以宣稱這是他寫過的唯一一本書。我認為他花了很大力氣，以及始終如一的決心才把我從泥淖中拉出來。

整個春天，柏金斯和沃爾夫都在苦幹。「現在我在拚命刪，刪了好多，」麥斯寫信對倫敦的弗雷—里夫說：「雖然之後跟湯姆絕對會有一番爭執。」他們一章一章修改，每章的結尾通常是柏金斯的構想，每個段落、每個句子都不放過。「刪減總是我寫作中最困難、最討厭的部分。」沃爾夫在《一部小說的故事》中承認。柏金斯對素材提供了沃爾夫欠缺的客觀和洞見。

麥斯從湯姆那一大疊書稿頂端開始改，那是接著《天使，望故鄉》的結尾往下寫的。即將翻山越嶺去哈佛大學的尤金・甘特站在阿爾塔蒙特車站月台上跟家人道別。這一段長達三萬多字，柏金斯說應該壓縮到一萬字。他在《哈佛圖書館學報》中記錄了當時是怎麼跟湯姆說的：「你在等火車進站的時候就開始擔心，有事要發生了。在我看來，你必須保持這種擔憂感，不能擴展到三萬字。」柏金斯把可以刪掉的部分都標示給沃爾夫看，沃爾夫表示理解。他在寫給羅伯·雷諾的信上說：

我對某些刪減感到非常痛苦，但我知道只能這麼做。有些真正的好東西沒了，會像重度扭傷一樣痛，但就像你可能知道的，有些好東西在書裡找不到屬於它的位置。

柏金斯寫在給哈佛的文章中說，和《天使，望故鄉》時一樣，「沒有一處刪減不是湯姆同意的，他知道刪減有其必要。他的衝勁在於把感受統統說出來，但他沒時間修改、精簡」。

不只是沃爾夫書中的場景太多，令它難以精簡。他寫作上的另一個麻煩，正如他後來說的，是他試圖「把一個場景用文字原原本本地再現」。例如這本書的一段，有四個人一刻不停地交談了四小時，「他們全都辯才無礙，經常同時說話或想要同時說。」沃爾夫寫道，等他把他們的所有想法都表達出來，他已經寫了八萬字——在一本已經很厚的書裡這樣一個不重要的場景要佔去二百頁。柏金斯讓他明白，「它雖然寫得很好，但方向完全錯了，只能拿掉。」照例，湯姆爭辯一番後同意。

海明威請柏金斯六月去基韋斯特，但他不願離開紐約。「我還陷在與湯瑪斯·沃爾夫先生的某種生死搏鬥中，抽不出身，」他解釋說：「看來要持續整個夏天。」麥斯在寫給另一位在佛羅里達的作家瑪喬麗·金楠·勞林斯的信上說：

如果他照目前的速度再寫六星期，這本書差不多就完成了。我現在甚至就可以——如果我膽子夠大——先把三分之一的內容送進印刷廠。但湯姆總是威脅說要重寫前面，如果真這樣，我不知道結果會怎樣。我現在著魔似的為它工作，只能告訴自己哪怕賭上性命也得做。

現在，湯姆和麥斯星期天晚上也要加班了。有時候沃爾夫會拉一把椅子坐在麥斯的桌子旁，在那兒亢奮地振筆疾書麥斯要他寫的銜接段落。桌子另一頭正對他的，是面前放著一大疊書稿慢慢閱讀的麥斯，他用他那不整齊的筆跡畫著修改符號。每次柏金斯把整頁畫上一條斜線，都會看到湯姆的眼睛盯著他的手。沃爾夫痛苦得臉上抽搐，好像麥斯割了他的肉。柏金斯則瞄一眼他的筆跡，清清喉嚨，直率地說：「我認爲這部分應該刪掉。」

經過好一陣沉悶的停頓，沃爾夫說：「我認爲它寫得好。」

「我也認爲它寫得好，這你已經講過了。」

「不是同一回事。」

就是那年夏天像這樣的某個晚上，湯姆剛爲一大段刪減而爭辯後，定睛地看著掛在麥斯帽子和大衣旁的響尾蛇皮，說：「啊哈，編輯的寫照！」兩人一番大笑後結束了當晚的工作，去查坦走廊——也就是查坦飯店酒吧的露天座，喝完酒後，又在夜空下走了一個小時。

讓湯姆認可刪減的必要性只是柏金斯任務的一部分。他還留出位置補上某些漏掉的素材，但現在沃爾夫想塞進一堆冗長的東西來彌補以前的缺失。例如他們討論到主角父親去世，麥斯說這件事一定得寫，由於尤金當時在哈佛，湯姆只需要寫出噩耗傳來時尤金的震驚，以及他趕回家鄉參加葬禮。柏金斯估計只要五千字就可以，湯姆同意了。

第二天晚上，沃爾夫帶著好幾千字書稿來了，寫的卻是參加老甘特葬禮的醫生的生平。「湯姆，這的確寫得好，」柏金斯說：「可是它跟情節有什麼關係？你要講的是尤金的故事，要寫他看見的和經歷的事。我們不要在這種跟故事無關的地方浪費時間了。」湯姆接受了，但次日晚上又拿來長長一段寫尤金妹妹海倫的段落，寫她在阿爾塔蒙特逛商店，以及後來躺在床上聽到一列火車在遠處呼嘯而過時，在想些什麼。「湯姆，你跟上帝說，你打算這樣完成這本書嗎？」麥斯問：「你已經浪費了兩天，非但沒有減少長度，做眞正該做的事，反而增加篇幅，加入無關的內容。」

湯姆很懊悔，沒有反駁，他答應只寫小說需要的內容。過了一晚，他又帶著幾千字寫甘特生病的稿子回來，也完全不是柏金斯認爲小說需要的東西。麥斯好氣又好笑，說：「這眞的不重要，我們應該往前走。」但柏金斯也覺得這些稿子寫得非常好，棄之可惜。甘特去世的場景留在書裡，那是沃爾夫寫得最出色的片段之一。在這一年中，沃爾夫粗估自己額外多寫了超過五十萬字，只有一小部分最終被收進書裡。

一九三四年六月，麥斯在給海明威的信上說：「兩天前晚上，我告訴湯姆，他在書裡寫的許多好東西都得拿掉，因爲它們只會弱化這本書。說了這句話後，我們乾坐了一個小時，一句話也不說，湯姆惱怒地瞪大眼睛，陷入沉思，在椅子上煩躁不安。最後他說：『那，你會承擔責任嗎？』我說：『我必須承擔責任，不只這樣，刪或不刪我都會被罵。』」

有時候，增加篇幅是麥斯造成的。他想起《天使，望故鄉》的開頭他曾刪過一個場景，爲此他後悔了五年，那一幕是年輕的甘特和他哥哥看著南方邦聯軍行軍去蓋茨堡。他發現這段內容可以塞進書裡，做爲老年甘特臨終前回憶的一部分；也眞的這樣做了。

一天晚上，麥斯把他的紅鉛筆一推，帶沃爾夫去盧喬餐廳，在那裡待了幾小時。湯姆想步行回去，好消化量大料足的德國菜。他要求柏金斯陪他去布魯克林高地看他寫過許多稿子的公寓，不意間，沃爾夫帶麥斯來到一幢褐石公寓，他幾星期前剛從這裡搬走。他發現大樓門鎖著，找了一遍鑰匙，又咆哮幾句鑰匙丟了之類的話。他帶麥斯順著太平梯往上爬，最後進入頂樓一間寬敞、裝修好的車廂式公寓[27]。湯姆指著冰箱說那就是他寫書的地方，然後搬了一把椅子給麥斯，又從客廳桌上的酒瓶裡倒了一杯威士忌。幾口下肚，住在這公寓的一對夫婦走了進來。麥斯立刻反應過來現在的處境，癱在椅子上。

妻子跑去報警後，沃爾夫給那位丈夫倒了一杯他的威士忌，隨即開始用慢慢的、溫和的口氣施展魅力。多年以後，柏金斯回憶說：「那個人二十年來除了道奇隊的記分牌什麼都不讀，可是湯姆把他當《大西洋月刊》主編一般，向他請教寫短篇小說的建議，請他在新書出版時提供幫助。」員警來的時候，這個男人正向柏金斯和沃爾夫生動地講述他的人生故事，兩人又在那裡待了一小時。幾天後，湯姆又拿來三萬五千字新稿，想放進《時間與河流》，講的就是他們那晚在布魯克林的事。這段最終沒有收進書裡。

進入七月，他們仍在工作，要給全書找個結尾。麥斯認爲他們可能完成不了，因爲在他看來最困難的部分還無解——也就是關於尤金·甘特與艾絲特·傑克的部分。艾絲特·傑克的原型是愛琳·伯恩斯坦。

麥斯和愛琳·伯恩斯坦互有所聞已經五年了，但從沒見過面，直到編《時間與河流》時。一天，有個人在奇里歐餐廳介紹他們認識，麥斯小心翼翼，幾乎沒說話。但之後不久，伯恩斯坦夫人打電話給柏金斯約在他辦公室見面。在那裡，她發誓這本書裡若有以她爲原型的人物，她會盡一切可能阻止它出版。柏金斯只能代表湯姆，所以毫不讓步，但態度是誠懇而不帶偏見的。她要離開的時候，他伸出手，但愛琳把手收在身後擺動著，說：「你是我的敵人。」

沃爾夫筆下關於愛琳．伯恩斯坦的所有內容，柏金斯從未當眞，覺得它「太新，不可能寫得客觀」。他也知道爲此他們會有一番爭執，因而心裡發愁，直到他有了新主意：也許可以讓這本「巨著」寫到尤金從歐洲返美途中初遇艾絲特就結束。麥斯知道，把他們的故事留待下一本書並不會解決問題，但至少可以晚一點再面對。《時間與河流》最後以戲劇性的結尾告終。

在這之前，柏金斯的工作和家庭生活是分得很清楚的。他和露易絲只跟少數幾位作家有工作之外的往來，她很小心避免工作和休閒混在一起。湯瑪斯．沃爾夫是唯一一位能自由進出麥斯的工作和生活的作家。柏金斯一家剛搬到紐約，沃爾夫就常利用他這位編輯的好客個性。就連柏金斯家那幾個害怕湯姆的女孩們都逐漸發現，雖然可能下一秒就拉高嗓門大叫，但他本質上是極文雅的人。餐桌上，她們害怕坐在沃爾夫旁邊，最後是最小的女兒南茜證明了自己很勇敢。南茜回憶說，一天晚上，「我坐在爸爸的左邊吃飯，沃爾夫坐在他右邊。湯姆可怕極了，對著爸爸詛咒發誓又胡言亂語，好像這屋裡沒有別人一樣。」他的話刺傷了她，她當場哭了起來，大吼不許他那樣對爸爸講話。麥斯微笑著輕聲安慰她：「沒事的，寶貝，別介意。眞的，沒事。」柏金斯從來不爲沃爾夫道歉，但他確實想爲沃爾夫的行爲作解釋，就像他有一次對沃爾夫說的：「湯姆，你身上有一萬個魔鬼和一個天使。」

27 指幾個房間縱長排列的、無走廊、門在當中的公寓。

紐約的天氣漸漸熱了，但柏金斯和沃爾夫還在工作。七月七日那天，湯姆和麥斯、史考特一起午餐。從巴爾的摩來紐約的費滋傑羅想就刪減書稿的事安慰沃爾夫，他說：「你從書裡刪掉一些東西，以後絕不會後悔。」第二天，湯姆寫信給羅伯．雷諾說：「不知道這是不是眞的，總之我會在剩下的時間竭盡全力，然後只能把它交給眾神、交給麥斯威爾．柏金斯了。」之後三天，他們爭執得非常激烈，柏金斯甚至包好部分書稿，不再討論就把它送去印刷廠。

湯姆急得抗議。等他清醒過來，寫信給朋友凱薩琳．布雷特說：「我想我是放不下，就像一個人心裡放不下某個大得嚇人的孩子，當不得不放手的時刻到來，我有點恐懼。」

這意味著現在開始幾個星期內，校稿就會陸續回來，也意味著所有我期待、想要、希望做的事，都要在兩個月多一點的時間裡做完，之後就不能挽回了。我想柏金斯先生是對的，我應該服從這種必要性，而且寫了這麼長一本書，花了這麼多時間，人很可能患上某種強迫症。老是想力求完美，所以沒完沒了地改，把想到的一切都加進去，但我現在相信，結束它，去做其他事對我來說更重要。

過去這一年，柏金斯第一次留這麼少時間陪家人。那年夏天，他的女眷們散在各處：露易絲出海旅行；柏莎結婚，住在波士頓；捷比和佩姬去了斯特拉瑟斯．伯特在懷俄明州的牧場；兩個小女兒珍和南茜去了新迦南。剛從西部回來，捷比和佩姬就說她們一輩子都不要結婚，麥斯寫信對伊莉莎白．萊蒙說：「因爲牛仔們養不起她們，而東部的男人又不如他們。」麥斯完全理解她們的反應：

當一個男人指著我，把我認成威爾．詹姆斯時，我第一次這麼虛榮——聽我這麼說，比爾只露出慘澹的微笑。我們有衝突的原因之一是：在書桌下彎著膝蓋過日子的男人只能算半個男人，我們都知道這一點。人們說軍人壞話的時候，詹森博士說：「如果此時一位將軍走進來，我們會自慚形穢。」同樣地，如果一位優秀工匠或技師走進董事會會議室，董事們也該自慚形穢。如果我們印刷廠的資深員工老齊默曼，一個像亞當．貝德（Adam Bede）[28]的人，穿著條紋圍裙走進我們的高層會議，我們也應該感到羞愧。這是真的，一定意味著什麼，但究竟是什麼，我說不上來。

一九三四年九月八日，麥斯的第一個外孫愛德華．柏金斯．弗辛翰（Edward Perkins Frothingham）出生了，是柏莎夫婦的兒子。柏金斯有好幾個月都用「她」來代稱這個小寶寶，他堅持這是習慣。

在最後幾個月，麥斯總能找到一些時間——通常是在沃爾夫沒按時赴約的那個幾小時——向伊莉莎白．萊蒙報告他和湯姆的進展。在他計畫去巴爾的摩看柏德利醫生的前幾天，他又寫了一封信，說他馬上要來，希望和她見面。他說：「為了避免失望，我假定妳不會出現。」麥斯動身前一天，伊莉莎白想到請湯瑪斯．沃爾夫陪柏金斯一起去。她準確地猜到那天晚上麥斯和湯姆會在什麼地方，透過公共廣播找到在查坦走廊的沃爾夫。她邀請他們去維爾伯恩莊園，湯姆遺憾地謝絕，因為書稿他還有許多地方想改，而時間很緊了。他說，不過他希望伊莉莎白能把麥斯從巴爾的摩引誘到維吉尼亞待一

28 英國女作家喬治．艾略特同名小說的主角，是個秉性高貴的鄉村木匠。

陣子。他在第二天給伊莉莎白的信中說：「我想他現在非常累，休假對他大有好處。他爲我這部龐大書稿流了許多汗，花了許多心血，他的關心和耐心難以言表。我不知該怎樣表達感謝，只希望這本書多少能對得起他的耐心和關心。」

在約翰．霍普金斯大學附設醫院治療完耳朵，柏金斯去巴爾的摩看史考特．費滋傑羅，然後一起搭火車去華盛頓。伊莉莎白開車到喬治城會合，帶他們北上米德爾堡。麥斯認識伊莉莎白已經十多年，卻第一次去維爾伯恩。第一眼似乎是他心目中的樣子，但幾分鐘後又緊張起來。他不想這麼近地端詳這個地方，生怕現實破壞了他理想中的畫面。（十年前在給她的信中，他曾說：「魅力的迷霧在事實的太陽下就消散了。」）他感覺自己像擅闖禁地的人，於是提議去看幾座內戰紀念碑。伊莉莎白同意載他們去阿波馬托克斯。參觀完景點，麥斯堅持要回紐約。伊莉莎白有點吃驚，因爲她已經告訴他想待多久就待多久，但還是送他去了華盛頓火車站。送他上有冷氣的火車車廂前，她也公開邀請他和費滋傑羅及湯瑪斯．沃爾夫下次再來，多待幾天。一星期後，他寫信給伊莉莎白說：「很感謝妳盛情帶我們去維爾伯恩，讓我像喝了一次天堂的瓊漿，看見一個迷人的地方。」

湯瑪斯．沃爾夫寫信告訴萊蒙小姐，「那次旅行後，麥斯不下上百次提起那地方，他說那是他見過最美的地方。我想妳快把他變成南方叛軍了，而我曾以爲那是不可能的。」費滋傑羅感謝柏金斯帶他去了一個「新奇、激動人心的環境」，因爲他已經單調地生活了很久。即使如此，麥斯仍認爲他的作家們不該這麼輕易被維爾伯恩的美景吸引。他這麼說不是出於妒忌，也試圖向伊莉莎白解釋這是出於專業的關心，但他發現很難懂，因爲「自古女人的煩惱就是難以理解男人」。

「你想讓湯姆．沃爾夫和史考特玩，但我想讓他們工作。」他責怪伊莉莎白，並說：

我想讓他們寫作，主要是為他們著想，而不單是為了史克萊柏納。要是算一下我為湯姆的書所花的時間，以及為此擱置的其他事情，湯姆的書對史克萊柏納來說無論如何都不可能划算的。但他必須結束它，這是為他著想，這件對他至關重要……至於史考特，他太容易從寫作分心，縱情喝酒……我最不願觸怒的人就是妳……但，伊莉莎白，妳必須原諒我為史考特和湯姆這樣要求。我真的比妳了解他們。

而且，麥斯告訴她，如果她繼續邀請他們，她以後會發現自己被他們寫進小說裡。他說：「史考特會對妳做些修飾，但湯姆會原封不動地把妳寫進去。」

費滋傑羅對《夜未央》的銷量停在一萬五千冊感到失望。書出版後，他仍定期把短篇小說賣給刊物，但心思並不在此。每當想休息的時候，他就往南去維吉尼亞。他去了米德爾堡，周旋於有錢的紳士階層，扮成紳士小說家。但伊莉莎白知道，費滋傑羅一個下午喝光的水瓶裡，其實裝滿的是純琴酒。他還帶著書名改爲《起床號》（*Taps at Reveille*）的短篇集校稿，但根本沒看。要是伊莉莎白指出他替同一個小說人物取了兩個不同的名字，他就把校稿丟在她面前，說：「在這裡，妳來改。」

柏金斯下一次去巴爾的摩時，又見了史考特和伊莉莎白。費滋傑羅仍然沒有走出絕望期，還跟柏金斯討論了他的精神狀態，「我後來覺得羞恥、懦弱，但否認這些情緒愈來愈強烈是沒有用的。」令麥斯壓力最大的是，他幫不上忙。他在信裡跟伊莉莎白說：「看來我辦不到。也許是因爲我經歷的麻煩根本不能跟他比，所以體會不到他的感受。他和我的確是朋友，只是他認爲我了解的不多。」

幾年後，伊莉莎白寫信給露易絲說：「麥斯來巴爾的摩時，史考特打起了精神，試圖讓他看到假象，直到今天，我都不知道麥斯是否看清他，但那些努力讓史考特撐下去，麥斯接受他眞的在努力——也許確實是眞的，也許麥斯觸及他眞實的那一面，就像他觸及每個人眞實的一面一樣。」再後來，她明白了麥斯對史考特的看法一直是明智的。柏金斯很清楚史考特．費滋傑羅有時候多惱人，但他選擇忽略。一天晚上，華盛頓聯合車站中央正展出博爾曼公司的現代臥車車廂，費滋傑羅醉醺醺地爬上臥鋪，蜷起身子，張開雙臂喊：「露易絲，來我這裡！」麥斯別開臉望向別處。還有一次在廣場飯店喝「茶」時，又喝醉的史考特碰碰捷比．柏金斯的手臂，說：「我隨時都可以帶妳上樓。」多年後她回憶說：「爸爸看了我一眼，意思是我們應該為費滋傑羅難過，但隨即又假裝沒聽清楚他的話。」伊莉莎白．萊蒙還記得另一個柏金斯沒有參加的聚會。「史考特把我介紹給阿契博德．麥克列許，並說：『她以前是麥斯．柏金斯的女人。』言下之意，現在我是他的女人。」伊莉莎白說：「但是天哪，認識麥斯．柏金斯後，誰會願意做史考特的情人呢？」

費滋傑羅認為貝絲．萊蒙很「迷人」，好奇「她究竟為什麼不結婚」。柏金斯對史考特喜歡伊莉莎白感到高興，但他告訴費滋傑羅：「別叫她貝絲，這名字完全不適合她，我不會這麼稱呼她。在回家的火車上，麥斯寫了一封信給她又撕掉，因為似乎沒什麼意義。他後來解釋：「麻煩的是我見了妳之後，會一連四天處於恍惚狀態，就像濟慈筆下的那個騎士[29]。」

一九三四年十一月，費滋傑羅的短篇小說〈她最後的箱子〉〈Her Last Case〉在《郵報》發表了，維爾伯恩成了故事的場景。如果沒有《郵報》為此支付的三千美元，史考特這一年幾乎難以為繼，因為查爾斯．史克萊柏納出版社的組織調整了。現在，出版社分成六個部門，每個部門負責人對經營方針都有發言權。柏金斯比以前更同情費滋傑羅的經濟窘境，但他在信上說：「要讓這樣一個人，例如教育類圖書編輯部（順便一提，在大蕭條時期他們的業績比我們好）的主任理解，是不可能的。他會認爲《夜未央》的出版才剛抵清了你欠的錢，再讓你預支眞是瘋了。我祈禱能找到某種解決方法——我知道你也希望。你已經運氣不佳了好一段時間，且非常英勇地與之對抗，就像那句話說的：關於運氣，唯一確定的是它會變。這話至今不假。」

一九三四年十月，湯姆．沃爾夫心生倦怠，於是離開紐約幾日去芝加哥看世界博覽會，這是他持續工作一年來第一次放長假。他離開後，麥斯把整本書稿拿去排版：四十五萬字排在二百五十張長條校樣上，最後會變成一本九百頁的書。沃爾夫回到紐約，得知編輯趁他不在時做出這麼獨斷的決定，沒等作者看一遍就準備把校稿回給排字工人。柏金斯看過沃爾夫在史克萊柏納出版社藏書室中，一連幾星期全神貫注地讀小說的第一部分卻不修改，如果沒有最後通牒，他可能永遠抓著校稿不放。柏金斯告訴他，他每天要回二十張惠洛克校對過的長條校樣，排上版面。

「你不能那麼做，」湯姆抗議道：「還沒定稿呢，我還需要六個月寫完。」柏金斯回答，這本書確實寫完了；而且，就算讓沃爾夫再寫六個月，到時候他還會再要六個月，如此不斷重複。他會完全沉迷在這本書上，永遠寫不完。沃爾夫在《一部小說的故事》裡記錄了柏金斯其他的話：

29 濟慈名詩《無情的妖女》（*La Belle Dame Sans Merci*）寫一個騎士思念妖女。

他說，我不是福婁拜型的作家，我不是完美主義者。我腦子裡有二十本、三十本乃至無窮本書，重要的是真的做成書，而不是不斷修改，把我的餘生都耗在一本書上。

在爲《哈佛圖書館學報》寫的文章裡，柏金斯說：「據說托爾斯泰始終不願將《戰爭與和平》的書稿脫手，你可以想像這本書他寫了一輩子。」沃爾夫和《時間與河流》也是如此。

「我想我是遭到天譴，才會幾乎都知道應該做什麼，」麥斯在給伊莉莎白．萊蒙的信裡說：「要是不知道就好了，明知道而不做就很糟。」結果，他坦言：「爲這本書我冒了很大的風險，但不得不這樣。這件事必須做，因爲這本書的情況特殊，除了我沒有人能做，並完成它。哪一天妳也許會聽到我因爲它而被人詛咒，但這我一開始就想到了。理智上做好了準備但感情上是否準備好了？我不知道。」

那年深秋，沃爾夫不再拒絕伊莉莎白．萊蒙的邀請，在麥斯向兩人分別介紹了那麼多對方的情況後，他們終於在米德爾堡見面了。伊莉莎白仰慕湯姆。她說：「他比費滋傑羅自然得多。史考特的自卑情結使他總在人前炫耀，湯姆有著更基本的尊嚴，他是個全然眞實的人。」由於沃爾夫對周圍的每個人都報以眞摯的熱情和關注，她願意忽略他偶爾的謾罵。有一天她帶他在米德爾堡四處走走，一位女士跟他們談起文學，無意中說到，無論是哪本書的作者，她總是記不住名字。伊莉莎白記得「於是湯姆整天悶悶不樂，直到我們要走的時候才把怒氣發洩出來。『如果她瞧不起我，爲、爲什麼還要、要我過來？』他怒吼道。」

離開維爾伯恩後，他寫信跟伊莉莎白說：

妳的美國不是我的美國，因此，我總是更愛她——維吉尼亞有無盡的滄桑和悲傷，有種莊嚴的死亡感……而我得在此地，在布魯克林和曼哈頓，在這座城市所有的迷霧和溽暑中，在地鐵裡、火車站、火車上，在芝加哥畜牧場找到我的美國。很高興妳讓我看到妳美麗的家園，看到少許鄉村風貌，以及妳在那裡過著怎樣的生活。

那年十月，愛琳．伯恩斯坦出人意表地聯絡了柏金斯。隨著時光流逝，她接受了既定事實，對他的敵意也淡了，但也筋疲力盡。她知道《時間與河流》出版的時間近了，而艾絲特．傑克這個角色僅在最後一幕出現。此刻她告訴柏金斯，多年前湯姆拿著古根漢基金會的專案資助經費出國時，曾把《天使，望故鄉》的手稿交給她。她說她最近住院了，沒法工作，要去加州休養，急著把紐約州阿蒙克的房子脫手。離開之前，她想把手稿像它的作者一樣，從她的生活中清除。「我想把手稿給你，如果你想要，」她在給柏金斯的信裡說：「但有個條件：無論怎樣都絕不能把它還給湯姆。如果你不要，我會在走之前銷毀它，因爲除了你我，我不想讓它落入別人之手。」

柏金斯提出把手稿存放在史克萊柏納出版社，比較安全，但他又說：「我永遠都會把它視爲妳存放的東西，因爲我了解它被送給妳的來龍去脈。」

愛琳感謝柏金斯對她和對湯姆的寬容慷慨。後來她寫信告訴麥斯：「我的傷口至今仍跟那天（湯姆）覺得有必要擺脫我時一樣痛。」又說：「我一直都相信湯姆會成爲當今最偉大的作家，有你始終在他身邊，這是非常好的事。」她接受了麥斯的提議，但堅持這份手稿最終要由編輯保管。「因爲你為湯姆做了一切我曾希望為他做的、對他有益的事。」

對於沃爾夫的新書稿，柏金斯其實希望能再多改一些，但他知道編輯最終也必須對書稿放手。他寫信告訴沃爾夫的經紀人伊莉莎白·諾維爾：「這本書裡的形容詞太多，重複太多，寫得太用力，這些都是湯姆一直改不了的缺點。」不過，他還是認為它會給人留下很深的印象，獲得成功，而且他認為這幾點批評也會驅使沃爾夫在寫作上更嚴格地要求自己。

厄涅斯特·海明威知道，這一整年柏金斯把大部分精力放在湯瑪斯·沃爾夫身上。一九三四年十月，他直率地告訴柏金斯，他認為沃爾夫的短篇小說「愈來愈做作」，而長篇小說的副標題「青年渴望的傳奇故事」真是「糟糕透頂」。海明威相信，柏金斯的「世界級天才們」這麼長時間不出新書的原因是害怕人們發現新書是「冒牌貨」，而非「世界巨著」。他說書最好集中力量一次寫一本。就讓評論家亢奮異常地跳出來罵不喜歡的內容好了，因為作家自己知道哪些地方寫得好。

海明威承認他最近有點自大，因為他剛完成兩季前開始的那項工程，而且不需要人幫他刪減或想結尾。他自命清高地決定，今後最好不再說那些「太蠢、沒大腦的同輩」的壞話——但他還是告訴麥斯，雖然「陳腔濫調」會讓你「在交給出版社時簡直難以忍受」，但寫作時並不會意識到你會寫出這種東西來。

十一月十三日上午，海明威寫完那本關於非洲「又長又難寫」的書。這份七萬字書稿一開始是短篇小說，後來愈寫愈長，書名暫定為《非洲的高原》（*The Highlands of Africa*）。厄涅斯特堅持它在形式上不是長篇，更像〈大雙心河〉（Big Two-hearted River）[30]，它有明確的開頭和結尾，中間的情節豐富得不得了。海明威說，在此之前，他從來不知道有一本書能讓他看到、感受到眞實的非洲，書中寫的絕對是眞的，沒有任何編造，只有他這個「混蛋」可以做到。

海明威覺得他從《戰地春夢》後失去大量忠實讀者，現在他用眞正的文學而非附庸風雅的假貨把他們爭取回來，讓柏金斯那些「華而不實的傢伙」像氣球一樣膨脹，最後爆掉。七萬字對短篇小說來說雖然長了點，但他想把它和其他作品合成一本書出版，讓人們感覺「超值」，提議收錄他最近爲《君子》雜誌寫的幾篇文章。柏金斯反對。他指出，不管海明威是否視其爲長篇小說，它都是一部完整的作品，而且已經比一般書厚了。麥斯認爲，把這個故事跟其他作品併入一本書只會轉移評論家對主要作品的關注；他鄭重地說：「我希望你同意單獨出版。」

海明威、費滋傑羅和沃爾夫的書都差不多寫好了，柏金斯覺得現在他可以南下去基韋斯特讀厄涅斯特的書稿。「我很想來，」他告訴海明威：「我願意花一整個下午在碼頭上看那些懶洋洋的海龜游來游去。」

一月的第二個星期，柏金斯動身去基韋斯特島的前夜，湯瑪斯．沃爾夫的書還有兩個部分尚未達成共識。第一是沃爾夫已寫好的前言，麥斯力勸他放棄。他解釋：「讀者會把故事當成眞實，進入其中，感受它，前言很可能讓這種幻想破滅，讓人以文學研究的角度看待。」另一個需要討論的是獻詞，沃爾夫從動筆寫這本書起，就在想應該把它題獻給誰。最近幾週，約翰．霍爾．惠洛克一直在幫

30 海明威於一九二五年出版的第一部短篇小說集《我們的時代》中的一篇，分為兩個部分。

他修潤這一頁。麥斯不太清楚狀況，但心有懷疑。現在，動身去佛羅里達前他決定把想法說出來。他寫信給湯姆，說：「身為編輯，沒有什麼比我最敬佩的作家真誠地把書題獻給我，更讓我快樂、驕傲——

但你不能，也不該試著改變你認為我讓你的書變形，或至少阻礙它完美的事實。所以，真心把這本書題獻給我是不可能、也不應該的。我知道我們是真正的朋友，在編這本書的過程中共同經歷了許多事，對我來說已經很值得，不需要其他。題獻詞是另一件重要的事，我應該早點提出，又擔心你誤會我的意思。編你的書稿縱然有種種痛苦，但無論結果是好是壞，都是我編輯生涯中最大的快樂和最有趣的一頁。我們呈現這本書的方式，一定要表現出我們（及我個人）對它的信心，但我做的事已經削減了你對它的信心，所以千萬別這樣做。

這一次，露易絲陪麥斯一起去基韋斯特，在墨西哥灣度過美好的八天，麥斯釣到一條碩大的旗魚。他從基韋斯特島寄了明信片給史考特．費滋傑羅，上面寫：「海明威的新書寫他的非洲狩獵之行，但與其他狩獵書完全不同，最後三分之一尤其迷人。事實證明露易絲是釣魚高手。我的臉都曬黑了。星期一回來。」

柏金斯休完假開始工作時，發現他成功讓沃爾夫撤掉前言，卻沒能阻止沃爾夫把小說題獻給他。《時間與河流》已經開始印刷，包括沃爾夫洋洋灑灑的獻詞。惠洛克後來說：「我當時跟湯姆力爭，要盡可能簡短，以免麥斯尷尬。」獻詞是這樣寫的：

獻給
麥斯威爾・艾瓦茨・柏金斯

一位傑出的編輯，一個勇敢、誠實的人，他堅持與本書作者共同度過苦澀、無望和疑慮的日子，讓他免於墜入絕望深淵。我把這部以《時間與河流》為名的作品獻給他，希望這整本書值得他的忠誠奉獻與耐心付出。做為一個無畏、堅定的朋友，他將這樣的特質傾注於書裡的每一部分，沒有這些，就沒有這本書。

柏金斯一看到這段話就寫信對沃爾夫說：「無論它夠不夠公正，有沒有言過其實，我無法想像還有比這更令我幸福的了。我不會進一步深入我的感受——我是新英格蘭人，不會激動地說出我的感受，但我確實想說，這是非常慷慨、崇高的話。當然，我應該對這樣說我的人實踐那段話說我做了的事。」

《時間與河流》在兩種藝術力量相互依存的合作下誕生——沃爾夫的激情和柏金斯的判斷。兩人雖然經常爭辯，卻一起完成了各自生涯中最偉大的作品。

一九三五年二月八日，麥斯寫信對湯姆說：「我發誓，我確信這整個過程對我而言是非常愉快的編輯經驗。我願意再打一場這樣的仗。」

沃爾夫的日記裡有一張被撕下的紙，從未寄給過柏金斯，上面寫著：「我這輩子在遇見你之前，一個朋友都沒有。」

# 第三部

*Writers are forged in injustice as a sword is forged.*

*——Ernest Hemingway*

# 14 重返家園

一九三五年二月初，麥斯威爾．柏金斯從基韋斯特回到紐約後，隨即催查爾斯．史克萊柏納和《史克萊柏納》雜誌的佛列茲．達希爾趕快連載海明威現在名為《非洲的青山》（*Green Hills of Africa*）的新作。它不僅是一場深入塞倫蓋蒂平原的遠征，也是對當代文學的一次探險。和《午後之死》一樣，海明威用第一人稱寫，宛如嚮導。薩伐旅行經水泉便利處時，他便稍作停留，整理他對作家和寫作的看法；比如有一次他若有所思地提到湯瑪斯．沃爾夫：

> 作家是歷經煎熬鍛鍊而成，一如鑄劍。我不知道如果他們把湯姆．沃爾夫送到西伯利亞或海龜島，給他必要的打擊，讓他刪掉冗言贅語，讓他意識到結構平衡的重要，是否會造就他成為作家。可能會，也可能不會。

柏金斯發電報告訴海明威，《史克萊柏納》雜誌對他的新作很感興趣，但在正式同意支付五千美元稿費前，他們要研究一下書稿。

這五千美元是麥斯在灣流釣魚時提出的，問題在於稿子的篇幅而非品質。一週後，柏金斯先拍電報告知：「正寫信談稿酬事，擬付四千五百元。五月開始連載。十月出書。」

這封信的內容跟那通電報幾乎沒什麼差別，除了表達他對稿酬降低的氣憤。他知道如果海明威把作品給其他更受歡迎的雜誌連載，報酬至少是兩倍。「這根本不是《非洲的青山》值不值得的問題，」柏金斯解釋道：「而是我們如何恰當地支付稿酬，同時在目前形勢不太好的情況下，盡可能維持雜誌的財務狀況。」

收到這份報價的時候，海明威已經「大爲不滿」了。他對《非洲的青山》是否被採用的焦慮超過以往任何一部作品，因爲書中他不僅猛烈攻擊其他作家，也反擊過去幾年竭力貶低他的評論家。海明威賭上了自己的前途，且在暴躁中把柏金斯對稿費高低的牢騷解讀爲誘使他拒絕，好降低《史克萊柏納》雜誌連載這部作品的經濟負擔。海明威告訴麥斯，據他所知，這本雜誌的財務狀況從來沒有好過，而他自己也沒有。他認定無論在哪裡，他都沒讓出版人虧過錢，除了霍瑞斯．李維萊特……那次是因爲換出版社。柏金斯爲了避免衝突，說服了《史克萊柏納》雜誌付給海明威五千美元。

這年春天，厄涅斯特第一次航行至基韋斯特島東北方約兩百八十公里外的漁夫天堂比米尼島。柏金斯打算等《非洲的青山》校稿排好再提出編輯意見，希望海明威在比米尼島的幾個月能讓他冷靜下來。

差不多同時，費滋傑羅去了北卡羅萊納州亨德森維爾的一家旅館，休息四個星期。寫了十五年，他比剛開始更缺乏安全感。他現在一貧如洗，開始意識到既要顧好身體，也得省著用錢。柏金斯在給海明威的信裡說：「我想他有的不是嚴重的病，而是被寫作和酒精弄得筋疲力盡。」回到巴爾的摩的家後，費滋傑羅寫信告訴麥斯，他「徹底戒酒一個月，連啤酒、葡萄酒都不碰，現在感覺很好」。

這消息令柏金斯高興，但他相信費滋傑羅很快會出現戒斷症狀——先是消沉，再是掙扎。他知道費滋傑羅需要一切朋友的支援，愈多愈好，但那時的費滋傑羅很難找到什麼朋友。那年幾乎同時，他與柏金斯的三個作家都疏遠了。

幾個月前費滋傑羅公開承認他的文學造詣不及海明威。他寫信對海明威說，他對他的敬佩簡直難以用語言形容，「除了少數已過世和將去世的老人，你是當今美國唯一令我如此仰慕的小說家。」但他們之間的關係已逐漸疏遠了，與其說是因爲費滋傑羅的妒忌心，不如說是海明威的傲慢。柏金斯曾建議厄涅斯特找個時間、理由寫信給費滋傑羅，激勵他振作起來面對戒酒後「必須面對的危機」，海明威說，他想不出這封信該怎麼寫，才不會傷害史考特的感情。

但幾個月後，海明威又要柏金斯轉告史考特，讓他吃驚的是，每多讀一次《夜未央》，就更覺得他寫得好。費滋傑羅很高興聽到海明威的誇讚。這本書的銷量已經一落千丈，但作者仍滿懷信心。「事情總在變化，我不認爲它會像被預言短命的孩子那樣，注定夭折。」他告訴麥斯。另一方面，他與海明威的友誼是「我此生最好的境遇，只是我仍相信這種好事會到盡頭，或許是物極必反，我相信我們以後再也不會有那麼多互動。」

費滋傑羅讀了柏金斯寄給他的《時間與河流》樣書後，也想避開湯瑪斯·沃爾夫一陣子。他佩服沃爾夫毫無保留的獻詞，寫信告訴麥斯：「我相信湯姆在獻詞裡對你的感激之情沒有絲毫誇大，那也是我們這些有幸成爲你作者的人想說的話。」費滋傑羅認爲這本書從獻詞之後就走下坡，但請麥斯無論如何別告訴湯姆。「照他對批評的反應，我知道那會令我們終身爲敵，還可能無休止、不必要地傷害對方。」

《時間與河流》讓費滋傑羅意識到，「要讓一部長篇作品有精緻的結構，修改時有最好的洞察力和判斷力，就得遠離酒精。」他知道，喝一瓶酒可能催生一篇短篇小說，「但寫一部長篇，你要思維敏捷，在腦海中形塑整個故事框架，還要像海明威寫《戰地春夢》那樣，毫不留情地刪除細枝末節。如果頭腦轉得慢，就會只思考個別情節而非整體；記憶也會遲緩。」費滋傑羅仍在戒酒中，內心充滿清醒的悔恨，他告訴柏金斯：「如果有方法能換得我那時不藉助酒精刺激來寫《夜未央》的第三部分，什麼代價我都願意。如果我能清醒地再寫一遍，相信會有很大的不同。」

費滋傑羅和艾德蒙·威爾森從大學時代起的多年友誼也破裂了，兩人分道揚鑣。他們一個以學者名世，一個以揮霍著稱，對立日益嚴重。這種對立在一次爭論中爆發。「挑起爭端的是班尼（威爾森的綽號），不是史考特，」幾年後，柏金斯在信裡告訴海明威：「班尼的言行讓我覺得他很幼稚。」柏金斯一向認爲威爾森是個「了不起的傢伙，自然、正直」，他在史克萊柏納出版的最後一本書《美國的極度恐慌：衰敗的一年（一九三二）》（*American Jitters: A Year of the Slump* [1932]）就寫得非常精采。但接下來幾年裡，威爾森對費滋傑羅的敵意延燒到柏金斯，好幾次來找麥斯預支未來新書的版稅收入。有一次只要七十五美元；還有一次他請史克萊柏納出版社幫他的銀行貸款作保。幾年後，威爾森寫信對柏金斯說：「你們一次都沒幫我，同時卻像喝醉的水手一樣送錢給費滋傑羅，他也像喝醉的水手一樣亂花錢。當然，你期望他寫一本小說，能夠賺得比我的書多，就算但即使這樣，對我的差別待遇也太過分了。」威爾森認爲這樣說並非惡意。「你是我在那裡唯一想見的人，我總覺得我跟你關係很融洽。」威爾森對柏金斯說。他認爲原因是「整個史克萊柏納似乎陷入冷漠、等死的狀態，老史克萊柏納去世後，你們公司的人就一副要死不活的樣子，除了週期性地對待某位作家——通常是極靠不住的史考特或湯姆·沃爾夫，宛如爛醉的法國國王對待新寵，把金錢和精力都揮霍在他們身上。」幾年後，威爾森承認：「我……從來沒有進入他最喜歡的作家之列」。這也是他在三〇年代中期離開史克萊柏納，轉戰另一家出版社的原因。那時他開始接觸馬克思主義，深受打動，平撫了費滋傑羅對社會、歷史認識淺薄帶給他的不滿。要幾年後，費滋傑羅才會和這個被他稱為「知識份子良心」的人坐下來重歸於好。

史考特有幾次機會在巴爾的摩的小型聚會上見到伊莉莎白．萊蒙。（這令麥斯嫉妒，他已經好幾個月沒見到伊莉莎白。「我知道，我注定不能常見到妳，」他在信裡對她說：「即使間隔幾年我也能忍受，只要先讓我知道要忍多久。」）麥斯覺得，伊莉莎白只見了費滋傑羅短短幾面，就對他產生正面影響。他對她說：「史考特還不到四十歲，戒酒後也許能獲得超過他想像的偉大成就。我知道妳不是有意或直接影響史考特，但妳無意間啓發了他。」柏金斯相信，如果費滋傑羅從此再不喝酒，要歸功於伊莉莎白．萊蒙。

史考特這次戒酒是多年來時間最長的一次。他發現生活「沒有刺激」，但相信這應該是他最多產的時期。「我只是得安排一下夏天怎麼過，讓自己回到生活裡，」他寫信告訴柏金斯：「但到底要做什麼還沒想清楚。」

麥斯提不出更好的建議，只催史考特繼續寫已經起頭的那部長篇小說，背景是中世紀歐洲，與西卵鎮遠隔十萬八千里。費滋傑羅回信說，這部九萬字的小說，書名將是《黑暗伯爵腓力》（*Philippe, Count of Darkness*），主角是個全副武裝的法蘭克硬漢——「講的應該是厄涅斯特的故事。」費滋傑羅在筆記本中寫道。然後他說明了細部構想，各部分可以拆開賣給不同雜誌刊載，還說一九三六年春末柏金斯就可以拿到全部書稿。「我希望能像沃爾夫和海明威那樣把一大堆一大堆書稿存起來，」費滋傑羅在信裡對柏金斯說：「但恐怕這隻鵝身上的毛已經拔得差不多了。」

一九三五年五月，費滋傑羅來紐約見柏金斯。賽爾妲的健康只好轉了短短的時間，那天晚上他們在一起時，史考特的心情已經反映出焦躁。他咄咄逼人，逼問麥斯出版社即將出哪些書，強烈抱怨湯姆．沃爾夫。史考特最近讀了沃爾夫發表在卡爾華頓主編《現代月刊》上的短篇小說〈他父親的房子〉（His Father's House）。它體現出沃爾夫所有的優缺點，也讓費滋傑羅想，湯姆如果是個能和別人討論寫作的人該多好。

> 一下是亂糟糟的句子「隨著豬肉腸騙子急促顫抖的聲音，繁榮、豐厚的獵鳥開始了」，一下是措辭精美的「優美動聽的唧唧聲，桃李般的圓潤、沁人心脾的清澈」，他怎麼能把這些良莠不齊的句子堆在一起？我不懂。他這種無論什麼時候都能把文句寫得含蓄、精妙的人，不該讓人囫圇吞下魚子醬當正餐。

費滋傑羅罕見地向柏金斯發脾氣，主要是健康問題導致。幾天前，肺部檢查出一個陰影，落實了他對自己健康狀況的擔心。沃爾夫的家鄉素以空氣清新、益於療養結核病著稱，於是史考特在阿什維爾的格羅夫．帕克旅館訂了房間。他說，搬到北卡羅萊納去住一陣子是爲了幫自己「減刑」；醫生說，再回到過去的生活方式就等於宣判自己的「死刑」。接下來的幾個月裡，費滋傑羅回信的地址是「阿什維爾，甘特之墓」。

回到巴爾的摩後，費滋傑羅寫信給柏金斯說：「我當時非常沮喪，也很可能是嫉妒，總之請忘了那天晚上我說的一切。你知道我總認為美國之大，足以容納不只一位好作家，所以你一定能相信那不是我的本意。」

柏金斯知道費滋傑羅對沃爾夫的所有看法都再真實不過了，但沒有人、包括柏金斯能做什麼。「即使你有徹底的自由，想寫什麼就寫什麼，不會被抨擊（好比被指責用該死的哈佛腔英語、拾亨利．詹姆斯的牙慧等），也還有編輯修訂語句的問題，那是很容易出差錯的。」柏金斯向費滋傑羅解釋。他認為批評和年齡增長都能讓沃爾夫的寫作愈來愈成熟。至於現在，他說：「他不是自認高人一等，而是根本沒考慮過別人。他讀別人作品時會徹底投入，但他們對他來說並不重要，他自己正在做的事才重要。」

《時間與河流》的出版是一九三五年春天最受期待的文學盛事。在三月八日正式出版前，它已經被談論了好幾個月。麥斯把第一批樣書寄給大多數朋友和作家，即使他知道有些人根本不會翻這本九百一十二頁的厚書。在范．威克．布魯克斯眼裡，這本書每一頁都有柏金斯耕耘的汗水，他忘不了柏金斯投入數百小時「在叢林般的仲夏夜」辛苦工作，「努力爬上一頭躍入水中的鯨魚鰭」，隨它潛入海底。厄涅斯特．海明威則說這本書「大約六〇%是胡扯」。

沃爾夫相信，要避免再遇到第一本書引發的群眾歇斯底里的批判，以及對他個人生活的困擾，最好的辦法是離開美國。他後來在《你再也回不了家鄉》中，透過喬治．韋伯這個角色表達了他對逃離的看法：

他第一本書出版的時候，野馬都不能把他從紐約拉走：他要在場，確保不會錯過任何環節。他呆呆地等，讀了所有評論，差點要在（他的編輯的）辦公室紮營，天天期待著不可思議的成功，但成功始終沒有來……所以現在，他聽到出版日就怕了，決定遠離——離得愈遠愈好。雖然他不相信當年的事會再重演，還是做了最壞的準備，當那一天到來時，他鐵了心不在現場。

沃爾夫訂好法蘭西島號輪船的船票，把所有東西裝進木箱。他此行的安排就和歸程一樣模糊。三月一日晚上，也就是沃爾夫啓程的前夜，一輛計程車在東49街246號門前停下。一個男人跳下車，重重地敲柏金斯家的門。麥斯下樓，看到沃爾夫站在門口並不意外，但看到他帶來一口長一．五公尺、寬〇．六公尺、高〇．四五公尺的木箱時大吃一驚。裡面裝著他這本書的全部紙稿，包括他們過去五年來一起修改的一捆紙。湯姆、麥斯和司機一起把箱子從計程車上抬下來，搬進屋。然後湯姆問司機叫什麼名字。他說：「拉奇。」「好運！」[31]湯姆高聲叫道，上下搖著他的手。看來是個好兆頭。三人剛剛一起完成了一件體力活，站在那裡相互微笑，然後握手。「好運」開車走了，那口大貨箱就在柏金斯家的客廳裡礙手礙腳放了好多天。

沃爾夫出海後，愛琳．伯恩斯坦給他的一封信寄到了史克萊柏納出版社。柏金斯回信給她，說目前只能把信收著，因爲湯姆特地要求不轉寄任何信件。他離開是想徹底休假兩個月，不想被私人信件和書評打擾。

結果，法蘭西島號還沒開到公海，湯姆就寫了一封長達二十頁的信給在桑迪胡克的愛琳．伯恩斯

---

31 司機名字叫Lucky，即「幸運」的意思。

坦。信中說，他留了一本新書在柏金斯那裡要送給她。又說，麥斯「是個超好、超了不起的人」。愛琳意識到，再激起麥斯的敵意只會斷送聯絡上湯姆的希望。但諷刺的是，聯絡麥斯是她最不願做的事。她只好用友善的語氣，從好萊塢給柏金斯寫了一封長信，當時她在雷電華電影公司工作。她說，她的身體狀況負荷不了這份工作，「這麼多年湯姆帶給我的痛苦和悲傷，終於把我耗盡了」，但她想幫助家人，因爲過去幾年他們竭力幫她醫治心病。伯恩斯坦女士請麥斯把湯姆給她的書寄到加州，她說：「我現在不能看」，因爲「任何跟湯姆有關的事都會深深觸動我，連在報紙上看到他的名字，我也會像被飛鏢射中一樣痛苦。我想不通他爲什麼如此決絕地背棄我，我的人生已經一團混亂。請原諒我這樣寫信給你，但……我想，你和我、或現在或曾經是湯姆最親近的人。我仍活在有他的生命裡，就像我們曾在一起的那麼多年一樣，所以，我不想在有生之年失去他的友誼。」

應伯恩斯坦女士的請求，麥斯把那幾封她寄到史克萊柏納出版社的信都還給她，也把湯姆的書寄給她。

因爲家人，她又寫了一封信給柏金斯。她知道《時間與河流》的結尾。尤金．甘特在從歐洲遠遊返鄉的船上，看著一位玫瑰色臉頰、年齡比他大的猶太女人。愛琳明白沃爾夫很快要寫到他們之間的交往了，擔心他的下一本書會把他們的戀情攤在世人面前。她給柏金斯寫信說：

> 我已經活過人生中美好的一段歲月，但以前他唸（給我聽）過他寫我姊姊和我孩子的部分，那絕對不能出版……在湯姆幾乎摧毀我靈魂之光與愛人的能力時，是他們支撐著我。我絕不能讓他們被指指點點，會不惜任何手段阻止。這不僅與我有關，也攸關有編輯權力的你。

湯姆常說你討厭女人，毫無疑問，現在的我就是你憎恨的那種女人。呃，我確實是。我認為身為女人像被詛咒，身為藝術家女人則是雙重詛咒，但就像我無法選擇眼睛的顏色一樣，這是沒有辦法的事。湯姆和我剛相戀時，我告訴他，那是我唯一一次因為自己是女人、能讓他的生命完整而快樂。我仍然以我和他的關係為傲，無論它帶給我恐懼還是愛情的美好。

沃爾夫曾發誓，把《十月集市》交給柏金斯編輯前先給愛琳·伯恩斯坦看，那是很久以前的事，當時它將成爲他的第二本書。「他多次違背對我的諾言，這次我不能再信任他了。」她懇請他理解，說：「所以我求助於你，他絕不能，我也決不允許他再次背叛我。」

柏金斯回信說：

從妳的上一封來信，我判斷妳認為湯姆曾讓我相信妳是個「妖魔」，但這完全不是事實；但我現在反而懷疑，他想必給了妳理由，讓妳認為我是「妖魔」。妳很懂心理學，知道憎惡女人的男人表現出來的是相反的態度，他們要建立一套「防禦機制」。我認為女人極其惱人，但那是從男人看女人的角度。不管怎麼說，沒有人真能理解妳信裡把我視為編輯而說的那些話，總之《十月集市》在一年內不會出版，也許更久，在湯姆回來前我不該多談。

《時間與河流》出版的那天，柏金斯違背了不告訴沃爾夫任何訊息的承諾，但不是因爲愛琳·伯恩斯坦。他發了一通電報到美國運通公司巴黎分公司給他，報告書的情況：「評論大好，有些關鍵評論寫滿至高讚譽。」不等待郵件但有時會查查資訊的沃爾夫收到了電報，他漫步於巴黎林蔭大道，沉浸在幻想中。接下來的六天怎麼過的他幾乎想不起來。但柏金斯傳來的訊息無疑是他垂涎已久的榮耀美酒，僅嘗一小口無法盡興。沃爾夫回電報：「你是我最好的朋友，我不怕真相只怕該死的不確定，請直言。」柏金斯第二通電報語氣更為激動：「評論界一片沸騰，人人都說它是真正的巨作，都把你比為最偉大的作家。愉快地享受假期吧！」

同一天，柏金斯又寫信給他說：「《時間與河流》激起的回響，震驚了出版社和整個出版界。」多數評論把他與杜斯妥也夫斯基、辛克萊・路易斯等大作家並論。柏金斯寫道：「說實話，除非你期望的是完全沒有負評（當然會有人說它篇幅太長，或我們談過的那類問題），否則我無法想像你為什麼要壓抑自己，不開開心心地度假。如果誰能靠榮譽休息一陣子的話，那個人就是你了。」

一九三五年春天，經濟持續惡化，出版業亦然。但史克萊柏納出版社很快再版了五刷沃爾夫的書，總印量達三萬冊。這些書在幾星期內幾乎賣光，《時間與河流》在各暢銷排行榜都名列前三。到該年底，累積印量又增加了一萬冊。

《紐約時報》、《紐約論壇報》、《週六評論》都給了沃爾夫全頭版，他的照片也處處可見。如露易絲所言，那些星期天出來喝下午茶的人會發現，即使不是出版人，大家也興奮地談論這本書。就連曾把文學比作「精神糖果」的柏金斯七十七歲老母親都在讀，儘管她的反應不太正常。一連四、五天，她坐著讀這本書，神態宛如一尊印第安人木雕，除非有人問她在做什麼。彷彿為這個問題等了一星期似的，她闔上書，放在膝上，抬起臉宣布：「我這輩子從沒讀過這樣的文字。」她對一個外孫女喊道：「茉莉，到樓上幫我拿一本珍・奧斯汀的書下來，我要換換腦子！」

沃爾夫與外界隔絕，旅行了幾星期，終於在歐洲登陸時已疲憊不堪，《時間與河流》讓他精神緊張，連信都沒辦法寫。這本使他陷入緊繃的書，現在則令他振作，「麥斯，麥斯，」沃爾夫寫信對他的編輯說：「也許你認爲我痛恨所有形式的批評，可悲的事實是，大家以爲我缺乏論述能力，但跟大部分評論家比起來，我的論述能力強多了。」沃爾夫寄回國的第一封信，多半在講他對《時間與河流》的反應。無論走到哪裡，他手臂下都夾著一本，但他發現讀起來眞是折磨，除非每次只讀一兩頁。即便如此，他還是發現「與我的整體創作意圖相較，寫作缺陷處處可見」。最刺眼的是措辭、校對、內容前後不一致等無數錯誤。他一肩扛下出錯的全部責任。書剛出版兩個月，史克萊柏納出版社的人發現了兩百處錯誤，包括書中人物王先生後來詭異地又出現。王先生是圓臉的中國學生，尤金．甘特半夜回鄉爲老甘特奔喪前向他借了五十美元。尤金要把錢寄還給王先生，沃爾夫寫道：「這個年輕人再也沒有見過他。」但隔了六十五頁，尤金輕敲王先生家門，問這個中國佬能否讓朋友在他家沙發上過夜。

「我在最後的工作上栽了跟頭，」湯姆承認：「這本書稿是日復一日瘋狂寫作、打字，趕出來給你的，來不及發現那些打字員費力辨認我的筆跡而出現的幾千個錯別字。」他列出幾個：

巴特西小屋應為巴特西橋

我腦袋的特徵↓我腦袋的直徑

非洲人↓非洲國王

搖他的鬍子↓搖頭

「麥斯，麥斯，我列不下去了，」湯姆開出必須修改的錯誤清單後寫道：「我們應該再等半年的——這本書就像凱撒一樣，提前從母親的子宮掙脫出來——像理查國王那樣，『身體一半都沒長好』就來到了這個世界[32]。」

沃爾夫花了一個多星期寫這封由四部分組成的信給柏金斯。先陳述自己對這本書的評價，再批評書評人，把別人的不滿都視為對他的攻擊。馬克．范．多倫（Mark Van Doren）一年前曾評道：「人們有理由問沃爾夫先生，他將來出的書可不可以不把自己寫進去。」現在，沃爾夫針對此提醒柏金斯：「你親口告訴過我，你曾帶著一個女兒走過中央車站，讓她看二十個彷彿從狄更斯小說走出來的人，他們就是活生生又值得寫進小說的人。」伯頓．拉斯科（Burton Rascoe）說沃爾夫顯然沒有幽默感，沃爾夫便羅列他認為有喜劇色彩的書中場景。克利夫頓．費迪曼（Clifton Fadiman）說「他究竟是語言大師，抑或語言是他的老師」是有爭議的；沃爾夫還以好幾段怒吼。

他在信的第一部分結尾說，「既然我們真的成功了，希望我回來時地位能顯著提升。如果真的實現——如果我們真的克服了倒楣的第二本書所帶來的、可怕的靈魂折磨與令人心碎的難關——我相信我會以過去那瘋狂而受折磨、內心虛無的五年所無法做到的鎮定、專注和全副力量回來工作。」

那年春天，露易絲．柏金斯決定帶兩個女兒捷比和佩姬去周遊歐洲列國。沃爾夫得知這個醞釀中的計畫後，便請她說服麥斯休個短假。沃爾夫寫信跟露易絲說：「依我的觀察，過去幾年的麥斯令我擔心，而且他與日俱增沉迷於工作的固執顯然是錯的——那些可由別人代勞或少花精力的事他依舊要全力攬下，這在我看來是不理智的。」他認為這無疑是虛榮心，即使是像麥斯這樣謙遜的人，也會覺得少了自己幾星期，工作會無以為繼。湯姆相信，麥斯正處於「才能的巔峰」，他最優秀的成績還在後面。沃爾夫寫道：「如果這時候他只因沒把握機會休息，恢復體力，而損及他傑出的才華，（那）將是悲劇。」

柏金斯沒有表現出哪怕只離開辦公室一天的打算。就在那個月，他寫信給伊莉莎白．萊蒙說：「我獨自在這裡度過了一個可怕的夏天，在某種意義上這是我盼望的，我想做的事不多，但可以不做任何我不想做的事。或許我是在自欺欺人也說不定。」可以確定的是，他不用參加派對了；搬到紐約來後，他和露易絲晚上經常出席派對。

出發前，露易絲．柏金斯突然做了一次春季大掃除，費力清理書架，把幾百本書塞滿木箱，再花五美元請書販把書拖走。幾星期後，史克萊柏納出版社的古書行家大衛．藍道（David Randall）走在第二大道上，邊走邊瀏覽沿街的二手書店櫥窗，有些展示品突然跳進他眼簾。那是幾十本高爾斯華綏和其他名作家爲麥斯．柏金斯簽過名的書。麥斯得知後請藍道去買回，對方開價五百美元。多年後，藍道回憶說：「最後我們以二十五美元成交。我說那時賣書給他的不是柏金斯太太，而是瘋癲的女傭，如果他再提高價錢就法庭上見。」藍道記得，麥斯「像往常那樣輕輕笑出聲，搖著頭，好像只有他太太才可能做出這種事」。

柏金斯的夏天果然如他所料那麼可怕。「妳不知道這裡晚上有多孤單，」一九三五年八月二十八日，他寫信給伊莉莎白．萊蒙：「白天我投入工作不知孤獨，有人邀我晚上一起做點什麼，我一婉拒

---

32 出自莎士比亞《理查三世》第一幕第一場的台詞，「Deformed, unfinish'd, sent before my time/ Into this breathing world, scarce half made up」（使得我殘缺不全，不等我生長成形，便把我拋進這喘息的人間）。

就後悔了。但答應也會後悔，而且完成的工作更少。待在這裡就跟待在巴爾的摩妳卻不在一樣糟，甚至更糟。因爲在那裡我還能抱著一絲希望，希望奇蹟出現把妳帶回來。」一天晚上，他以斯巴達人堅毅的精神告訴照料他的女傭，他晚餐只吃奶油乾酪和麵包。她兩眼盯著他，然後轉向天空，彷彿在說他瘋了，這讓他在第二天晚上固執地提出同樣的要求。每天晚上，她都困惑地走來走去，看著他吃這麼簡單的晚飯；而麥斯固執到底，一連幾天要求吃同樣的晚餐。他在信裡告訴伊莉莎白：「所以現在麵包成了永恆的食物。」但實際上，他偶爾會溜去巴克萊飯店的餐廳，獨自享用美食。

那個季節，一個老友的出現打破了柏金斯孤獨的生活。范．威克．布魯克斯沒有先聯絡就來找他，狀態似乎跟以前一樣好；而不久前，他還深陷於憂鬱症中。柏金斯相信，如果不是他的妻子埃莉諾不離不棄地支持，耐心操持家務、照顧家人直到他重新站立起來，他是不會康復的。「就我所知，我認識的人所做的事情中，這是最美好的之一，」麥斯寫信告訴伊莉莎白．萊蒙：「我相信沒有哪個男人能做得這麼好。」

此外，布魯克斯過去五年唯一遇上的好運出現在寫作事業，是柏金斯鍥而不捨的結果。多年來，麥斯一直認爲布魯克斯的《愛默生的一生》（*The Life of Emerson*）是阻擋他事業前途的一根橫木。在柏金斯耐心的鼓勵下，布魯克斯於一九三一年完成了這部傳記，但並沒有讓他擺脫心理上的折磨。

布魯克斯依然堅稱，做爲作家他沒有前途，他寫的東西都不值得印成書。柏金斯和傑克．惠洛克都讀了書稿並反覆強調它寫得「相當不錯」，迫切希望史克萊柏納出版社盡快出版。布魯克斯說這本書已經答應給達頓出版社了，柏金斯就說服布魯克斯交稿，並親手把稿子交給達頓的出版人約翰．麥克雷（John Macrae）。與此同時，柏金斯聯絡文學公會俱樂部的卡爾．范．多倫（Carl Van Doren），希望他說服俱樂部把這本書收入他們的採購書目，出俱樂部版本。達頓出版社和文學公會都接受了《愛默生的一生》，但布魯克斯拒絕排版。一九三一年春，麥斯委派惠洛克去位於紐約州卡托納鎮一家名叫「四面來風」的小型私立療養院，面勸布魯克斯，因爲他覺得惠洛克是布魯克斯最信任的朋友。

「小朋友們去採漿果了。」惠洛克剛到，療養院的服務人員就告訴他。惠洛克走進樹林，找到拿著空桶的布魯克斯。布魯克斯幾乎一言不發，一副拒人千里的樣子。他瞪著惠洛克，彷彿要看穿他，完全知道惠洛克的來意。他們默默在荊棘中行走，直到惠洛克溫和地問：「你不想讓文學公會出版嗎？」

「不！」布魯克斯大吼。

惠洛克說他們願意出是因爲這本書水準一流。

「很差！很差！很差！」布魯克斯大叫，於是惠洛克走了。

接下來幾個月中，柏金斯去見了布魯克斯，仍試圖說服他同意出版。布魯克斯漸漸鬆動，最後要麥斯來出這本書——「只要能確保不會傷了麥克雷先生的感情，他一直對我很好。」柏金斯覺得這問題避免不了。一九三二年，達頓出版了這本書，大受好評，也解決了布魯克斯的收入危機。這時范．威克才明白他可以靠寫作過得不錯，病情也大爲好轉，接下來的三十年一直穩定寫作。一九三五年夏天他去見麥斯時，精采的《新英格蘭的興盛》（*The Flowering of New England*）正寫到一半，兩年後它得到普立茲獎——此書正是題獻給麥斯威爾．艾瓦茨．柏金斯。

雖然《時間與河流》獲得巨大成功，湯姆．沃爾夫仍處於第一本書出版後的不安感中。當再也受不了這種壓力時，他突然想到德國，一時間極其嚮往。和《你再也回不了家鄉》中的喬治·韋伯一樣，德國對沃爾夫來說——

是他最愛的國家，僅次於美國。在那裡，他覺得像在家一樣放鬆，對那裡的人，他也懷有最自然、最親近的同情和理解之情……現在，經過數年辛苦寫作、筋疲力盡之後，只要想到德國，他的心靈就平和，就放鬆、快樂，古老的魔力再度顯靈。

不只沃爾夫對德國有熱情，德國對沃爾夫也有熱情。《天使，望故鄉》德文版已於一九三三年出版。德國人正翹首盼望他到來，雖然湯姆並不知道。

「據說拜倫勳爵二十四歲時，一天早上醒來發現自己聞名天下，」一九三五年五月二十三日湯瑪斯·沃爾夫在寫給麥斯·柏金斯的信上說：「而我在三十四歲的時候，一天晚上到了柏林，第二天早晨起來去美國運通分公司時發現，至少兩星期前我在柏林就出名了。」他收到各行各業——德國記者、出版人和外交官的信件、電話留言、電報。一連兩星期，他忙著會見一群群崇拜者，出席派對，接受採訪。

但沃爾夫告訴柏金斯，關於德國他有些「煩人的事」要跟他說。在好些寧靜鄉間，他聽到穿皮靴的人走路發出的聲音、軍隊卡車開動的轟隆聲，夾雜在歡聲笑語中頗爲刺耳。這種不和諧的聲音令他害怕，但國家主義的狂熱也讓他想念美國。這使他對祖國、對自己的驕傲和信念有了新的認識。在柏林，他又寫信給柏金斯道：「我覺得自己又開始精力充沛，充滿活力了，如果在家鄉我眞有了好運和成就，我現在就可以回去，把以前的空虛拋在一邊，絕對能讓那些已經論定我的評論家和讀者大吃一驚——可能還會給你帶來一兩個驚喜。」

柏金斯原準備幫沃爾夫出一本短篇小說集，請他想書名，沃爾夫懇請柏金斯不要太快出版。「我想把它們改得更好，」他向麥斯保證：「只要你耐心等我，我就著手進行，我們會有一本很好的短篇小說集，跟我知道的任何短篇集都不一樣。」但正如沃爾夫過去常三心二意那樣，此時他已沉浸在另一本彭特蘭家族小說的構思中。它像一場暴風雨在他腦中增強，積聚，他告訴柏金斯：「我覺得我四十歲前如果還能寫出什麼好東西的話，就會是這本。」湯姆決心過比過去更封閉的生活，也希望在埋頭寫新書時和麥斯更密切地聯繫。「我要比以往更深入地挖掘內心，」他鄭重地對柏金斯說：「你一定要盡你所能幫助我。」

正在籌畫之際，沃爾夫收到一封律師信，發信人是亨利．韋恩柏格（Henry Weinberger）。他代表瑪德琳．波伊德要求沃爾夫支付《時間與河流》及未來出版書籍的全額經紀佣金。這一招像炸彈一樣把沃爾夫炸暈了。「這就是你所謂『不可能發生』的事，這就是你說她知道她已毀於不誠實而『不敢做』的事，」湯姆寫信對柏金斯說，他想起兩年前在柏金斯辦公室的那一幕，「總之她做了，我跟你說過她會這麼做——因為我們都是傻瓜，太仁慈，太心軟，太軟弱，隨你怎麼說都可以。」沃爾夫認定，在她隱瞞版稅的罪行暴露，擔心後果而嗚咽、啜泣、痛哭的時候，他們就應該「讓小偷在懺悔書上畫押」。

在沃爾夫回國前，這些法律事務只能擱置，柏金斯又轉告他獲邀參加七月舉行的科羅拉多作家大會。他將參加為期十天的圓桌討論會，和有志寫作的年輕作家會談，為此主辦單位會支付沃爾夫兩百五十美元。麥斯希望這能誘使沃爾夫回國改完那本短篇小說集，他請沃爾夫以電報回覆可能的回國日期。三天後，沃爾夫發來電報：「接受科羅拉多邀請，六月初回，短篇集名沒想好……等我。」

麥斯不能再等了。半年過去，愛琳．伯恩斯坦擔心沃爾夫會在書裡寫她，又開始變得歇斯底里。她按捺不住，來找柏金斯討公道，叫喊聲隔著柏金斯辦公室的牆都能聽到；第二天稍稍克制，但仍情緒激動。「我真希望你看到的是我好的一面，是朋友們喜愛的我，」她寫信對柏金斯說：「我不習慣強勢對人，但必須這樣才能把心裡想的都告訴你。」她解釋，這樣做不是出於報復。

> 我還愛著湯姆，對他沒有惡意，這要求是基於對我家人的感情。我深信我對湯姆的愛及他對我的愛，即使已經過去也不該成為大眾消費的話題。我也認為他無權使用從我而來的題材，因為他已經選擇切斷繫著我倆的紐帶。

「我對出版是怎麼回事一點也不懂。」她在信裡對柏金斯說。

> 不知道你們公司的事是不是由你決定。如果不是，如果有某個委員會、某個人和你一起承擔責任，那麼，我要聲明我的態度；哪怕我不敢奢望有人會做出違反自己利益的決定，哪怕我淚流成河。
>
> 現在到了必須在善惡之間做出抉擇的時刻。我明白責任、友誼、捆縛我們生活的那條繩子有

多複雜，明白人際關係對男人來說是多難解。無論這本書是由你還是別人出版，你都要正視你的決定是否會傷害一個家庭、一個人。

愛琳愈來愈確信，柏金斯在干涉她的生活，唆使湯姆跟她斷絕關係。幾天後，她又寫信給他：「我再也不相信你會努力顧全大局。」

柏金斯盡量理性以待，不希望伯恩斯坦夫人認爲他干預她的生活。他寫道：

我不干涉別人的私事。無疑地，任何人，無論活了多久，都不會冒險介入這種局面。

考慮到我必須履行的職責，哪怕它們可能對我不利，我仍衷心希望可以做任何對妳有幫助的事，只要我力所能及。

伯恩斯坦夫人接受柏金斯的建議，寫了一封信請求沃爾夫，由柏金斯轉交。

柏金斯猜測，沃爾夫應該會在七月四日獨立紀念日那天回到美國。沃爾夫還在回程航行的那星期，麥斯憂心於最近與伯恩斯坦夫人的交流。她一度提到槍，但槍口指向他、湯姆還是她自己，柏金斯不知道。「我寧願她指向我，」他在給伊莉莎白．萊蒙的信裡說：「我受夠了爭辯，不想再跟不理智的人糾纏。」麥斯原本認爲應該幫沃爾夫調解這個麻煩，隨即決定還是專心做自己的事，回溫莎去更好。

湯瑪斯．沃爾夫在酷熱的七月四日回到美國。這時，伯恩斯坦夫人反對湯姆出下一本書已經到了完全不講道理的程度。麥斯相信突如其來的激烈指責會毀了沃爾夫的前途，所以他留在紐約，去碼頭打算冷靜地告訴湯姆這件事。他看到沃爾夫的行李已上岸，就在行李邊等候。湯姆終於下船時，柏金斯正垂著頭坐在一個小提箱上。麥斯正在思考愛琳．伯恩斯坦的事，突然聽到一個低沉的南方口音：「麥斯，你看上去眞悲傷。怎麼了？」麥斯沒有直說愛琳．伯恩斯坦歇斯底里的行爲，他們寄放湯姆的行李，去了梅菲爾遊艇俱樂部。在東河邊，輪船來往疾行，湯姆急著想知道他關心的一切，於是麥斯把伯恩斯坦夫人的事從頭到尾講了一遍。然而，沃爾夫似乎沒有想得太嚴重，還問是不是講完了；得到麥斯肯定的回答後，他說：「那現在，我們可以好好放鬆一下了。」

前往拉法葉飯店的路上，湯姆在第八大道停下，伸出手指。「那裡，麥斯，就是我住在閣樓寫《天使，望故鄉》的地方，」他說：「我們上去看看能不能進去。」他們走上樓梯敲門，無人應答。湯姆繼續敲，麥斯則從大樓後面的窗子看出去，發現有一條太平梯通向沃爾夫閣樓敞開的天窗。「這樣吧，湯姆，」麥斯說：「如果你眞想看看小鷹蓄積力量、豐潤羽毛的窩，就跟我來。」於是，查爾斯．史克萊柏納出版社總編輯戴著軟呢帽，穿著西裝，率先走上第二次非法闖入的征程。他爬到太平梯，往上爬到窗口，進入室內，沃爾夫跟在後面。「你可以稱它是閣樓，」多年後，柏金斯在寫給約翰．泰瑞的信裡向他描述當年的情景：「因爲它在房子的頂樓，牆壁上半有一定的斜度。但它很壯觀——完全不是你以爲的、詩人居住的閣樓。實際上，我可以說這是湯姆住過最好的地方。」離開前，沃爾夫找來一枝鉛筆，在門廊的牆上亂寫：「湯瑪斯．沃爾夫在此住過。」

他們在拉法葉飯店喝了酒，然後過東河去布魯克林。太陽正西落，麥斯和湯姆到聖喬治飯店屋頂俯瞰這座城市，一幅奇觀彷彿在他們眼前展開。陽光漸漸隱入黑暗，曼哈頓在無數閃爍的燈火中甦醒過來。

他們離開布魯克林，回到拉法葉又喝了幾杯，然後將外衣搭在肩上，在溽熱中向城中走去。一路上說著話。凌晨三點左右，他們在東區49街附近一間酒吧告別。早上九點，雙眼通紅的柏金斯頭昏腦脹地坐在白山特快列車的臥鋪座位上，在隆隆火車聲中北上去溫莎。

# 15 關鍵時刻

柏金斯在佛蒙特只待了幾天。湯姆．沃爾夫回到紐約了，這意味著編輯除了原本的職責外，又多了法律和愛情問題要處理，麥斯覺得他必須在場。

沃爾夫回來一個多星期，還沒有回覆愛琳．伯恩斯坦最後那封信，她只好放低姿態，再次尋求柏金斯的幫助。「我很苦惱，」她在信裡對麥斯說：「如果你能請他回信給我，我會非常感激。他一定還在氣頭上。」她還附了一封給湯姆的信，沒有裝信封，以便麥斯能看。

我想讓你和柏金斯先生知道，我不會因為你寫我或使用跟我有關的素材而控告你和你的出版社，我不在乎你們是否因此鬆了一口氣。如果無法和你達成個人、符合情理的協定，我也打算罷手……以前我們在一起時，我曾相信即使你寫這本關於我們的書，也會像你常保證的那樣站在我這邊；那時你答應得那麼堅決。現在我知道了，如果現在的我不配擁有，我就不能要求得到任何形式的愛。也許我是個期望被善待的傻瓜——我曾信任你，湯姆。

沃爾夫完全不知該如何應對，他什麼都沒做，包括寫作。爲了讓他把心思放在寫作上，麥斯告訴他史克萊柏納出版社有好幾袋信件等著他處理。柏金斯見過很多狂熱讀者給作家的信，但從來沒有沃爾夫收到的多：讀者崇拜他，要向他致謝。於是湯姆開始每天到史克萊柏納出版社五樓藏書室，熱忱地回信給他的崇拜者們。

儘管沃爾夫尚未開始修訂短篇小說集的校稿，柏金斯還是覺得他很快適應了回來後的生活。在去科羅拉多參加作家大會前，他只是打發時間。麥斯很了解湯姆，擔心他可能只顧著即將到來的旅行而把短篇集拋諸腦後，所以幾乎每天午餐後或小酌時都催促沃爾夫動筆。沃爾夫回到美國不久的一天下午，他們正在查坦飯店的酒吧喝「茶」，伯恩斯坦夫人出現了。

愛琳獨自坐在靠牆的一張小桌旁，頭低著，半邊臉被帽簷遮住。柏金斯認出了她，指給湯姆看，湯姆立刻向她走去。但酒吧畢竟是公共場所，不適合這種重聚的場面，於是三人回到麥斯的辦公室。在那裡，沃爾夫魯莽地提出要給愛琳一筆錢，彌補她給過他的所有幫助。他問麥斯能否私下談談。他在辦公室裡告訴柏金斯，想將《時間與河流》的一部分版稅給她——此時該書銷量已達四萬冊；這時候，伯恩斯坦夫人在電梯旁以扶手隔開的接待區等候。湯姆出來找她時，她正拿著一小瓶藥片往嘴裡倒。他衝過去把瓶子從她手上拍掉，愛琳身體一軟，暈倒在他懷裡。柏金斯懷疑她已吞下過量巴比妥藥片，趕緊按電梯鈴叫來夜班警衛，警衛告訴他們史克萊柏納大樓裡有位皮膚科醫生正在加班。這位醫生數了數藥片，打電話詢問藥房，確定藥片都在。於是，湯瑪斯．沃爾夫和愛琳．伯恩斯坦總算勉強和解。

幾天後，愛琳．伯恩斯坦寫信向柏金斯道歉：

> 很長時間以來，我一直生活在痛苦中，為兩件完全無法改變的事受苦：我出生太早，愛得太深。

我很想讓你看看我的心，讓你明白我多麼感激你為湯姆做的一切，多麼明瞭你高尚的人格。我對你說了不該說的話，因為我知道你和他交情至深。

她把無法對沃爾夫明說的想法告訴編輯：湯姆想付錢了斷他欠她的感情債，但她絕不接受任何形式的補償。

那些年我為他的寫作所做的一切，都是出於我們深刻的愛和我對他的信賴，讓我保存它吧，那是我一生中最美好的記憶。我們之間永遠不存在要求回報的問題，也絕不會有金錢債務的爭議。

這段時間，愛琳．伯恩斯坦日夜在劇院工作，疲憊不堪又失眠。她有時會見到沃爾夫，但不因而開心，因爲他的心思在別的事情上，他們在一起不再自在。七月最後一週，她的身體終於垮了，昏迷了三天。她得了肋膜炎。「很難受，我在氧氣帷幕裡喘氣，很痛，」她甦醒後寫信給沃爾夫說：「我不曾病得這麼重，但很快會恢復的，我還有很多事情要做。希望你永遠別得肋膜炎。」

七月二十七日，沃爾夫出發西行，去科羅拉多大學博爾德校區參加作家大會。八月中，麥斯收到他寄來的第一封信，他在動身去丹佛並繼續南行前寫信對麥斯說：「此行已然是、並將繼續是一次精采的旅行。」完成討論、講座、朗讀、聚會等各種活動後，他也筋疲力盡。

柏金斯最關心的是湯姆的短篇選集，現在的書名叫《從死亡到黎明》（*From Death to Morning*）。沃爾夫仍對《時間與河流》中的錯誤耿耿於懷，對柏金斯說：「在我回到紐約前，短篇小說集千萬別定稿，如果這意味著這本短篇集不得不延到明年春天出版，那也只能延後。這次我必須找時間親自校對，無論如何都要跟你討論該做哪些修改、變動、增刪，否則我不會允許你們把校稿從我身邊拿走，去印刷、出版。我說眞的，麥斯。」他還說：「我寧願現在盡可能周延地把書準備好，去面對、反駁上一本書碰到的嚴厲批評。」

麥斯已經通讀全稿，再度爲之讚歎。「它們顯示你既能客觀，也能多變。」他寫信對湯姆說。他說，事實上，整本書是對之前負評的有力反駁。

沃爾夫還在西部巡遊，見了許多人，比如艾德娜．費勃（Edna Ferber）和在好萊塢的桃樂西．帕克。柏金斯不斷寫信提醒他別忘了還沒改的校稿，沃爾夫卻只寄給他一些讚歎風景或轉述軼事的明信片。九月一日，沃爾夫終於決定結束這次已經延長到六個月、誰都會覺得夠久了的假期。他告訴麥斯，現在他很內疚，要回去工作。

歸途中，沃爾夫思考著未來的寫作計畫。在博爾德和其他地方，他曾談起有一本《夜晚之書》（*The Book of the Night*）正在他腦中盤桓。他告訴柏金斯：

> 我提到我有多少時光在夜晚度過，也談了黑暗帶來的奇妙反應及對生活造成的奇特、魔幻影響，談了美國的夜，江流、平原、高山，月光下或黑暗中的河。

沃爾夫認爲美國人是「夜間的民族」，他相信這是他最寶貴的發現之一，值得爲此寫本特別的書。最後他想盡量由外而內地寫，創造一個不以他爲絕對中心的世界。

他在信裡對柏金斯說：「我要毫不妥協地堅持我的神聖權利，做這本書的『萬能的上帝』，成爲推動它的意念、隱而不顯的靈魂，從不現身，既粉碎別人的『自傳』說，又驕傲地保持不主觀的自傳色彩。」

「我們接下來做什麼？」他往東行時寫信問麥斯。他要寫《十月集市》，要寫那本「彭特蘭家族的書」，還有《夜晚之書》、短篇小說……還是該接受許許多多講座邀約？麥斯有的是時間思考如何回覆，因爲沃爾夫還在遊蕩。例如，九月中他停留在里諾，這座城市的賭場、酒吧和舞廳永遠閃著光，讓他眼花繚亂。

柏金斯仍然認爲短篇小說集必須先出。他已經把他確定能改的地方都改了，並回給印刷廠更正後重出校稿。「湯姆一到這裡，我就叫他看，」柏金斯寫信給倫敦的弗雷—里夫說：「如果他不肯，我就想辦法從他手裡拿回校稿，直接付梓。」現在這本書有九萬五千字，篇幅適中，柏金斯擔心沃爾夫會想加幾篇他還沒開始寫的故事。「我會極力反對，」他告訴弗雷—里夫：「他似乎覺得出一本篇幅適中的書是種恥辱似的。」

七月二十五日星期五，柏金斯去巴爾的摩見預約好的柏德利醫生。上次來巴爾的摩，他曾答應伊莉莎白．萊蒙一件現在想來失之草率的事：去拜訪她並住一晚，那將是他首次在米德爾堡過夜。星期六下午見到了她，在他們相交十三年的友誼中，這是麥斯第二次去維爾伯恩。那天傍晚，伊莉莎白開著她亮閃閃的福特新車，載著他沿新近開通的天際線公路在藍嶺山脈間行駛。麥斯眼袋大大的眼睛一眨不眨地看著沿途美好的景色，在伊莉莎白眼裡他顯得很疲憊。她從不主動要他談工作，但這一天她輕輕地說，她對他的工作狀況幾乎一無所知。麥斯說改天寫信告訴她。

麥斯果眞在維爾伯恩住了一晚，但第二天一大早就整理好行囊，一副要告辭的樣子。伊莉莎白說服他多留一會兒見她幾個親友，之後他就動身回到紐約。後來，與她在一起時難以平靜的心情消退後，他寫信對她說：

妳眞的過著快樂、美好的生活，遠離世俗的污穢，那就是妳在我心中永遠的形象……伊莉莎白，妳想事情的樣子總是顯得悲傷，也許表面上看來不開心——妳並不追求廉價的快樂——但妳做得很好。要是我有機會再活一次，我仍會記得妳冒著酷熱來巴爾的摩的那些畫面，依然對妳心懷感激。

柏金斯不喜歡欠別人的情，「但不包括妳——」他對伊莉莎白寫道：「相反地，那是我的幸運，因爲我欠妳的情多得永遠無法償還。和妳幾度相聚，我又覺得那些似乎漸成幻象的事是眞的……上週末的相聚，我永遠銘記於心，想到那裡的每件事、每個人，心中就充滿感激和愉快。」之後麥斯再也沒有去過維爾伯恩，但它留給他的完美印象是永恆的。

柏金斯遵守了諾言，爲萊蒙詳述他典型的工作日：一九三五年七月二十九日。麥斯說，如往常一樣，他先處理堆在桌上的信件。他在信裡告訴伊莉莎白：「一位經紀人寄來一封信，要我們接手一位年輕的紐約東區作家……作家（名叫亨利．羅斯〔Henry Roth〕）出版過《稱它睡眠》（*Call It Sleep*）。柏金斯翻過這本小說，很遺憾沒有出到它。它一開始就緊湊流暢地描述艾理斯島擠在一起的人群，麥斯欽佩羅斯極有洞察力地在紐約「D大道」附近再造一段微觀的美國生活。柏金斯告訴伊莉莎白：

「這樣的作家會帶給我無盡的麻煩——因為他蔑視一切常規，比我經手過的任何一位作家都難纏，但我還是用鼓勵的語氣寫信給他，希望讀（他的下一本）書稿。我們畢竟是出版社。」

柏金斯告訴伊莉莎白，那天下午他去跟查爾斯．史克萊柏納討論一本關於訓練捕鳥獵犬的書，他們決定出版。他也跟史克萊柏納提打算出版威廉．巴特勒．葉慈（William Butler Yeats）作品的限量版。史克萊柏納對詩有疑慮，但柏金斯認為葉慈是二十世紀最重要的英語詩人，堅稱這樣的書有需求，還提醒史克萊柏納，他們出過一套同樣不被看好的歐尼爾戲劇集也有獲利。史克萊柏納讓步了，同意麥斯和麥克米倫出版社聯絡授權的事。

麥斯接著寫，這之後，范達因打電話來「通知」他最晚將在八月一日帶來最新書稿《綁架殺人事件》（*The Kidnap Murder Case*）。「很好，」柏金斯說：「但為什麼要設期限？」「因為，」范達因回答：「你說過我結婚後就不準時交稿了。」柏金斯確實常跟那些拖到四十多歲才結婚的人開玩笑，比如范達因。「都過了那個時間，何必再自尋煩惱？」他常說。

上午剩下的時間，麥斯都用來向秘書口授書信。他和史克萊柏納一起去附近「有冷氣」的朗香餐廳吃午飯，柏金斯描述了那條在藍嶺山脈間盤繞的美麗的公路給他聽。

回到辦公室，麥斯趕在網球冠軍海倫．威爾斯．穆迪（Helen Wills Moody）來到辦公室前口授完幾封信。史克萊柏納出版社出過她的打網球指南，現在她正在寫一本詳述她近期與海倫．雅各（Helen Jacobs）比賽的書。「她當然有她獨特的美，強壯，健康，讓人想到美國式的自然。」麥斯告訴伊莉莎白。他承認她的第一本書是成功的，但他告訴萊蒙小姐：「海倫．威爾斯不擅長寫作。」他想勸她「趁年紀還輕趕緊生孩子，忘了寫書這件事」，但查了她作品的銷售數字後，又決定加印。「我不擅長編那類東西，」麥斯說，他指的是非文學類作品，「因爲它讓我覺得無趣。」

海倫．威爾斯．穆迪之後他又見了幾個人。傍晚前還收到湯瑪斯．沃爾夫律師的來信，說沃爾夫翻找文件，結果找到律師和正在控告他的瑪德琳．波伊德之間的通信。麥斯覺得他們和她之間的麻煩看來可以結束了。後來沃爾夫請麥斯幫忙，盡可能讓他將來遠離這種「可恥、毀滅式的侵犯」。柏金斯做事總是全力以赴，但他回信對湯姆說，這種攻擊也是生活的一部分，「正如我們常說狗身上的跳蚤，也許對我們有益。」

那天傍晚，柏金斯不必出去跟人小酌，所以待在辦公室讀書稿，只被一本宣傳推廣用的樣書打斷了一會兒。他告訴萊蒙小姐，總的來說，「這是充實的一天」。他把跟阿派屈人打過仗的老獵人講述在美國西南部經歷的書稿塞進公事包，帶回家晚上讀。

「我的工作之多樣超過大多數人。」麥斯曾在信裡告訴萊蒙小姐，解釋他如何說服自己放棄休假。他說，事實上這份工作太適合他了，不明白爲什麼不能每週七天都工作。「沒有人認爲上帝創造的世界是完美的，」他告訴伊莉莎白：「祂可能急於在第七天休息一下。因此我們星期天不工作，我恨這件事，也恨所有假日及晚上。」

一九三五年九月，露易絲和兩個女兒從歐洲回來了。佩姬甩掉在歐洲結識的賽車手，他們認識不到一星期他就求婚，被她拒絕後還企圖自殺。

九月底，還有另一個重要的人出現：湯姆．沃爾夫回到紐約。麥斯早就準備好爲短篇小說集改稿的事跟沃爾夫大幹一場，但令他驚奇的是，沃爾夫二話不說，立刻修改，沒提出任何要求。柏金斯之前力辯這本書必須馬上出版顯然說服了他。不到一個月，書就在書店上架了。

現在沃爾夫搬到第一大道865號一間新公寓，離柏金斯家住的東河一帶只有兩個街區的距離。不多久，麥斯又經常和他在一起，沃爾夫成了柏金斯家的固定成員。湯姆的經紀人伊莉莎白．諾維爾說：

他幾乎像家庭成員一樣住在那裡——或者說像柏金斯的兒子；實質上，他是。柏金斯好像永遠看不夠他，柏金斯太太則負責餵飽、照顧他，聽他傾訴遇到的問題，並以聖母般的耐心招待他的朋友。

一九三五年秋天，史考特．費滋傑羅陷入最苦惱的麻煩。《黑暗伯爵腓力》在《紅書》雜誌連載了三期後，雜誌主編愛德溫．巴爾默（Edwin Balmer）對它失去了興趣。史考特負債累累，病倒了，無法寫作，一連幾星期面目憔悴。柏金斯從他那裡收到的只有電報和要錢的簡短信件。「我知道他最近貧病交加，」柏金斯寫信告訴海明威：「不過他的病可能有一部分是老毛病憂鬱症。」

那年冬天，費滋傑羅在一篇名為〈崩潰〉（Crack-Up）的文章中表達了痛苦。它分三期刊登於《君子》月刊。

我突然有種強烈的直覺：必須單身……我發現我連對最親近的人的愛都漸漸變成企圖，而我與他人偶爾的聯絡，一位編輯、一個菸販、一個朋友的孩子，只不過是告訴自己接下來要做的事。

柏金斯不知道史考特寫這篇文章到底是怎麼回事，趁著去巴爾的摩看醫生，前去探望他，發現他得了流感躺在床上，呼哧呼哧地大口吸氣。「我見到史考特，但這對他一點幫助都沒有，反而可能有害，」這次採訪後，柏金斯寫信告訴海明威：「我沒辦法跟他說話，最後趁他昏睡時離開了，如果那能稱爲『睡』的話。」

奇怪的是，柏金斯認爲費滋傑羅這篇發表在《君子》的文章，反而證明費滋傑羅的病情並非改善無望。他向海明威解釋說：

沒有人會寫那樣的文章，如果文中說的是真的。我懷疑絕望或被徹底擊潰的人會把實情說出來，我認為人走到那一步時是什麼都不會說的，正如真想自殺的人不會告訴任何人。所以我以為，當他寫這些文章的時候，他內心深處一定認為情況會好轉。對寫作，他也許失去曾有的熱情，但他是技巧高超的作家，只要能控制好自己，整理好生活，就一定能寫出佳作。

柏金斯同意約翰·皮爾·畢夏普的建議：唯有回歸天主教，史考特才有希望。「我知道，而且從他寫的第一篇作品就知道，他心嚮往之。」麥斯告訴厄涅斯特。費滋傑羅公開承認他的精神危機，柏金斯猜想他可能即將宣布皈依天主教。

極度缺錢的費滋傑羅整個春天都忙著爲《君子》寫些小文章，爲《週六晚郵報》寫不值一提的短篇小說。這一年他的收入跌到一萬美元，是自《塵世樂園》出版以來最少的一年。

厄涅斯特·海明威認爲那幾篇連載的〈崩潰〉很「可憐」。他說，人們在生活中都經歷過空虛，該做的是奮鬥而不是公開發牢騷。他寫了幾封信給史考特，鼓勵他振作起來，卻發現他以「可恥的失敗」爲傲。海明威說，從第一次見到史考特．費滋傑羅，他就認爲如果讓這個人參加那場他老是遺憾錯過的戰爭，他遲早會因爲懦弱而被擊斃。海明威相信史考特的麻煩是自找的。他太迷戀青春，直接從童年跳到老年而沒有經歷成年，這對史考特是很糟的事。

那年春天海明威難得來紐約。他擔心《非洲的青山》出版後能否受到好評，也爲正義事業憂心忡忡。隨著三〇年代法西斯主義在歐洲抬頭，左派「雜文家」——許多美國文學評論家樂於這麼自稱——宣稱文學的功用是醫治社會的弊病，他們對海明威名列美國影響力最大的人，卻拒絕加入他們的事業而憤怒。他不加入任何團體，只專注寫作。他的聲譽正隆，他告訴柏金斯，安德烈．紀德（André Gide）、羅曼．羅蘭（Romain Rolland）、安德烈．馬爾羅（André Malraux）剛邀請他參加國際作家大會，但他沒有上當；評論家們是會拔刀相見的。但他也懷疑他們短時間內殲滅得了他，「我這個老爹是很有韌性的。」他請柏金斯放心。

一九三五年八月末，柏金斯收到海明威寄來的《非洲的青山》校稿，他認爲書稿什麼都好，除了海明威新加的、反手攻擊葛楚．史坦的內容。「我認爲最好不要稱那位年長女士『母狗』。」柏金斯寫信跟海明威討論他指桑罵槐的地方。海明威說，他沒有提到史坦小姐的名字，也沒有任何地方可以印證他說的是她。而且，他問麥斯，不用「母狗」該用什麼？當然不能是「婊子」。海明威建議在這之前再加上「齷齪討厭」或「蕾斯邊」來形容，如果有誰會被稱爲母狗，那個人就是葛楚．史坦，他說。他不明白柏金斯爲什麼對這個詞大驚小怪，除非他認爲這會給評論家們「亂打飽嗝」的理由。

在《非洲的青山》中，海明威認爲，讀評論文章的作家實際上是在自毀。

如果寫作者相信那些說自己偉大的評論，勢必也會對說自己是垃圾的評論照單全收而失去信心。眼下我們就有兩位好作家在讀了評論後失去自信，寫不出東西了。他們有時會寫出好作品，有時不怎麼好，有時很差，但好的作品會出版。一旦讀了評論，他們就必須拿出傑作，拿出評論家認為的那種傑作；事實上那當然不是傑作，只是很不錯的作品。所以他們現在無法再寫。

海明威幾乎用同樣的措辭與柏金斯談過史考特．費滋傑羅和湯瑪斯．沃爾夫。最後，他還是採取了在他看來是和解的舉動，把葛楚．史坦的代稱改成「女的」。他認爲這樣能讓她暴跳如雷，也能讓柏金斯滿意。

麥斯預期評論界不會放過《非洲的青山》，原因倒不是海明威想的，評論家對他有積怨。麥斯見過夠多作家的創作生涯，知道他們都會經歷潮起潮落。他很清楚評論家們就算沒有現成問題能拿來挑剔海明威，也會編造出來。「每位作家似乎都得經歷一段備受衝擊的時期，」柏金斯在給費滋傑羅的信裡說：「當浪頭對準厄涅斯特被認爲次要作品而來時，即使力道再猛烈，傷害仍是比較小的。」

果然，《非洲的青山》口碑平平。查爾斯．普爾（Charles Poore）在《紐約時報》上說：「放在任何地方，這都是寫狩獵大型動物寫得最好的故事」，厄涅斯特的寫作「比過去更好，更飽滿，更豐富，更有深度，只是還在尋找能完全施展的題材」。艾德蒙．威爾森則在《新共和》雜誌上發表了被麥斯稱爲「馬克思主義笑話」的評論，說這是海明威「寫得最弱的書」。威爾森曾是海明威最早的崇拜者之一，但沒幾年又變成最敢說海明威的批評者。

厄涅斯特對這些評論耿耿於懷。距《戰地春夢》成功已經六年多，他相信他的新書敗在本來可以避免的兩件事上：第一，他冒犯了那些每天寫評論的人，因爲他在書裡稱紐約人爲「瓶子裡的蚯蚓」，暗譏評論家是爬在文學身上的蝨子，導致他們聯手攻擊他。但柏金斯認爲，這一點誰都無能爲力。他解釋：「我當時知道，而且作夢都沒想到你不知道，你在《非洲的青山》裡說評論家的話都是事實。本來我應該提醒你，但我認爲你不想聽，連一秒鐘都不會考慮。我也不認爲你該做點什麼……你說出了他們的眞相，他們對你的負面還擊持續不了多久，轉瞬即過。」

海明威說的第二點是書的廣宣。史克萊柏納出版社有位暢銷作家小約翰・福克斯曾寫信跟老查爾斯・史克萊柏納說：「所謂出版人，就是書不賣就被指責，暢銷則被忽視的人。」現在海明威就抱怨史克萊柏納出版社對《非洲的青山》宣傳不力。柏金斯說：「廣告這種事沒人說得準，但說它們沒有壞過事，絕對是蠢話。」《非洲的青山》在廣宣方面獲得的支持跟柏金斯在那個季節出版的其他新書是一樣的，包括馬克・蘇利文最新一卷《我們的時代》、范達因的《花園殺人事件》（*Garden Murder Case*）、羅伯・布里佛（**Robert Briffault**）有爭議的暢銷書《歐羅巴》（*Europa*）。根據多年經驗，麥斯發現，「對於負評，你不能在它出現兩三天後就反擊……這樣做是愚蠢的，我們確信。」

過了兩個月，銷售仍然慘澹，柏金斯這樣向作家解釋這本書的失敗：

很可能是出版界常見的情況：大家對一本書的內容有了膚淺的印象。人們以為這本書是講一趟為期很短的非洲狩獵之旅，因此顯然是不重要的作品。

「我應該預先想到到這一點的，」麥斯寫道：「人們認爲你是小說家。」於是他又一次提醒海明威必須拿出新小說，這一年裡他已提過很多次。

海明威立刻開始大家期待的那種創作。他寫信告訴柏金斯，這將是一部短長篇，或者說「一篇長得要死的短篇小說」，背景是灣流。麥斯眞想去基韋斯特待一陣子，可以一起討論，但得力助手突然離去使他難以分身。約翰．霍爾．惠洛克必須休息一段時間，沒人知道他會離開多久。「又一次不可解的崩潰。」麥斯向海明威透露。

過去幾年在大蕭條壓力下工作，讓惠洛克精神緊張。一陣一陣的恐慌使他力不從心，無法編他作家的書，甚至無法完成自己的詩集。惠洛克離開前，麥斯和他談了許多，猜想「他總覺得這裡的人都認爲他應該振作，這種感覺多少是種病症」。事實上，史克萊柏納出版社沒人這麼想。惠洛克去了麻薩諸塞州的斯多克布里奇休養；麥斯要他放心，不必擔心史克萊柏納的工作。「你離開時是一年中景氣最好的時候，所以別擔心。我跟你說的是實話。」這是個善意的謊言。不出幾天，他就寫信跟伊莉莎白．萊蒙說：「不知道沒有他我要怎麼工作，但也只能這樣。」

一九三六年一月，范．威克．布魯克斯到斯多克布里奇探望惠洛克，恰好與幾年前的情況相反；不變的是，麥斯仍是那個兩方都可與他商量事情的人。布魯克斯認爲他們這位朋友的情況比任何人想像的都嚴重。「這種病是看不見的，」他寫信給麥斯：「我認爲，約翰覺得大家都認爲他在裝病。」范．威克建議史克萊柏納出版社立刻將惠洛克的詩集付印。「這會讓他在春天的那幾個月重拾對外界的興趣，覺得自己完成了多麼棒的事。」柏金斯立刻照做。

到了二月，惠洛克覺得自己恢復得差不多了，可以回去工作。他的醫生說他沒完全康復，回去工作也只是嘗試。「他不可能不一頭栽進工作裡，」麥斯寫信告訴范．威克：「不可能阻止他，除非他按時下班，那正是他該做的，我也希望這樣。」柏金斯找惠洛克坐下來，跟他約好定時工作。惠洛克嚴格遵守，到詩集出版時精神狀態已煥然一新。這本書讓他獲得博林根詩歌獎。

隨著湯瑪斯．沃爾夫第一部短篇小說集《從死亡到黎明》出版，沃爾夫面臨了跟海明威相同的負評聲浪。那些評論抨擊他軟綿綿的濫情，缺乏適當的修改。沃爾夫內心的敵意顯露於外，影響了他對柏金斯的態度。一九三五年十一月二十九日，麥斯和露易絲去「路易與阿曼」酒吧跟湯姆喝睡前酒，事後證明這是個錯誤，因為湯姆不是喝酒有節制的人，兩三杯下肚難聽話就冒出來。那天晚上他痛斥「資本主義的不公」，封麥斯為「頭號資本家」，還說了些侮辱他的話。第二天，沃爾夫下午一點來到柏金斯辦公室，愧疚而誠懇地說他必須繼續寫作，要柏金斯幫他決定接下來寫什麼。麥斯同意明天晚上再跟他討論這個問題——既不在他家，也不去咖啡館，而是在東河一座橋的正中間，一．五公里內都找不到威士忌。

幾週後，沃爾夫又跟柏金斯起了口角。這次的爭執源於湯姆又要執行那荒唐計畫，用錢償還伯恩斯坦夫人往日的恩惠。一個星期四晚上，他要求麥斯最晚第二天上午十一點前拿出一千零五十美金。麥斯說恐怕做不到，湯姆說一定要。柏金斯按時送錢來，卻在當天傍晚七點再見到沃爾夫時，才知道他整個下午都在打瞌睡，那些錢被揉成一團塞在他的口袋裡。麥斯要他答應直接去高譚飯店，中途不得停下來喝酒，把錢放進保險箱直到星期一可以存進銀行。後來，柏金斯說起這件事就哈哈大笑。

接著就是湯姆行為最惡劣的那個可怕夜晚。伯爵夫人埃莉諾．帕爾菲（Eleanor Palffy）是露易絲和麥斯的朋友，美國人。最近，她丈夫出於妒忌，用左輪手槍的槍柄打中她的眼睛，傷處腫了起來，導致她一隻眼睛看不見。她一離開醫院就打電話給麥斯，問能否去他家晚餐。埃莉諾一直很欣賞作家，露易絲說他們可以邀湯姆來。麥斯知道這兩個人見面會像甘油碰上硝酸，因而反對，心裡清楚這位女士的社會態度、貴族頭銜、都市派頭都會激怒湯姆，但露易絲堅持那天晚上大家會很開心。

沃爾夫事先喝了很多酒爲這頓晚餐熱身，正如麥斯擔心的，他到的時候已酩酊大醉，還沒進門就朝著埃莉諾猛烈抨擊。他那長篇大論的基本觀點是：她不比任何人強，他也不比任何人差。湯姆非常肯定她勢利眼，因此也反猶太人，甚至告訴她，自己的父親是石匠，是個拉比。沒想到這反而讓她覺得有意思。沮喪的湯姆一度從餐桌旁站起來，脫下外套，秀出商標，說：「這是倫敦最好的裁縫師做的！」

麥斯竭盡所能談笑，以化解湯姆的粗俗言詞，但他意識到大概要等湯姆離開才能結束這場鬧劇。不久，沃爾夫站了起來，快哭了似地跺著腳向前門走去。柏金斯在客廳攔住他，勸他回餐廳，要有禮貌。那是個錯誤。湯姆回到座位，依舊口無遮攔。他對埃莉諾說的每個字都夾嘲帶諷，愈來愈刻薄，當她還以一句激怒他的話之後，他在她眼前晃動著長長的食指，說：「虛僞，跟那隻眼睛一樣假。」

埃莉諾說她該回醫院了。湯姆自告奮勇送她，但柏金斯堅持由他來送。結果兩個男人都去了，途中在曼尼．沃爾夫餐廳停下來喝一杯，湯姆又開始謾罵，柏金斯終於忍無可忍。十年後柏金斯回憶說：「那是我有生之年唯一一次對他發脾氣，叫他閉嘴。我生氣時總是很大聲，那次引起許多人側目。」麥斯激動地訓斥他，連吧台的服務生都小聲喝彩。幾星期後，柏金斯再度邀請埃莉諾來晚餐，並要湯姆先到，好告訴他如何賠罪。「他順從地先到了，帶了一大束玫瑰花。」柏金斯回憶道。湯姆努力道歉，也確實結結巴巴地說了一些表示友好的話。但後來，很明顯他始終記恨麥斯如此訓斥他。

那一整年柏金斯都感覺湯姆在考驗他：他的友誼、耐心、對沃爾夫作品的信心。他甚至告訴柏金斯，維京出版社有位編輯讀了他最新書稿的副本，說這種作品當然不能出版。柏金斯對這個編造的挑釁反應激烈，讓沃爾夫樂不可支。「我不該信以爲眞，」柏金斯說：「但湯姆總能用這種話激我。」麥斯意識到：「湯姆對自己有種奇怪的不信任感，讓他不眞心相信其他出版社會要他，他常暗示要離開，但我認爲他只是要看看我的反應，這種情況一直持續到一九三六年春末。」

柏金斯看出沃爾夫藉故跟他吵架。「我不是說湯姆存心或刻意製造理由離開我們，」多年後麥斯寫道：「但潛在因素強烈刺激著他，他並未清楚地察覺，而把藉口當成眞正的原因。」

沃爾夫正在寫新書，收錄了《時間與河流》最初的前言、他在博爾德做的演講和大會發言稿。所以這不是小說，而是一本非虛構的小書，書名叫《一部小說的故事》。

實際上，《一部小說的故事》發想自柏金斯在沃爾夫心裡埋下的種子，正如他在這本書開頭所寫的：

> 一位編輯，同時也是我的好友，大約一年前告訴我，他很遺憾沒有寫日記，把我們（爲《時間與河流》）共同工作的經歷記下來：所有刪去、再現、銜接、中止及結尾，成千上萬次修改、更動、勝利、屈服，最終造就了一本書。這位編輯說，其中有些經驗是美妙、不可思議，完全令人驚歎的，他還很仁慈地說，這是他進入出版業二十五年來最有趣的經歷。

沃爾夫說完了這個故事，一本小書也成形了，《週六文學評論》要連載。柏金斯暗暗擔心湯姆會大肆讚揚他對《時間與河流》的貢獻，覺得自己已經拋頭露面太多了。沃爾夫在書中詳細講述編輯的工作，卻始終沒有提到柏金斯的名字。而麥斯對《一部小說的故事》唯一的貢獻是說服湯姆刪掉兩三段沒必要的政論文字，因爲這些「跟書的主旨沒什麼關係，這本書是要反映一個人的心靈如何被他親眼看到的貧困與不公扭曲」。但正如麥斯擔心的，湯姆將上一本小說中無法表達、對麥斯所做貢獻的所有話一吐爲快，彷彿試圖以向柏金斯殷勤致敬的方式還人情債，以後擺脫他就更容易——跟他硬塞錢給愛琳．伯恩斯坦換心安一樣。

現在，步行去47街的史克萊柏納出版社拿郵件成了沃爾夫每天生活的一部分。這也是放下工作的好藉口，而且，到史克萊柏納出版社去觀察那些過去六年來一直與他相處的人也很重要。他們沒有察覺，他既把他們當工作伙伴，也視他們爲將來文學創作的素材。

沃爾夫意識到，雖然他人生中多半時候都是一個人，但從未眞正獨立過。現在他到了必須改變自己的時刻——置生活中他認爲可有可無的一切人、事於度外。當然，這個決定的首要犧牲者是愛琳．伯恩斯坦和麥斯．柏金斯，於是他利用這兩人在創作過程中都扮演重要角色的《天使，望故鄉》。湯姆算過，賣掉這本書的手稿便能一勞永逸地還清他欠伯恩斯坦夫人的債。接下來幾個月，他不斷糾纏愛琳，並力圖把柏金斯拉進兩人的角力場。他早就把那份手稿送給愛琳了，現在又不講理地要她寫信跟麥斯說，沃爾夫送她手稿是爲了還她給他的錢。愛琳知道事情不是那樣。「我當時的理解是你把它送給我，是愛情與友誼的禮物，是代表你當時對我的感情的信物，」她寫信對湯姆說：「我不會把它當成其他東西。」儘管如此，不到一週，湯姆又逼她寫信給柏金斯，轉述他的話。她告訴湯姆，她好傻，竟然被說服，她也在另一封信裡對他說：「我非常愛你。」

沃爾夫與柏金斯的對話也變得尖銳而嚴肅。即使露易絲為了消解他們的隔閡而邀沃爾夫來烏龜灣的家裡，他還是咄咄逼人。一天晚上，兩人爭執愈來愈激烈，差點動手。麥斯很快恢復鎮定，回房間去。湯姆也走了，離開時重重地摔門。那天晚上，露易絲寫了一封短信給沃爾夫。「湯姆你聽好，」她說：「如果今晚跟你硬碰硬的是別人，你一定會揮拳！你知道他是你的朋友——眞正的朋友——他值得尊敬，這還不夠嗎？請別再這樣。一方面也因為我不好，我令他失望，所以求你別再這樣。」

近年麥斯和沃爾夫長時間的相處，間接拉開了麥斯與露易絲的距離，內心深處她只能怪丈夫心思都在湯姆身上。為了排遣寂寞，露易絲寄情於戲劇表演。她留有所有經典角色的劇目，能憑記憶表演獨白、演講、詩歌朗誦。麥斯一位哈佛大學時代的老友、劇作家愛德華·謝爾登說，露易絲的「天賦足以勝任職業舞台演出」。一天晚上，在柏金斯夫婦和沃爾夫都出席的小型晚宴上，麥斯和湯姆談文學談得起勁，露易絲想加入但插不上話，她用手肘輕推旁邊的人，小聲說：「叫我朗誦，叫我朗誦。」

伊莉莎白·萊蒙說：「露易絲嫉妒麥斯，也想成為大家注意的焦點。」也許更準確地說，露易絲以個性外顯來引人關注，麥斯則以距離感吸引人。麥斯通常不會把他對別人的負面看法說出來；一次有人說作家是混帳，他回答：「是，不過是無意識的那種。」露易絲則相反，她在外人面前恣意表露情緒，連憎惡也不保留。另一次小型聚會上，她整晚都在找湯姆·沃爾夫的麻煩，聚會快結束時，露易絲在座位上盯著她的敵人。最後她對一位朋友說：「天啊，他多麼討厭我，我也多麼討厭他啊！」這話小聲得幾乎聽不見，但湯姆的耳朵很靈。「不，露易絲，」他慢吞吞地低聲說：「我對妳充滿敬意。」麥斯耳朵不好，兩人的話都沒有聽到。這樣反而好。在其他場合，湯姆和露易絲曾暢談至夜深，談他們對麥斯共同的愛和尊敬，當他們理解彼此時，敵意就消失了。

為了取悅麥斯，也為了滿足自己的創作欲，露易絲在三〇年代中期重新開始寫作。麥斯高興地看她定期去第二大道的工作室報到，好幾篇新寫的故事和詩作被報刊買下轉載權。她以前寫過兒童劇（劇作合集《神燈》〔*Magic Lanterns*〕自一九二三年出版後還一直再版），到了一九三六年，露易絲的心思移至更具挑戰的工作上。她想到凱薩琳．赫本（Katharine Hepburn）就住在隔鄰，想為赫本寫一齣關於波利娜．波拿巴（Pauline Bonaparte）的九幕劇。這是齣服飾華麗、對話僵硬的戲，沒幾個人關心比劇中人穿戴的首飾、身著的長袍更重要的事。無疑，是麥斯對拿破崙終生的迷戀讓露易絲把注意力放在那個時代，研究之後迷上顛倒眾生的波利娜。她發現，波利娜，這位宮中最振奮人心的女子和哥哥拿破崙之間的關係非常像自己對麥斯的感覺。如同露易絲，波利娜．波拿巴「很容易像貓一樣發脾氣」；她對政治的認知跟孩子一樣幼稚，對戲劇演出則充滿熱情；她活在她尊崇的男人的支配下，雖然這男人已經妨礙她個性的發展。在第五幕中，當拿破崙把她的情人德．卡努維爾趕走時，她說：

> 我實在厭倦了失望和苦悶。我始終被拖在拿破崙的戰車後面，被碾壓，被路石蹂躪。我對生活投入的所有熱情都煙消雲散。

然而，就像露易絲對待麥斯的態度，波利娜永遠是拿破崙最狂熱的擁護者。「當人們討厭我的時候，」她說：「我覺得遺憾，努力讓他們重新喜歡我。但他們討厭拿破崙時，我從心底裡憎惡他們，恨不得殺了他們。」波利娜說哥哥是為國家福祉而退位，這很像露易絲的感覺，尤其在她見證了丈夫多年來受作家惡言、做出那麼多犧牲之後。

他的心靈像一道閃電……無論他們怎麼對他，都減損不了他的光芒。此刻我愛他勝過世上任何人，這份愛會忠貞不渝直到我死。

「她長得很可愛，喜歡伸手去拿她永遠得不到的東西。我覺得，她活在一個不凡男人的陰影中。」凱薩琳．赫本這樣說露易絲．柏金斯。這位演員認爲這部以波利娜爲主角的戲是「迷人」的，也有一些可以補救的缺點，但露易絲對它的投入始終斷斷續續，而且不解決問題。

「媽媽是個精力旺盛的人，」她的女兒佩姬說：「但她討厭做單調累人的事，也沒辦法勉強自己做，這大概是她沒有寫出更多作品的原因。」

兩個女人，露易絲和凱薩琳．赫本成了朋友，但赫本小姐甚至不認識麥斯．柏金斯。她回憶說：「他常在49街上跟我那個綽號『49街市長』的司機走來走去，不是跟他交談就是沉默不語，」赫本小姐寫到麥斯．柏金斯時說：「我總期待有一天他會跟我說話。」但麥斯始終沒有。

在《一部小說的故事》即將付印，並定於四月二十九日出版時，柏金斯和沃爾夫終於討論到合約細節。因爲這本書會比一般書薄很多，遑論沃爾夫作品向來的厚度，所以定價必須降低，而這讓史克萊柏納更難平損。因此，柏金斯預計給沃爾夫的首刷版稅也減少。湯姆同意把首刷三千冊的版稅從以往的十五％降低到十％。但就在出版前，沃爾夫得知這本書的售價是一．五美元而非他以爲的一．

二五美元，他勃然大怒。史克萊柏納降低他的版稅卻提高定價。他當天晚上就去見柏金斯，沒談多久那些難聽的罵人話乃至人身攻擊就泉湧而出。第二天上午，他寫了一封道歉短信。「我說的話不可原諒，我想告訴你的是，我現在知道那是不對的，」他寫道：「請你忘了它。」

儘管如此，沃爾夫對這個問題還是耿耿於懷。他並不想把昨晚的餘燼重新點燃，但他之所以同意降低版稅率，是因爲麥斯說即使史克萊柏納不太可能從這麼薄的書上賺到錢，但出版它本身就有價值。爲了證明自己沒有被利用，沃爾夫認爲柏金斯應該恢復他原來的版稅率。

「七年來，你一直是我的朋友，也是我一生中最好的朋友之一，」湯姆寫信對麥斯說：「你現在做的事或許在法律與技術上都沒有問題，但對我來說是純粹的商業操作，我不樂見。」沃爾夫同意書價和版稅很可能不是柏金斯決定的，但也說：「我知道我期待什麼，也希望你能爲身爲我的朋友做點什麼。」

沃爾夫愈來愈蠻橫，愈來愈強悍。「如果你決定拒絕我的要求，堅持要我履行我已經簽定的《一部小說的故事》的合約，」沃爾夫質問：「難道你不認爲，我，或者碰到這種事的任何人，從今以後可以理直氣壯地認爲我和你及史克萊柏納出版社之間是利字當頭的生意關係？你們利用自己的商業優勢來對我，難道你不認爲哪天我也會以用同樣態度回敬你們嗎？還是你認爲情況只會對你們有利？我不認爲，也不覺得這世上任何心存公正的人會這樣認爲……你們不能隻手遮天地決定版稅，既要人全心投入，又把商業利益都藏在口袋裡。」

第二天柏金斯就交代沃爾夫《一部小說的故事》的版稅率從首刷開始恢復爲十五％，調整後沃爾夫會增加兩百二十五美元版稅。「如果它引發這麼大怨氣，消耗這麼多時間，帶給所有人煩躁，我們當然認爲我們不應該留著那筆錢。」他寫信對湯姆說。柏金斯認爲作家有爭取最佳利益的自由，但他心知沃爾夫對這件事情反應過度。「我當然不希望你爲我做出任何犧牲……」他寫信對沃爾夫說：「也希望你做的都是你深信正確的事——我知道你相信你這封信裡提出的論點都是正確的。我從不懷疑你的眞誠，以後也不會。希望你也能這樣看待我們。」

柏金斯剛把版稅率調回十五％，沃爾夫又說他寧願維持他簽過字的那份合約不變。「合約中我的其他責任也同樣不變。」他告訴麥斯，現在他覺得「人生苦短，何必爲這麼小的事和朋友爭吵」。他說他在收到柏金斯回信的前一天就決定了，甚至打電話給他，跑去看他，就爲了告訴他「對我來說，世界上所有該死的合約加起來都不如你的友誼重要」。沃爾夫想讓下一本書快點誕生。他告訴柏金斯，爲此，「我比任何時候都需要你的友誼和支持」。

一天下班柏金斯步行回家，剛走不久，湯姆追上來說想要談談。他的口氣很堅持，於是他們在49街轉進華道夫飯店，而不是他們常去的曼尼．沃爾夫餐廳。剛在酒吧落座，沃爾夫就提起最近對他的批評，又說想寫一本純客觀視角、非自傳式的書。

「湯姆處於絕望中，」幾年後，麥斯寫到那天下午的事：「不僅是評論家的批評使他想寫客觀視角的書，他還知道他寫過的那些書都對他最愛的人造成巨大痛苦。」他指的是沃爾夫在阿什維爾的家人。

沃爾夫繼續描述他想寫的書，柏金斯愈聽愈有興趣。當湯姆懷疑自己能否寫好這樣一本書時，柏金斯立刻告訴他，毫無疑問他應該寫，他幾年前就相信有一天沃爾夫終究要這麼做，而且，美國只有他能寫出這樣一本書。

沃爾夫希望書名叫《保羅．斯潘格勒的幻覺》（*The Vision of Spangler's Paul*）。他開始動筆，很快就構思出一個幾乎全虛構的故事。許多他要描述的人物在現實中都沒有原型。從已寫出的篇章看來，他刻意維持簡單風格，避免辭藻修飾，使它讀起來跟以往的作品完全不同，少了富有韻律、詩意的特質，多了客觀和簡潔。

用湯姆自己的話說，他「開始像火車頭一樣啓動」。那年春天，沃爾夫還住得離柏金斯家很近。一天凌晨三點，麥斯的另一個鄰居、他的作者南茜·黑爾聽見有人在反覆唱歌，聲音愈來愈大。她從床上起來，探出窗外看。她家靠近第三大道東49街。她看到湯瑪斯·沃爾夫戴著一頂黑色軟邊寬帽，邁著那登山家式的大步，黑色雨衣如波濤翻滾，口中唱著：「我今天寫了一萬字——我今天寫了一萬字。」

「上帝知道結果會怎樣，」那年春天，柏金斯在給伊莉莎白·萊蒙的信中說：「但我擔心它會是我的末日，可能比《時間與河流》更艱難，除非他決定換出版社。」沃爾夫這本書的主角一開始取名保羅·斯潘格勒，後改成喬·道克斯，再改成喬治·斯潘格勒。後來，他又把姓改成喬伊納，最後用韋伯。一次次地改，沃爾夫又滑向他慣常的模式：自傳體。除了某些身體特徵不同，喬治·韋伯實際上跟《天使，望故鄉》和《時間與河流》的主角尤金·甘特是同一個人。

但至少，沃爾夫正快樂地寫新小說，麥斯可能覺得他和湯姆的麻煩會就此過去，只是每當事情進展順利的時候，他那新英格蘭人根深蒂固的宿命論就會浮現。幾天後，在一九三六年四月二十五日出版的那一期《週六評論》上，湯瑪斯·沃爾夫的長期死敵伯納·德·沃托（Bernard De Voto）發表的文章坐實了柏金斯的焦慮。

這篇文章〈光是天才還不夠〉（Genius Is Not Enough）配了一張德·沃托的照片，帶著柴郡貓式的詭異微笑，下垂的手裡豎拿著左輪手槍，射擊目標是沃爾夫。德．沃托寫了幾段話後評論說，在很大程度上，沃爾夫做為作家的發展前景仍是暗淡的。德．沃托寫道：

《一部小說的故事》終結了人們的猜測，但帶來一些意想不到的有益啓迪——他不成熟的確鑿證據就是：迄今為止，做為藝術家不可或缺的那一部分並不屬於沃爾夫先生，而屬於麥斯威爾．柏金斯。這本書展現出的組織能力、批判智慧並不來自藝術家內心，也不來自他對作品形式和完美的感受，而是來自查爾斯．史克萊柏納出版社辦公室。五年來，藝術家像「火山噴發岩漿」一樣洋洋灑灑寫了那麼多，卻幾乎不知道寫它們的目的、屬於哪一本書、各章節之間的關係如何、何者必需、何者無關，或者說，不知道手上正在做的是畫龍點睛還是著色，然後由柏金斯先生以外部傳言的「組裝」方式來決定這些問題的答案。但藝術作品不能像汽化器一樣組裝——它們必須像植物那樣生長，或用沃爾夫先生最愛用的比喻來說，像胚胎那樣生長。這位藝術家會用一萬字去寫一輛火車，柏金斯先生則認定只要五千字就夠了。但柏金斯先生其實無能這樣判斷，它必須來自與作品息息相關的藝術家非常清醒的自我評判。更糟的是，這位藝術家不停地寫，直到柏金斯先生告訴他小說寫完了……

沃爾夫先生會寫小說——他已經寫了幾部當代最好的小說。但他所寫的很大一部分根本不是虛構，而是小說家努力想消化卻沒成功的素材……柏金斯先生和史克萊柏納出版社的組裝線對他無能為力……

沃爾夫先生值得敬佩的地方只有他極其了解自己，以及追求偉大的決心。然而，無論天賦對小說創作多有幫助，光是天才還不夠——在任何藝術中，才華永遠都是不夠的，過去不夠，將來也不夠。最起碼，它必須輔以把素材整合成型的能力、善用方法的能力。在沃爾夫先生掌握更多技巧前，他算不上此刻他正被普遍認為的那種重要作家。要成為一位偉大的小說家，情感必須夠成熟，能更深入地看到人物的內心，也必須學會為他的文字穿上瘦身衣。再說一遍：他自己的鐵匠鋪才是他唯一可能獲得這些進步的地方，無法從他今後可能認識的任何編輯的辦公室中得到。

德．沃托只這樣一擊，就摧毀了沃爾夫沉浸在成就感中的喜悅。沃爾夫對柏金斯的貢獻表示感謝是一回事，被評論家攻擊，說他的書都像「工廠」生產的產品則是截然不同的另一回事。沃爾夫向每一個肯停下腳步聽他說話的人痛斥德．沃托，但在更深層面上，他的怒氣衝著麥斯而來。柏金斯根本就不想要這種公開讚揚，反而竭力避開，但這對情緒失控的湯姆來說毫無差別。麥斯曾意有所指地告訴他，編輯應該始終待在幕後；但現在，拜德．沃托之賜，麥斯要永遠站在台前了。這是湯姆不能一直忍耐下去的事，麥斯比誰都更早、更清楚地知道這一點。

# 16 信

「沃爾夫的《一部小說的故事》眞令人難受……」瑪喬麗·金楠·勞林斯寫信對麥斯·柏金斯說。作家在書中那麼誠實、殘忍，又優美地表達痛苦，令她不忍卒讀。「當那些痛苦減緩後，他將是美國最偉大的藝術家。」同一封信中，她還提出另一個她認定的觀點：「當我們百年之後，文學史會印證你是我們之中最偉大、最睿智的人。」

瑪喬麗·金楠·勞林斯的上一本小說《金蘋果》被人遺忘後，她終於能專心寫那本關於男孩的書，柏金斯幾年前就建議她寫，並一直溫和地催促。一九三六年三月，她把自己關在廢棄小屋裡，寫一個小男孩在灌木林裡養一隻小動物的兒童故事。她問麥斯是否喜歡書名《小鹿》（*The Fawn*）。柏金斯回信說：「很高興妳在認眞思考這本書，我覺得《小鹿》不錯，但不確定是否明智，因爲它似乎太詩意，甚或有點感傷。」作家同意重新思考書名。

勞林斯夫人發覺這本書很難下筆，於是常寫信給柏金斯詢問意見，也常翻看一九三三年他寫給她的信，尤其是這一封：「男孩在灌木林中生活的書正是我們想要的——故事裡有美妙的河上航行、打獵、狗、槍，性格單純的人的情誼，他們關心的事和《南方月亮下》裡寫的一樣。」一段時間後，她逐漸領悟柏金斯建議的其中三點。第一，這本書她是描寫一個男孩，而非爲男孩而寫。其次，她意識到自己寫作的長處不是構思複雜的情節，而是把各種小故事串起來。第三，她開始明白她最擅長的題材是從灌木林間挖掘出來、原汁原味的鄉土故事，而不是信馬由韁想像出的東西。她描寫一幕幕場景：鱷魚、響尾蛇、狼群、美洲鶴翩翩起舞、一八七一年的東北暴風和隨之而來的洪水。

瑪喬麗．勞林斯想在故事裡寫一段捕獵狗熊的情節，於是她徘徊鄉間，尋找有這類經驗的人，最後遇到一位住在聖約翰河畔的老拓荒者，他是那一帶有名的「壞人」。她跟他們夫妻一起生活，直到收集夠他的軼事、打獵故事和荒野人們的生活細節爲止，用來豐富人物陣容與戲劇場景。回到家裡，她想清楚這本書的脈絡後，寫信告訴柏金斯：

> 這本書會以男孩的視角來敘述，他大約十二歲，故事橫跨的時間不長，不超過兩年。我想在他進入青春期之前，也就是在其他因素尚未攪亂他單純的世界觀前，透過他的視線來講故事。男孩們會喜歡這本書，如果寫得夠好，以前喜歡《南方月亮下》的讀者也會喜歡。《金蘋果》出版後，我才明白人們喜歡我作品中的什麼。我的意思不是我現在懂得投讀者所好，而是可以盡情描寫我感興趣的簡單細節，並驚喜地發現，這些細節也有人感興趣——雖然可能只是我的心理投射而已。
>
> 現在，請別寫「妳必須做妳覺得正確的事」這種拘謹文詞，告訴我你真實的想法。

柏金斯回答：

> 我會以「妳必須做妳覺得正確的事」的口吻寫信給妳，因為它一直是我的信念——我沒看過有人

反對它的正確性——作品必須盡可能完美地遵循作者的想法呈現，之後再去面對出版的問題。也就是說，出版社不該讓作家在寫作時迎合商業等考量，一定要反過來。

柏金斯要瑪喬麗．勞林斯信賴自己，但偶爾也提建議。他鼓勵她寫一段坐船溯河而下的情景——「因爲那裡的河流那麼美，旅行片段往往也很加分，尤其對年輕人而言。」柏金斯說他知道她只要能保持淳樸、自然的風格，這本書就會很棒。「如果它成爲妳最好的作品，我一點都不驚訝，」他斷言：「可能也會是最暢銷的一本。」

和柏金斯的許多作家一樣，勞林斯夫人隔一段時間就會陷入疑惑和憂鬱。她向他求助：

你知道，麥斯，你對我有責任，請務必每隔兩三星期寫信給我。有時候你的信是唯一能讓我振作的東西。即使其他一切都失敗，我還能知道你確實在意我寫不寫得出來、寫得好不好。

他從沒忽略她。

瑪喬麗．勞林斯寫了六個月後，還在爲書名苦思。她把想到的幾個書名寄給柏金斯，問他的看法。他不喜歡《震動的磨坊》（*The Flutter Mill*）這個書名，至於《杜松島》（*Juniper Island*），他說：「我覺得拿地名當書名不好，感覺不到人的氣息。」對於她提的第三個書名，他說：「我覺得，《一歲的小鹿》（*The Yearling*）[33]這層意思應該是對的。」他愈想愈喜歡這個書名。一九三七年春天，他寫信對她說：「它不僅意思符合，似乎還有更豐富的內涵。」書名就這樣定下了。

花了約一年時間在這本書上後，勞林斯夫人突然認定她寫得很糟而把稿子扔了。她告訴柏金斯時，他非常震驚，但除了鼓勵她也無計可施。他不斷寫信安慰她，終於讓她重新提筆，雖然寫得比以前慢，但更有信心。

一九三七年十二月，她把書稿寄給柏金斯。他花了幾天才讀完，不過正如他所說，那是好現象。「書寫得愈好，我讀得愈慢，」他解釋：「我認為後半部分更好，愈後面愈好。但現在的開頭也很棒，父親母親，生活樣態，以及島上的喬迪，都好得不能再好了。」他覺得有少數幾個地方因太戲劇性、太浪漫主義而遜色，建議捨棄，以保持全書的自然主義風格，忠實描述這個有時殘酷、嚇人的世界。《一歲的小鹿》中充滿個性堅毅的人，他提醒勞林斯夫人：「應該凸顯這種堅忍不拔的特質。」

瑪喬麗．勞林斯以前的書都不走運，但這本一切順利。「每月之書」俱樂部把它選為一九三八年四月的推薦書。總體來說，那年的圖書銷量僅有大蕭條前的三分之一，但《一歲的小鹿》一夜走紅，一上市就暢銷，也獲得普立茲獎。

時來運轉前兩年，也就是一九三六年六月，瑪喬麗．勞林斯和一個朋友去比米尼群島釣魚，在那裡她得知厄涅斯特．海明威已成為當地最受歡迎的傳奇偶像。最新的傳聞是海明威把某人擊倒在地，因為那人說他是又高又肥的粗漢。「你可以說我是粗漢，」海明威說：「但不能說我是又高又肥的粗

33 張愛玲曾將此書譯成中文，書名《鹿苑長春》，後幾個版本均以此為書名。但為了體現上下文中勞林斯夫人與柏金斯斟酌書名的緣由，本書直譯為《一歲的小鹿》。

漢。」說完就把他打倒了。比米尼當地的人把這件事譜上曲，在確定海明威離得夠遠聽不見的時候，用卡利普索小調的拍子唱：「那個又高又肥的粗漢在港口。」

海明威聽說麥斯．柏金斯的另一位作家在同片海域，便去拜訪她。「你對他那麼好，我就該知道他不是個噴火的食人怪，」瑪喬麗給柏金斯寫信說：「但我在比米尼聽到許多他到處打人的事，所以有點以爲他會大聲宣稱絕不接受別人介紹他認識女性小說家。恰恰相反，一個非常可愛、緊張而敏感的人伸出一隻大手溫柔地握住我的手，說他非常仰慕我的作品。」

她離開前一天，海明威與一條兩百三十幾公斤重的鮪魚搏鬥了六小時五十分。那天晚上，當他的「皮拉」號在九點三十分開進港口時，島上所有居民都湧來看他捕到的魚，聽他講故事。「不久前有個笨老頭駕著一艘新遊艇，和一個年輕新娘來到這裡，宣稱他聽說捕鮪魚有各種困難，但其實很容易，」勞林斯夫人寫信告訴柏金斯：「所以海明威拴好『皮拉』號，從船邊涉水上岸，乘著酒意大聲嚷嚷道：『那個說容易的狗娘養的在哪裡？』據那天晚上最後一個看見他的人說，他獨自站在船塢，那條巨型鮪魚倒吊在拉索上，被他當沙包打。」

在比米尼的短短時間裡，勞林斯夫人已察覺海明威內心的衝突。「他是多麼偉大的藝術家，根本不必採取守勢。他這麼高大健壯，根本不需要打倒任何人，」勞林斯夫人告訴柏金斯：「但他不斷捍衛著某樣他認定容易受傷的東西。」她認爲這種衝突的部分原因，可能來自他交往的人主要是運動愛好者。

海明威經常和他們在一起，他們喜歡他、崇拜他——他的個性、超凡的運動技能和文學威望。我想他潛意識裡一定很在乎他們的看法，害怕在他們面前坦承折磨著藝術家的痛苦，害怕在他們面前掀開帷幕，讓他們看見原本只向虔誠眼睛展現的美。所以，在《午後之死》中，他寫得很美，又馬上用輕率的評論或刻意的穢語逆轉。他那些愛運動的朋友不會理解美的部分，而被輕浮的話逗得哈哈大笑。

一九三六年，海明威正處於他所謂的「美好年代」，他寫了兩篇以非洲爲背景的短篇小說，而且很滿意。從比米尼回來後，他去懷俄明寫新小說。柏金斯只知道這本書的故事背景是佛羅里達群島、哈瓦那和其間海域，他在《君子》雜誌上發表的兩篇短篇小說的主角哈利·摩根也將是這本新書的主角。「我沒法說故事情節，」柏金斯寫信告訴英國出版人強納森·凱普，但他想像「書中人物有些是靠打魚、走私維生的船夫，且多少參與了古巴革命之類的事，其中一個重要情節是一場颶風。我想這聽起來確實是很好的，我迫不及待地想看。」

懷俄明的青山果然很適合替代非洲的青山，海明威在那裡收穫了兩隻羚羊、三頭灰熊和五萬五千字書稿。他打算先完成初稿，存在保險箱再去西班牙。柏金斯總是擔心海明威把自己置於險境，甚至勸厄涅斯特在寫完書前離那些灰熊遠一點。但他知道，沒有任何事能阻止海明威奔赴西班牙內戰。柏金斯告訴他，就報紙上讀到的資訊來看，他可以想像西班牙要塞托萊多城堡最近的圍城之戰可以寫成一個恢宏的故事。「如果你去了那裡且平安回返，那會是個多麼精采的故事！但我還是希望你別去西班牙……不管怎樣，我不希望任何事打斷小說在春天出版的計畫，它應該早點出版。」海明威決心去前線，但並不著急，他猜想西班牙人要打很長一段時間。

一九三六年春天，海明威又開始欺負史考特．費滋傑羅。在給麥斯和史考特的好幾封信裡，厄涅斯特都指責了風雨飄搖中的費滋傑羅，說他不願相信史考特成了作家中的馬克斯．貝爾（Max Baer）34，落魄潦倒，但現在這男人似乎自甘墮落地躺在「對失敗不以爲恥」中，海明威對此沒轍。

一九三六年六月，費滋傑羅回到巴爾的摩，住在與約翰．霍普金斯大學一街相隔的七樓公寓裡。賽爾妲仍病著，改住海蘭醫院，這是北卡羅萊納阿什維爾附近的一座療養醫院。史考特依然情緒慌亂，無法寫長篇作品，但滿腦子都是出書的新主意，大多是怎麼再版他的舊作。他非常需要錢，但咬牙不向出版社開口，堅持了一陣子。七月，他終於請求預支一千五百美元，不過這次是直接向社長查爾斯．史克萊柏納開口。史克萊柏納寄了支票給他，但同時命人找來總編輯麥斯，兩人一起清點費滋傑羅的帳目，算出這位作家欠出版社的錢已累積到六千美元，還不包括剛剛付的這筆。「這是件令人不快的事，希望它不會讓你頭痛，」史克萊柏納寫信給費滋傑羅，信中詳列出他的預支清單：「不過，麥斯和我都覺得把這些數字寫下來，對你和我們都好，以確定兩方的認知一致。」

除了欠出版社的錢，費滋傑羅也向柏金斯借過幾十次錢，每次一點，幾次下來就超過三千美元，了。過去十八個月中借了七次，共計一千四百美元。柏金斯曾在給湯瑪斯．沃爾夫的朋友約翰．泰瑞的信中提到，墊錢是「因爲出版社已沒有經濟上的正當理由可以繼續借給他。我想讓他專心寫作，避開好萊塢及那種花天酒地的生活」。

七月中旬，柏金斯去巴爾的摩短暫探望費滋傑羅。史考特在那段時間的作品，是對麥斯所見一切的最好記錄。文章〈崩潰〉描述史考特前一個冬天深深的憂鬱；現在，他爲八月號《君子》雜誌又寫了一篇，題為〈一個作家的下午〉（Afternoon of an Author），描寫了一次好轉：

他醒來時，覺得自己的狀態比過去那麼多個星期好，這讓他意識到：他沒有病。他在臥室和浴室間的門邊靠了一會兒，直到確定他不眩暈。一點都沒有，就連蹲下來找床下的拖鞋時也沒有。

在他一九三八年的短篇小說〈資助芬尼根〉（Financing Finnegan）裡有個名叫喬治‧賈格斯的編輯經常把自己的錢借給這個被稱為「美國文學絕對的未來」的作家，助其擺脫困境，他說：「芬尼根的確在走下坡，過去短短幾年中遭受一次又一次打擊，但現在他重振旗鼓。」

進入一九三六年夏天，費滋傑羅大為好轉。他住在巴爾的摩或北卡羅萊納，離賽爾妲很近，感覺很好。七月，他去阿什維爾附近的泳池游泳，從四‧五公尺高的跳台做他根本不會的燕式跳水。他狼狽地跌入水中，鎖骨骨折，左手臂脫臼，只好裝上一種特殊吊帶，可以寫字，但必須保持法西斯敬禮的僵硬姿勢。

肩膀還沒痊癒，史考特就把心思放在《夜未央》上，催促貝內特‧瑟夫（Bennett Cerf）把它收入「現代文庫」。他展開修訂工作，把兩年前初次連載時麥斯對它的評論找出來重溫，明白了麥斯說故事開頭不清不楚是對的。費滋傑羅這次認真看待，把第一部分（在里維耶拉）和第二部分（迪克‧戴

34 美國著名重量級拳擊手。一九三四年獲得世界重量級拳王稱號，一九三五年在一場著名拳擊賽中敗於挑戰者詹姆斯‧布拉道克，就此一蹶不振。

弗的經歷）對調，讓故事照時序講述而非倒敘。另一個重大修改是刪去一句話：迪克會說，「我從來不跟胯下乾巴巴的人做愛」，史考特現在覺得「這句話很有力，但太傷人」。

費滋傑羅把重心轉向舊作重出，遠離了社交生活。「任何人任何事我都不管了。」他在日記裡坦白道。

在八月號《君子》雜誌裡，落版在費滋傑羅〈一個作家的下午〉之前的文章，是海明威的〈吉力馬札羅的雪〉（**The Snows of Kilimanjaro**），共有八頁，麥斯也是第一次看到。故事講一個在非洲打獵的作家希望「把脂肪從靈魂中清掉」，以便寫那些「他一直保存著，想等自己了解透徹後再寫的東西」。主角自忖：

……你說你要寫這些人，寫這些非常有錢的人；你說你真的不與他們同類，只是他們國度裡的間諜；你說你會離開這個國度，書寫這個國度，而且是第一次由熟悉這國度的人來寫它。

當然，這位作家的自我懷疑與海明威是相似的。但在故事結尾，厄涅斯特瞄準了他真正的目標。再次提到「那個有錢人」，他說：

他想起可憐的史考特．費滋傑羅，以及他心中對有錢人的誇大敬畏，他有一篇短篇小說是這樣開場的：「有錢人跟你我不一樣。」有人曾對史考特說，是啊，他們比我們有錢。但對史考特來說，這句話並不幽默。他認為他們是特別迷人的一群，發現事實並非如此後，他便一蹶不振，這對他的打擊就如其他災難一樣深。

《君子》的編輯阿諾．金里奇（Arnold Gingrich）後來說：「對史考特的挖苦我覺得沒什麼，我根本沒多想。」

但費滋傑羅始終沒有忘記。他從阿什維爾寫信給海明威，告訴他，平心而論，他認爲〈吉力馬札羅的雪〉是海明威短篇小說中的傑作，但似乎是對他〈崩潰〉等文章的惡意回應。他討厭海明威用送葬般的嚴肅態度寫他，「出版的時候請別提我，」他說，並補充：

無論我決定什麼時候寫《懺悔詩》，都不意味著我要朋友們圍著我的屍體高聲祈禱。你無疑是好意，但令我徹夜難眠。以後你（把這個故事）收進書裡時，能不能把我的名字去掉？

費滋傑羅考慮再三，寫道：「有錢人從來不令我著迷，除非他們具有迷人的魅力或獨特之處。」

海明威照例把費滋傑羅的反應告訴柏金斯。過去半年，史考特一直在《君子》雜誌上「自我爆料」，然而海明威一指責他所謂的崩潰，他就受不了。厄涅斯特說，五年來，他沒有寫過任何熟人一句壞話，因爲他爲他們難過。但他最後意識到人生短暫，他不能再當謙謙君子，必須繼續當小說家。

費滋傑羅也寫信給麥斯。他說，海明威已經回信，答應將來出書時不提到費滋傑羅的名字：

他回了一封瘋狂的信，告訴我他是多偉大的作家……回他這封信就像把玩一根點燃的爆竹。無論怎樣，我還是喜歡這個人，不管他說了什麼、做了什麼，但他若再點燃引信，我也只能用全身的力氣壓向那幫人，把他放倒。沒人從他的前兩本書打擊他，但他現在完全失去理智，而且，他愈晚意識到這一點，就愈像電影裡被重拳打得暈頭轉向的模樣。

文壇盛傳，費滋傑羅與海明威的「有錢人」之爭最後由海明威勝出。但這不是眞的，麥斯．柏金斯很清楚事實並非如此。「答辯會」在紐約一家餐館發生時，柏金斯在場。史考特．費滋傑羅不在，席間有海明威、茉莉．科倫和柏金斯。事實上，是海明威先說起的，他宣布：「我開始結交有錢人了。」茉莉．科倫更勝一籌，她說：「有錢人和其他人的唯一區別就是有錢人更有錢。」讓女人搶了鋒頭，海明威爲挽回面子，徵用了這句名言，脫口而出，再一次讓史考特成爲受害者。柏金斯覺得海明威行爲卑劣，也在給伊莉莎白．萊蒙的一封信中如實托出。他並未寫信糾正海明威，但留心確保費滋傑羅的名字沒有在海明威的下一本短篇小說集中出現。

海明威的攻擊使費滋傑羅又度過一個抱憾的夏天。九月，史考特寫信給麥斯，談到他肩膀上石膏後的種種。「我幾乎適應了這個東西，一天卻在浴室伸手拉燈時摔倒。我躺在地上，得了一種叫『肌炎』[35]的輕微關節炎，害我在床上躺了五個多星期。」他說。在此期間，更令費滋傑羅痛苦的是，他的母親去世了，他很想去華盛頓見她最後一面但無法成行。同樣，整個夏天他在阿什維爾離賽爾妲只有不到二．五公里的路程，但能見到她的次數不超過六次。賽爾妲和史考特仍說著情話，多數通信中看到的是他們對過去那段愛情的依戀。賽爾妲還常天馬行空地幻想，走到哪裡都帶著一本《聖經》。

史考特的母親留下的二萬六千美元現金和債券比他期望的少。他打算用其中一部分來還債，休息兩三個月。最後，費滋傑羅向柏金斯承認：「我不像五年前那麼有活力了。」這個夏天他的全部成果是一篇短篇小說和爲《君子》寫的兩篇文章。

隨著費滋傑羅的健康再次出問題，柏金斯考慮送去一些「儲備力量」讓他振作。他寫信給瑪喬麗·勞林斯，她之前一直在找個清靜的地方繼續寫《一歲的小鹿》，現在她住在北卡羅萊納州的班納艾克，離阿什維爾不遠。他想，她若來訪一定對費滋傑羅大有好處。

就在他寫信給她的第二天，又發生一件令人喪氣的事。在史考特·費滋傑羅四十歲生日時，《紐約郵報》頭版刊登了一篇題爲〈樂園的另一邊〉（The Other Side of Paradise）的文章。它是麥可·莫克（Michael Mok）所做的長篇訪談，目的顯然是要展現費滋傑羅現在崩潰到什麼地步。柏金斯讀了後倒吸一口氣，因爲史考特似乎一心自毀。顯然莫克設法取得了費滋傑羅的信任，讓他暢所欲言，再全部披露，甚至包括史考特認爲不應公開的話。「他信任那個記者，」柏金斯寫信對海明威說：「以及他的護士——男人幫自己請專業護士，便是對自己絕望的開始。他和護士都說那記者一定知道哪些事不應刊登。」柏金斯從訪問中得出的印象是：費滋傑羅「慘敗、酗酒，喪失希望，默認墮落」。

「這件事很可能讓費滋傑羅徹底完蛋。」瑪喬麗·勞林斯讀了這篇文章後寫信給麥斯說，雖然忍不住想痛打費滋傑羅一頓，但仍震驚於記者竟能殘忍地寫出這樣的文章。她告訴麥斯：「我知道這種精神狀態如何逐漸控制人，我有過這種掙扎。」她經歷過風雨飄搖的婚姻、與酒精爲伍的日子，所以能理解麥斯希望她去探望史考特的原因：「這個男人遇到重大挫敗，而且……你知道我也經歷過許多

35 費滋傑羅原文用的是Miotoosis，英語中並沒有這個詞，應為myositis（肌炎）的筆誤。

打擊，只是我拒絕失敗。」

在柏金斯的堅持下，費滋傑羅同意會見勞林斯夫人，儘管他因關節炎躺在床上，且她來訪的那天還發著高燒。不過，從她到的那一刻起他就打起精神了。「情況完全不令人沮喪，」回去後她向柏金斯回報說：「我非常高興見到他，他一定也很高興。他像貓那樣戒慎恐懼，但已經戒酒了——他要護士把酒全部收走。」午餐時他們只喝了雪利酒和佐餐的淡酒，並爲麥斯碰杯。他們滔滔不絕地聊著，直到三點半費滋傑羅的護士打斷他們說他得休息，瑪喬麗·勞林斯才離開。後來她寫了一封短信給史考特，鼓勵他不要憂鬱。末了甚至坦言：「沒人知道有時候我想把我那支小小的點32左輪手槍朝向自己。」

麥斯深深感謝勞林斯去探望史考特。「我認識他這麼久，這麼欣賞他，」他說：「他的健康也是我的事，我願意做任何事讓他康復。」但接下來的幾個月，費滋傑羅仍然認定自己完了。

柏金斯還請他的另一位作家、住在北卡羅萊納的漢彌頓·貝索去探望史考特。貝索正在麥斯的指導下寫自傳體小說《法院廣場》（*Courthouse Square*）——二十年後，麥斯成爲貝索最暢銷的小說《龐貝首鎮的風景》（*The View from Pompey's Head*）中的人物。對貝索來說，跟費滋傑羅的會面很困難，但他很願意爲他們共同的編輯效勞。

費滋傑羅的問題仍源自空空如也的銀行存款。他算了一下，寫一本新書要耗去兩年的空閒時間，而他每年的開銷無論如何都無法少於一萬八千美元。還了債，他繼承的那筆遺產已所剩無幾。《夜未央》銷售不如人意後，他也不能期望從出版社預支三萬六千美元這麼大一筆數目了。費滋傑羅想，只能爲《週六晚郵報》寫文章賺一次性稿費，或再去好萊塢淘金。但史考特對柏金斯說：「每次去好萊塢，儘管報酬豐厚，最後卻總讓我在經濟和寫作上雙雙倒退。」

當然，我還有一部小說要寫，但它也許會成為這世上沒有寫出來的小說之一。送女兒去公立學校，送妻子去公立精神病院，雖然都是親近的朋友隨口提出的建議，但它們會打斷我的思路，折斷我那帶有觀點的筆尖。

「上帝啊，」費滋傑羅哀嘆：「欠債眞苦。」

那年十一月，費滋傑羅給了他的出版社一份「商業證明」，今後如有應急之需，他所有作品的權利及母親遺產的收益均轉給查爾斯．史克萊柏納出版社。

柏金斯已經很熟悉作家們對批評的各種反應，例如海明威通常會過度強調他毫不在乎，湯瑪斯．沃爾夫近來則話少得令人害怕。幾個月來，沃爾夫默默忍受折磨，柏金斯相信自己和史克萊柏納出版社是他作品「組裝廠」的說法仍困擾著他。麥斯知道伯納．德．沃托的問題始終在沃爾夫心中打轉：是天才就夠了嗎？他進步成藝術家了嗎？他能完全依靠自己寫一本書嗎？

最初，沃爾夫只把德．沃托的文章當成挑戰。在柏金斯的鼓勵下，他繼續寫「客觀視角」的書，一天能寫幾千字。到一九三六年夏天，他積壓的怒氣終於爆發，相信柏金斯等於「世界上所有的德．沃托」。

那個夏天，沃爾夫經常和柏金斯爭辯，主要是爲了他打算寫的東西。現在，他說要以在查爾斯．

史克萊柏納出版社認識的人爲原型，寫一組新的人物。「當湯姆打算寫我們大家的時候，要當心！」多年來麥斯常這麼開玩笑。但現在，他得向約翰·霍爾·惠洛克、查爾斯·史克萊柏納和其他同事承認他眞的擔心。「查理的反應很幽默，」幾年後柏金斯回憶說：「雖然我敢說他私底下是憂慮的。他似乎不當回事，好像這比任何事都有趣。事實上，只有我非常憂心，因爲是我把大家捲進來的。」湯姆的許多素材不是來自他的直接觀察，而是當初他和麥斯在連續多日討論《時間與河流》後，一起放鬆時所獲得的內部訊息。「麥斯是十足的酒鬼，」約翰·霍爾·惠洛克說：「他雖然從不亂說話，但跟湯姆喝到一定程度話就會變多，而且會用信任的語氣對他說話，就像父親對兒子——雖然麥斯一生沒有兒子。」第一篇複製品是短篇小說〈老人河〉（Old Man Rivers），伊莉莎白·諾維爾說它是《史克萊柏納》雜誌退休主編羅伯·布里吉的「苦澀肖像」。另一篇是〈早晨的獅子〉（The Lion at Morning），寫查爾斯·史克萊柏納二世。第三篇叫〈不再有河〉（No More Rivers），寫編輯華萊士·梅爾。最後一篇則描寫一家名叫詹姆斯·羅德尼出版社的運營情況，是湯姆第一篇嘗試寫柏金斯的小說。麥斯在伊莉莎白·諾維爾面前讀了這個故事。這位經紀人回憶說：「一開始他坐在辦公桌旁，腰桿筆直，臉頰漲紅，兩眼冒火，拒談這篇小說。」很快，他的情緒緩和下來，帶諾維爾小姐去查坦飯店喝杯酒，在那裡打開了話匣子。

柏金斯深感懊悔，覺得自作自受。「我早該知道會有這一天，」他向她承認：「但還是把出版社及同事間一定要保密的事說給湯姆聽。」比如，沃爾夫知道史克萊柏納有位高層「向來沒什麼本事」。另一位名聲很好的管理者，一天夜裡被麥斯撞見和同樣名聲很好的秘書摟在一起。柏金斯並不反對湯姆寫他，但爲沃爾夫可能洩露同事們的隱私憂心忡忡。

「妳明白嗎？」沃爾夫對諾維爾小姐說：「要是湯姆把那些事寫出來，會毀了他們，而這全是我的錯！」

柏金斯說服諾維爾小姐要求沃爾夫，把寫華萊士．梅爾的那篇故事改得難以辨認身分。思考片刻後，他脫口而出：「要是那本書出版，我就辭職。」但他突然意識到對她說這話不妥，便要她保證絕不告訴任何人——至少不告訴湯姆。

後來諾維爾小姐說：「柏金斯向史克萊柏納出版社請辭就跟上帝向天堂請辭一樣無法想像。」但她還是魯莽地把話原原本本地告訴沃爾夫，沃爾夫氣炸了。湯姆憤怒地回信說：「他似乎認爲，寫北卡羅萊納那些鄉巴佬是正確的……他史克萊柏納出版社的朋友則是特殊人種。」他說如果這是柏金斯的態度，那就太糟了，因爲他決定想怎麼寫就怎麼寫。他修改了〈不再有河〉，把編輯變成鋼琴演奏家，刪掉出版社內部的傳言。但柏金斯知道湯姆「對此耿耿於懷，只會愈來愈嚴重。不管怎麼說，這件事充分顯示他要離開我們。」沃爾夫的確擬信給其他出版社，鄭重地問他們是否想出他的書。他在一封信中寫道：「目前，我正忙於完成一部長篇，且我對任何出版社都沒有必須完成的義務，不欠人情，不欠錢，沒有契約，也沒有道義責任，所以我寫這封信徵詢你們是否對這本書有興趣……坦白說，這麼做並非貶低以前的關係，而是覺得我的創作生命需要新開始。」這封信他打算寄給麥克米倫、哈潑、維京、諾頓、利特爾—布朗、霍頓．米夫林、朗文—格林、多德—米德，以及哈考特—布萊斯等出版社。

雙方都需要空間緩一口氣。七月底，沃爾夫回到德國。每個小鎮都擠滿了爲奧運而來的遊客，但對剛從紐約來的人而言，整個國家顯得非常乾淨、清涼。在柏林，他見識到正步前進的德軍方陣。

「我們永遠學不會那些年輕人的步伐，」他從柏林寄「布蘭登堡門閱兵」明信片給麥斯，寫著：「他們似乎隨時準備再走一遍。」他遇見一個女人，離了婚的藝術家西婭．沃爾克（Thea Voelcker），相識才幾天就陷入暴風驟雨般的熱戀，隨之而來的是貫穿他所有愛戀的激情與痛苦。離開柏林幾週後，湯姆仍想和她結婚，直到他發現帶她到美國難如登天，不值得，最後他們友好分手。

沃爾夫離開後，麥斯和露易絲去魁北克待了安靜的兩週。九月，他在女兒捷比的婚禮上，將她交給前一年捷比才在波士頓介紹給他的英俊畫家道格拉斯．葛斯林（Douglas Gorsline）。姊妹四人擔任接待，費滋傑羅和海明威收到邀請但無法出席，湯瑪斯．沃爾夫前一天剛抵國門，露易絲拜託一位共同朋友去接他，讓他準時到新迦南並盛裝出席婚禮。他在火車上拿出出門前匆忙塞進口袋的一把領帶，挑來挑去沒有一條滿意。典禮剛結束的靜謐時刻，賓客們卻聽到他洪亮、帶有南方腔調的聲音：「你沒告訴我我的帽帶有汗味。」宴席間，露易絲不停叨念著一個寶貝離她而去，麥斯雖有同感，但淡淡地說：「兩個已經離開，還有三個要走。」

沃爾夫從德國回來主要是為了一九三六年總統大選投票，他認為這是一八六〇年以來最重要的一次。沃爾夫自認是「社會民主黨人」，但為了刺激柏金斯，常扮成街頭演說的共產黨人。他相信富蘭克林．羅斯福的改革會得到最高支持。柏金斯則是有獨立見解的共和黨人，擔心新政會造就主宰一切的政府，唯有積極的反對黨才能制衡，所以，他雖然相信羅斯福會再次當選，仍決定把票投給共和黨。這令沃爾夫失望憤怒，他稱柏金斯是「保守派」，指責他變成管理階層的一員，繼承遺產後就失去了為人生奮鬥的動力。

沃爾夫與柏金斯的關係急劇惡化。沃爾夫承認他曾經很需要柏金斯；在他的小說《你再也回不了家鄉》中，主角喬治．韋伯對他的編輯說：

因為我已迷失，需要比我年長、比我有智慧的人指路，我找到您，您替代了我已故父親的位置。

但韋伯又說：「現在，那條路又伸向與你的初衷相反的方向。」

十一月，沃爾夫想和替身父親決裂的衝動壓過對他的忠誠與感激。那個月，一位名叫瑪喬麗．多曼（Marjorie Dorman）的女子無意中成爲決裂的導火線。

「我一直都對瑪喬麗．多曼的事感到內疚。」柏金斯十年後說道。

多曼小姐曾是沃爾夫在布魯克林租屋時的房東，也是沃爾夫的短篇小說〈無門〉中「瘋狂莫德．維泰克」的原型。沃爾夫在故事中說莫德有間歇性精神病，她父親和三個姊妹也有。雖然莫德的病情不太穩定，仍從小挑起照顧全家的重任。這篇小說先在《史克萊柏納》雜誌上發表，後來收入沃爾夫的短篇小說集《從死亡到黎明》。在雜誌發表沒多久，多曼小姐就來找柏金斯，希望他讀一篇她寫的文章（麥斯之後仔細讀了並退還），並告訴柏金斯，沃爾夫寫的內容深深傷害了她。

許多個月過去，多曼小姐再沒有消息。柏金斯以爲，既然小說在擁有三十萬讀者的雜誌發表後她並未提告，那麼，把它收入一本讀者可能只有三萬人的書裡應該不會有事。但一九三六年十二月，多曼小姐和家人提出誹謗訴訟。柏金斯告訴約翰．泰瑞，他猜他們提告是因爲生活拮据，有人告訴他們可以從出版社弄到錢。

由於沃爾夫寫的幾乎每個字都有自傳色彩，筆下的人物也差不多都有現實中的原型，因此被告的風險始終在。「我懷疑湯姆根本沒有想過這個問題，」柏金斯後來對約翰・泰瑞說：「但當然，讓湯姆盡可能遠離法律風險是我的責任。」

柏金斯認爲史克萊柏納出版社會勝訴。但官司讓湯姆很狂躁，等待宣判的那段時間他無法平靜，整天不是沉思就是咆哮，寫作也停頓。多曼一家意在庭外和解，麥斯則擔心陪審團的不可預測性，沃爾夫因而更抓狂。柏金斯和查爾斯・史克萊柏納知道必須讓作家擺脫這種焦躁不安的狀態。一天，沃爾夫來到史克萊柏納出版社五樓，三人站在柏金斯辦公室裡俯瞰第五大道的窗邊。查爾斯・史克萊柏納解釋說，要打贏這場官司可能要付出更高代價，而一次開庭的宣傳效應可能導致更多官司從四面八方湧來，已有好幾個人威脅要提告了。沃爾夫同意了和解方案，但很快就到處說出版社拒絕爲他辯護，令他氣憤難平。

近年底時，沃爾夫和柏金斯一起消磨了一個晚上，他痛批「在這無聊透頂的國家」所遭受的各種不公，相比之下德國「像雪一樣純潔」。他多次提到「親愛的老希特勒」及其武裝親衛隊，說他們知道怎麼對付「向藝術家發難的惡棍」，而美國，是「老實人被無賴搶劫毆打」的地方。接著，他搖著手指向柏金斯大聲說：「現在，你把我拖進這場要價十二萬五千元的誹謗訴訟！」沃爾夫和史克萊柏納出版社最終以三千美元和多曼一家達成和解，外加律師費及法律手續費兩千多美元。依照湯姆的合約，他應該負擔全部費用，但史克萊柏納出版社主動支付了一半。

一九三六年十一月十二日，沃爾夫最後一次寫出他已經思考了幾個月的信，並寄給柏金斯：

我想現在你應該為我寫一封信，明確表述我和查爾斯・史克萊柏納出版社之間的關係。我認為你應該說，我已經忠實、正當地履行查爾斯．史克萊柏納出版社的全部義務，無論財務、私人情誼或合約條款，我們之間都不再存有任何形式的進一步協議或義務。

對於這一年中發生的一切，沃爾夫說，信仰上的不同和根本的分歧，他們已經「非常公開、坦率、認眞地討論過一千遍，最終導致這次不可挽回、令人痛心的分道揚鑣」，他覺得柏金斯早該寫他現在要求的那封信。

沃爾夫的信寄到時，正逢史克萊柏納出版社每月一次的董事會。會議持續了整個下午，柏金斯抽不出時間即刻詳盡回覆，但仍手寫一封短箋寄了出去：「我從來沒有遇到如你一般契合的人。另外還必須說的是，我知道你絕不會做任何不誠實，以及你認爲不正確的事。」

第二天，柏金斯又口授一封信，申明沃爾夫已經「忠實、正當地履行查爾斯．史克萊柏納出版社的所有義務，今後我們之間不存在任何協議」。他接著說：

我們之間的關係就像：一個出版工作者欣賞一位作家的作品，深以竭盡所能出版他的作品為傲。這關係並未讓我們擁有這位作家未來作品的任何權利，或提供我們擁有這些權利的途徑。與慣例相反，我們甚至沒有審讀任何新書書稿的優先權。

第三次，柏金斯用私人信箋，以更輕鬆的語氣答覆沃爾夫的獨立宣言：

我無法很自在地表達我的某些情感，但你一定了解我如何看待你。從《天使，望故鄉》起，你的寫作一直是我生活中最關心的事，我從不懷疑你會有大好前途，除了偶爾擔心你不知如何調度所積累的大量素材，使之成為一本書。你似乎認為我一直想控制你，但我只在你開口時才盡全力。所以目前的一切也讓我很困惑，但無論未來如何，我都希望這不意味著我們互不相見，或你再也不來我家。

兩天後，史克萊柏納出版社應沃爾夫的要求，匯給他應付的帳款。「希望能再見到你，」柏金斯在附言中寫道：「但我不想強求。」

柏金斯後來確實見到沃爾夫，而且沒有不愉快。湯姆出席了沃爾夫家的聖誕晚宴，高興地說起第二天要去紐奧良，隻字不提他一九三六年十二月十五日寫的一封私人長信，信中列舉他要徹底離開柏金斯的種種理由。他也沒有提起這封信的附件，一封他於十二月二十三日寫的「商務信函」。這兩封信他壓了幾星期，旅行途中隨身攜帶，對於是否要寄出多有猶豫。他一直沒有寄出那封商務信函，但時間從一九三六年十二月進入一九三七年一月，他決定寄出那封私信。

最終促使他做這決定的是個不幸的誤會。律師柯內留斯．米契爾（Cornelius Mitchell）承辦沃爾夫另一起法律糾紛，寫了一封信給身在紐奧良的沃爾夫。湯姆以爲是柏金斯違背他的要求，把他在紐奧良的地址告訴米契爾。沃爾夫收到米契爾來信的那一天，正要和一個新結識的朋友、很欣賞他作品的威廉．威世登共進晚餐。餐間湯姆喝了酒，餐後威世登離開他仍繼續喝。第二天，也就是一月七日早上，他發電報給柏金斯：「你竟敢把我的地址給別人？」便又陷入昏睡狀態。兩天後，湯姆醒來發現自己躺在飯店浴缸裡，褲子的膝蓋處破了，頭腦非常昏沉。不知爲什麼，他又發了一封電報給柏金斯，問：「你出什麼價？」柏金斯對兩通電報一頭霧水，回了電報問：「如果是指書，等你回來面談，細節依你要求。」並且說，他並非隨意洩漏地址，而是身爲沃爾夫律師的米契爾告訴麥斯，沃爾夫跟他保持聯繫是很重要的事，麥斯因而認爲給他地址是合理的。

清醒後的沃爾夫爲電報向柏金斯道歉；他說，他醉得一場糊塗，連電報的內容都想不起來。爲了博取同情，他寫道：「過去兩年來所有的擔憂、悲傷和失望快讓我崩潰，米契爾這封信成爲壓垮駱駝的最後一根稻草。我非常需要休息和安靜，但那封信毀了一切，毀了所有我想從這趟旅行得到的幸福和快樂。這些可怕的不公不義快讓我發瘋。」

米契爾的信事關被沃爾夫稱爲「訛詐」的糾紛。名叫默多克．多爾（Murdoch Dooher）的手稿商人曾幫沃爾夫出售手稿，卻藏著沃爾夫想收回的一些手稿不還。柏金斯建議不惜代價把手稿買回，覺得這樣可以徹底終結這一連串讓沃爾夫情緒低落的訴訟。充滿自憐、自疑心態的沃爾夫責備柏金斯竟選擇和解，認爲這證明麥斯想要削弱他。他又寫了一封信，連同那封私信一起寄給柏金斯。他在信中說：

> 你——我在這世上最信任、最尊敬的人——是不是為了某種我無法想像的瘋狂原因，想要毀了我？我該怎麼理解過去兩年發生的一系列事情？難道你不希望我繼續？難道你不希望我寫新書？難道你對我的生活——我的成長、我的才華充分施展——不抱希望？究竟是為什麼？我的健康瀕臨崩潰，擔憂、悲傷、幻滅感幾乎摧毀我的天賦，這就是你想要的結果嗎？為什麼？

沃爾夫一切憤怒的根源，在於人們普遍相信，沒有柏金斯，沃爾夫的作品沒辦法出版——充其量是個實力不逮的作家。沃爾夫親自推波助瀾，把柏金斯曾竭力保密的一些事公諸於世。沃爾夫在《時間與河流》題給沃爾夫的獻詞，《一部小說的故事》中大篇幅描寫麥斯的付出如何加深彼此的情誼，此刻這些文字產生了全然相反的效果，驅使沃爾夫去開闢自己的路。在私信中，沃爾夫列舉評論者的話，例如說他依賴柏金斯「技術性、批評性的幫助」，稱這些評論者是「卑鄙的，他們的指控當然是假的，無論他們最終掀出什麼我都不怕」。

沃爾夫承認「你給了我最無私、最深刻、最寶貴的幫助」，但認爲「許多其他夠經驗的人也能給我這樣的幫助」。沃爾夫承認，「我確實需要有獨特才能、具備不能被收買的廉正品格，被我認同和尊敬的人」的理解，「我想，我已經得到過那種幫助，也比以往更迫切地希望還能得到那種幫助，我爲此祈禱」。

沃爾夫在信裡同意柏金斯的看法，在某些方面，他們兩人以怪異的方式「完全而徹底地」契合。這是這段藝術因緣中最反諷的事之一，因爲沃爾夫問：「有史以來還有哪兩人像我們這樣完全不同？你知道還有哪兩個人，無論脾氣、思維、情感和舉止，每個方面都大相徑庭？」沃爾夫不知道怎樣確切定義他們各自代表的極端，但他認爲麥斯威爾·柏金斯本質上是「保守的」，而他是「革命的」。

沃爾夫相信他在過去兩個月裡構思出有生以來最具挑戰的新書，一部充滿想像力的傑作。但他幾乎無法向柏金斯啓齒，因爲「害怕這樣一部我不能視爲兒戲、可能一輩子只有一次的作品，剛起步就被你冰冷的告誡、冷漠，被你保守主義的恐懼和教條扼殺」。沃爾夫說，他如此猶豫，如此與麥斯疏遠的感覺，對沃爾夫而言幾乎足以證明他們之間已出現裂痕。他說，如果麥斯不同意，那麼就應該「告訴我，我們生活裡究竟有什麼是契合的？我們對政治的看法不一，對經濟的看法不一，對現今生活體系的看法（諸如人們的生活方式、應該做出的改變）完全不同。」

柏金斯曾反覆表示無論沃爾夫寫什麼他都想出版，但湯姆懷疑麥斯說的是眞話：

> 許多我曾要你出版的東西你沒有出。有些是因為對雜誌來說篇幅太長，有些對書來說篇幅太短；有些構想、特質太另類，無法歸類為短篇小說；有些太不完整，難以稱為長篇小說。

沃爾夫說，他並非批評柏金斯或導致這些作品沒能出版的技術認定，但他堅信，「一個人能寫出的最好作品，往往是不遵循容易模仿又有局限性的現代寫作形式」。正如「革命」的沃爾夫曾對柏金斯說過的：「在我看來，有些事物存在，並不代表它們應該就是那樣。」

沃爾夫接著描述他腦子裡的大作。他要寫一部媲美《尤利西斯》、充滿原創與力量，徹底擺脫出版業設限的作品。第一卷已經動筆，叫《黑暗獵犬》（*The Hound of Darkness*）。湯姆告訴柏金斯：「我也要像喬伊斯先生一樣隨心所欲地寫，這次不會有人刪改我的東西，除非我請他改。」沃爾夫說，《天使，望故鄉》出版以來，他覺得柏金斯冀望這些年的磨練能讓作家有「更強烈的保守主義，更溫和的正直，更文雅的節制」。沃爾夫說，某種角度來說這變化已經發生。在這仁慈的壓力下，他讓步了，放任自己動搖，偏離生命的衝動與天賦驅使他奔赴的方向。「想盡一切辦法約束我的形容詞，限制我的副詞，認爲氣勢磅礴的結構沒有價值，必須技巧性地裁減成中規中矩的樣子，」沃爾夫在信裡對柏金斯說：「但不能讓火車脫軌，不能駕著太平洋公司的火車轉軌開往霍格華茲轉運站。」

沃爾夫相信，柏金斯對他可能寫到的人和事心懷憂慮，而這樣的擔憂恐怕會影響他的編輯判斷力。如果這種提心吊膽的狀態持續，且涉及從此以後沃爾夫寫的一切東西，那將是「對我寫作生命的致命一擊」。沃爾夫歸納道，如果他想繼續在史克萊柏納出書，就不得不接受「最嚴格的審查，也就是刪去我寫的東西中任何可能跟查爾斯．史克萊柏納出版社及其姑嫜妯娌有關的片段、場景、人物或讓人可能產生聯想的內容，無論這種聯想牽扯得有多遠」。

這當然是指去年夏天沃爾夫以史克萊柏納出版社的人爲原型寫小說所引起的不快。在柏金斯告訴伊莉莎白．諾維爾這些小說出版他就辭職，而她又把話傳給沃爾夫之後，柏金斯只能面對湯姆，闡明自己的立場。他說，他「總是站在有才華的人這一邊」，若要限制沃爾夫，他的確寧可辭職。柏金斯說的很可能是眞心話，他不希望沃爾夫變得綁手綁腳，他覺得，如果他引咎辭去史克萊柏納出版社的職務，沃爾夫就可以放手寫。

沃爾夫回信說：「噢，不必擔心，你根本不用辭職。」首先，湯姆說——

> 你的管理和編輯能力如此特殊、如此寶貴，世界上無人能替代。少了這份能力，很多事無法進行，就像關掉房子裡的燈一樣。

其次，沃爾夫說，他不會讓任何人因他辭職，「純粹是因爲我不會在那裡成爲辭職的理由」。「讓我們了斷這樁見鬼的事吧，」他在信裡對柏金斯說：「讓我們像男子漢一樣拿好槍。讓我們前進，努力工作，無所保留，毫不畏懼，不需道歉。」沃爾夫說他已準備好繼續寫新作品。「如果不能照我說的做，」他寫道：「那就獨力闖蕩或另覓支援，如果能找到的話。」

> 你願意做什麼？……現在你必須坦率地說出你的決定，因為就看你了。不用懷疑我的感受與態度，我認為你沒有理由不相信嚴重而危急的難關確實存在。

一月十日，沃爾夫終於把這封長達二十八頁的親筆信投進郵箱。

沒有史料記載麥斯．柏金斯讀這封信時的表情。只知道他一邊讀信，一邊在空白處做了註記。隨後的幾天裡，他接連寫了三封回信。

第一封很簡短，麥斯只想說明兩項基本原則。他說，在他的信念裡，提升沃爾夫的作品是他「至爲重要的工作」。

> 任何能促進它的事都是好的，阻礙它的都是壞的。最大的干擾並非過程中的困難和痛苦——因為你一點也不懶惰，你瘋狂地工作——是外界的煩擾帶給你折磨和煎熬。當你提到和解時，很明顯這次（之前也是）官司帶給你的困擾有多大，足以讓你的寫作停滯。我因而提出意見，以為這樣能一了百了，忘了它，為真正重要的事清出一條道路。而此刻，關於勒索的討論卻使事態完全變了樣。

其次，他說，無論何時，只要湯姆需要，他都準備好提供力所能及的幫助。

你寫《時間與河流》時請我幫忙，我既高興又榮幸地幫你。任何一個聰明人都知道我的協助對這本書的影響微乎其微，那只是技術上的支援。它太厚，無法裝訂成書，那是第一個問題。它也可能遇到像喬伊斯的書在這國家被禁多年的麻煩。只要你開口，我們願意出版你寫的任何書，除非法令禁止——有些情況難以避免但我無法預見。篇幅的問題可以透過拆成幾部分出版來解決。無論如何，除了我們無力改變的體質與法律限制，我們願意出版你寫的任何東西。

那天晚上，麥斯仔細再讀沃爾夫的信，不明白爲什麼湯姆延遲這麼久才寄出。「基本上沒有什麼是我完全不能接受的，」柏金斯寫道：「就算眞的不能接受，也能充分理解。」他認爲這封信是「作家對他寫作信念的出色宣告，比我見過的都出色。儘管我和大多數人一樣自負，它仍帶給我巨大的快樂——因爲聽到眞誠、高尚地說出勇敢、眞摯的信念。」柏金斯只就他認爲沃爾夫誤會很深的幾個問題回覆。他說，在試圖解釋的時候，他意識到應該先反省自己。「但是，要我反省自己——這個我不再那麼有興趣的人——並給你理由充分的答覆，這是多麼艱巨的任務。」他在收到湯姆來信的第二天寫道。在那之後兩天，也就是一九三七年一月十六日，他接受了這項任務，做出完整的答覆。

柏金斯完全認同沃爾夫的作家信條。他說：「例如，若非根據你所見、所感、所想來寫作，你就不會成爲重要的作家，作品充其量是消遣讀物。我總認爲沒有什麼東西能跟書一樣重要，也確實有不少好書，所以我的想法當然跟你一致。但是，仍有時間、空間和人類法律的限制，我們不能當它們不存在。」柏金斯認爲作家應該是依自己的意圖寫作的人，如果必須根據空間法則刪減，那麼揮動剪刀的人也該是作家。

「但我印象中是你要求我幫忙，是你的決定，」他寫信對沃爾夫說：「而且，我記得那些改動並非強迫你而爲之（湯姆，你不會允許別人支配你，我也不喜歡勉強別人），而是經過爭論，往往是幾個小時爭論的結果。」除非沃爾夫將來還需要幫助，否則不會要求他。「我相信，」柏金斯寫道：「不管怎樣，作者永遠是最後的裁判，我認爲你也應該這樣。我一直站在這樣的立場，即使有時候會看到書因而受害，但利仍多於弊。書屬於作者。」

柏金斯知道湯姆的記憶力驚人，但湯姆似乎忘了他們如何一起工作。在成書的工作過程中，沃爾夫的意見從不曾被強制駁回。（「你以爲你是可以任意揉捏的泥巴嗎？」柏金斯用不相信的語氣寫道：「我沒見過比你更倔強的人了。」）沃爾夫的大疊書稿中確實有些部分被刪除，但一律是爲了讓作品更具有藝術價值。（一次，在編輯沃爾夫的作品時，柏金斯對約翰·惠洛克說：「也許這就是湯姆的風格。也許我們應該用原稿出版，結果也會很好。」）柏金斯問沃爾夫，對於那段過去，他常自問什麼。「如果我們當時沒做（刪減），結果很糟，你不會責怪我嗎？我必定極度自責。」柏金斯不希望隨著時間過去，沃爾夫「變得謹慎或保守」，而是能充分駕馭自己的才華。

談到他們是否「契合」的問題。「我總是本能地覺得我們的確意見相投，」柏金斯告訴沃爾夫：「而且，在我認識的人中，沒有人說到我認同的事情比你多，從我開始讀你第一本書的那一刻起就是這樣。可以說，沒有其他事物能讓如此不同的人經過那樣的考驗後還在一起。」

柏金斯的社會變革觀確實不如沃爾夫那麼激進：

我相信唯一阻止進步的是暴力帶來的破壞，或者說，揮霍無度導致暴力帶來的破壞。這正是羅斯福需要反對派的原因，他真正的缺點只有這個。我相信真正的變革來自偉大而深刻的原因，複雜的程度甚至不能被當代或任何時代的人充分理解，當列寧那樣的偉人試圖突然推翻整個社會的時候，結果幾乎可以肯定是糟糕的，而正確的結果、自然的結果，來自無數人做正確之事的努力。

對於這個問題，柏金斯也堅持他們本質上是一致的：「更常見的情況是我和你喜歡、讚賞、討厭的東西相同，喜歡或討厭同樣的人，對某些事是否重要看法一致——至少在我看來是這樣。」

柏金斯誠懇、理性的回信平息了沃爾夫的怒火，延緩了他離開史克萊柏納出版社的時間。但在沃爾夫心裡，距離已經產生。一九三七年一月某日，他動筆寫一封信（很可能是寫給律師柯內留斯·米契爾），最終沒有寫完。「我知道我現在孤身一人了。」某一段他這樣開頭。「至於柏金斯先生——」這封未寫完的信的最後一段說：「他是這一代最偉大的編輯。我曾經尊敬他，視他為最偉大的人、最好的朋友、我認識的最了不起的人物。現在我只能跟你說，我仍然認為他是我們這時代最偉大的編輯。至於其他方面——他誠實但怯懦，不勇於面對危險——不指望得助於……」

柏金斯回信給沃爾夫後，便將沃爾夫的信放在辦公桌的抽屜裡，而非歸檔保存。約翰·霍爾·惠洛克說，麥斯白天經常把它拿出來，反覆細讀字裡行間的意思。他說，令麥斯受傷的是沃爾夫指控他膽小懦弱。「湯姆一開始認為麥斯是懦夫，後來甚至斷定他根本不像男人，」惠洛克說：「那封苛刻的信傷麥斯至深，但他從未反擊。湯瑪斯．沃爾夫是編輯挑戰的極限，包括應付他的脾氣。」那年春季，一天惠洛克無預警地走進柏金斯的辦公室，發現他對著那封信幾乎落淚。麥斯一看見惠洛克就悄悄把信塞進抽屜，繼續工作。他從未給別人看這封信，也從未尋求別人的同情。

# 17 悲傷的告別

一九三七年一月二日，海明威發電報給麥斯，說他完成了那部灣流小說。麥斯還沒看到書稿就興奮得不得了。他覺得這本書「有一大顯而易見的特色，就是描寫了一個我認爲從沒有人好好寫過的地區，非常豐富多彩的景象」。他回想起第一次在灣流航行的情景。那是八年前，當時海明威告訴他，要等他對灣流熟悉得連鶼鶼的角色都弄清楚時才能寫。「但你終究用時間和心力完成了，」麥斯寫信給海明威：「在你內化了一幕幕場景，理解一切事物在那格局中扮演的角色之後。所以，此刻我極度渴望讀到這部小說。」海明威脫稿後通常會擱置幾星期再重讀，尋找新角度。所以麥斯還得再等幾個月才能看稿。

海明威眼下的計畫是以北美報業聯盟特派員身分去西班牙報導內戰。這次他對西班牙的興趣來自瑪莎．蓋爾霍恩（Martha Gellhorn），美貌出眾的二十九歲女作家，小說《多麼瘋狂的追求》（*What Mad Pursuit*）的作者。海明威那年冬天剛認識她，離她結識羅斯福政府聯邦緊急救濟署主任哈利．霍普金斯（Harry L. Hopkins）剛好一年。霍普金斯派她調查工業發達地區接受救濟人們的生活狀況。她把報告的四個部分改寫成短篇小說，結集成《我所見的麻煩》（*The Trouble I've Seen*）。蓋爾霍恩小姐的社會信仰超越美國國境，尤其了解西班牙內戰的情況，海明威對她說的每一個字都深信不疑。在一次短暫的紐約行中，即將交稿的海明威私下問柏金斯有沒有可能出版瑪莎．蓋爾霍恩的書；事實上她已經寫好短篇小說〈流亡者〉（Exile），有意在《史克萊柏納》雜誌發表。麥斯欣賞《我所見的麻煩》這本書，幾天後，雜誌社收下了〈流亡者〉。

二月二十七日，柏金斯登上開往法國的輪船，爲海明威及他的朋友伊凡．希普曼（Evan Shipman）、鬥牛士西德尼．富蘭克林（Sidney Franklin）送行。「希望他們在那裡不會遇到麻煩，」在給費滋傑羅的信裡他寫道：「他們似乎相當嗜血。」一個月後，瑪莎．蓋爾霍恩在馬德里與海明威會合。在西班牙待了六個星期後，厄涅斯特去巴黎拿小說手稿，回到比米尼修改，並在那裡與孩子們及寶琳重聚。幾週後，他又來到紐約，在卡內基音樂廳爲第二屆美國作家大會演說。在聆聽前面幾位的演講時，瑪莎就坐在他旁邊，她的影響力也許能解釋他演講中流露的新政治傾向。「眞正的好作家幾乎在任何他能容忍的政府制度下，都能獲得回報，」他在作家大會上說：「只有一種政府形式不能產生好作家，就是法西斯政權。法西斯主義是惡霸的謊言，不願撒謊的作家無法在法西斯政權下生活、寫作。」

造訪紐約期間，海明威去柏金斯家拜訪。到達前，有人告訴他史考特．費滋傑羅也在紐約。露易絲．柏金斯雖然沒被海明威語言攻擊過，但這次見面後對他的印象更差了，對他不把她丈夫當回事很反感。「厄涅斯特．海明威一進門，」露易絲後來告訴伊莉莎白．萊蒙：「幾乎沒看麥斯就大喊：『電話在哪裡？我要跟史考特說話，他是美國唯一配跟我說話的人。』」但海明威還是找時間跟麥斯單獨聊了一會兒，表達自己對新小說的疑慮——他擔心篇幅太短無法單獨成書，所以建議再收幾個短篇一起出。他答應七月五日之前交稿給麥斯。

飛往南方途中，海明威又有了新主意。他覺得也許可以編一本全新概念的東西：「一種有新鮮感的合集」。他寫信告訴麥斯，他想用《有錢人和沒錢人》（*To Have and Have Not*）這個新書名收錄他的五萬字小說〈哈利．摩根〉（Harry Margan）、三篇他最新的短篇小說、一篇談一九三五年颶風的文章〈誰殺了老兵？〉（Who Murdered the Vets?）、一篇他發自馬德里的報導和他最近這次公開演講的文本。他說柏金斯可以宣稱這部大雜燴是一部「重要作品」，讓購買者覺得物有所値。但這本書的整合工作看來要交給柏金斯了，因爲接下來幾個月西班牙要爆發大規模流血衝突，海明威想去那裡近距離觀察。

幾天後柏金斯才拿到那份演講稿，令他對合集心生猶豫。「我確實認爲只因它是現成的稿子而收錄一篇演講稿，會使整本書顯得雜亂。」他寫信對海明威說。柏金斯說他傾向抽掉這篇講稿，但仍願意出這本合集。

海明威於七月第一週回到紐約後，柏金斯才終於讀到〈哈利．摩根〉的稿子。讀完後只說它「非常好，非常感人」，但把大部分意見按下不表。他高興的是海明威又寫起情節激烈的小說：「這是個緊湊的故事，充滿暴力情節，結局非常悲慘，」柏金斯寫信告訴海明威的朋友沃爾多．皮爾斯：「你一定會喜歡哈利．摩根，儘管他是壞人——或許正因爲他是壞人。」海明威的人生哲學似乎仍像過去一樣殘酷：「不管怎麼樣，孤身的男人就他媽的沒搞頭了。」哈利．摩根臨死吐出這句話。但柏金斯擔心書裡的角色太像卡通人物，多次把摩根比作一種「典型」。但柏金斯對海明威保持沉默。他曾告訴女兒珍：「給厄涅斯特建議得看時機。」麥斯知道眼下海明威要的是無條件的支持，而非建設性批評，這是他三緘其口的原因。

到七月底，柏金斯大致理清了這本書的頭緒，他打算把短篇小說和長篇分開出。最後，海明威被說服了，同意單獨出版那部長篇，書名就叫《有錢人和沒錢人》。「這是我們書目上非常令人滿意的一本書。」他熱情洋溢地推薦給英國的強納森．凱普。付印以後，麥斯在紐約家中趁著跟海明威「喝茶」的空檔提了一些意見，只是希望海明威想一想，也許對他以後的寫作有幫助。但厄涅斯特還沒準備好要聽取批評，不耐煩地揮掌往咖啡桌上一拍，叫道：「去你的，你叫湯姆．沃爾夫來寫好了！」

事實上，所有書評人都和柏金斯一樣覺得《有錢人和沒錢人》緊張刺激、活靈活現，但讚揚中都有保留。這本書近乎自嘲。艾德蒙．威爾森在幾年後寫的一篇文章中說：「英雄主義的海明威傳奇此時入侵他的小說，讓象徵他的角色燃燒、膨脹，塑造出一個不眞實的混血兒，一半是海明威，一半是自然之謎。」這正好也是柏金斯的看法，雖然他很少、也很不願意承認。

《有錢人和沒錢人》一連幾週都是風靡全國的暢銷書。二萬五千冊的銷量使它名列暢銷書排行榜第四名。柏金斯對它這麼受歡迎頗感吃驚，認爲這本書遠不如海明威以前的作品重要，是題材新鮮還是海明威回歸小說寫作所致，柏金斯始終不明白，但至少讓海明威在美國文壇重新獲得自《戰地春夢》淡出人們視線後的桂冠地位。

八月十一日，離坐船返回西班牙還有幾天，海明威順道造訪史克萊柏納出版社，他沒先打電話就搭電梯上五樓，信步走進他的編輯在轉角的辦公室。坐在柏金斯對面、背對著門的，是馬科斯．伊士曼，正在討論他的作品《詩歌的愉悅》再版的事。厄涅斯特闖了進來，馬上意識到另一位是誰。海明威常跟柏金斯說，如果讓他碰到伊士曼要如何對付他，因爲幾年前伊士曼寫了〈午後的公牛〉那篇文章。柏金斯強自鎮定，飛快思考對策。他希望幽默能緩和氣氛，便對伊士曼說：「你的朋友來了，馬科斯。」

海明威和伊士曼握了手，寒暄幾句。接下來，厄涅斯特咧著嘴笑著拉開襯衫，露出毛茸茸的胸膛，柏金斯覺得他胸毛多得讓多數男人自嘆不如。伊士曼也笑了，這時，厄涅斯特笑嘻嘻地上前伸手解開伊士曼的襯衫釦子，露出他那寸草不生、如男人禿頂的胸膛。兩相對比，大家都哈哈大笑，柏金斯也打算袒胸，自信可以排名第二。這時，海明威惡狠狠地質問伊士曼：「你造謠說我陽痿，什麼意思？」

伊士曼否認說過這句話，兩人爭吵起來。伊士曼說：「厄涅斯特，你不知道自己在說什麼。這裡，讀一下我的話。」他拿起柏金斯出於其他原因放在桌上的《藝術與行為生活》（*Art and the Life of Action*），甚至沒想到裡面有收〈午後的公牛〉。厄涅斯特沒有唸伊士曼指定的那段，而唸了另外一段，愈唸聲音愈小，宛如喃喃說著髒話。「唸整篇，厄涅斯特，」伊士曼催促道：「你不懂……來，讓麥斯唸。」

柏金斯眼見事態愈來愈嚴重，便唸了起來，以為這樣多少能緩和緊繃的氣氛。但厄涅斯特一把抓過書，說：「不，我來唸。」沒唸幾句，臉就漲得通紅，轉身將打開的書本扔向伊士曼，伊士曼朝他撲過來。柏金斯擔心厄涅斯特會殺了伊士曼，繞過桌子從後方拉著海明威。兩位作家扭打在一起，柏金斯桌上危樓似的書和報紙統統倒下，兩人滾倒在地。柏金斯一心想制止海明威，用力抓住上面那個人，但低頭一看，海明威正面朝天看著他，破了的眼鏡甩動著，咧著嘴淘氣大笑。顯然，正要對伊士曼大打出手的當下他恢復了冷靜，哪怕伊士曼壓在他身上，他也不反抗。

海明威和伊士曼分開後，柏金斯叮囑前來圍觀的同仁們不要聲張，大家都答應不走漏一字。但馬科斯·伊士曼把這件事詳細記錄下來，並在第二天的晚宴中當著許多新聞界人士的面大聲唸出來，此舉顯然是受了妻子的慫恿。隔天，柏金斯的辦公室擠滿記者，另一群記者則跑去碼頭採訪即將啓程赴歐洲的海明威。《紐約時報》報導：「海明威先生解釋說，他對伊士曼先生感到抱歉，因爲他搧了他耳光，令他非常難堪。『那個人並沒有動手。他只是對麥斯．柏金斯抱怨，你到底約了誰，是厄涅斯特還是我？』於是我就出來了。」

柏金斯在公開場合保持著沉默的中立態度，但對史考特．費滋傑羅和伊莉莎白．萊蒙這樣關係特殊的好友透露了實情。他相信海明威如果眞的想，是有可能打殘伊士曼的；但他也提到，伊士曼確實鉗住了海明威的雙肩。費滋傑羅感謝柏金斯把他們拳腳相向的詳情告訴他，因爲他已經聽到這場打鬥的各種版本，就差「伊士曼和寶琳逃往上海」。關於厄涅斯特，史考特在給麥斯的信裡繼續寫道：

他現在完全活在自己的世界裡，別人根本幫不了他，即便我覺得與他很親近的時刻也並未眞正靠近他。我還是很喜歡他，要是他出了什麼事，我會很感慨。

海明威去西班牙報導那場他認爲將解放馬德里的「運動大戰」。

史考特．費滋傑羅那一年也奔波不停，但不像海明威那麼有目標。一九三七年初途經紐約短暫停留後，他寫信對柏金斯說，自己依然苦惱於「同樣該死的興趣索然、暮氣沉沉，這時候我只想以寫作來排除胡思亂想。」柏金斯擔心史考特對成功的渴望正在消散，他相信問題源自他總在扮演某個角色，最近的角色是「一個耗盡心力的四十歲男人」。「現在有個人應該去西班牙看看與他這輩子的經歷完全不同的世界。」柏金斯在給瑪喬麗．勞林斯的信裡這樣說。但史考特反而退居北卡羅萊納州的特萊翁，再一次接受醫療照護。

春天，費滋傑羅考慮去好萊塢。他必須不顧一切地賺錢，因爲用他母親的遺產付掉大部分急需還款的債務後，他只剩下幾百美元了。好萊塢代表著不同的未來，他在信裡對柏金斯說：「我感覺自己已在墓地生活多年。」

費滋傑羅的經紀人哈洛德．歐伯（Harold Ober）安排他去米高梅電影公司工作，週薪一千美元。來到西部後，史考特寫信告訴麥斯，現在是他幾年來最快樂的時候。每個人都友善待他，驚訝於他不再酗酒之餘也鬆了一口氣。他認眞寫劇本的同時也嚴格控制開支，打算在那裡工作到還清所有債務，存款足以讓他有安全感，讓「四十歲的災難」不會重演。史考特抱歉第一年只能還給史克萊柏納出版社二千五百美元，因爲必須還幾千美元給哈洛德．歐伯，他和柏金斯一樣，也是個人借款，因而該先於公司償還。柏金斯告訴費滋傑羅他那部分什麼時候還都可以，但費滋傑羅還是陸續還錢。麥斯寫信告訴海明威：「我的口袋裡塞滿了每週寄來的支票換得的錢。也許眞的只能等他整頓好自己，改頭換面地回來，一切才會好轉。」

費滋傑羅想知道那些同爲史克萊柏納出版社作家的情況。他要柏金斯告訴他海明威和沃爾夫或任何新作家的事。麥斯不能不提的精采故事是史克萊柏納出版瑪西亞．達文波特五年來第一本書的奇特過程，這部小說叫做《關於萊娜．蓋爾》（*Of Lena Geyer*）。

大多數新書要嘛剛出版時很暢銷，要嘛始終平平淡淡賣不動，很少有書進入下一年仍然熱賣。瑪西亞．達文波特這本講一個著名歌劇女伶的小說在沒什麼書評讚揚的情況下，花了幾個月銷量才超過一萬本。接著，令人費解的事發生了：銷量上漲，很快又賣掉一萬冊，銷售節節攀升。無論編輯和作者都認為《關於萊娜．蓋爾》還不算道地的小說。柏金斯第一次讀達文波特夫人的作品《莫札特》時，似乎就清楚她有能力寫小說，但也只把《關於萊娜．蓋爾》視為達文波特夫人向小說家邁進的階段性作品。即使有柏金斯的鼓勵，達文波特夫人仍知道自己跟湯瑪斯．沃爾夫那樣的作家不同，正如她在回憶錄《劇烈幻夢》中所說：「我之所以寫作，是因為我想寫我知道的事，而不是寫我自己。」

瑪西亞．達文波特寫完《關於萊娜．蓋爾》後，在船上巧遇湯姆．沃爾夫，他正從慕尼黑奧運會回美國。這大概是柏金斯的作家中反差最大的兩位了——無論外形、舉止或觀念。達文波特夫人嬌小、優雅、見多識廣，沃爾夫則像頭野牛，說話大聲、行為莽撞。他們一起去船上的酒吧，沃爾夫點了酒就開始講話，過了五個小時還坐在那裡，沃爾夫依舊滔滔不絕。「話題就是他自己，」達文波特夫人回憶說：「他是唯一的話題，從頭到尾。」她記不清他說了些什麼，「但重點是他要證明，他不是麥斯．柏金斯一手培養的作家，並聲稱這是整個文壇都確信的事。」

「我要讓他們看看，沒有麥斯我也能寫書。我要離開麥斯，換個編輯。我要離開史克萊柏納。」他告訴達文波特夫人。

「你在上一本書的獻詞裡是怎麼說的？」她問：「難道你是偽君子嗎？」沃爾夫對她的話充耳不聞，繼續抱怨柏金斯把那本書裡他寫得最好的一些東西刪掉。他一遍又一遍地說要離開史克萊柏納出版社，直到瑪西亞．達文波特忍不住駁斥他。

「我覺得你是叛徒，」她說：「忘恩負義，毫無良心。那些獻詞讓人作嘔。說是獻給麥斯，實際上毫無誠意，暴露了你的眞面目。你不忠不義，沒有麥斯和史克萊柏納出版社，你能有今天嗎？你不敢面對事實。」幾個月後，這些指責仍然在沃爾夫的耳邊回盪。

湯姆從紐奧良回到紐約，並跟柏金斯通了那些長信後，兩人都覺得他們的友誼受傷了。但沃爾夫仍幾乎每天走幾個街區到柏金斯家，彷彿一切已修補如初。一九三七年四月，他寫信給柏金斯的另一位作家、小說家漢彌頓・貝索，說：

是，麥斯・柏金斯和我都很好。至於那件事，我認為我們過去一直這樣。隔一陣子我就出去打六十回合，揮拳並跟自己對峙，我想麥斯是理解的。

湯姆繼續跟自己開戰，相信最終能度過難關，因爲他在什麼地方看到這樣一句話：「從沒聽說哪個作家還沒寫完最後一章就上吊自殺。」

這樣的沉靜並未持續多久。那年四月一天傍晚，沃爾夫打電話給柏金斯說，有個朋友和他太太從教堂山剛剛抵達城裡。他說的是強納森・丹尼爾斯（Jonathan Daniels），即將擔任富蘭克林・羅斯福總統助手的《羅里新聞觀察者報》主編。湯姆問麥斯和露易絲能否出席他們及其他朋友的晚宴，會中還有《週六文學評論》的發行人諾伯・凱思卡特（Noble Cathcart）。柏金斯夫婦接受了邀請，但露易絲馬上提議他們先到她家會合，喝點雞尾酒。在麥斯迎接湯姆的貴賓時，丹尼爾斯說了一句庸俗無聊的話，說他以爲麥斯威爾・柏金斯有一口長長的白鬍子。從那時起，柏金斯就覺得這個人「很傲慢」。

在奇里歐餐廳的晚宴在歡樂的氣氛中展開。沃爾夫愈來愈忘形，有個隨凱思卡特夫婦同來的女人眼睛像沾了膠水一樣直盯著他看，整整看了一小時，突然脫口而出：「噢，我知道你是誰了。我在《週六評論》讀過一篇寫你的文章，是伯納・德・沃托寫的。」柏金斯暗叫大事不好，知道她說了不能說的話，德．沃托那篇文章仍有激怒湯姆的力道。

麥斯看著湯姆的心揪成一團，陷入沉默。接著丹尼爾斯大聲質疑為什麼沃爾夫只在《史克萊柏納》雜誌上發表文章，問柏金斯《史克萊柏納》雜誌究竟是怎麼了，亦即半開玩笑地表示它應該辦得更好。「但湯姆本來就沒自信，」麥斯後來說：「在他聽來這彷彿暗諷出版他的書是個錯誤。」接下來的半小時，湯姆的幽默轉為尖銳，對餐桌旁的每一個人挑釁。大家都沒當眞，但沃爾夫臉色變得慘白，彷彿飲酒過量。麥斯見過太多次這種情況，知道「懷疑和害怕正在他內心沸騰，他已進入極危險的狀態」。

過了一會兒，從餐廳另一頭踉踉蹌蹌走來一個男人，他本來和女伴在吃飯，這時用一種友好但帶有醉意的語氣對著沃爾夫含糊地說著什麼。眼見一場混戰即將爆發，麥斯趕緊請那位女伴把他帶回座位。麥斯回到席間，發現每個人都站了起來，除了沃爾夫；他們都發現情況不對而溜出門外。湯姆把滿腔怒火瞄準柏金斯，餐廳老闆奇里歐焦急地站在旁邊，擔心接下來可能發生的事。柏金斯聽不清楚沃爾夫說什麼，但有個身高快兩公尺的大漢杵在那裡像棒球投手般蓄勢待發，麥斯當然明白他要幹嘛。「湯姆，」他說：「我知道猛烈的打擊對你傷害很大，但它未必能擊倒你。」沃爾夫仍兩眼噴火，怒視麥斯。一半也是為了奇里歐，麥斯說：「好吧，如果一定要打架，就去外面。」他們朝門口走去時，另一位出版人，哈考特─布萊斯出版社的哈里遜．史密斯（Harrison Smith）走了進來跟柏金斯握手，彷彿察覺事態有異，說：「看來你遇上作家風暴了。」柏金斯只和他說了兩句話就離開餐廳。湯姆走離人行道，站在馬路上等他。柏金斯後來說，他當時覺得「只有奇蹟出現才能阻止這場每個人都會後悔的可怕對峙」。但「奇蹟」眞的發生了。

附近一家餐廳裡走出一群人，裡面有個高䠷的黑髮美女，她徑直奔向湯姆，出其不意一把抱住他，說：「這就是我到紐約來要見的人。」她是里奇蒙一個望族的女兒，剛和伊莉莎白・萊蒙的姊姊、姊夫，也就是霍爾姆斯・莫里森（Holmes Morisons）夫婦吃完晚餐出來；麥斯和湯姆在米德爾堡見過他們家的人。她眞心渴望見到湯姆，接下來的三、四分鐘裡，這位維吉尼亞鄉下女孩開玩笑地咒罵湯姆，柏金斯從沒聽過女生講這麼下流的髒話（「連夜總會舞孃都望塵莫及。」麥斯後來寫信告訴伊莉莎白）。這女人完全轉移了湯姆的注意力，雙方愉快地結伴走進曼尼・沃爾夫餐廳。

回到住處，沃爾夫又試著草擬一封信，打算寄給史克萊柏納以外的所有出版社，表示希望遇到對他的作品有足夠興趣，願意聽他講故事、出版他未來新書的人，也絮絮叨叨地描述他和柏金斯之間的分歧。他沒有寄出這封信，但心心念念要離開，整天掛在嘴上，連當著麥斯的面也說。終於有一天，柏金斯被激怒了，大聲說：「好，你一定要離開史克萊柏納就走吧，但看在老天的份上，別再說了！」

於是，這漂泊的浪子多年來第一次決定回家。那年夏天，他告訴朋友和家人，自己已經回到阿什維爾，他租了林間小屋「住一段時間，把事情想清楚」。他思考的其中一件事是春天旅行後寫完的短篇小說〈齊卡莫卡〉（Chickamauga），認定這是他最好的作品之一，要伊莉莎白・諾維爾寄給《週六晚郵報》。但《週六晚郵報》拒絕了，認爲它「故事性」不夠。他回到阿什維爾時，它又被《美國信使》雜誌退稿，沃爾夫便請諾維爾小姐再投給幾家小雜誌。他知道可以走回頭路投給《史克萊柏納》雜誌，但一心想登在別處，證明他不是非要靠查爾斯・史克萊柏納出版社才能發表作品。沃爾夫希望回到紐約時會有雜誌接受這篇小說。

柏金斯一家那個夏天也離開曼哈頓，回到新迦南，但麥斯仍常待在城裡，工作到很晚。湯姆棄他而去使他比以往更覺孤單。那年八月，他寫信給伊莉莎白．萊蒙，這是他沉默一年後第一次寫信給她，也是他最傷感的信之一。他沒有明說傷感的原因，但無疑是他和沃爾夫的關係令人痛心地惡化所導致。

我的日子彷如地獄，這是我沒有寫信給妳的原因；我從來無法在狀況不好時寫信。我擔心孩子們也會這樣，不過她們似乎天生是另一類人，只在不順心時寫信。至於地獄期——我們都會碰上，那不算什麼，只要挺過去。但我想讓妳知道狀況，知道我沒有寫信的原因。妳是我的朋友，沒有什麼比知道這一點更讓我欣慰。未來被詛咒了，我會記住過去。

露易絲．柏金斯可不想在新迦南無聊地打發一個寧靜的夏天。她已獲邀參加康乃狄克州米爾福德的劇團，擔任著名的蕭伯納女伶派翠克．坎貝爾夫人（Mrs. Patrick Campbell）的替角。露易絲明白機不可失，對她這種事業尚未起步的演員更是如此，於是她接受了。可惜，那位明星演員身體好得令露易絲沮喪地在後台白等了一個夏天。經過這次，麥斯在這年夏天寫給湯姆．沃爾夫的一封話家常的信裡說：「我想她受夠戲劇的喜怒無常了。」

夏末，沃爾夫的〈齊卡莫卡〉終於在《耶魯評論》發表，伊莉莎白．諾維爾也陸續幫他談妥另外六篇短篇的轉載，還得到史考特．費滋傑羅對他發表在《紐約客》的小說《E》的讚揚。史考特坦率地表示欽佩沃爾夫的寫作，稱他的才華「在國內外都無與倫比」，還說「為你舉個好例子，證明發展另一個自我、成爲更有自覺的藝術家是多麼必要」。

強者愈明瞭自己的內在傾向，就愈確信這些傾向會展現在外，所以懂得提煉它、懂得愛惜地使用它們的必要。人們會說，一部精心挑選情節的小說是福婁拜那樣的大作家有意捨棄某些素材後的產物，換另一個人來寫（在福婁拜的例子裡是左拉），就會把日常瑣事搬進作品裡。偉大作家只寫他有獨特見解的事。所以，隨著時間過去，左拉的文學地位雖然還在，《包法利夫人》才是永恆的經典。

「你慷慨陳詞的來信令我非常感動，」沃爾夫回信給費滋傑羅道：「你寄來的這束鮮花散發著玫瑰的芬芳，也狡猾地暗藏抨擊。」他發現史考特用來勸他的例子跟當時一般的批評差不多，而他期待的是更好的評價。沃爾夫覺得福婁拜、左拉跟他的寫作沒什麼關係。

「我打算再隱遁森林兩三年。」沃爾夫在信裡對費滋傑羅說：

我要全力以赴，寫出我這輩子最重要的作品，而且要獨力完成。我準備失去我可能已經獲得的微薄名聲，默默地去聽，去了解，去忍受一切猜疑、蔑視、嘲弄和他們巴望著看到的、我的活體解剖報告。我知道箇中滋味，你也知道；我們都經歷過。

他相信他能挺住，但也希望尋求史克萊柏納出版社之外在精神上眞正理解他的朋友。「如果你認爲我需要批評，就開火吧，」他在信裡對費滋傑羅說：「但別像德．沃托那樣。如果那樣，我會跟你翻臉。」

那年秋天，史克萊柏納重新粉刷了五樓的藏書室，換了新地毯。柏金斯逢人便說那地方「現在像女人的化妝間」，但他知道有些紐約女性文學經紀人在那裡會比以前自在，而他似乎得跟更多女性經紀人打交道。確實，女性正大量湧入這一行，以至於麥斯甚至建議愛爾蘭詩人喬治．威廉．羅素（George William Russell）之子迪爾米德．羅素（Diarmuid Russell）和沃爾夫的朋友、曾在紐約大學教英文的亨利．沃肯寧，在「那些討厭的女人接管這行業之前」合夥成立自己的文學經紀公司。裝修期間，他們找到三個裝著湯瑪斯．沃爾夫手稿的大包裹，其中一個是一大捆湯姆尚未完成的《十月集市》。沃爾夫以爲是他或史克萊柏納出版社把稿子弄丟了，但麥斯記得是湯姆自己把手稿放在那個地方。「所以，」麥斯寫信對伊莉莎白．萊蒙說：「湯姆交到我們手裡的一切東西都在，完好無損！」

除了沃爾夫的事業。在北卡羅萊納小屋待了三個月後，沃爾夫回到紐約，依舊糾結於他與出版人之間的關係。伯納．德．沃托在八月二十一日的《週六評論》上又大肆掃射，批評沃爾夫和梅爾維爾「以很長的段落寫莫名其妙的情緒」，更讓湯姆堅定換出版社的決心。

夏末的一個上午，沃爾夫打電話給數家大型出版社，電話一接通他就對第一個接電話的編輯叨叨絮絮地說他是湯瑪斯．沃爾夫，問他們有沒有興趣出版他的書。有些出版社以爲是惡作劇。但阿佛列德．克諾夫出版社的伯納．史密斯（Bernard Smith）表示很樂意跟沃爾夫談談未來的出版計畫。阿佛列德．哈考特還拜訪了柏金斯和查爾斯．史克萊柏納，問他們是否介意哈考特—布萊斯出版社合理地接受沃爾夫提出的條件，出版他的書。柏金斯說他「不認爲還有其他可能性」，意即沃爾夫是位不能錯過的優秀作家。他和史克萊柏納都請哈考特放心，他們不會有任何怨言，因爲沃爾夫已決定要換出版社。哈考特告別了柏金斯，覺得沃爾夫會和自己的出版社簽約，但忠心耿耿在史克萊柏納待了近十年的沃爾夫，還沉迷在這種新關注感中，對每一家對他有意的追求者調情。

幾星期後，霍頓·米夫林出版社的羅伯·林斯考特（Robert Linscott）在紐約辦公室見了沃爾夫，他們很快打成一片，互相直呼其名。他和湯姆達成共識，幫他保管一大箱手稿。林斯考特公事公辦，交給作家一張載明物件收訖的收據，那天晚上，沃爾夫沉浸在找到一家好出版社的喜悅中，手伸進口袋摸出那張收據，上面有一句：「我希望你理解，這種情況下，它（那箱書稿）的遺失風險由你承擔。」沃爾夫隨即解約。在一封沒有寄出的信裡，他憤怒地說：「我認爲你們必須承擔風險，一旦你們提出保管它的要求，你們就該負起保護的責任，而且完全是你們的責任。」他又回到和各出版社你來我往的狀態。

有好幾個星期，沃爾夫的家人對湯姆和柏金斯的決裂毫無所悉。麥斯收到朱莉亞·沃爾夫的明信片，她憂心兒子，因爲已經一個多月沒有兒子的音訊了；湯姆的哥哥弗雷德也寄來類似信件。柏金斯回覆說，湯姆一切都好，只是現在給他的信得寄到伊莉莎白·諾維爾那裡，而不是寄到史克萊柏納出版社給他。在給弗雷德的回信裡，柏金斯說：「他已對我、對史克萊柏納出版社背轉過身，因此，雖然我很想見，但已經不再會見到他。」很快，他們決裂的各種傳聞在愛嚼舌根的沃爾夫家族裡傳開。湯姆向他們證實他現在沒有出版社了，而他離開史克萊柏納的原因源自一九三五年。但沃爾夫此刻意識到，他和史克萊柏納出版社之間的關係並沒有一刀兩斷。在寫給柏金斯的一封長達五千字的信中，他試圖答覆所有他聽到據說來自柏金斯的指責。「首先，」他說：「我沒有對你和史克萊柏納『背轉過身』，我認爲任何這麼說的人都是誤導，是假的。」其次，他認爲他們雙方無論誰說不知道爲什麼分道揚鑣，都與事實不符。湯姆相信麥斯心知肚明，因爲他們已經反覆討論過幾百次了。

「你什麼都不欠我，倒是我得想想我欠了你多少，」沃爾夫說：「我現在不想承認，第一次見到你我就發現、就知道你是個偉大的編輯，但我確實曾經發現、知道這一點，後來還訴諸文字，由你的出版社印行，已經成爲公開的文字。無論如何，世人終會發現你是個偉大的編輯。」但現在，當人們認眞提醒他柏金斯多了不起時，他發現既諷刺又好笑的是，最早公開這樣說的人正是他。「是我把原來深藏的鋒芒披露出來的。」他驕傲地說。

「這封信，」他繼續寫道：「是一次悲傷的告別，但我希望它對我們倆都是新的開始。」他還說——

> 我是你的朋友，麥斯，所以我才寫這封信——讓你知道這些。如果我在這裡多說別的，我的本意就會被遮蔽，唯一要說的重點是，我是你的朋友，而且希望你也是我的朋友——請把最後這行當做我繞了半天圈子想要表達的核心意思。

柏金斯又看到沃爾夫的字跡，仍感高興。「我是你的朋友，而且我想，我永遠都是你的朋友。」他回信道。柏金斯說，過去幾個月最令他傷心的是湯姆瞞著他換出版社，所有桌面下的交易都是「見不得人的」。他給弗雷德回信時說他不理解湯姆的行爲，那是實話。最後，麥斯說，所有這一切都改變不了什麼。他寫道，既然已經不再是工作伙伴，「希望我們不久就能像朋友那樣見面」。十二月，柏金斯從羅伯．林斯考特處得知，沃爾夫準備和哈潑出版社尤金．薩克斯頓的助理愛德華．艾斯維爾（Edward C. Aswell）簽約。

前一年的聖誕節，沃爾夫在柏金斯家度過。這一年聖誕節，他去了紐約州查帕奎的艾斯維爾家，和他的家人、朋友一起喝香檳，激動地舉杯慶祝。

沃爾夫把換出版社視爲他這輩子「最幸運、最快樂的事情之一」。哈潑出版社給了他一大筆預付金，但簽約不僅是因爲錢。沃爾夫做出這個決定是基於個人的直覺，因爲即將和他搭檔的愛德華．艾斯維爾是他北卡羅萊納的同鄉，也跟他同齡。「我相信這會是一次美好的經歷，」他寫信對他朋友、住在田納西州布里斯托的安娜．阿姆斯壯（Anne Armstrong）說：「我覺得這個男人很安靜，但非常深沉、眞誠，他認爲我是最好的作家……不過，過去的事還是令我有點難過。」但是，他問：「『你再也回不了家鄉』，不是嗎？」

柏金斯很有風度地接受沃爾夫離開，因爲他認爲那避免不了。「可以想見，二十年後湯姆的傳記會把此舉歸因於他天性中充滿男子氣概、想要掙脫所有羈絆而獨立的決心。」幾個月後，他在給瑪喬麗．金楠．勞林斯的信中這樣說。但麥斯知道，自己生命中重要的一部分已經空掉了。這年年末，他寫信給湯姆．沃爾夫：「每天晚上，我獨自在曼尼．沃爾夫餐廳喝麥芽酒，等報紙送來……這個聖誕節我們過得很好，但我們都想念你。」

# 18 迎著悲風

一九三七年聖誕節後不久，已是哈潑出版社作家的湯瑪斯．沃爾夫不得不請麥斯．柏金斯幫忙。沃爾夫和二十一歲的書稿代理人默多克．多爾的官司即將開庭。湯姆寫信給麥斯，請他出庭作證。「不僅是因爲個人關係與友誼，還爲了伸張正義。」柏金斯很樂意，尤其令他高興的是沃爾夫信中請他幫忙時並沒有流露出懊悔、焦慮的情緒。但此時，這個案子的許多細節柏金斯記不清了。二月一日晚上，他和湯姆約在雀兒喜飯店大廳，核對細節。沃爾夫剛搬到這裡，柏金斯提議在此碰面，這是他們七個月以來第一次見面，沒有痛苦的感覺。

這場官司跟《時間與河流》的手稿有關。以前，多爾爲沃爾夫賣出過幾件小物，如書本、文件等，所以沃爾夫託他出售這部小說的手稿。多爾到史克萊柏納出版社拿手稿並核對，發現這不是送去出版的稿子，而是書中刪掉的內容。於是，沃爾夫要他一起去史克萊柏納出版社整理這批未出版的手稿。

碰巧，沃爾夫的英國出版人弗雷－里夫那天從倫敦來紐約，柏金斯跟他不熟，約了他下午五點在查坦飯店見面；麥斯覺得最好讓沃爾夫一起去打個招呼，就走進沃爾夫和多爾工作的房間，帶沃爾夫去「只喝一杯」。但沃爾夫喝了好多杯，多爾等了幾個小時，等沃爾夫回去的時候，多爾發火了；沃爾夫一氣之下收回授權。多爾暴跳如雷，寄給沃爾夫一張一千美元的帳單，要他付服務費——具體地說，是他聯繫買家與整理稿子的費用，以及因取消委託而損失的傭金。多爾手裡還掌握著沃爾夫的手稿，揚言沃爾夫不付錢他就不還。於是沃爾夫提告，要求拿回自己的財產。後來，麥斯以他的方式表達了他在這件事情上要承擔的責任，他說：「是我沒有把關，讓多爾拿到錯的手稿，是我導致他們兩人的怒火一發不可收拾，應該怪我。」

和沃爾夫一起爲開庭做準備時，麥斯想起湯姆一九三五年去歐洲前夕，曾書面授權他爲法律事務代表。這讓沃爾夫歡欣雀躍，認爲這是他辯護的關鍵，因爲它清楚表明他始終無意讓多爾未經許可——就算不是沃爾夫本人，至少得有麥斯的許可——擅自作主。

一九三八年二月八日，柏金斯去澤西市出庭。他發現沃爾夫「在各種壓力下坐立不安，愁眉苦臉」，但在法庭上給所有人留下眞誠、有尊嚴的深刻印象。證人們相繼出庭爲沃爾夫作證，很快，柏金斯判斷沃爾夫將勝訴，他可能不用出庭。但他仍被傳喚，當麥斯把手放在《聖經》上起誓時，沃爾夫差點控制不住自己的情緒：伊莉莎白·諾維爾注意到沃爾夫感動得熱淚盈眶，因爲這是麥斯第一次在公開場合戴上助聽器。過去，他固執地拒絕在任何場合使用助聽器，即使每個和他說話的人都發覺他的聽力變得很差。但柏金斯認爲對沃爾夫有責任、有理解整個過程的義務，與此相比，使用這個笨拙裝置帶來的尷尬、不適都不重要。事實證明，他是最嚴謹、最客觀的證人。律師問了柏金斯兩遍，沃爾夫這麼快授與他法律代表權是否爲了控制多爾。「當我說我不確定時，我覺得自己像個呆子，」後來麥斯向約翰·泰瑞回憶道：「那個律師肯定瞧不起我，我也有點鄙視自己。」柏金斯能夠作證的是，在那以前他從未被授與過這種權力，因此，這顯然是爲了那個目的。

晌午時分，法庭宣判沃爾夫勝訴。柏金斯鬆了一口氣，慶幸嚴峻的考驗結束了，反倒覺得這個在法庭度過的上午「很好玩」。柏金斯相信沃爾夫的勝訴「多少重新點燃他對至少一種美國制度的信心」。他們一起坐渡船回曼哈頓，去奇里歐餐廳吃午飯。後來，麥斯意識到，以後再也不會因爲工作見到湯瑪斯．沃爾夫了。

麥斯寫信給他好幾位作家說明湯姆離開的事，強調離開是最符合沃爾夫利益的選擇，因此不可避免。也有人，例如海明威，認爲沃爾夫的態度像個巨嬰，柏金斯反而爲他說好話，把這事說得「很漂亮」。厄涅斯特納悶，這人爲什麼不能專心寫作就好，繼而譏笑道，當天才一定是非常難的事。

一月，海明威從西班牙內戰歸來。共和軍的進攻在各地都沒什麼進展，事實上，一連幾個月都沒什麼戰事值得厄涅斯特爲北美報業聯盟寫報導，他正好利用這段平靜的空檔寫自己的東西。冬天快結束時，他完成了第一個劇本，場景就在他住的地方，馬德里的佛羅里達飯店。消息一傳開，許多戲劇界人士打電話給柏金斯。麥斯寫信告訴厄涅斯特：「我無法想像你寫的劇本不會成功，不會轟動。」雖然他當時只知道場景。

回到基韋斯特，海明威向柏金斯坦承他「陷入各種非基督精神的困境」。他關心西班牙的戰爭，但離得太遠；他渴望把在西班牙獲得的新鮮素材寫進小說，卻又靠得太近。他還忙於跟寶琳的家庭戰爭，因爲他跟瑪莎．蓋爾霍恩關係愈來愈親密，但寶琳抓住他不放。柏金斯對他施以力所能及的援手。柏金斯說，如果劇本出版有助於戲上演，史克萊柏納出版社可以馬上出版，儘管慣例是劇本在戲劇演出時才出。（羅伯．舍伍德〔Robert Sherwood〕的《通向羅馬之路》〔*The Road to Rome*〕、《在維也納重聚》〔*Reunion in Vienna*〕、《石化森林》〔*Petrified Forest*〕就是柏金斯經手的成功先例。）「但你的這個劇本，」麥斯肯定地對海明威說：「即使沒上演也能暢銷。」只要有一個理由就夠了：大眾渴望知道西班牙的眞實情況。

海明威重返西班牙的念頭佔了上風。他告訴麥斯，在戰爭陰霾籠罩阿拉貢和馬德里時，他卻在基韋斯特閒逛，讓他感覺自己像坨「臭狗屎」。他不顧寶琳和麥斯的想法，在一九三八年三月中旬又回到西班牙。他向編輯保證，沒有忘記預計當年秋天出版的那本短篇小說集，他會在巴黎轉道去西班牙時把書稿寄給麥斯，在書付印前還可以加幾篇故事。

海明威的劇本定在秋天出版，他留了一份副本給柏金斯，雖然還要修改——他說，修改之一可能是題名《第五縱隊》（*The Fifth Column*）。「深爲劇本感動，非常精采，祝好運。」柏金斯發電報給海明威，次日又寫信給他：「順便說一句，我認爲你很難換到比這更好的劇名。」柏金斯渾然不知海明威的家庭糾紛，寫信跟寶琳說：「這個劇本讓我懂了爲什麼厄涅斯特一定要回西班牙。」至於這劇本的文學價值，他說：「它和《有錢人和沒錢人》一樣，或者更進一步，顯示厄涅斯特向前邁入一個新天地，更廣闊的天地。」

在船上，海明威給柏金斯寫了一封長信，爲最近幾星期的「折騰」道歉。他用鄭重的語氣感謝麥斯即使在他脾氣差、「整個人變成混球」的時候仍一如既往地忠誠待他。麥斯請他不必言謝。「你待我們很好，我們都這樣認爲。我非常感謝你。」他如此回信，但情不自禁地感到憂鬱。這封信讓他整個週末都悶悶不樂，因爲海明威彷彿認爲自己再也不會從西班牙回來了。「但我不太相信預感，」麥斯寫信給費滋傑羅，努力表現得樂觀一點：「我的預感很少準的。厄涅斯特看來很好，我認定他精神很好，但實際上恐怕不是。我還要告訴你，他信中特別提到你。」費滋傑羅頗爲感動，因爲海明威還記得在「預先的遺言」裡提到他，這個人「拜倫式的熱情」總是令他著迷。

史考特．費滋傑羅在一九三八年初來紐約。當時麥斯與他及一位迷人的金髮女郎共進午餐，她三十歲左右，史考特說是他的「女朋友」，從好萊塢來，柏金斯很高興她不是演員。這位「女朋友」叫希拉．格拉漢（Sheilah Graham），英國人，爲北美報業聯盟撰寫關於好萊塢的專欄。柏金斯聽到的資訊就這麼多，但他看出她顯然帶給史考特正面的影響。他在加州曬黑的皮膚頗爲顯眼，酒也戒了，氣色健康，步履輕盈。費滋傑羅還清了大部分債務——包括他欠麥斯的全部——還簽了下一年條件更好的電影合約，可望擺脫所有債務。

史考特一回到好萊塢就寄了一張支票給麥斯，這是他還給史克萊柏納的第一筆款。「我說過他會還錢，但沒人相信，」他在信裡對伊莉莎白．萊蒙說：「雖然有時候我也不信。」費滋傑羅隨支票寄來一封信，是他在日落大道的阿拉花園飯店房間寫的，供認那天和麥斯分開後，他在紐約大喝了一場，並發誓那次放縱亂喝只持續了三天，之後就滴酒未沾。不過，既然是懺悔，他說還應該招供另一次，去年九月份，也是類似的三天。除了這兩次沒管好自己外，他已經一年沒有碰酒精。「真難受啊，我們這些改過自新的酒鬼做任何事之前，都得先解釋自己的立場。」他在信裡寫道。史考特說他正在爲瓊．克勞馥（Joan Crawford）主演的電影《不貞》（*Infidelity*）寫劇本。柏金斯寄自紐約源源不斷的信是費滋傑羅還存在於文學界的唯一證明——即使只是微弱地存在。

令史考特更感孤立的是，那年春天，史克萊柏納出版社主管業務、宣傳的副社長惠尼．達羅通知他，曾激發二〇年代年輕人共鳴的《塵世樂園》，於出版十八年後正式「絕版」。費滋傑羅失望但不驚訝。「重溫一遍（小說），」他告訴麥斯：「我覺得它是虛假至極的《格雷的畫像》（*The Picture of Dorian Gray*）以來最有趣的小說之一，而且隨便翻哪一頁都寫得眞實生動。」他知道，對於新一代人，也就是他同齡人的孩子們來說，這本書關切的事已經很遠，曾經驚世駭俗的出軌行爲現在被視爲平常乏味。「要吸引他們（新一代），我得加點顏色，放兩個墮胎的情節進去，」史考特說：「如果重寫這本書，我可能會這樣做。」除了它的缺陷，他還想知道「絕版」究竟是什麼意思。他問，這是否表示他現在可以自行安排其他出版社再出版這本書？如果他這樣做，那個「惠尼．達羅還是達羅．惠尼，不管是什麼名字」，是不是又會突然覺得這本書有價值了？

一本書被宣告「絕版」，就意味著出版社因爲該書沒有需求，決定不再加印，僅售完現有庫存，作家有權自行接洽新出版社。但柏金斯說他另有打算，讓這本書繼續在史克萊柏納出版。「我不應該現在透露，因爲很有可能實現不了。」他寫信告訴作家：「我有個祕密的願望，等哪天——有一本新小說大賣之後——出一本合集。」它會收錄《塵世樂園》、《大亨小傳》[36]和《夜未央》三部完整的小說，並加一篇作者的長篇自序。「那三本書，」柏金斯寫道：「不僅具有永久價值，還代表了三個不同時期——沒有別人能把這幾個時期寫得這麼好。」柏金斯不想草率行事，過早出版這本三合一的合集。他解釋：

> 目前的時機有點適合《塵世樂園》和《大亨小傳》，因為往事披上了浪漫的光彩，但我認為《夜未央》的時機還沒有到，甚至對《塵世樂園》來說也還不是最合適。除非我們認為永遠不會再有好時機——我相信，除了戰爭，更好的時機總會出現——否則我們應該等待。

柏金斯希望費滋傑羅接著寫那部關於黑暗時代的小說《黑暗伯爵腓力》，但史考特沒空。他說神奇的電影業「先讓你忙得像咻咻飛的子彈，再在你別的什麼都做不了的時候，讓你在心灰意冷、隱而不發的情緒中等待它籌畫下一步」。好萊塢是「一個奇怪的混合體，既有少數優秀、過勞的電影人，也有一大群最底層的騙子、雇傭文人，你可以想像他們有多鬱悶，多可憐」。史考特說，後果就是「兩個人裡頭就有一個撒謊，誰都不信任別人，無數時間就因為缺乏人際信任而浪費了」。費滋傑羅認為，這是他生涯中一段特殊時期，但他環顧左右，意識到他並非唯一一尾跳出文學之河的魚。「看看你跟你的孩子都怎麼了，麥斯，」他在一九三八年四月二十三日寫給柏金斯的信裡說：「厄涅斯特去了西班牙，我去了好萊塢，湯姆．沃爾夫回他的鄉下追求藝術去了。」

對麥斯來說，這是休養生息、重整旗鼓的好機會。在新迦南度過一個平靜的夏天後，柏金斯一家搬回那裡定居。麥斯希望露易絲一直在鄉間生活，但她再度發現自己精力過剩——少了城市生活讓她無處消耗。她對舞台表演的熱情雖然消退，但焦躁不安的感覺仍困擾著她。她要尋找屬於自己的室外生活，很快，她找到了。

一九三八年初，幾位本地羅馬天主教教區長來柏金斯家，要跟他們家信仰天主教的女傭說話。露易絲跟修女們聊了幾分鐘，就慷慨地開了一張支票捐給她們的教會。修女們繼續跟她聊，離開時露易絲對天主教已經深有好感。她進一步深入，幾星期後，開始跟教區神父懇切地談話。「除了人，還有什麼是妳最在意的？」他問她。她毫不猶豫地回答：「戲劇才華。」神父告訴她：「帶著它，把它放在耶穌基督的聖壇上。」五十歲的露易絲，就這樣帶著天真少女般的活力和新皈依者的熱情，從舞台

36「出版它是多麼快樂的事！它是我出版生涯中最完美的書，」麥斯在這封信裡還談到《大亨小傳》：「你再也無法從其他書中獲得那樣的滿足。」

幕後走進新的神聖劇場。正如伊莉莎白．萊蒙注意到的：「露易絲一直都鍾情紫色[37]。」不管她的動機是不是出於宗教，她確實很熱情。親朋好友都認爲露易絲改信宗教有著舞台之外的含義。一些人說那是她「對家庭的反叛」，有個女兒則說這是「母親終生奮鬥創新」的又一個舞台。

麥斯並不被露易絲虔誠的投入打動。有一次，她又開始宣教，希望全家受洗，他說：「只要一說到教會，妳的腔調就假假的。」當她第無數次問：「麥斯，爲什麼你不試一次？」宛如要他試用治療頭痛的新藥。麥斯回答：「妳試過佛教嗎？」她愈用力拯救他的靈魂，他就愈頑固抵抗。這是他們長年累月家庭戰爭的新形式——沉默的內斂對抗不加節制的熱情。露易絲無論去哪裡都勸人改變信仰，這常令麥斯尷尬。她在家裡到處灑聖水，麥斯的枕頭一星期要被她弄濕好幾次。他嘆著氣問女兒們爲什麼不能對她們的母親「做點什麼」。一天晚上，她實在舉不出麥斯皈依天主教的理由，索性告訴他，要是他再不懺悔自己的罪行，參加團契，他會在地獄被火焚。「感謝上帝，我沒打算上天堂——」他反唇相譏：「跟你們這些天主教徒在一起。」到了六月，她進而把自己封閉起來與世隔絕整個星期。麥斯繼續鄙夷地觀察妻子對天主教的興趣，但告訴約翰．霍爾．惠洛克，他並不想徹底打消她的興趣。他厭煩了她對新教的攻擊，但也看到教會把她的時間佔滿。

由於和柏金斯密切工作，許多女作家都覺得自己比露易絲更了解他。有些人推斷他不和諧的婚姻是他鬱鬱寡歡的原因，卻不知道他對露易絲有著深深的愛和尊重，而貿然施以安慰和建議，尤其在露易絲沉迷宗教的那段時期。瑪喬麗．勞林斯那年寫信給麥斯，說他妻子「很善良，有點可憐。我理解她。你比她有智慧得多——你一定要寬容，天主教的事慢慢會過去。」麥斯一開始可能也這麼想過。他曾經寫信告訴伊莉莎白．萊蒙：「露易絲遇到事情總是熱情萬丈，又很快消退，這是最好的一面；

但這跟我的風格相差太大，所以我總是受驚嚇。」但在妻子加入教會幾星期後，麥斯又寫信給伊莉莎白說：「露易絲現在完全是羅馬天主教徒了。家裡到處是羅馬天主教作家的書，時不時會有修女闖進來，我甚至會想說不定樓梯後面還有一個神父。」

露易絲完全沉迷在宗教事務時，麥斯與伊莉莎白．萊蒙通信得更頻繁了。「只要手裡握著筆，我就忍不住寫信給妳。」他在二月告訴她。但過了幾個月，他說：「我有一千件事想跟妳說，但現在太忙了。我總覺得自己已經拚命工作，但仍有更多事要做，其他像我一樣的人卻似乎沒這麼多事，我不懂。我做得比別人快，我一直都擅長做得比別人快，但我不明白到底發生了什麼事。」

眞的發生了一件事，一位有才華又需要花時間應付的新作家出現了：英國出生的珍妮．里貝克（Janet Reback）。她從童年起就寫了許多書稿但都沒有發表，一九三七年接近四十歲時，她把一本小說投給麥克米倫出版社，被拒絕，她很沮喪。麥克米倫的一位助理編輯強烈建議她投給史克萊柏納出版社的麥斯．柏金斯，他會好好讀這本叫做《死亡王朝》（*Dynasty of Death*）的小說。

柏金斯讀了開頭幾頁就被吸引住了。有一次，查爾斯．史克萊柏納跟他吃午飯，他仍在讀。史克萊柏納記得麥斯當時就肯定地說：「這是即將成名女作家的處女作。」柏金斯寫信告訴南茜．黑爾，里貝克夫人的小說是「一部工整、優秀的傳統小說，人物眾多」，涉及三代人——「一本還沒修改好就已顯露出優點的書」。

柏金斯想在簽下這本書前見一下作家，因為他有許多修改意見。里貝克從羅徹斯特附近的家裡興

37 紫色是天主教神職人員的教袍顏色。

沖沖趕往紐約，但這次見面令她非常尷尬。在生人面前，她很想清楚表達，但口吃的老毛病偏偏跟她作對，她全副精力都花在克服口吃上，擔心結果是「我顯得弱智，近乎低能」。話不多的編輯由於耳背，許多話沒聽清楚，但仍對她留下很好的印象。

柏金斯的意見主要針對敘述累贅的問題。他建議刪掉透露太多情節的地方，「因爲我覺得可以省去不說，那是多餘的」；以及她描寫了太多不是非寫不可的東西——「讓讀者自己去領會他冷酷、乏味、頑固的性格，比妳告訴他們好」。任何她像路標一樣發表議論，指揮人物動作、感情的地方（比如「然後，梅做了她這輩子最勇敢的事。」），麥斯都建議刪除，「因爲讀者會知道她要做什麼，作者不介入，他們也能深切感受到」。麥斯的曾祖父過去常說：「人應該總是帶著一點飢餓感離開餐桌。」與此類似，柏金斯也經常告訴作家：「給讀者的永遠比他要的少一點。」

里貝克夫人也偏好情節誇張的故事。她的許多情節太依靠運氣，雕琢得很乾淨。這是柏金斯許多作家普遍的缺點，他們常辯稱這樣的巧合確是現實的寫照。里貝克夫人同意把小說裡的事件改得不那麼造作，淡化情節衝突，雖然她堅持：「我眞愛打雷聲中有各種預兆的死亡故事啊！」

珍妮．里貝克決定用筆名發表這部小說。「以目前的情勢，外國名字在美國顯得可疑，」她寫信給柏金斯說：「里貝克很像外國姓氏。」她提出把她祖父母的姓組合成一個名字：泰勒．考德威爾。柏金斯覺得這個想法很好，但對於她說「一部以商業爲主軸的小說用男性作家的名字發表更可能暢銷」就不太認同。

泰勒．考德威爾開始「修改、斟酌」編輯建議改動的地方。她寫信告訴柏金斯：「不管怎麼說，這本書讓我學到的比大學一門小說寫作還多。」柏金斯警告她：「編輯都是極容易犯錯的，不要太信任他們。」

經過大幅修改，《死亡王朝》於一九三八年秋天出版，得到許多評論家盛讚，因爲故事好看，他們都一口氣讀完。但也有些評論家甚至是史克萊柏納出版社內迂腐的編輯攻擊泰勒．考德威爾只是通俗作家。柏金斯非常憤怒。他已經激起人們閱讀這本書的熱情，無論別人怎麼批評，她都是優秀的說故事高手。這本書成爲暢銷書，也讓查爾斯．史克萊柏納再度見識到柏金斯的精準判斷。泰勒．考德威爾值得柏金斯爲她的書多付出那麼多時間，如果湯瑪斯．沃爾夫還在史克萊柏納，柏金斯很可能沒有時間照顧她。

麥斯和湯姆．沃爾夫已經分道揚鑣，但沃爾夫仍強迫症似的咀嚼他過往的每一段經歷，他和柏金斯交往的那些日子。在給貝琳達．傑里菲（Belinda Jelliffe）的信中，他說他與前編輯的工作關係是「那麼徹底、悲哀地結束了，再也不會恢復；現在，既然我歷經磨難終於贏得前所未有的力量和內心安寧，那些自認是我朋友、又試圖讓我恢復那段關係的人——我知道妳也是其中一個——對這問題的想法絕對是錯的。」貝琳達．傑里菲的自傳體小說《爲了親愛的生命》（*For Dear Life*）就是沃爾夫推薦給柏金斯，在一九三六年出版。紐約圈內盛傳柏金斯暗中希望湯姆失敗，以體現自己的重要，柏金斯對此嗤之以鼻。沃爾夫相信柏金斯只是對他的手稿施了些魔法，但那些魔法日子過去了。作家要把他與麥斯威爾．艾瓦茨．柏金斯的關係送進聖殿，沒有比把柏金斯寫進小說讓他不朽更適當的辦法了。於是沃爾夫開始創造一個新角色，一位編輯，取名福克斯霍爾．莫頓．愛德華茲，簡稱「狐狸」[38]。

38 福克斯霍爾的英文為Foxhall，前三個字母（Fox）是狐狸。

狐狸會在沃爾夫寫給哈潑出版社的新書中出現，因爲沃爾夫打算用那本書的結尾來概括自己的寫作生涯，全書最後是一封題爲〈別了，狐狸〉的公開信。沃爾夫寫信告訴伊莉莎白·諾維爾，這最後的部分「將是對全書，對過往一切的深情總結，也是對現狀的最後陳詞……如果我能照我想的那樣寫好……〈別了，狐狸〉本身就能獨立成一篇好文章」。

一九三八年五月，沃爾夫告訴他的編輯愛德華·艾斯維爾，他已經來到一九三三年十二月寫《時間與河流》時的清醒狀態——當時麥斯·柏金斯第一次看到《時間與河流》的全稿。「當然，他看到的還只是一個巨大的骨架，」沃爾夫寫信對艾斯維爾說：「但無論如何，他已經可以較清晰地看整本書了。」沃爾夫警告艾斯維爾，這本新書的篇幅可能比《時間與河流》還長。估計還需要一年不間斷地工作，才能寫完定稿。

那個月月底，他聲稱由於寫作、官司的折騰、個人的變故和批評的聲浪，他累極了，需要換換環境，但也知道「那條前人走過的老路」不能再走。沃爾夫打算再去西部領略美國最高的樹木、最大的山脈和最新鮮的空氣。他叮囑艾斯維爾在他外出期間先熟悉一下書稿。湯姆承諾：「我不會去很久，不管怎樣，六月初就會見到你了。」

出發前的那星期，沃爾夫才驚恐地開始整理書稿，愈整理愈沒信心讓艾斯維爾過目。「我知道我在哪裡，」沃爾夫寫信告訴他的經紀人：「就像向某人展示他從未見過的某種巨大史前動物的骨架——他可能會很困惑。」湯姆猶豫了幾天，還是在出發前把書稿寄給哈潑出版社。

柏金斯偶爾和伊莉莎白·諾維爾共進午餐，但已不復往日愉悅。柏金斯言談間帶著淡淡的惆悵。比如六月的一個下午，沃爾夫還在外遊歷，麥斯悵然問起湯姆，問起他在做的事。十三年後，諾維爾小姐還記得那天柏金斯顯得「非常蒼老，疲憊、失意和悲傷」。她寫信給沃爾夫，把午餐的過程和他們交談的一切告訴他。封上信封她才意識到，這樣描述這場談話多少有點背後打小報告的意思，雖然並非惡意。「看著柏金斯談到湯姆和這個世界，顯得那麼蒼老、悲傷，我很難過。」她回憶道。她還是寄出了這封信。六月的第三個星期，湯姆已穿越中西部，踏上前往西雅圖的旅途。經過長時間的天人交戰，他決定延長這次旅程。他被西部迷住了，但精神仍倦怠消沉。諾維爾小姐談柏金斯的來信讓他一陣傷感，很快又陷入沉思，這次是爲了那些他離開史克萊柏納出版社的流言。湯姆胡亂發揮想像力，開始從另一個角度看柏金斯。他寫信給經紀人說：

有六年時間他是我的朋友——我以為他是我這輩子最好的朋友，但兩年多前他開始跟我過不去。從那時起我寫什麼都是糟的，他沒有對它們、對我說過一句好話，好像等著我失敗……究竟是什麼原因讓人做出這樣的事？

還有流言說史克萊柏納出版社的業務員在全國各地指稱他是叛徒，這話傳到他耳裡，更令他相信他們「是受人指使去到處」說他壞話，並認定是「戴著友誼的面具」的柏金斯要他們這麼做的。

幾乎像是無意識地被某種一廂情願的欲望驅使，他要讓我受難，以滿足他的驕傲和永遠自以為是的頑固信念——這是他性格中的可悲缺陷——讓他不肯承認自己錯怪別人，自己也會犯錯。那是他的大缺點，而且我相信也是導致他諸多失敗的根源——他日益強烈的保守觀點、他的挫敗感，以及近年明顯在他個人生活和家庭生活上演的隱私悲劇。

沃爾夫抵達俄勒岡州波特蘭市時，斷定麥斯·柏金斯要與他和他的作品作對。「我想徹底切斷聯繫，也許哪天他願意我再恢復。」他在給諾維爾小姐的信裡寫道：「但在此期間，我們都別玩火。」他明確要求：「關於我或我在做什麼，一個字都別告訴他；相信我，只有這樣才能避免麻煩。」這不再是性格不合的問題。「如果我錯了，我的作品會說話，如果是他錯，他的生活會證明。」

六月的下半個月，沃爾夫遊歷了從西雅圖到墨西哥邊境的整個太平洋海岸，然後深入內陸一千六百多公里，再向西北方向直到加拿大邊境。與此同時，愛德華·艾斯維爾瀏覽了沃爾夫給他的書稿。「新書視野構思俱佳，有些部分為你迄今最佳創作。」一九三八年七月一日，他發電報給在西雅圖的湯姆：「我仍在讀，但相信你完稿時，它會成為你至今最偉大的作品。祝身體健康，靈感滿載而歸。」

這位作家想在西雅圖多待幾個星期，好整理旅行筆記並請打字員打出來。他向艾斯維爾形容這次西部之行是「絢麗的萬花筒，我希望能記錄下整個半球和美洲的生命」。艾斯維爾回信說：「自惠特曼以來，沒有人能像你這樣觸摸到有血有肉的美國，並把這種感受表達出來。」

一九三八年七月十二日，西雅圖的魯吉醫生（Dr. E. C. Ruge）發了一通電報給艾斯維爾：「湯瑪斯·沃爾夫病重，住進療養院，請電告費用如何解決。」艾斯維爾馬上回覆沃爾夫的銀行帳戶存款足夠支付所有費用，請醫生們給予最好的治療。魯吉很快又發電報：「湯瑪斯·沃爾夫在溫哥華[39]發病。連日旅途勞累、高血壓演變成肺炎，發燒，心跳加快，呼吸急促，劇烈咳嗽，體溫週一晚上攝氏四十點五度，週三清晨三十七點七度，似已脫險，明顯好轉，腎臟併發症亦明顯好轉。」

諾維爾小姐決定告訴柏金斯沃爾夫生病的事，但說得含糊反而使他焦急。七月二十五日，麥斯寫信給弗雷德．沃爾夫，請他至少寫張明信片說明湯姆的情況。「我沒有辦法打聽到任何可靠的消息，」他解釋：「但我知道他一定生過一場大病，也許仍在病中。」柏金斯想寫信給湯姆，但諾維爾小姐暗示柏金斯哪怕只是一封信都可能影響湯姆康復。

弗雷德．沃爾夫趕到西雅圖陪伴弟弟，在那裡寫信告訴柏金斯，湯姆得的是嚴重的支氣管肺炎。到了八月，醫生表示沃爾夫的體力恢復緩慢，但正在好轉。等他精神夠好了，弗雷德才告訴他柏金斯很關心，湯姆請弗雷德轉達愛和祝福。「我猜最簡單的事實是老湯姆把自己累出病了，」麥斯再寫信對弗雷德說：「等湯姆完全康復後我要寫信給他，無論誰說什麼。」

柏金斯好幾天都等不到消息，他索性寫了信，猜想也許沃爾夫會樂意知道紐約的「一些趣聞」。「我又成了坐火車在家和辦公室間通勤的人，好像我生來這樣，就該永遠如此，」他在信裡告訴湯姆：「我不太四處走動了。但只要去那些老地方，例如奇里歐餐廳、查坦飯店大廳和曼尼．沃爾夫餐廳，大家都會問起你。」麥斯說，在新迦南，他發現自己又跟一大家子在一起。外孫們來了，柏莎有一個女兒，捷比則有個一臉嚴肅的兒子，他們住在那幾間空臥室裡。麥斯說，出版業倒是一切都在好轉，他認爲這樣的態勢還能維持一年。瑪喬麗．勞林斯的《一歲的小鹿》仍然是史克萊柏納出版社的大暢銷書。社裡的人都還像沃爾夫記憶中的樣子，沒什麼變化，除了約翰．霍爾．惠洛克嚷嚷著要做

39 指美國華盛頓州溫哥華市。

結婚「這件傻事」。沃爾夫在那裡的所有朋友都「非常關切」他的病情。「但說實話，湯姆，」柏金斯在信末說：「它也可能變成你最好的事，因爲經過一段良好的休養，你可以有個全新的開始。」

柏金斯的信打動了沃爾夫。他強打起精神，要來紙筆，用顫抖的手寫道：

親愛的麥斯：

我現在偷偷地違反醫囑——但「我已有預感」，而且我有些話要對你說。

經過一次遠行，我來到陌生國度，見到那個黑暗的人，距離很近；我想我不怎麼怕他，但死神糾纏著我。我的求生欲望曾極其強烈，現在仍是，我一千遍地想起你，想再見到你，我感到難以排遣的痛苦和遺憾，因為還有工作沒完成，還有工作必須做。但現在，我知道我只是一粒塵土，一扇巨大的窗户彷彿已向生命敞開。我以前不懂這些，如果這次能安然度過，希望上帝保佑我做個更好的人。這很奇怪，我無法解釋，但我知道我會成為一個更有深度、更睿智的人——只要我能站起來走出這裡，我會離開幾個月再回來；只要我能站起來，我就會回來。

無論發生什麼——我有這樣的「預感」，也想過要寫信告訴你，無論將來發生什麼，無論過去發生過什麼，我永遠都會想你，懷念你，正如我永遠記得三年前的七月四日，你來接我下船，然後登上大樓樓頂，感受下面這座城市所有的奇特、榮耀和生命力。

你永遠的湯姆

「收到你的信我非常高興，」八月十九日，麥斯回信給在西雅圖的湯姆：「但別再寫了，這一封足夠了，我將永遠珍惜。我也記得那個神奇的夜晚，記得俯瞰這座城市的樣子。我一直想再回那裡看看，但也許不去更好，因爲事情到了第二次總是不一樣。」

之後的一星期，弗雷德告訴柏金斯，也許湯姆不該寫那封信。湯姆一消耗精力就發燒，病情復發，情況似乎比支氣管肺炎更嚴重，但也似乎還在恢復。「讓我們一起祈禱他好起來。」弗雷德在給麥斯的信裡說。

海明威在陣亡將士紀念日那天從西班牙回到美國，在鸛鳥俱樂部見到柏金斯。柏金斯發現他「除了疲倦、焦慮，其他都還好」，當晚海明威就坐飛機去基韋斯特。整個夏天，麥斯都在思考怎麼出版厄涅斯特的劇本《第五縱隊》和他的短篇小說集。在爲沃爾夫每況愈下的病情焦慮不安中，他決定把它們合爲一本書出版，書名叫《第五縱隊和最初的四十九個故事》（*The Fifth Column and the First Forty-Nine Stories*）。柏金斯排好篇目順序，也確認史考特．費滋傑羅的名字已從〈吉力馬札羅的雪〉中刪掉，但只改成「史考特」。他深知費滋傑羅多麼敏感，於是催厄涅斯特換一個完全不同的名字。

八月三十日，海明威重返紐約，和柏金斯在巴克利飯店一起吃早餐。他同意把小說中的「史考特」改成「朱利安」，並問麥斯對他寫一部關於西班牙戰爭的長篇小說和若干短篇小說有什麼看法。他想再去西班牙看一眼，然後去巴黎寫作，在那裡他可以一邊安穩寫作一邊關注戰局。

柏金斯意識到，支持西班牙共和派的美國左翼知識份子令海明威在美國時無法專心創作。他們視他爲自己人，不斷請他出面，所以柏金斯也覺得厄涅斯特出國是個好主意。

麥斯一直從哈洛德．歐伯那裡聽聞史考特夏天活動的消息，包括寫新小說的計畫，以及他把埃里希．瑪利亞．雷馬克（Erich Maria Remarque）的《三人行》（*Three Comrades*）改編成電影劇本獲得讚譽。「我早知道你在那裡會很成功，但擔心你太成功，」麥斯寫信給他說：「我現在仍擔心，因爲如果你把重心放在這上面，就很難專心寫作了。」

麥斯告訴史考特，他剛收到伊莉莎白．萊蒙的信。她要搬進維爾伯恩地界的一幢房子，那裡曾是讓莊園傭人使用的小禮拜堂，她將在這簡樸的教會房子裡度過餘生。「她似乎很高興，」麥斯告訴史考特，但意味深長地補充：「但她一個人住在那裡顯然不妥。」

夏末，麥斯問史考特和伊莉莎白能否抽時間寫信給「孤獨的沃爾夫」。湯姆已經一連高燒七個星期，醫生們都很憂慮。到九月的第一個週末，他們懷疑他罹患某種腦疾，西雅圖的醫療條件難以治療這麼嚴重的病情。在醫院的催促下，沃爾夫的家人安排沃爾夫坐火車穿過北美大陸，轉到巴爾的摩約翰．霍普金斯大學附設醫院治療，那裡的沃爾特．丹迪醫生（Dr. Walter Dandy）是著名的神經外科專家，也許能救湯姆的命。

沃爾夫的東行於九月六日啓程，他坐著輪椅被推上奧林匹亞號列車。一位醫生交給來自阿什維爾的隨行年輕女護士一管嗎啡，萬一出現對付不了的疼痛或痙攣，還能用它「壓一壓」。

九月十日，沃爾夫已經躺在約翰．霍普金斯大學附設醫院休息，有時候神志清醒，知道自己出了什麼事。當天下午丹迪教授就替他做手術。當他用環鋸打開沃爾夫的頭蓋骨時，顱內的液體在壓力作用下噴射而出，濺到手術室的另一頭。湯姆劇烈的頭痛消失了，一度以爲自己痊癒。丹迪醫生的診斷是結核性腦膜炎。唯一的希望是裡面只有一個結核瘤，而不是多個，那樣的話還能以第二次手術切除。

弗雷德·沃爾夫於星期日凌晨四點抵達巴爾的摩，並發電報給柏金斯：「計畫明晨爲湯姆手術，如果你今晚能在或許有幫助。」柏金斯收到電報，馬上隻身趕往巴爾的摩。愛琳·伯恩斯坦也要去，但麥斯知道她在場會激怒憎恨她的湯姆母親，因而勸阻。自星期六起就在醫院的艾斯維爾回紐約去讓哈潑出版社爲最壞的結果做準備。沃爾夫用了那麼多鎮靜劑，柏金斯不忍看，甚至不讓沃爾夫知道他來了，只像家人一樣默默在狹小等候室裡坐著，憂心地等待手術結果。湯姆的姊姊梅貝爾、弗雷德和他們的母親情緒都很激動。麥斯走向梅貝爾說：「唉，我們找個地方喝點東西吧。」

「我們找不到的，」她告訴他：「巴爾的摩一杯酒都沒有。今天是大選日……在巴爾的摩，選舉日所有店都不開門。」他們一杯一杯地啜著咖啡，繼續等待。好幾個小時過去，丹迪醫生和從西雅圖一路照顧湯姆的護士出來了。醫生解釋，他原來期望只發現一個結核瘤，但打開沃爾夫的頭顱後，卻發現「無數個」。

柏金斯溫柔的藍眼睛從一個人轉向另一個人，沃爾夫的母親堅忍地接受了這個消息，其他人都崩潰了，麥斯這輩子從未聽過這樣的哀慟。他扶著梅貝爾的肩膀，盡可能安慰她。丹迪醫生說，湯姆可能還有一個月的時間。在此期間，神志可能會恢復，大家能爲他做的，就是在最後的日子裡盡量幫助他排除死亡的痛苦和恐懼。

柏金斯不知道留下來能做什麼，於是回家。「那是悲痛的一天，」麥斯寫信對自己的母親說：「……跟《天使，望故鄉》裡的場景一模一樣。他們都是好人，可是精力和感情都超乎常人。那位老母親很了不起，像新英格蘭人。」

手術後三天——一九三八年九月十五日，離他的三十八歲生日還差十五天，湯瑪斯．沃爾夫離開了這個世界。柏金斯在給弗雷德的電報裡說了他當時僅能說出的話：「深感難過，和湯姆的友誼是我此生美好的回憶。請轉達我對梅貝爾和你們母親的愛。我非常敬佩你們一家人，人們會明白湯姆的優秀是從何而來。」

麥斯的耳邊一直迴盪著《李爾王》中的一句台詞，像是種安慰。「他痛恨想讓他在這無情人世多受一刻酷刑的人。」柏金斯相信沃爾夫是個「幾乎一直、且將永遠遭受酷刑的人」，他以作家之身肩負海克力斯的使命，即使能力驚人也難以承受。

他一直用文學素材（柏金斯後來為《卡羅萊納雜誌》寫道）——這個尚未向人民展現自己的偉大國家——奮力寫作，那是歐洲的藝術家不必做的事。不同於英國藝術家，他們一代一代向英國人民展示英國，每個人都從前輩那裡繼承真實的東西，慢慢積累，歷經幾個世紀。湯姆了解其他國家的文學，知道它們不是美國文學。他知道美國的光和色是不同的；知道它的味道、聲音、它的人民，這片大陸的結構和規模都是前所未有。他奮鬥的正是這些，在很大意義上，正是這種奮鬥支配了他所做的一切。他的書會流傳多久，沒有人知道，但他照耀、指引的小路已經永遠打開。美國藝術家們將沿著它前進，拓寬它，去表述那些美國人只在潛意識中知道的事物，向美國人展現美國和美國人。那是湯姆動盪激烈的一生的核心。

柏金斯認為，如果讓沃爾夫再活二十年，再寫那樣的長篇，他或許可以獲得與才華相襯的成就。

但正如「高個子不得不屈就於日常的門、汽車和傢俱，他只能把自己的表達套進一般的空間、時間格局中，但這些要求無論對他的個性、對他的寫作主題而言，都太局限了」。柏金斯只向伊莉莎白．萊蒙吐露他對湯姆之死的眞實情感；但即使是對她，他也只流露了一點點：「當今世態，很難想像湯姆活在世上能不受折磨。他想做的遠不止於他實際做的，但他會一直受苦。」

露易絲和麥斯坐在湯姆著墨甚多的那班深夜特快列車K19普爾曼車廂裡，南下去阿什維爾參加葬禮。抵達酒店後，他們包了一輛計程車，沿著環抱小鎮的群山山脊行駛。麥斯一看到群山，就意識到它們對湯姆的成長有著多麼重要的影響。多年後柏金斯寫道：「像沃爾夫那樣想像力豐富的男孩被禁錮在那裡，可能會認爲山外的世界一定都很精采，與他身處的這個無論怎樣都滿足不了他的地方不同。」他在書中、在夢裡看到的那個廣闊世界，都在山的那一邊。下車後，麥斯和露易絲走到鎮上的廣場，向加油站前的一個男人問路。這人說他在湯姆年輕時就認識他了，露易絲就問湯姆那時候是什麼樣子，男人回答：「就像那本書說的一樣。」

那是柏金斯悲痛至極的一天。「在那樣的場合也許應該哀慟，」很久以後，麥斯說：「但這完全不是我們北方人和聖公會的風格。」麥斯覺得必須去沃爾夫家，看看湯姆躺在棺材裡的遺容。沃爾夫臉上搽了粉，戴了假髮，蓋住腦部手術留下的傷口。麥斯感謝上帝讓遺體不像沃爾夫生病時的樣子。弗雷德懇請他對湯姆說點什麼，但柏金斯毫無說話的心情，他只是站著，固執地不發一語。

同一天上午，露易絲去天主教堂請教會爲湯姆做安魂彌撒。神父不太願意。「啊，」他說：「那家人都愛惹事。」柏金斯知道他們控制不住情緒，因爲「他們精力充沛，加上性格因素，在當地的名聲一定不太好。」麥斯告訴約翰．泰瑞：「湯姆對這件事一定比任何人都敏感，這影響了他的一生。」

但鎮上大多數人都悼念這位著名的小鎮之子。人們湧入第一長老會教堂唱讚美詩，聆聽頌詞，頌詞中有《時間與河流》的片段。靈柩車經過通往河畔墓園的道路時，男人們在路邊站成一排，脫帽致意。下葬時，柏金斯不忍多看，雖然他是榮譽抬棺人。他避開人群，獨自站在樹叢中，他討厭這一切儀式。正如他在沃爾夫生前所扮演的角色，此時柏金斯也站在幕後。

第二天早上，強烈颶風自南向北席捲大西洋沿岸，彷彿跟著麥斯．柏金斯的火車回紐約，再進入新英格蘭地區肆虐。從阿斯卡特尼山頂的樹林到溫莎的河岸都遭颶風蹂躪，天堂毀了。

# 第四部

*The doctors predicted Perkins's recovery, but penicillin proved powerless against his fatigue with life itself...*

# 19 萬物有時

華爾街的動盪不出十年，隆隆的戰爭席捲了世界。麥斯的親朋好友都注意到，他的心思都在戰爭上。他不相信張伯倫（Neville Chamberlain）吹噓的慕尼黑協定會「爲我們的時代帶來和平」。一九三八年十二月他寫信對海明威說：「我總是情不自禁地想著這些。」他的這種關注可能是北方人對待感情的典型態度，把因個人不幸而產生的憂慮轉化成對某個遙遠或非個人事物的關切。湯瑪斯．沃爾夫的死，無疑使麥斯對暴力和毀滅變得敏感。

另一個反映他情緒低落的跡象是他再度採取了本能的悲傷治療法：他五十四歲，年紀大，精力也不濟，但仍全力埋首工作。「參加完沃爾夫的葬禮回到辦公室後，他工作得更拚命。」威科夫小姐回憶道。還有第三個跡象。他對萊蒙小姐說過：「每當我煩惱的時候，《戰爭與和平》總能給我幫助。」這段時間裡，約翰．霍爾．惠洛克多次發現，麥斯在讀他放在辦公室的那部《戰爭與和平》。

沃爾夫在一九三七年春天擬就的遺囑中，指定柏金斯爲遺囑執行人。柏金斯不願擔任這個角色，但正如他寫給自己母親的信上說的，「似乎也找不到什麼適當的理由推辭」。沃爾夫下葬後沒幾天，他已經看出這個任務將帶來無窮盡的麻煩和非議。「沃爾夫家的人都是怪人，他們非常優秀，但疑心重，什麼東西都要牢牢抓在手上不肯放，即使證明放手可能對他們有利。」柏金斯告訴母親。這堆雜亂的事讓柏金斯忙得幾乎沒有時間感傷。

隨著沃爾夫去世，大量紀念文章湧現。北卡羅萊納大學的《卡羅萊納雜誌》請柏金斯親自寫一篇關於沃爾夫的文章，但柏金斯回信表示抱歉。他幾乎不可能有時間，也沒有心情寫這篇文章。但雜誌編輯仍堅持拜託。他深知這所大學對湯姆意義重大，就電報回覆：十月十日之前我會竭盡全力寄去數千字。柏金斯寫了三千字，核心內容在以下這一段：

對他來說，世界上最重要的事就是他的寫作，如此單純，因為事實就是這樣。既不是出自庸俗意義上的野心，也不是通常意義上的利己主義。他受天賦驅使，生活中任何阻礙他施展天賦的意外事件，在湯姆看來都是對他的侮辱。他內心知道，人生來就有麻煩——每個人都很焦慮，時時受挫——但他決心要做的工作被各種瑣事干擾，令他憤怒；與工作纏鬥也令他煩躁。

幾個月以來，詩歌、悼文、慰問信以及詢問湯瑪斯．沃爾夫情況的信件，如潮水般湧入柏金斯的辦公室，麥斯一一回信。對於知道他和沃爾夫結束合作的人，他都寄上湯姆最後寫給他的信的副本，以證明作家在最後的日子裡對他仍然真誠。寫信給柏金斯的人中，沒有人比費滋傑羅更懂柏金斯了。他說他知道湯姆的死「深深打擊了你，你與湯姆的文學生涯連結如此緊密，對他的感情那麼深。」費滋傑羅簡直難以想像「那樣一個充滿活力的大個子」最後陷於沉寂——「他死之後一片靜默。」費滋傑羅也對柏金斯擔任文學遺產法律執行人感到吃驚，因爲這很諷刺。他覺得柏金斯現在比沃爾夫活著時更能掌控他的文學命運，很奇怪。

沃爾夫的遺產包括他最後一部長篇小說的草稿，這本書已和哈潑出版社簽約，他們把它存在保險箱裡。身為遺產執行人，柏金斯的職責是把稿子整理好使之出版，並規畫沃爾夫其他遺作的出版計畫。他來到艾斯維爾交接給他的木板箱前，有條不紊地整理放在裡面的草稿，彷彿沃爾夫仍是他的作家。他盡可能把每一頁草稿逐條列記，把可以抽出來讓伊莉莎白．諾維爾單獨做為短篇小說賣給雜誌刊載的稿子夾在一起。

當務之急是如何處理沃爾夫在西部旅行途中寫的日記。初讀之下，柏金斯覺得很難從這一萬字日記中找到連貫的思路，因為多數句子都是斷句，是匆忙間記下的。沃爾夫草草記下是為一部充滿活力的長篇小說積累素材。但等沃爾夫拿到打字稿再讀一遍後，他建議照原樣出版。他也委婉提醒艾斯維爾和諾維爾小姐，沃爾夫過去作品的編輯過程中，所有修改都是經過作者認可才執行的，但現在沃爾夫已無法再看，這些素材就只能照湯姆寫的原樣出版，只能做人們根據合理推斷認為沃爾夫本人也可能做的更正。沃爾夫這部記錄他在西部廣袤國家公園中旅行的雜亂日記，就這樣——充滿不完整的句子和亂用的標點符號——在當年夏天發表於《維吉尼亞季刊》題為〈西部之旅〉。

至於那部小說，麥斯整理好大部分書稿後，就把這七十五萬字稿子交給艾斯維爾。「研究他龐大的書稿就像在挖掘古特洛伊城遺址，」這位哈潑出版社編輯在提到沃爾夫尚未發表的寶藏時寫道：「你會挖到在各階段被埋藏、遺忘的完整文明的證據。有些近在他去世前四個月寫成；有些得追溯到《天使，望故鄉》，實際上是那本書中刪掉的部分；還有一些是在這兩個時期之間的寫的。」艾斯維爾明白柏金斯了解多年的事實，即沃爾夫不是按一般的意義寫「書」：

湯姆實際上只寫了一本書，長達四千多頁，包含他所有作品。那些印著他名字、擁有獨立書名的書，都只是這部巨著編了號的分卷而已。應該這樣理解：它們被分開出版，只是為了方便。

柏金斯常說，沃爾夫很清楚作品整體性的概念。這些被標示而分開出版的部分現在能否假某人之手合併，是可以討論的問題。在柏金斯審稿時所做的注釋的指引下，艾斯維爾發現，「這部書稿的奇妙之處——眞正不可思議之處——在於一旦把多餘的內容、沒完成的斷章、與書無關的大量材料拿掉，剩下的部分便各就其位，像拼圖一樣渾然一體了」。

這年年末，柏金斯以遺囑執行人的身分預告，大部頭長篇小說《蛛網與磐石》（*The Web and the Rock*）將於一九三九年夏初由哈潑出版社出版；並說剩餘的內容可能還夠編成一本短篇小說集，可以晚些時候出。

柏金斯發現，在所有材料中，沒有比湯姆用大篇幅寫福克斯霍爾·莫頓·愛德華茲的內容更有趣的了。在將近一千頁的篇幅裡——他的筆跡非常潦草奔放，一張紙上經常只寫二十五個字——湯瑪斯·沃爾夫醜化了他的編輯。沃爾夫始終相信塑造人物的方法是從早上起床開始觀察他，把他的日常習慣記錄下來，無論多麼微不足道。在描述的過程中，有些怪癖被略微誇大，他描繪的柏金斯肖像是絕佳的典型，儘管沃爾夫不可能看見他躺在床上或剛起床的樣子。毫無疑問，作者覺得他對筆下人物的熟悉程度足以讓他從可見的場景推測其他：

沉睡的狐狸是一幅會呼吸、天真無邪的畫像。他向右側臥，雙腿微微彎曲，雙手在耳朵下疊在一起，帽子靠著他擱在枕頭上。看起來，狐狸的睡姿還挺動人的——他已經四十五歲了，但睡覺時完全像個小男孩。不難想像，這頂靠著他放在枕頭上的帽子也許是他前一晚帶上床的兒童玩具——還真是這樣！

接著，沃爾夫想像狐狸坐起，抓起帽子一把扣在頭上，轉身下床，朝淋浴間走去。

現在他脫得一絲不掛，除了帽子，他戴著帽子走到蓮蓬頭下——這才想起來，不明白自己怎麼了，不得不違心地承認此舉實在不智——他怒氣沖沖地打了個響指，用低沉、厭惡的默認口吻說：「好吧，這沒什麼！」他伸手摘帽，但帽子卡得太緊，只好用雙手又扭又扯，不情不願地把這團皺巴巴的東西掛在門上、近在咫尺的掛鉤上，再帶著躊躇的神色打量了一會兒，彷彿還捨不得拿下它。隨後，他仍帶著困惑的表情，走到嘶嘶噴水的蓮蓬頭下，水熱得能煮蛋。

然後，沃爾夫寫狐狸穿衣服：

這些衣服非常合身。狐狸穿什麼都合身。他從不知道自己穿的是什麼……他的衣服就像長在他身上一樣：無論穿什麼衣服，都能立刻顯現他的優雅、高貴和自然而然的從容。

沃爾夫跟著狐狸，詳細寫他工作日的情況：

噢，狡猾的狐狸，你的狡猾是多麼單純，你的單純又多麼狡猾；你下指令時那麼拐彎抹角，拐彎抹角起來又那麼直接！你正直而不欺詐，沉著而不招妒，公正而不盲目，你為人公平，眼光犀利，內心強大不懷恨，誠實而不做卑鄙事，高尚而不膚淺地生疑，單純而不耍手段——但他從來沒有在討價還價的交易中吃虧過！

就連他的耳聾也詳加描述：

耳聾，見鬼！像狐狸一樣耳聾，他就是！他的耳聾是藉口，是詭計，是花招！他想聽的時候就聽得見！要是他想聽你説話，哪怕你在三十公尺外説悄悄話他都能聽見！我跟你説，他就是一隻狐狸！

就這樣，沃爾夫用他豐富的想像力，刻畫了那個吸引他一輩子的人。我們不知道柏金斯最初怎麼看待這些描寫，只知道他帶著幾分懊惱對萊蒙小姐說，他不知道自己像沃爾夫筆下的狐狸那樣，到處「對別人輕蔑地嗤之以鼻」。我們知道的是，他沒有要求艾斯維爾刪改任何關於福克斯霍爾．愛德華茲的內容；他恪守不干涉作家作品的編輯方針，承受最大的考驗。

在哈潑出版社整理沃爾夫這本書的七個半月裡，柏金斯清點了沃爾夫的遺產，答覆了好奇學者提出的所有問題，向別人推薦一些文章，以使沃爾夫的名字經常出現。他為醫療費用力爭，也竭力推進相關出版工作而不冒犯任何人。忙碌了幾星期，當他終於騰出時間寫信給伊莉莎白．萊蒙寫信時，對她（只對她）說了心裡話，說他情感枯竭了。他常想到她住在米德爾堡那個教會房子裡的田園生活，在一九三八年十二月寫給她的一封信裡，他說：「我希望染上肺結核，不得不去薩拉納克休養六個月，然後再康復。即使那裡的生活很悶我也願意，因爲我厭煩透了，連一個下午都顯得漫長。妳找到了正確的生活方式。」

也在十二月，威拉德．漢汀頓．萊特，也就是范達因，來到史克萊柏納出版社五樓，要柏金斯擔任他的遺產執行人。這件事光想就像往麥斯的傷口上撒鹽，尤其是萊特比柏金斯還年輕好幾歲，但麥斯還是同意了。他知道萊特的身體不好，對這個世界心灰意冷。萊特和柏金斯最近剛一起「喝過茶」，當時萊特盯著一杯拿破崙白蘭地，用聽天由命的無奈語氣說：「我很高興喝了這麼多白蘭地，我愛白蘭地，可惜以前沒有多喝一點。」

三個月後，萊特的心臟病輕微發作，就在開始康復時，又一次發作奪去了他的生命。威拉德．漢汀頓．萊特去世時留下一部完整的小說書稿《冬季殺人事件》（*The Winter Murder Case*），從頭到尾工工整整。在柏金斯看來，這完美地體現了萊特的性格。

整個冬天，到一九三九年春季，柏金斯始終埋首工作。這段時間耗費他最多時間的一本書，是查德．鮑爾斯．史密斯（Chard Powers Smith）所寫的一部反映奴隸制度與工業主義的內戰小說《時代的砲兵》（*Artillery of Time*）。就像對其他許多作家一樣，麥斯寄過一本《戰爭與和平》給史密斯，而史密斯從中受到啓發，致力於掌握戰爭中國家的精神。他奮鬥了幾個月。「這本書可能很好，」柏金斯告訴伊莉莎白．萊蒙：「但只有長時間的刻苦寫作才能做到。我給許多作家、也給自己惹了麻煩，因爲我讓他們讀《戰爭與和平》。」史密斯不是重要作家，柏金斯也很快意識到他的書可能永遠都不會成爲傑作，但他仍像對待那些知名的作家一樣，勤懇地爲史密斯工作，忍受同樣的麻煩。

這部書稿洋洋灑灑寫了五十萬字，柏金斯覺得它廢話連篇，幾乎沒什麼情節。他研究了幾星期，把它區分成情節與次情節，看看哪些場面還可能展開。史密斯後來回憶說：「我記得很清楚，除了明顯的錯誤，他沒建議改動任何一個字，只用紅色鉛筆在段落的首尾（有時這些段落長達幾頁）打上一些試探性的小直角，用不太自信的語氣建議說，如果不太麻煩，也許可以考慮刪掉這些段落。」柏金斯還寫信詳談他建議修改的理由。比如，他提醒作家，他的首要責任是講故事，讀者——

無法忍受一再被打斷，也無法完全吸收你從第三十二頁中間到整章結束所提供的材料和描寫。必須把小鎮寫得籠統些……一定要記住，如果你一開始就給讀者正確的印象，他的知識會隨著故事展開而逐步增長。但你想講的東西太多了。

柏金斯解釋，史密斯津津樂道地描述一次火車旅行，無論它多麼有趣，都無助於情節推展：

這段描寫似乎完全為了說明當時搭火車旅行是什麼情況，在很多層面上對推進書中故事沒有實際幫助。

諸如此類的例子……史密斯是個異常坦然的利己主義者，他覺得柏金斯的提議非常寶貴，因此，除了幾個小地方，他全盤接受。他不僅吸納了編輯的建議，還自動對書稿做了許多修改。接下來，麥斯便要面對無休無止的編輯工作。最後，柏金斯向伊莉莎白．萊蒙發牢騷說，史密斯的書「差點讓我自殺」。不過又說，讀校稿時，他意識到「這本書很了不起，我為自己曾對它喪失信心並懷疑作者的功力而慚愧，雖然他從不知道我有這種心態。他確實寫得很好。」這件事充分體現出這位職業編輯與眾不同的兩項才能：第一，他能透過一本書的缺點，看到它的不凡處，無論缺點多令人失望。第二，任憑遇到多少挫折，他仍會不屈不撓地持續工作，挖掘書的潛力。

厄涅斯特．海明威曾在一九三八年末從巴黎寫信給柏金斯，悼念湯瑪斯．沃爾夫。這幾乎是零星寄來的悼念信中的最後一封。海明威說他之前沒寫，是因為他覺得談論「死傷者」從來都於事無補。他同意沃爾夫臨終前的那封信寫得不錯——麥斯寄了一份給他看，但又說每個人在即將告別人世時，都會寫情眞意切的信給最好的朋友。海明威想像柏金斯會因而積累許多這樣的信，包括自己希望再過五十年會寫給他的那一封。

海明威的《第五縱隊和最初的四十九個故事》於一九三八年末出版。柏金斯把有分量的書評都寄給海明威。像柏金斯那樣對這個劇本印象深刻的評論家並不多，艾德蒙．威爾森對它尤其不以為然。海明威向柏金斯解釋，像威爾森這樣的所謂革命者，實際上都是懦夫，他們沒有參加保衛西班牙共和國的大業，便覺得要貶低那些在前線出生入死的人。海明威說，對此他無所謂，雖然他痛恨那些「拙劣的指責」。那些傢伙仍能成群結夥罵死一本書，但他告訴柏金斯，就算換新一代評論家上場，他仍會存在並「過得很好」。厄涅斯特說，當他飛快翻閱他這本六百頁的書稿時，就知道他做的是能夠「流傳下去的事業」，哪怕明天就死去。

海明威過去幾年一直投身於支持西班牙共和派的事業，但也改用他之前的客觀眼光看待這場革命。他告訴柏金斯，在這場以共和派失敗而告終的戰爭中，雙方都上演了「背叛與墮落的狂歡」。幻滅感與他因這本書受到冷淡對待而引起的低落情緒交織在一起，使他更難工作。「寫作是艱苦的事。」他在給柏金斯的信裡說，不過他也說，沒有什麼事使他更快樂。海明威說，在不幸降臨前，他要向柏金斯保證，他像湯姆．沃爾夫一樣尊敬他——「即使我不能表達得那麼充分」。海明威告訴麥斯，他將去西班牙最後一趟，然後回國寫一本小說。

一九三八年是柏金斯最悲傷的一年，到了年底，朋友們可以看出悲痛留下的痕跡。他的頭髮除了額頭的V字尖之外，現在全變灰白，他的眼神、話語都帶著沮喪。關於聖誕節和新年，他在給費滋傑羅的信中說：「不管是誰把這些日子稱爲假日，他一定是諷刺大師。」一九三九年一月，柏金斯去了佛蒙特，看到去年秋天颶風對溫莎造成的破壞。他在意的一切幾乎都被摧毀。麥斯走在「天堂」林間的斷枝、被連根拔起的大樹間，樹林邊緣有幾棵樹抵受了暴風雨的考驗，依然挺立。麥斯告訴女兒捷比，那些堅強的樹可以構成一首詩極好的核心意象，但他始終沒有寫。

海明威從西班牙回國後，又在紐約逗留，見了柏金斯才去基韋斯特。他告訴麥斯他要寫三個長故事。其中輪廓最清晰的，講一個捕魚維生的老漁夫獨自駕著小船，與一條劍旗魚耗了四天四夜才打敗它，結果因爲無力拉上船，眼睜睜看著牠被鯊魚們吃掉。海明威說，如果他能把它和另外兩個打算要寫的戰爭故事寫出來，那麼這一年的家庭生活費就有著落了，他就能繼續寫新的長篇小說。

與此同時，海明威等著那些承諾要把《第五縱隊》搬上舞台的人的消息。他推測，他們躲躲閃閃是因爲這個劇本讀起來有點像隔天的新聞標題。談了幾個月，卻沒有實質進展。他後悔沒有把《第五縱隊》寫成長篇小說，尤其是現在他有很多戰爭內容可寫（這齣戲最終還是上演了，連演十週）。在基韋斯特，他不斷作關於戰爭的噩夢，夢見他在西班牙最近一次撤退中被俘。柏金斯給他開的藥方是上床睡覺前喝一瓶烈性黑啤酒。「許多次它讓我睡著，」他在信裡寫道：「而且睡得很沉。」

海明威離開基韋斯特去了古巴——獨自去的，他的第二次婚姻也破裂了——住進一幢房子，那確實是個寫作的好地方，房裡沒有電話，也沒有人打擾。他每天早上八點半開始寫，一直寫到下午兩點；原本想寫他跟柏金斯講過的那三個故事，此刻又擱下。春天，瑪莎．蓋爾霍恩來到他身邊時，他新的長篇小說已經寫了一萬五千字，這部小說的場景是內戰時的西班牙。他猶豫著是否要跟麥斯討論這本書——他認爲討論一本書會帶來壞運。他跟麥斯說，爲了有空寫長篇小說，他推掉了好萊塢和巡迴演講的邀請，也因此不得不向史克萊柏納出版社預支一點錢過日子。他說，如果麥斯需要抵押品，他可以給；但請麥斯放心，史克萊柏納出版社不會需要抵押品，因爲這本書進展很順利。他每天都一字一句地從頭讀，每天都斷定自己在流暢熟練地寫作。

柏金斯告訴海明威，他的另一個作家、曾在林肯旅戰鬥的阿爾瓦．貝西（Alvah Bessie）正在寫他的西班牙回憶文集。海明威對這種競爭並不擔心。他認爲貝西是「意識形態小伙子」，而他自己，正如他後來承認的，既不是「天主教作家，也不是政黨作家……甚至不是美國作家。只是作家」。他規定自己每天寫作不超過一千字。他說，正如打仗要的是勝利，寫小說要的是寫完。他覺得過去兩年他損失了許多，他要用這部小說贏回來。

在古巴，海明威偶然得到一本《夜未央》，又讀了第三遍。他告訴麥斯，他對這本書的大部分篇章寫得如此「出色」感到驚奇。他認爲如果費滋傑羅寫得更用心些，讓它「渾然一體」，那它應該是本很好的書。說實話，海明威說，它讀起來比費滋傑羅以往的任何作品都好。「眞的寫完了嗎？」厄涅斯特想知道：「還是他可能重寫一遍？」他請柏金斯下次寫信給史考特時轉達他的敬意，也承認他曾對費滋傑羅有種愚蠢、幼稚的優越感，就像一個倔強肯吃苦的小男孩譏笑另一個天才但柔弱的男孩。

一九三八年末，費滋傑羅短暫離開好萊塢去看他女兒。史考蒂一頭金髮，身材嬌小，是瓦薩學院一年級的學生，比麥斯的四女兒珍低一屆。史考特想去管教管教她，擔心她放太多心思在約會、舞會上，就像賽爾妲以前那樣。費滋傑羅在途中去見麥斯並向他求教，麥斯給他的忠告在他看來是一種最簡單、最合理的哲理：「無論如何都絕對不要……容許你和孩子之間有敵意。」

從瓦薩學院回程中，史考特又見了麥斯。上次見面時，柏金斯很高興看到費滋傑羅看起來比前幾年更年輕，氣色更好，對自己和寫作也更有信心。但這次，史考特有心事。《塵世樂園》已經正式絕版，史考特擔心他的文學影響力也在衰退。回到加州，他寫信給麥斯：

> 對許多人來說我還是個人物，還不時能在《時代》、《紐約客》之類刊物上看到我的名字，這令我想知道，就連法雷爾（James T. Farrell）、史坦貝克（John Steinbeck）這樣的傢伙都能被印到雙層巴士車身上，如此輕易讓我的名字消失是否應當。

柏金斯找惠尼．達羅談《塵世樂園》加印的事，但達羅細算後說史克萊柏納出版社不能爲了滿足柏金斯的願望而不考慮財務上的損失。於是，正如整整二十年前柏金斯處置費滋傑羅這本書的手稿那樣，他去找其他出版社，力勸專出再版書的美國水星出版社把它收入他們的一套廉價叢書，但對方馬上辯稱這本書過時了。

米高梅公司也撤銷了一樁與費滋傑羅的交易。他們花了十八個月把他寫的劇本分包給其他簽約編劇修改，現在卻決定不用。費滋傑羅因此少了一份週薪，但他視這份解雇通知書為一種變相的賜福，他知道繼續這種「工廠工人般的計件工作」無異於自毀。他向麥斯解釋電影公司的態度。

你知道嗎，（他寫信告訴柏金斯）在參與改編《飄》的時候，我被嚴禁使用除了瑪格麗特．米契爾原著以外的任何詞彙。也就是說，當你必須創造新的表達方式時，你只能從書裡找，好像它是《聖經》似的，還要核對她的用詞是否符合劇本裡的場面需要！

一年後，他向柏金斯承認，「我當不了雇傭文人——和任何工作一樣，那也需要熟練的技藝。」費滋傑羅渴望把數個想法寫出來，想到要推倒重來而不是「小修小補」就感到興奮。他永久地埋葬了《黑暗伯爵腓力》，構思了一部現代場景的小說——「是必須在此時、在你文思泉湧的時候才能寫的那種書，正如《夜未央》要依照最初的構想寫，所有事情發生在里維耶拉。」

就在柏金斯以為費滋傑羅在洛杉磯開始過自我約束的新生活時，他卻帶著賽爾妲不辭而別度假去了。他從阿什維爾高地醫院接她出來，一起到古巴縱酒狂歡。過去幾年裡，賽爾妲的病情逐漸好轉，已經可以跟母親、女兒或丈夫外出短期旅行；但只要和史考特在一起，她似乎總是會錯亂。不過這次，崩潰的是史考特。放縱的結果是他被送進紐約達可塔斯醫院。史考特臥床期間，麥斯和賽爾妲談了幾個小時，覺得她看上去大為好轉。「不知道她病情的人不會想到她有病，」他寫信對海明威說：

「不過看她的樣子應該也經歷了許多磨難。」

柏金斯確實相信史考特在構思一部新長篇小說，也有寫出來的意願。費滋傑羅對此極其保密，只在到紐約拜訪麥斯時才透了一點口風。費滋傑羅回到洛杉磯不久，查爾斯．史克萊柏納就寫來一封友善的短箋，建議史考特既然在好萊塢工作過，大可從那裡找新書素材。史考特驚恐地回信給柏金斯說：「這種錯誤訊息可能已經被文人專欄散布出去了。如果我給人這種印象，那也全是假的；我說過這部小說是關於過去兩年發生在我身上的某些事。」他告訴柏金斯，不可否認，這本書植根於好萊塢，但他堅稱，它絕對「不是關於好萊塢的（退一步說，即便它關於好萊塢，那也是我最不願留給讀者的印象）」。這一次，費滋傑羅先大致寫出整本小說的草稿，如果以後需要去賺錢，可以先擱下一個月，然後從「情節和情緒中斷的地方」繼續寫下去。

幾週以後，費滋傑羅因輕度肺結核復發又病倒在床。他那始終在最後關頭扮演借款人角色的經紀人哈洛德．歐伯決定不再保他過關。費滋傑羅很惱火。多年來他向歐伯借過許多錢，但從不賴帳。單是過去的十八個月，費滋傑羅就已還清歐伯所有借款一萬三千美元，還讓歐伯賺到八千美元傭金。

史考特向史克萊柏納出版社借了六百美元應急，還請柏金斯介紹兩三個紐約最好的經紀人，以備他想離開歐伯時可以聯繫。柏金斯推薦了卡爾．布蘭特，說他「極其精明，爲人隨和，也許有點圓滑」，但柏金斯還是提醒史考特，哈洛德．歐伯是這世界上對費滋傑羅最忠誠的朋友之一。「我衷心希望你和他和睦相處。」他寫道。費滋傑羅告訴麥斯，他懷疑史考蒂與歐伯太太的一次口角是造成這件事的原因——歐伯太太批評，史考蒂來看他們只是爲了把他們在紐約的房子當作她的臨時落腳處（可能性更大的是歐伯和費滋傑羅最後結清借貸後，就不想再借錢給他）。柏金斯最後一次寫到這個問題是這樣說的：「如果根本原因在妻子，那情有可原……妻子有時候對丈夫有種奇怪的影響，所以不是丈夫的錯。」

柏金斯可能想到了自己的婚姻。他的同事們注意到，只要話題談到宗教，他的幽默感就消失，還可能變得很苛刻。露易絲的改宗和麥斯的反應幾乎摧毀了他們曾擁有的幸福。他們現在寧願避開對方也不願交談，因爲宗教支配了露易絲的言談和生活。她每天上教堂，星期天大部分時間在那兒。麥斯傍晚回到家也愈來愈常見到她在客廳招待濟濟一堂的神父與修女。麥斯簡直難以忍受。如果事先知道晚上有這種聚會，他通常就待在紐約過夜。不僅是麥斯，幾個女兒和朋友們都厭煩露易絲喋喋不休勸他們皈依天主教。人們如果問起，麥斯就冷冷地說，因爲改宗，她現在更幸福了。但他在露易絲上教堂的頭一年年底對瑪喬麗．金楠．勞林斯說，他盼望著她不再是新手教徒的那一天，他說，成熟的天主教徒「不會這麼賣力」。

一九三九年初，麥斯的第三個女兒佩姬決定嫁給羅伯．金，這個英俊的醫生來自俄亥俄州阿萊恩斯。麥斯很欣賞他，但發現他脾氣太好，恐怕會完全聽佩姬的。三月的最後一個星期六，柏金斯一家在新迦南的宅子裡舉行小型婚禮，數十位賓客喝光了十二箱香檳。

三〇年代即將結束，柏金斯開始催促查爾斯．史克萊柏納招募更多年輕人。他發現進入出版業的新人受過的文學教育比他當年剛入行時更多。他也意識到自己對書稿的判斷力不像過去那麼準確了。過去他能光憑書稿戲劇性的最後一頁，或一個過目難忘的短句就預測作家的光輝前程。有時，他跟某位作家聊天時發現他談吐不俗，就會承諾出版他的書。他覺得，結交各個領域的人，接觸生活中充滿戲劇性事件的人很有意思，因而總是偏愛這類人寫的回憶錄或自傳性小說。但最終他意識到，往往也正是這類人缺乏寫作的毅力或才能。有位成就卓著的藝術家想寫自己的人生經歷，柏金斯支付他一筆不算多也不算少的預付金，這位藝術家卻用這筆錢聘請一個又一個漂亮秘書。麥爾坎・考利四〇年代初在《紐約客》上撰文說：「無論他準備口授哪一段人生經歷，他發現他每次開口說的話都是『瓊斯小姐，有人告訴過妳，妳很漂亮嗎？』這本書還沒開始寫，不過柏金斯認爲書的內容都在藝術家的腦子裡，如果不出意外，總有一天會寫出來。」

和任何出版社一樣，史克萊柏納出版社下賭注般地預付幾千美元買過一些始終沒有誕生的書，對每一本書的責任壓在麥斯心頭。要是有哪一本書交了稿，卻因品質太差無法出版，他的感覺就更糟。「情況就是這樣，」他向伊莉莎白・萊蒙解釋：「我這一生，老是因爲粗心和愚蠢使自己陷入困境，要嘛掙扎著走出來，要嘛滅亡。於是，基於作家的某些特別之處和我的給過的回應，我會接受這些作品。接著，書稿或第一部分來了，我不能交給別人，他們會說它太爛了，或說它不值得花心血，只能自己做，我在絕望中一遍一遍地改，有時候甚至羞於讓人知道。」現在，每當他發現自己又面臨這樣的問題，只要想想他當時修改查德・史密斯《時代的砲兵》時的情景，就能找回勇氣。《時代的砲兵》最後成了暢銷書，被譽爲「北方版的《飄》」。

聽多了作家們的哀嘆，與伊莉莎白通信就成了麥斯最重要的感情宣洩管道。「眞希望能對著妳說話，但我永遠做不到。」一九三九年六月一個晚上，又因爲露易絲在招待教友而無法回家，他寫信給伊莉莎白。獨自坐在哈佛俱樂部，他想起與伊莉莎白在一起的時光。「和妳在一起眞開心，」他寫道：「開心得一句話也說不出口——不過這沒有關係，我是說眞的，沒什麼關係。我想妳在那幢有花園的房子裡生活很好，我想妳始終是和善、永不言敗的，這不容易。按理說，所有事情妳應該都能輕易應付。」自一九二二年兩人開始書信往來，他們的通信始終是純潔、私密的，如同他們之間的愛。露易絲知道他們寫信，但既不知道那麼頻繁，也不知道信裡說些什麼；伊莉莎白把信寄到麥斯的辦公室。三十年後，柏金斯的一個女兒了解他們的關係後，微笑著說：「很高興爸爸那時有人可以傾訴。」

一九三九年春天令柏金斯不安的一個主要原因，是湯瑪斯．沃爾夫的《蛛網與磐石》出版的日子近了。「現在我一如既往為湯姆焦慮——事實上，更焦慮。」他在給伊莉莎白．萊蒙的信裡說。麥斯的第一個擔憂是愛琳．伯恩斯坦。沃爾夫的葬禮後，她在多個場合與柏金斯和善相處，但這本伯恩斯坦幾年來拚命壓制的書，就要把她和湯姆的戀情細節全部攤在陽光下了。「我擔心那個女人會自殺，」麥斯向萊蒙小姐坦言：「我欣賞她，尊重她，但我什麼都不能告訴她。」

沃爾夫這部遺作的前三百頁，回溯到自己人生的開頭，雖然寫的不是阿爾塔蒙特鎮的尤金．甘特，而是利比亞山的「修道士」喬治．韋伯。柏金斯看出湯姆再度洋溢著他們一起修改《時間與河流》時的蓬勃活力，但遺憾於沃爾夫強迫自己避免抒情和自傳式寫作。柏金斯理解沃爾夫的理由，其中之一是：

> 他知道他的家人深受折磨，另外一些人同樣如此，因為他們都被當成人物形象寫進書裡，即使靠想像對人物原型作了一些改動。他的家人從未抱怨但他們確實受到傷害，他們知道在湯姆心裡，他們都是「了不起的人，有了不起的個性」，但他沒有意識到這件事對個人的影響。他一直在思考這件事，最後覺得必須用截然不同的手法把親朋好友和其他相關人等寫進小說。

但沃爾夫只有一個故事可講。那些人名都改了，但當沃爾夫第一次在船上與艾絲特．傑克邂逅時，讀者再一次透過尤金．甘特的眼睛看到愛琳．伯恩斯坦：

那天晚上後，孟克再也見不到那個女人的真實形象了，見不到她在許多人心目中的形象，見不到他初次見到她的樣子。他永遠見不到她中年主婦的樣子，見不到她熱情愉快的臉龐，見不到她每天健康旺盛的精力，見不到她精明能幹、天分洋溢的行動力，能夠在男人的世界佔據一席之地。

她成了世界上最美的女人——不是象徵性或理想主義上的那種美——而是他全神凝視、真實而瘋狂的想像化身。

在接下來的六百頁裡，他們戀愛中的每一種情緒、每一件事，都被毫不掩飾、赤裸裸地記錄下來。柏金斯甚至告誡他的一些作家絕不要讀《蛛網與磐石》，儘管他認爲前半部有幾個沃爾夫寫得最好的故事。麥斯告訴瑪喬麗．勞林斯：

的確，這本書的後半部，戀情部分，無論現在還是過去都不該這麼寫。也許應該十五年後再寫——然而，那是湯姆的困境。他努力讓自己不落後於時代，但一寫太近的事，他就掌握不了分寸。這真是進退兩難，我不知道原因。

到《蛛網與磐石》出版，也就是一九三九年六月，柏金斯終於明白艾斯維爾爲什麼花這麼長時間編這本書。湯姆留下的手稿太龐大，乃至於必須刻意拆成兩本書。而且，它由各種素材組成，這些素材原本要用於五、六本不同的書。比如他早先寫在小說《保羅．斯潘格勒的幻覺》中的情節，在《蛛網與磐石》的第一部分又出現。湯姆曾命名爲《夜間人》（*People of the Night*）的小說中，則有對福克斯霍爾．愛德華茲的描寫，現在將被當做《蛛網與磐石》的續集，從《蛛網與磐石》結束的地方往下寫；而它的最後一行又是下一部的書名：你再也回不了家鄉。

柏金斯眼看人們快要知道他就是書中的福克斯，感到很不安。他向朋友們承認他憂慮，倒不是因爲沃爾夫抹黑他，「我只是厭惡成爲被描寫的對象。」麥斯在給史考特．費滋傑羅的信裡說：「沃爾夫挖空心思地寫史克萊柏納出版社，唯獨寫得與這書比較相稱的部分，還是很長的一部分，居然是寫我，這很怪。」

哈潑出版社於一九四〇年出版《你再也回不了家鄉》，稱它爲沃爾夫「最後一部也最成熟的作品」。柏金斯之前就不連貫地看過稿，現在對這本書依然沒有熱情，部分原因是它和《蛛網與磐石》一樣，都是匆忙拼湊之作，更大的原因是它會讓人認爲，他就是主角喬治．韋伯的編輯——「狐狸」。柏金斯寫信對伊莉莎白．萊蒙說：「我才不是狐狸，妳覺得我是嗎？我不是不讓妳答『是』，那樣的話我想妳不會再跟我講話了。我可能有些地方很糟，但不是那樣；我絕對不是馬基維利。」兩星期後，麥斯看到印刷成書中的這些章節，又讀了一遍。他再度寫信告訴伊莉莎白：「福克斯的事我錯了。我沒讀整本就逃避，只從我讀過的部分憑著猜測得出了錯誤印象。」他認定沃爾夫對他的描寫是善意的，馬上寫信跟費滋傑羅說：「讀著書裡的某些段落，我甚至想，如果我眞像那個人，反而應該自豪。」他還及時告訴威科夫小姐：「這證明我至少沒那麼壞。」

麥斯的女兒佩姬還記得，他父親讀《你再也回不了家鄉》時因為福克斯的舉止而笑得東倒西歪。但麥斯寫信對經紀人亨利．沃肯寧說：「我覺得，我們的女作家們如果讀了這本書，發現他筆下的我到處說女人壞話，恐怕會離開我們。」

由於這是沃爾夫在西北部病倒前幾個月寫的，這本上下集長篇小說最後的那些段落就顯得別有諷刺意味，其中有一封喬治．韋伯寫給福克斯霍爾．愛德華茲長達三十六頁的公開信。

親愛的福克斯，我的老朋友，

我們已經走到曾經一同走過的那條路的盡頭。我的故事已經講完了——現在向你道別。

在我離開前，只想再告訴你一件事：

夜裡，逐年減弱的燭影晃動中，有個聲音在說話，告訴我我要死了，我不知道會在哪裡。那個聲音說：「離開你熟悉的大地，尋求更偉大的知識；離開你擁有的生活，尋找更偉大的生命；離開你愛的朋友，尋找更偉大的愛；尋找比家更親切、比大地更廣袤的家園——那裡撐起大地的支柱，那裡擁有世界的良知……風正起，河水洶湧。」

一九三九年九月一日，德軍開進波蘭，戰爭在歐洲爆發。海明威正在蒙大拿州寧靜的艾爾巴蒂牧場寫那部關於西班牙的小說。得知消息後，厄涅斯特寫信告訴柏金斯，他有義務參與這場戰爭，但唯有完成書稿才能履行義務。他不急著去歐洲，他認為「從現在起，我們所有人都有參戰的機會」。每當嗅到戰爭的氣味，他的宿命論就出現，他在信裡告訴麥斯，根本不指望能捱過這場戰爭。

柏金斯希望，英國起碼能在戰爭期間接受溫斯頓．邱吉爾擔任領導人。「他也許是個法西斯，」麥斯在一九三九年七月寫給厄涅斯特的信裡說：「但在戰時會是優秀的領導者。」幾個月後，柏金斯聽到令人感興趣的傳聞，說邱吉爾正在撰寫一部英語民族的歷史書。柏金斯乍聽之下大吃一驚，因為正是他在近十年前建議邱吉爾寫這樣一本書。過去十年間，史克萊柏納出版社出版了柏金斯視為「堂堂巨著」的第一次世界大戰史和「眞正傑出的」馬爾伯勒公爵（Duke of Marlborough）傳記，「如果不是因爲他是這家族的後裔而有預設立場的話，這本書會寫得更好」。

邱吉爾曾在一九三一年訪問美國，公開演講談「新暴政」蘇維埃俄國及英美加強合作的必要性，當時柏金斯、查爾斯．史克萊柏納與他有過一次長談。麥斯從未遇過讓他第一眼就這麼喜歡的人。他寫信告訴科普蘭教授：

> 他更像美國人而不是英國人。他站起身，嘴裡叼著雪茄，在辦公室邊踱步邊說話。當時我建議他寫一部大英帝國史。之後他起身快步走來走去，好像就是那時，他想到一個計畫——寫一部包括我們在內的英語民族史。他之前肯定思考過這個計畫，但當時想的似乎只是那部帝國史，很快，他就擴充、調整了計畫。

邱吉爾在紐約思考柏金斯的建議時，也提出要一位秘書爲他工作一天。麥斯派自己的秘書去協助。伊爾瑪．威科夫面對邱吉爾這樣一位大人物，自然感到畏懼，但她像柏金斯的大部分作家一樣知道「有任務在身的時候，柏金斯先生會讓你相信，你是世界上唯一能完成這件事的人。」在她去華道夫飯店報到的前一天，柏金斯提醒她，邱吉爾每天早晨都在床上口授他的大部分信件，而且不穿睡衣。他還開玩笑地說：「他隨時都可能冷不防地掀開被窩出來。」但伊爾瑪．威科夫很勇敢，邱吉爾也是紳士。

柏金斯發現邱吉爾屬於「幾乎不考慮錢又很需要錢」的那種人，因此他不先與出版社談合約條件，按常規方式出版，而是先提出寫作計畫，將之以很高的預付金賣給一家英國出版社。那本英語民族歷史書就是這樣進行：先賣給倫敦的卡瑟爾出版社，得到頗為可觀的二萬英鎊預付金，英國出版社再讓幾家美國出版社競標爭奪美國版權。史克萊柏納出版社當時預算緊縮，對這個家族企業來說，花三、四萬美元買一本還沒寫的書是不容考慮的事；多德—米德出版社得到了它。柏金斯依然非常欽佩邱吉爾，甚至辦公室一直放著他的照片。

邱吉爾的這本書還要拖很多年，海明威的書卻很準時。厄涅斯特從蒙大拿州搬到愛達荷州一個新度假村莊「太陽谷」，他那部旨在揭示西班牙戰爭眞相的小說很快就寫到九萬多字。他告訴麥斯，如果他眞想完成一部「大得不得了的書，裡面包羅各種人物」，最好趕在他參戰、可能陣亡前寫完。海明威還說，如果柏金斯能趕在狩獵季結束前來訪，他一定載他在遍布鱒魚的溪流中泛舟，把他介紹給愛達荷那些正在辦離婚手續的「美豔女人」。瑪莎．蓋爾霍恩正在芬蘭為《柯里爾》雜誌報導戰事。此時已經與寶琳分居的海明威，就把他在「太陽谷」的單身漢套房命名為「海明史坦的淫賭窩」。

在湯姆．沃爾夫的財產完成州稅務官審查前，柏金斯不能離開紐約。處理完這些後，又得忙於準備春季書目，他希望把海明威的新小說納入。他寫信給厄涅斯特說：「要是能讓我知道書裡哪怕幾個元素以便寫內容提要，以及書名，你要什麼我都答應。」一九四〇年一月，已經回到古巴的海明威寄給柏金斯書稿的前八頁和中間三十頁。在這些段落中，主角，也是理想主義者的美國大學教授羅伯．喬丹已奔赴西班牙爲共和軍作戰，任務是炸燬一座具有戰略意義的橋。柏金斯幾乎當即發電報給作家：「印象極深。開頭幾頁好，第八章妙極。很快寄合約。」

小說接近完成時，海明威突然堅持不了他平時嚴格的寫作習慣，一到週末就呼朋引伴買醉。每個星期天都從宿醉展開，然後給麥斯寫一封綿軟無力的短信。他希望麥斯允許他偶爾斷開工作，並贊同他在這種情況下，與其「在宿醉中」寫幾頁小說，還不如寫私信。在瑪莎．蓋爾霍恩一月中從赫爾辛基回來前，海明威的狀態確實不對勁。他週末依舊放縱，但她對這部小說的閱讀熱情似乎讓他最後篇章的寫作順利了些。又過了幾個週末——「這些日子過得不快就見鬼了」——海明威終於寫到結尾，但這部他篇幅最長的小說，結尾突然卡住。柏金斯說他認爲厄涅斯特知道結局是什麼，只是不知道如何表達。麥斯寫信給他，說：「總之，結尾向來非常難寫。」

同時，經柏金斯一再要求，海明威苦思書名。作家想出一個氣魄的標題，且不擔心「太誇張」。「它包含很多意思。」他說。海明威經常在英國文學作品選集裡搜尋標題，他一頭鑽進手邊的《牛津英國散文選》（*Oxford Book of English Prose*），看到以「沒有人是一座島嶼」開頭的約翰．多恩《禱告．第十七首》（*Meditation XVII*）的結尾時，斷定自己找到合適的書名。他趕在柏金斯規定的四月二十二日截止日，寄給他前五百一十二頁書稿，書名定爲《戰地鐘聲》（*For Whom the Bell Tolls*）。海明威覺得它具備書名必須有的「魔力」，且這本書也會讓書名被廣泛引用。如果柏金斯不同意，作家還有三十幾個題目可供選擇。但厄涅斯特說，這是第一個敲響他內心之鐘的名字——除非人們把「Bell」當成貝爾電話公司，把「Toll」誤以為長途電話費。柏金斯回電報：「完全贊同，認為格局宏大、耳目一新……書名很棒，祝賀。」

柏金斯會這麼激動，很大程度是海明威已經超過十年沒寫長篇小說，更因為海明威對戰爭的描寫非常精采。對柏金斯來說，閱讀《戰地鐘聲》的經驗有如觀察真實戰況。他寫信告訴作家：「這些事在我腦中浮現，彷彿親見所見。真令人驚奇。」柏金斯告訴伊莉莎白·萊蒙，他相信「海明威寫出了最好的作品，絕對如此」。

一九四〇年七月一日，海明威發電報說「橋被炸燬」，意思是他終於知道《戰地鐘聲》如何收尾了。他親自拿著結尾的稿子來到紐約，在這裡進行最後的修潤，將處理完的每一部分定稿交給柏金斯，柏金斯再依序送去排版列印。柏金斯告訴瑪喬麗·金楠·勞林斯，他全神貫注地閱讀書稿，儘管厄涅斯特全程站在他身後，隔著他的肩膀跟著讀。海明威不是在史克萊柏納大樓，就是在巴克萊酒店喝酒狂歡。到了八月，持續了幾星期，飽受海明威折磨的日子總算結束了。

柏金斯與再次前往哈瓦那的海明威很快開始分頭處理排版稿。編輯標註的主要是文體風格，但也有幾個重要問題——例如有好幾頁，麥斯和查爾斯·史克萊柏納都認為應該寫得緩和些。史克萊柏納看到老婦人皮拉那一席關於「死亡的氣息即將飄來」的預言式講話，覺得非常恐怖，厄涅斯特則堅稱這既非沒必要的淫穢描寫，也不是什麼出版禁忌。還有一幕描寫羅伯·喬丹在戰鬥前夜手淫，海明威提醒柏金斯，正是這類細微描寫令這男人真實可信，而不只是冠冕堂皇的英雄。最後，海明威刪掉了手淫那段；柏金斯保證那席關於「死亡」的講話會「原封不動」，另一段文字則做了修正。

接著，海明威又想用後記來結束全書。他寫了兩個新章節，概述塞戈維亞進攻失敗，討論炸橋和喬丹的消失，並交代其他所有人物。他說這兩章都挺好讀，但給人感覺好像是他們演完戰鬥戲後回到化粧室。「我應該加後記嗎？有必要嗎？」他寫信問柏金斯。他舉棋不定，這或許華而不實，反而會削弱小說原本結尾所表現的眞實情緒。柏金斯認爲，最初的結尾非常有感染力，不同意增加後記，那些新寫的內容因而被捨棄了。

在新書出版的季節，史克萊柏納出版社把他們的書店變成海明威的神殿，第五大道上的書店櫥窗裡展示的全是這本小說。「全城人都在議論，說這眞是一本了不起的書，」柏金斯寫信告訴作家：「人們說它的出版是件大事，連非出版界和非文學界的人都知道。」

正當海明威的事業達到他與柏金斯合作以來的巔峰時，柏金斯的另一位作家與他的關係卻徹底終結。就在這個季節，在舍伍德．安德森寫《小城畸人》二十年後，他告知柏金斯，不滿意史克萊柏納出版社冷落他的作品。「麥斯，我總是覺得奇怪，爲什麼你們對於我在寫什麼、想寫什麼都缺乏興趣。」他寫道。

安德森與史克萊柏納出版社的合作始於一九三三年，那一年，霍瑞斯．李維萊特去世，他的出版社也宣告破產。柏金斯於是寫信給安德森，提議由史克萊柏納出版他的書。他們在紐約見面。麥斯建議安德森寫一部自傳式小說，或者沿用安德森《說書者的故事》（*A Story Teller's Story*）的風格，寫一本記敘個人生平的續作。作家回到維吉尼亞州特勞代爾群山中的農場後，寫信告訴柏金斯決定成爲他的作家——「這不是因爲你們會爲哪本書付我多少預付金、爲我花多少廣告費，而是因爲我對史克萊柏納出版社在出版業的地位長期抱持著敬意，也許可以說，我潛意識中就喜歡你，柏金斯先生。」安德森爲他的回憶錄暫定書名爲《蓋房子》（*I Build My House*），開始寫作。這封信裡，安德森還透露了他爲什麼想與新編輯合作。

我想我應該常常很放鬆地去找你，像朋友聊天一樣談談計畫。我明白什麼是作家與出版人之間的良好關係，這種關係的最好狀態，約莫類似知性的婚姻……

但是，安德森後來的信卻表明，他更喜歡寡言的搭檔。在以後的年月裡，他只把柏金斯當做徵詢初步意見的人。有一封信裡，他還透露自己很迷信，相信不能跟人談論還沒寫完的小說。

安德森遲遲不寫回憶錄，彷彿一本回憶性作品將是他事業的輓歌。他還有好幾個寫作計畫都在斷斷續續地進行中。例如一九三四年，他寄給編輯一批互無關連的文章，希望結集成書，柏金斯把其中一些整合起來，以《困惑的美國》（*Puzzled America*）爲名出版。之後安德森開始寫新小說《基特·布蘭頓》（*Kit Brandon*），史克萊柏納出版社在一九三六年出版，對安德森的原稿一字未改。接著，作家三心二意地開始另一個計畫，他認爲「這是一部沒有意圖的小說，不打算改變任何人，不創造新世界，只講一個靦腆的小個子男人和他半喜半悲的冒險故事」。他告訴柏金斯：「大部分時間我一邊寫一邊坐在那裡咯咯地笑。」他試了幾個角度，又改變方向重寫，回到柏金斯最初的建議；這種捲土重來的經驗有好幾次。

安德森與史克萊柏納出版社合作的那幾年，是他最焦慮不安的時期。和史考特·費滋傑羅一樣，早年奠定不凡聲譽後就沒有再創輝煌。他一會兒寫這個，一會兒寫那個，在七年中拖拖拉拉地寫那部自傳性作品。一九四〇年夏天，年滿六十四歲的安德森陷入人生不得志的痛苦中，他責怪出版社，尤其是麥斯．柏金斯。

你知道，麥斯，我時不時來看你，是因為我喜歡你這個人，你一定知道這一點，但我跟你在一起的時候，你卻很少問我在做什麼，反而特別關心你合作的某些其他作家。要是你不喜歡我的作品，我不能怪你，不過當然，在此期間有其他出版社對我有興趣。

安德森說，每當有人問他對現在的出版社是否滿意，他就回答：「我應該滿意，但覺得他們對我不太感興趣。」他覺得「也許我該去能感覺到對方眞正需要我的出版社」。

柏金斯希望安德森不要走這一步。他寫了職業生涯中極爲謙卑的一封信解釋他的行爲，他覺得安德森不需要像新起步的作家那樣被人照顧。「是因爲我認爲您完全知道自己在做什麼，也有您的做事方式，」這位否認自己是狐狸的人說：「如果我追問、催促，甚至試圖指導您，那對我來說近乎無禮。很久以來，我一直尊您爲大師，是許多成名作家的父輩，我情不自禁地向您提到他們，主要是想從您這裡獲得啓迪。」

柏金斯的信深深打動了安德森。同時，他也告訴柏金斯：「我不能只靠著被人視爲曾經的文學大師而活。」在安德森的觀念中，書不是美國人主動買的，而是由出版社賣給他們的。因此出版人得「支持」他的書。「每當我去史克萊柏納，我就有一種感覺，」他寫信告訴麥斯：「或許我可以獲得這樣的垂青。我懷疑，過去沒有得到也許是因爲史克萊柏納先生認爲我太老，不值得在我身上花錢。」

幾個月後，安德森、史克萊柏納和柏金斯在出版社辦公室開會。銷售記錄顯示由他們出版的三本安德森的書總銷量不超過六千五百冊，作家很不滿地指責出版人賣出的數量太少。柏金斯理解安德森的失望，「未必是錢的問題，作家寫書是爲了它們能被閱讀，讓盡可能多的人讀到，理應如此。」但他的確相信，即便是世界上最天花亂墜的宣傳也無法讓更多人接受這些書。

安德森氣不過，跳槽去哈考特—布萊斯出版社。沒幾個月，他就在一九四一年六月死於腹膜炎（哈考特出版社後來出版了他與柏金斯談論多年的回憶錄）。幾乎與此同時，麥斯爲維吉尼亞·吳爾芙（Virginia Woolf）的自殺深感痛惜；他從未見過她，但很敬仰她。柏金斯想，隨著她的去世，一個文學時代消逝了一大半。「的確，作家正像蒼蠅般死去。」海明威冷酷地說。

一九三九年十月，史考特·費滋傑羅給了柏金斯充分的理由相信他和他的事業還有蓬勃生機。他發電報給麥斯：「若有可能，請與《柯里爾》的肯尼斯·利陶爾（Kenneth Littauer）午餐，商議連載小說。他已有大綱。絕對不讓歐伯參與目前談判。我六月已戒酒。若有必要，告訴利陶爾我愚蠢地拒絕了文學公會對《夜未央》的報價。如有可能請來信。小說情節須絕對保密，一點暗示也會被人剽竊。」

這部小說的主角是個電影大亨，名叫門羅·史塔，原型是米高梅電影公司的高級主管歐文·托爾柏格（Irving Thalberg）[40]，多年來他一直吸引著費滋傑羅。史考特請麥斯放心，在「勾勒出每一個場

---

40 1899-1936，美國電影早期的重要製片人，因其非凡的能力被稱為「神童」。托爾柏格總能挑選正確的劇本，發現合適的演員，組織最好的團隊，職業生涯製作了數百部成功的影片，如《大飯店》（*Grand Hotel*）、《叛艦喋血記》（*Mutiny on The Bounty*）、《大地》（*The Good Earth*）等，並打造大量銀幕新星。他的影片開拓了美國電影的海外市場，也投射出根植於民主自由、充滿活力和誘惑的美國生活形象。

景、情節後……我想我能把這本書視爲一本傳記，因爲我了解這個人的性格。」柏金斯僅憑這個大綱去說服利陶爾。「沒有任何（其他）人能處理這樣的主題。」利陶爾覺得費滋傑羅不可靠，他說《柯里爾》雜誌有興趣，但在決定報價前，必須看到部分書稿。

感情和經濟近乎崩潰後，費滋傑羅交了兩次好運。他找到與好萊塢專欄作家希拉·格拉漢一起生活的幸福感。格拉漢小姐後來寫道，他的確考慮與她結婚——如果賽爾妲「康復到足以與她母親度過餘生，或一直這樣瘋下去，與眞實世界斷絕所有聯繫」。同時，費滋傑羅還把一系列描寫好萊塢寫手帕特·霍比的短篇小說賣給《君子》雜誌，但每篇稿費只有兩百五十美元，不及以前《晚郵報》稿酬的十分之一。「窮的時候，」他說：「你賣東西只想著快點變現，哪怕四分之一的價錢也願意。」這筆錢幫助他生活下去，但當然，費滋傑羅還得像過去那樣向麥斯借錢。

十一月二十日，他打算把新小說的前一萬字給柏金斯看。「很大程度上取決於本週。」他寫信告訴麥斯。材料很「勁爆」，所以《柯里爾》雜誌要不要連載無所謂。「當然，如果他願意支持我，就是救我一命。」費滋傑羅寫信給肯尼斯·利陶爾，「我絕對相信我會再次成爲暢銷作家。不過，這本很棒的書還得像任何書一樣經受考驗」。

《柯里爾》的編輯們考慮了一星期，拒絕了這部作品。柏金斯當即收到費滋傑羅的急電，請他馬上把稿子給《晚郵報》。史考特在電報裡還說：「我猜雜誌好編輯所剩無幾。」柏金斯讀了內容，電告史考特：「漂亮的開頭，動人、新穎，先電匯你兩百五十元，到一月再匯一千元。」第二天他寫信說：

你在書裡奇妙地揭示這個橫貫大陸的行業的內情，這些事對像我這樣的人，對大多數人來説都非常刺激、新鮮，能激發人們對史塔的興趣和好奇……它絕對令人傾倒，否則我就再也不審書了。

柏金斯電報裡答應借給費滋傑羅的一千美元，來自他教母遺產中當年年底要分給他的部分。它就是「人們常說的『橫財』吧，」麥斯寫信對史考特說：「如果有助於你寫這本書，你儘管拿去用。我相信你能眞正理解好萊塢的核心精神，抓住它所有的美好和不好。」他叫費滋傑羅「鼓起勇氣努力向前，因爲你有權這麼做」。

「你提出再借給我一千元，眞是我所知道的最仁慈之舉，」史考特寫信給他的編輯說：「當哈洛德（歐伯）覺得借錢給我並不那麼光彩而退縮時，我對錢財感到痲木，突然不知道錢是什麼，從哪裡來。以前似乎總能在哪裡找到一點，現在卻一無所有。」

《晚郵報》也隨之退了史考特的小說。柏金斯馬上告訴史考特，如果實在捉襟見肘，聖誕節後他隨時可以把錢拿去用。十二月二十六日，費滋傑羅寫信向柏金斯借錢。

柏金斯的下一封信寫於三、四〇年代之交，它同時是賀年卡。麥斯對自己的繪畫才能一向很有信心（尤其是他畫的幾幅拿破崙側面像，依然保有清晰可辨的神韻），他畫了一幅素描，一個男人站著，手中端著一杯飲料，笑著說：「就是現在！」考慮之後，他爲飲料標上「可口可樂」。費滋傑羅在妄念的驅使下回了一封冰冷的信：「來信收到，那幅手拿可口可樂男人的漫畫讓我煩躁，」他急切地爲自己辯護：「十二月上旬發生了很多事：我和希拉．格拉漢吵架了，又碰到一個紐奧良人找茬……《柯里爾》的人說我給他們的小說很糟……就是這樣……我心情沉重地在家附近某個地方住了五天才和希拉．格拉漢和好。」他已經連續四週滴酒未沾，斷定哪怕一小杯都會讓他病得致命。

柏金斯沒有料到費滋傑羅會這樣回信。「我不是狡滑的人，我很單純，」麥斯回信道：「那幅畫沒有任何影射。我畫的時候想的是你喜歡繪畫藝術，畫中的男人不是指你，是我，是爲了表示我眞摯的決心。不要疑心我的字、畫背後有別的含意，我只是想展示我的『另一種才能』。」麥斯忍不住把這件事反覆說給少數朋友聽。「知道罪惡感多折磨人了！」他寫信對斯特拉瑟斯．伯特說。費滋傑羅來信爲反應過度道歉，承認自己常曲解事情，還舉例有一次他責怪麥斯寄格蘭特的回憶錄給他，讓他看另一個失敗者的人生。

費滋傑羅的創作生涯落魄到要靠拼湊短篇小說、趕寫電影劇本維生的地步。他就這樣一次寫一整天，撐過幾星期，除了寫完這本書、供史考蒂念完瓦薩學院，就沒有更長遠的打算了。他寫信告訴麥斯：「最大的好處是能全神貫注地工作，忘記家庭內外的煩惱。」

費滋傑羅在好萊塢那幾年賺了許多錢，出入於富豪名流間，但他覺得自己被遺棄，成了被文學界遺棄的過氣作家。他告訴麥斯，他能想像，再過大約一年，當史考蒂「告訴她的朋友們我是作家，但市面上卻找不到我的書」時，會多麼詭異。無論是什麼原因，他知道都不是柏金斯的錯。「這五年裡，你（和另一個人，傑洛．墨菲）一直是我的朋友，陪我度過每一個低潮期，」史考特寫信對麥斯說：「我曾經相信友誼，相信我能（就算不能永遠）帶給人快樂，這比任何事都令我欣慰。但現在，連這也變得像雜耍演員的廉價天堂夢，像一齣永遠演不完的大型滑稽歌舞劇。」史考特問他的朋友：

兩角五分錢的版本能讓廣大讀者看到《大亨小傳》嗎，還是這本書真的不受歡迎？它有過機會嗎？如果把它收進那套叢書再出普及版，請一位欣賞它的人而不是我自己作序（也許我可以選一個人），它會被學生、教師、英文散文愛好者乃至任何人接受嗎？但，讓它湮滅——是如此徹底，如此不公平，在我付出這麼多之後。即使是今天出版的美國小說，也幾乎不可能沒有半點我的痕跡；再怎麼說，我都是始祖。

費滋傑羅在加州待了三年，幻想破滅了；那是個把夢想印在電影膠片上的世界。他在寫給麥斯．柏金斯、墨菲夫婦和艾德蒙．威爾森（他們已重歸於好）的信中，都維持著這樣的希望和信念：儘管虛度那麼多年，儘管時日無多，他還能創作。那年秋天，他寫信給女兒史考蒂：

不管怎麼樣，我又活過來了——過了那個十月就好轉了——雖然還背負著壓力、責任和羞辱，需要奮鬥。我不喝酒了。雖然我沒什麼了不起，但有時候想，我天性中實事求是的客觀特質，以及為了保持基本價值不惜粉身碎骨做出的犧牲，倒有幾分史詩般的氣魄。但幾個小時後，這種感覺也幻滅了。

史考特一如既往地給賽爾妲寫信，那時她又病發，住進北卡羅萊納的醫院。在那年夏天的一封信裡，他只寫幾行就寫不下去了，語帶悲哀：

二十年前《塵世樂園》成為暢銷書，我們住在西港。十年前，巴黎舉行最後一次盛大的美國節，我們離開歡樂的遊行隊伍，妳去了瑞士。五年前，我第一次生重病，去了阿什維爾。我們人生的底牌亮得太早了。

費滋傑羅從未像現在這樣，對原本一直著迷的東部生活感到遙遠。他靠柏金斯告訴他所有朋友的最新消息，海明威的、伊莉莎白．萊蒙。「我漸漸發現，那個可愛、無怨無恨、被犧牲的處女，是她虛榮家族的受害者。」史考特跟她已經沒有聯繫，但忘不了維爾伯恩莊園周圍那些以貴族自恃的俗人。「在他們之中，伊莉莎白像積雪一樣潔白，這令人傷心得難以承受。」他說。多年來，史考特寫信給麥斯，落款時總寫「你一貫的朋友」或「永遠是你的朋友」，這次他寫的是「愛你們大家，愛所有世代的人」。

柏金斯也掛念萊蒙小姐。他和露易絲剛見過她，因爲她短暫地來了一趟紐約，給他們看她養的一些純種狗。柏金斯夫婦給她的感覺是彼此更疏遠了。「露易絲總是扮演被誤會的妻子。」伊莉莎白回憶說。有一次她們獨處時，露易絲忍不住問：「伊莉莎白，如果我和麥斯離婚，妳會嫁給他嗎？」他們從未認眞想過離婚，這麼說只是她發洩不滿的方式。至於萊蒙小姐，米德爾堡的朋友都認定她從未遇到她覺得比得上柏金斯的男人。她終身未婚。

伊莉莎白回南方前告訴麥斯，占星師埃文格琳．亞當斯預測美國將毀於一九四一年末或一九四二年初。「要是妳沒告訴我就好了，」他寫信告訴伊莉莎白：「我忘不了這件事。」那段時間柏金斯對萊蒙小姐的友誼也很宿命論。「伊莉莎白，我想我再也見不到妳了，」一九四〇年五月，他在給她的信上寫著：「但我們每次見面時的所有細節我都記得，我這一生好像沒有別的事可相比。我總是想到妳，常常想到妳。」

他們還是再見面了。一九四三年，伊莉莎白來到紐約，在麗茲酒吧見到麥斯。他們坐在一張小桌子旁，麥斯第一次說起他們之間的關係。「噢，伊莉莎白，」他邊說邊去握她的手，但沒有眞的碰到：「這是不行的。」

她看著他的眼睛，回答：「我知道。」。他們就這話題的最後一次、也是僅有的一次討論就這樣結束了，通信仍持續著。

一九四〇年十月，柏金斯去溫莎鎭探望母親伊莉莎白·柏金斯。幾天後，伊莉莎白·柏金斯，艾瓦茨參議員最小的女兒，以八十二歲高齡去世。

柏金斯注意到，紐約地區的人終於「關心起戰爭，迫切希望我們最好準備以一切『不參戰』的方式支援英國」，向來好戰的海明威也一反常態，在他所謂「山頂的安樂窩」裡自得其樂。他那寬敞、微風輕拂的瞭望山莊俯瞰著哈瓦那港。瑪莎·蓋爾霍恩和他住在一起，麥斯本該保密，但還是告訴了史考特·費滋傑羅。「隨口一提，我猜寶琳和他要離婚了，他應該會娶瑪莎·蓋爾霍恩，」麥斯寫信給史考特：「這件事幾乎人人皆知，你想必也有耳聞，但還是嚴格保密吧。」費滋傑羅說：「想到厄涅斯特要娶一個眞正迷人的女人就覺得怪，我想這種搭配與他塑造的畢馬龍式人物[41]很不一樣。」十一月末，海明威和瑪莎蜜月途中經過紐約，他們剛結成「法律意義上」的夫妻，瑪莎·蓋爾霍恩就趕

41 畢馬龍（Pygmalion）是希臘神話中的才華洋溢雕刻家，認為世間沒有任何女人及得上維納斯的美，醉心雕塑，最後愛上自己刻的雕像。

赴「緬甸之路」，為《柯里爾》雜誌報導正向中國蔓延的戰爭。厄涅斯特計畫一個月後與她在遠東會合。

那時，《戰地鐘聲》出版了，柏金斯幾乎送給每個認識的人，全國上下似乎每個人都要買一本來看。柏金斯心滿意足地看著那幾十個顏面無光的評論家。「他們早應該料到（海明威）會度過混亂期，」麥斯寫信對伊莉莎白說：「當他走不出困境時，他能做的就是挺過這段時期，繼續前進。」書的銷量飛漲，「每月之書」俱樂部預估至少會賣出二十五萬冊。

厄涅斯特「懷著愛意與敬意」送給史考特．費滋傑羅一本簽名書，費滋傑羅認為這本書似乎不像柏金斯和大眾說的那麼好。他私下告訴希拉．格拉漢，它「沒有達到（海明威的）水準。這是為電影寫的。」但費滋傑羅給海明威的回饋不帶一絲負面意見。「這是一部出色的小說，」他說：「比任何人都寫得好。謝謝你想到我並題贈書給我。」他從書中挑出最喜歡的幾個段落，認為有些「準確，強烈」，堪比杜思妥耶夫斯基的作品。費滋傑羅也祝賀海明威本書大賣，「我羨慕死你了，這麼說絕對沒有諷刺的意思。」他寫道。（幾年前，史考特在筆記本中代表「文學」的L條目中草草寫道：「我是以失敗的權威說話，厄涅斯特是以成功的權威說話；我們恐怕再也不會同桌而坐了。」）

費滋傑羅已經力不從心，但仍全力寫那部關於好萊塢的小說。一九四〇年十二月十三日，他寫信告訴麥斯小說進展很快。「我不會停下來休息，除非初稿寫完，那是一月十五日以後某個時間的事了，」他說：「但是，在它接近完成前，我們就當它不存在吧。我們不希望『書還沒寫好就已成為傳奇』，惠洛克當初就是這麼說《夜未央》。」費滋傑羅還在附言中問：「《塵世樂園》的印刷版你們會開價多少？我想讓它有機會獲得新生。」

理論上，作家有權把《塵世樂園》的印刷版轉到另一家出版社印刷，如果他願意支付大約一千美元的成本費。不過麥斯說：「我不想看到這本書離開我們。」他們的合作是從它開始。麥斯．柏金斯和史考特．費滋傑羅繞了一圈回到原點：他的第一本書絕版了，下一本書即將誕生；兩人都冀望這部費滋傑羅說下個月中旬前會完成初稿的小說。離聖誕節還剩八天，柏金斯寫道：「好，我希望『一月十五日以後』的那個時間快點到來。」

# 20 凋零

將近年底，史考特．費滋傑羅搬進希拉．格拉漢的公寓。十二月二十日，他在那裡開始寫小說第六章，這是他的主角門羅．史塔的關鍵時刻，其中有一段，史塔喝得大醉，這是人物原型歐文．托爾柏格最早展現出費滋傑羅生活特徵的一次。當天晚上，他還告訴格拉漢小姐：「我能做好，寶貝，這會是一本好書，也許能讓我們賺夠錢離開好萊塢。」第二天，就在她的公寓裡，史考特．費滋傑羅心臟病突發去世。

那是一個星期六，柏金斯在家裡，從哈洛德．歐伯那裡收到消息——格拉漢小姐通知了歐伯。沒有紀錄證明他發了電報給賽爾妲，但應該有；幾天後他收到她的信，讀來就像回信。她寫道：

我要對你致以最深的愛意，（史考特）總是帶著熱忱與愉悅，期待「與麥斯聯繫」……對我和史考蒂來談，史考特是那麼勇敢可靠。他對朋友也很盡心，相信必會得到回報，也將被人銘記。

賽爾妲問，他寫了五萬字的未完成小說能否出版。「史考特非常在乎這部作品，」她說：「也會樂於透過它與他的讀者再見面。這對史考蒂也有意義。」

柏金斯在聖誕節後那天回信。現在還來不及弄清楚史考特跟史克萊柏納確切的帳務情況，還不宜談這部小說的出版，但這些事情會盡快處理。「爲了史考特，也爲了妳和史考蒂，我們會盡力而爲。」麥斯向她保證。

賽爾妲沒有北上參加葬禮，醫生認爲葬禮對她來說恐怕是難以承受的刺激。

柏金斯盡可能通知史考特的朋友來參加葬禮，但只有寥寥幾人及時趕到巴爾的摩。露易絲、麥斯和墨菲夫婦、約翰·畢格斯坐火車從威明頓來到巴爾的摩。約翰·畢格斯是史考特在普林斯頓大學念書時的朋友，也曾是柏金斯的小說作家，此時是費城第三巡迴法庭聯邦法官。這是令柏金斯悲痛的一天，特別難過，因爲，正如他對約翰·皮爾·畢夏普所說，費滋傑羅的葬禮是少數可怕的「殯儀館葬禮」之一。別無選擇，因爲天主教會不允許史考特這個去世時不信教的人安息於洛克維爾的天主教墓園，與父族的先人葬在一起。在洛克維爾聯合墓園，費滋傑羅當年在巴爾的摩郊外的和平莊園居住時的朋友貝雅德·騰布爾太太注意到麥斯。「他一句話也不說，」她後來說：「有好幾次，他無視儀式進行到哪裡，只是搖頭，慢慢抬頭望天。」

回到紐約，麥斯坐下來完成那項被他延後的事：寫信給海明威，告訴他費滋傑羅去世的事。「我原想發電報通知你史考特的事，但這似乎毫無幫助。」他在信中告訴厄涅斯特，你人在古巴，想必不會聽到這個消息。「不管怎樣，他沒有受苦，這很重要，是心臟病突發，立即去世的——儘管大家這才醒悟，他不久前曾有過一次輕微發作。」

麥斯告訴厄涅斯特，費滋傑羅近年來借了不少錢，都記在他的人壽保險帳上，但即便如此，他的人壽保險還有四萬美元——柏金斯想，這筆錢夠史考蒂念完大學，並還清她父親的欠債了。但遺囑令人困惑。在他最初的遺囑裡，費滋傑羅指定哈洛德·歐伯爲遺產執行人。但最近兩人不合後，史考特把他的名字劃掉，用鉛筆寫上柏金斯的名字。這種改動的合法性仍有爭議，麥斯再度陷入糾紛。「恐怕這件事斷送了我最後一次去古巴待一陣子的機會，」他在信裡對海明威說：「因爲需要幾星期時間才能釐清遺囑中的爭議。」後來，柏金斯和哈洛德·歐伯索性都宣布不擔任遺囑執行人，主張由畢格斯法官擔任。但結果是，在之後的多年裡，事關費滋傑羅文學遺產的每一次安排，都要請柏金斯做決定。

接著，柏金斯細讀少數幾封悼念信。致哀者如此之少，更凸顯史考特去世的淒涼。費滋傑羅在好萊塢的秘書法蘭西斯·克羅爾寫信給柏金斯說：「那部小說從構思到寫作，我都和他在一起。如果你讀完稿子有問題，可以問我。」騰布爾夫人的兒子、普林斯頓大學三年級學生安德魯也寫來一封信，說：「費滋傑羅一九三二年到一九三三年住在這裡的十八個月中，我常聽他提到你，當時我十一歲。」他告訴柏金斯，費滋傑羅剛去世，他就把自己對作家的記憶寫下來，以免忘記。他希望柏金斯能協助他發表，因爲費滋傑羅的名字「幾乎等同於放蕩頹廢的那一代。我從自己的經歷體會到，在這個塵世樂園裡，孩子再也不可能找到比他更和善的伙伴、更眞摯的朋友。」柏金斯回信說，他帶著讚賞之情讀了回憶錄，可惜無法協助發表。（騰布爾後來成爲費滋傑羅最重要的傳記作者之一。）

一月初，麥斯又寫信給賽爾妲。「在人們的心目中，他已被歸入由他命名的時代，」他說：「但他寫的許多東西不只屬於那個時代，而屬於所有時代。」但是，愼重地出版一部能爲史考特帶來聲譽、又能體現他不只是爵士時代代言人的作品也很重要。他在給萊蒙小姐的信裡說，令人頭疼的是「這本書本來可以爲他正名——因爲第一部分已顯示它極有潛力——但它還離完成還很遠」。

遺囑的合法性尚在認證，費滋傑羅的女兒史考蒂沒有錢可用，柏金斯便和畢格斯法官、傑洛·墨菲、哈洛德．歐伯商議，先借錢讓她念完瓦薩學院，同時每月給她生活費。「千言萬語說不盡我對您雪中送炭的感激，」她寫信給麥斯說：「感謝您來巴爾的摩，尤其感謝您仁慈地借錢讓我上大學……如果這世界到一九四四年尚未毀滅，我就能還這筆錢，希望那時我也能寫出一部小說請您指正。」麥斯給了史考蒂一些文學創作上的建議，亦即他給每個來求教的大學生的忠告：他強調通識教育的重要，但勸她不要上任何寫作課。「人必須找到自己的寫作方式，」他告訴史考蒂：「它的源頭主要是文學。」

史考蒂念書非常認眞，但她提到想暫停瓦薩學院的課業去工作。麥斯知道，讓她成爲家族中第一個拿到大學文憑的人對史考特是多麼重要。史考蒂念完大學三年級時，柏金斯寫了一封信給她，用當年督促史考特寫完小說的口吻說：「實際上，妳在大學只剩一年，這一年會過得很快，到時候妳不僅很年輕，還拿到了學位。」

賽爾妲的經濟情況也很糟糕，她寫信問柏金斯有沒有辦法寄些錢給她，讓她支付伙食費——當時她和母親住在阿拉巴馬州的蒙哥馬利。她想知道「如果你還在考慮出版那本書，現在是不是出版的好時機」。她寫道：

> 史考特可能告訴過你，這本是歐文．托爾柏格的故事。那些幾乎能左右大眾情緒的人曾深深吸引著史考特。他要把不屈不撓的恒心、積極進取的必要、靈活明智地運用神祕力量這些使他們有別於他人的能力，全都生動地展現出來。

柏金斯仍然無法答覆她具體的出版計畫。

這年一月，為了避嫌沒有參加費滋傑羅葬禮的希拉．格拉漢來紐約拜訪柏金斯。即便在那種情況下，麥斯見到她仍很高興。「我看她對他非常好，她是個很好的女人。」事後，柏金斯寫信告訴海明威。她詳細告訴他史考特那部小說的情況，麥斯考慮也許可以從這部未完成的書稿中，抽出一些部分以某種方式單獨發表。

費滋傑羅去世三星期後，柏金斯收到希拉．格拉漢寄來這部未完成小說的打字稿和史考特的許多筆記，書名暫定為《最後一個影壇大亨》（*The Love of the Last Tycoon*）。她指出其中一份備忘資料顯示了費滋傑羅想重新贏得讀者的企圖心。史考特說，這本書針對兩個不同世代，具體地說是兩種讀者——「也就是以史考蒂為代表的十七歲年輕人，和以四十五歲艾德蒙．威爾森為代表的中年人」。她還附了一封費滋傑羅寫給歐文．托爾柏格的妻子、女演員諾瑪．希拉（Norma Shearer）但未寄出的信。托爾柏格在一九三六年三十七歲逝世前，一直擔任米高梅電影公司總經理。

親愛的諾瑪：

妳告訴我因為視力問題妳很少讀書，但我想妳會對這本書感興趣；雖然這個故事純屬想像，但妳或許會發現它力圖保存歐文的幾分特徵。

我對他的印象只有少少的，但他影響我很深，是我塑造史塔這個人物主要性格的靈感來源——儘管我也把另外一些人的經歷放在他身上，並不可避免地納進我自己的許多事。我創造了一個悲劇故事，但歐文的人生，除了與病魔的抗爭外，當然不是悲劇。因為沒人寫過關於好萊塢的悲劇（《一個明星的誕生》是個感傷故事，也多被視為優美的故事，但不是悲劇），所以這裡的確有注定毀滅的英雄事蹟。

格拉漢小姐還找到費滋傑羅寫的一段自白，自嘲中也很感人，她也寄給了柏金斯。

> 我想寫些令人驚恐、無法模仿的場面，不想像我同時代的作家那樣簡單易懂，好比厄涅斯特，葛楚·史坦說他正朝博物館邁進。
>
> 我領先得夠多，如果能保持健康，就能稍有不朽的成就。

一月底，麥斯寫信給格拉漢小姐回報進度。他說很遺憾至今仍未明確決定是否出版這部小說。「我知道的是，」他寫道：「它本來可望成爲他最成熟、最豐富、在深層意義上也是他最出色的小說。我認爲史塔是他寫得最好的人物，雖然不完整……眼睜睜看著這本可能成功的書沒有寫完，眞令人心碎。」

柏金斯的話令希拉·格拉漢落淚。「請你爲它做點什麼吧，」她懇求編輯：「想到他對它的熱情，爲它付出那麼多心血卻中途死去，我簡直要瘋了。」她贊同麥斯說的，除了史考特自己，沒有人能圓滿地寫完這本書，但如果照它的原樣，只刪掉最不成熟的、即使費滋傑羅本人都極可能修改或刪去的部分，剩下的將是一部重要作品，可以「像一部未完成的交響曲般」出版。

正如林·拉德納去世時柏金斯爲他做的一樣，柏金斯徵詢了吉伯特·賽德斯的意見。麥斯認爲他

「既有評論家的品味，又很務實」。賽德斯讀了書稿，第二週，柏金斯就告訴史考特的遺產執行人約翰．畢格斯，他和賽德斯意見一致。

這本未完成的書極有趣，沒寫完真是不幸。它向前邁了一大步。我的意思不是它實際寫得比以前好，或甚至比《大亨小傳》好，而是它同樣具有史考特過去賦予一句話、一個段落、一個片語的魔力，又有一種內在的智慧。沒有人能像他那樣深刻地刺破表象，揭示電影世界的另一面。它本該是部非凡的作品，已經寫了五萬六千字，如果單獨出版，即使有人讀也僅是出於好奇和文學與趣，因為沒有人會讀一本沒寫完的書。但為了史考特，它又該以某種形式成書。我的想法是將《大亨小傳》、五或六篇精選短篇和這個未完成的小說合成一本，一起出版。

柏金斯相信，艾德蒙．威爾森的意見是史考特最尊重的，因此，他和賽德斯都同意艾德蒙．威爾森是撰寫這本合集序言的最佳人選。經過一番爭論、商議（主要是威爾森想收錄〈崩潰〉的部分內容），柏金斯終於完全說服他，甚至說服他來編那部未完成的書稿，並根據費滋傑羅的思路寫出小說其餘部分的大要。這本書將包括《大亨小傳》和史考特最經典的短篇小說：〈五月天〉（May Day）、〈大如麗池的鑽石〉、〈富家子〉、〈赦免〉和〈瘋狂星期天〉（Crazy Sunday）……以及那部未完成的作品。

威爾森先請希拉．格拉漢把印象中史考特關於此書說過的話都寫下來，然後花幾個月時間研究費滋傑羅的筆記。費滋傑羅去世不到半年，威爾森已經把這本選集編好了，這不僅是為了表明他對費滋傑羅的忠誠。他與費滋傑羅的第一次合作，是一九一五年在普林斯頓大學三角俱樂部排演《邪惡的眼睛》（*The Evil Eye*）。在序言裡，威爾森寫道：

> 《最後一個影壇大亨》是……費滋傑羅最成熟的作品，與其他作品的不同處在於，這是他第一次嚴肅地描寫一種職業或行業。費滋傑羅以前的作品總把焦點放在初登社交場合的少女和大學男生身上，二〇年代大肆揮霍者放浪形骸的生活……在瀏覽作家為創作這部小說所寫的大量草稿、筆記的過程中，你會進一步確信費滋傑羅將獲得人們的認可，成為這時期美國文學的一流作家。無論是從戲劇張力還是從敘事文本的角度來看，《大亨小傳》最後幾頁無疑是我們這個時代的小說中最好的文字。艾略特談到此書時說費滋傑羅已經跨出了亨利·詹姆斯以來美國小說重要的第一步。無疑，《最後一個影壇大亨》即使壯志未酬，也能在里程碑式的書林中佔有一席之地。

威爾森還在寫序的時候，麥斯忙著重燃人們對費滋傑羅的關注。他聽到謠言，說普林斯頓有些重要人物厭惡費滋傑羅，他想粉碎那個謠言，於是寫信給普林斯頓，建議他們出一本紀念史考特的書。他失敗了，「普林斯頓大學圖書館之友」連續十五年沒有出過費滋傑羅的作品。

麥斯還想出一本費滋傑羅的傳記。他知道人們可能會認爲這樣太快了，但費滋傑羅逐漸被人淡忘，令他擔心，也令他鼓起勇氣。他敦促曾在《新共和》雜誌工作的馬修·約瑟夫森（Matthew Josephson）寫這個故事，講「某個時代的非凡人物……那個特殊時代是背景，史考特令人矚目地站在前方」。約瑟夫森拿起筆但很快就放棄了。他後來解釋：「我知道賽爾妲的事，也打算把它做爲史考特人生悲劇的核心原原本本寫出來……但我得知她在另一家醫療機構關了兩三年，剛剛出來，據稱已完全『治癒』。於是我停筆，目前的情況我不能公開講她的事，雖然我相信她會再被送回去。我決定等待。」就在他等待的時候，一位普林斯頓畢業生、明尼蘇達州卡登學院教授亞瑟．邁茲納（Arthur Mizener）也在研究費滋傑羅的生平，逐漸認識了他的家人。他寫的傳記《天堂的彼端》（*The Far Side of Paradise*）出版於一九五一年，是費滋傑羅傳記中第一部出版的。

整個春天，柏金斯的心力都放在費滋傑羅的事情上，厄涅斯特．海明威覺得被麥斯冷落，跑去香港報導中日戰爭。他抱怨說，他到遠東以來，「中國飛剪號」飛機都飛抵香港四次了，卻沒有帶來史克萊柏納出版社的任何消息。「究竟是怎麼了？」他問柏金斯。柏金斯在接下來的一個月裡給他寫了五封信，主要是談《戰地鐘聲》。銷量正迅速逼近五十萬冊。柏金斯擔心歐洲的戰事，在信裡對海明威說，希望他「有范．威克．布魯克斯的脾氣，像佛陀那樣觀察世界——表面上超然世外，內心深爲關切，能專心工作，不爲外界煩擾。」

儘管柏金斯與布魯克斯友誼深厚，他私下一直認爲美國當代文學最敏銳的評論家是艾德蒙．威爾森。柏金斯做出這個結論可能有點難受，因爲在《最後一個影壇大亨》出版後，他就不再是威爾森的出版人了。柏金斯與威爾森之間的關係，由於威爾森最近出版的文集《創傷與神弓》（*The Wound and the Bow*）而不可彌補地破裂了，因爲書中有篇文章抨擊海明威。威爾森批評，海明威寫作品質下降了，日益熱衷追逐名利，現在的作品被妄想支配。威爾森審視海明威對待女性的態度，尤其是對《戰地鐘聲》中那個「像變形蟲般的西班牙小姑娘瑪麗亞」的態度。他寫道：「與女人發生睡袋裡的戀情，完全缺乏男女間你來我往的眞正戀愛關係，反而像少年淫夢那種完美無缺的極樂。」

柏金斯爲海明威反駁，認爲威爾森評論厄涅斯特的文章「令人著迷」，但錯得離譜。紐約圈裡盛傳柏金斯認爲威爾森此舉惡劣，因而拒絕刊載他任何貶損海明威的文字。卡洛琳．戈登．泰特記得曾聽見威爾森和柏金斯就這本書的那一章有過長時間討論。

當時，柏金斯遇到另一位文學評論家麥斯威爾．蓋斯默（Maxwell Geismar），他是薩拉．勞倫斯學院一位三十二歲的教授，正在做美國現代文學研究。他準備分析兩次世界大戰間六位作家的作品，寫成一本《危機中的作家》（*Writers in Crisis*）。經兩人共同的朋友建議，蓋斯默把他已寫好、談論林．拉德納、湯瑪斯．沃爾夫和約翰．史坦貝克的章節寄給柏金斯看。柏金斯欣見至少還有一位學者賞識拉德納的才華，也認爲蓋斯默評沃爾夫的文章應該是「迄今評他的文章裡最好的一篇」。柏金斯知道這位年輕的評論家以前爲海明威的《春潮》寫過好評，但他現在比較謹慎，在看到蓋斯默評海明威的文章前不願接受這本書稿。他還建議蓋斯默在書裡寫威廉．福克納，蓋斯默同意了。

柏金斯與威爾森的爭執愈發激烈。一次辯論時，他跟威爾森提起蓋斯默的書，威爾森便去拜訪蓋斯默，兩人成了朋友。他們都注意到柏金斯的態度：遲遲不表態是否接受他們的書稿。威爾森向蓋斯默抱怨大多數出版社的問題，說編輯們不是忙得一塌糊塗的人，但猶豫不決的時間長得令人受不了。

接著，高潮來了。卡洛琳．戈登．泰特回憶說，有次柏金斯與威爾森見面時，她聽見威爾森大吼：「所有幹出版的都是狗娘養的。」之後不久，他就把書稿拿到霍頓．米夫林出版社去；而由於史克萊柏納出版社仍未回覆蓋斯默，他便進一步懲罰柏金斯，把那本書也介紹給霍頓．米夫林。

當蓋斯默給威爾森看他評論海明威的文章時，欣喜地發現它受到肯定。多年後，蓋斯默說：「我幾乎徹夜未眠。威爾森異乎尋常地放低姿態，帶著他輕微的口吃說：『我認爲你評海明威的文章……

比我寫得好。』」蓋斯默相信這是眞的，因爲威爾森「沒有掌握到海明威內心深層的創傷，導致他與社會歷史脫節。」這本書出版後，海明威和妻子瑪莎·蓋爾霍恩專程去位於紐約州布朗克斯維爾的薩拉·勞倫斯學院拜訪蓋斯默夫婦。「他們沿著布朗克斯河邊的一條人行道走來，」蓋斯默回憶說：「說話的樣子彷彿在非洲深處旅行，開口閉口『親愛的』、『寶貝』。」在義大利餐廳吃晚餐時，極少對評論家好聲好氣的海明威說：「你知道我最喜歡你那篇文章的地方是……你引用的那些句子；我從沒想到它們寫得那麼好。」

兩本書都去了霍頓·米夫林出版社，柏金斯感到很鬱悶，威爾森說出版人的那番話也在他心裡盤桓多年。卡洛琳·戈登·泰特說，之後見到麥斯，他沒有一次不提起這件事，語氣中惆悵多於怨恨。柏金斯繼續向別人推薦蓋斯默，說他是活躍的文學評論家中最優秀的一位。他說，威爾森的評論總是帶著個人傾向，而蓋斯默的評論「既客觀超然，又因爲感於其才華而充滿熱情」。

「美國人才和文學的發展，是他主要的興趣所在，」柏金斯最親近的同事約翰·霍爾·惠洛克談到這位編輯時寫道：「對於外國才華洋溢的新作家，他就不那麼敏感。」在四〇年代，惠洛克還注意到他品味的其他方面：「有許多自相矛盾的偏見和莫名其妙的怪癖，意志『像石頭一樣頑固』——這就是麥斯……與科學和抽象的思想相比，他更感興趣的是有爭議性或有某種理論、觀念基礎的書。令他激動的，是眞實罕見的東西，是具有詩意的靈光，能照亮一個人物、一種情境，展現出才華的力量。」惠洛克說，柏金斯對小說的偏愛，幾乎成爲他唯一的興趣；他迷上的非虛構作品常有狂想。惠洛克還說，近來，在物色新作家、指點他們運用素材時，「麥斯經常逆向操作，從對立面切入，正是新英格蘭人的頑固作風」。

現在，柏金斯頻繁地簽作家，然後試著向他們兜售他珍藏多年的心得，但很少奏效。例如，迪克森．韋特（Dixon Wecter）正在爲史克萊柏納出版社寫《美國英雄》（*The Hero in America*），麥斯建議他另寫一本，命名爲《製造麻煩的人》（*The Trouble Maker*）。

> 這將是一部敘述歷史的書，說明在危機時刻，理智如何悲劇性地幾乎總被情感壓倒——善良、正直、有遠見、有智慧的人不敵感情奔放、猛烈、意志強悍的人。

柏金斯看出這個預設前提的漏洞，坦言「沒有那些衝動的人，也許就沒有進步。他們確實刺激了事情向前發展，即使是透過破壞的方式」。

一九四二年，柏金斯在讀一本書的校稿，這本書能出版完全是他固執己見——奧登．布魯克斯（Alden Brooks）的《莎士比亞與戴爾之手》（*Will Shakespeare and the Dyer's Hand*）。有段時間他對這本書非常狂熱，每次編輯部會議都會提這本書，但遭編委會一致反對。史克萊柏納的一位內部人士回憶說：「於是，做爲一個極度有耐心的人，他會在下一次會議上再提議，再被否決。」這本書令柏金斯著迷的是它宣稱愛德華．戴爾爵士（Sir Edward Dyer），一位編輯，造就了莎士比亞的成功。這本書確實令柏金斯相信，「莎士比亞這個人並非我們今天認爲的莎士比亞作品的作者」。最後，編委會爲了不掃柏金斯的興，還是讓了步。麥斯寄書給許多評論家，期望獲得支持，但幾乎所有人都不以爲然，認爲它純屬胡扯。但柏金斯依然對它抱持信心和敬意，他告訴海明威，它使他意識到，「我對文學無知得可怕，身爲出版工作者是不應該的」。

柏金斯在編輯詹姆斯・楚斯洛・亞當斯的紀實作品時遇到的阻力就比較小，書也更成功。亞當斯是暢銷書《新英格蘭的誕生》（*The Founding of New England*）、《美國史詩》（*The Epic of America*）和《民主進行曲》的作者，普立茲獎得主。一九四一年八月，亞當斯把最新作品《美國人》（*The American*）的序言和各章大綱寄給柏金斯，與之一起來的還有一個要求。亞當斯基本上不認識什麼能夠代表這個國家國民基本特質的人，但麥斯威爾・艾瓦茨・柏金斯認識不少，因此他懇請柏金斯把自己的看法寫下來，以助他完成這幅美國人的性格「壁畫」。麥斯照辦了，於是亞當斯寫作《美國人》時吸收了麥斯的所有觀點，甚至經常直接引用他的話。

更令人關注的例子是美國女性的地位和影響。麥斯說，就他所知，這個問題從未在任何書中被充分闡述過。「我小時候在佛蒙特州，」他在信裡告訴亞當斯：「常看見中老年男人上教堂時不跟妻子走在一起，也不走在她們前面，而是在她們身後四到六公尺跟著。」他記得曾跟母親談過這現象，她大笑一聲說：「那應該是新英格蘭的傳統。」但柏金斯認爲不僅如此。他覺得，新英格蘭女性在去教堂的路上領頭，象徵了她們發揮的道德主導作用。亞當斯以此闡述，雖然美國男性常試圖把女性當偶像崇拜，女性卻能很敏銳地立刻放低姿態，以繼續做自己的事。實際上，柏金斯始終尊重實幹型女性，希望她們不僅獨立，還要敢於闖世界。沒有比瑪莎・蓋爾霍恩更符合柏金斯這種理念的女作家了。史克萊柏納出版社剛剛開始出版她的書，她不但是個徹頭徹尾的冒險家，也非常清醒地規畫自己的事業和寫作。她屬於少數幾位柏金斯最成熟的作家——也就是幾乎不需要他協助的作家。其他作家有的需要他傾力相助。《死亡王朝》大獲成功後，泰勒・考德威爾把她壓在抽屜裡的好幾本長篇書稿寄給柏金斯。他全部退稿，考德威爾小姐不氣餒，坐下來寫了《死亡王朝》的續集《群鷹聚集》（*The Eagles Gather*）。她帶著稿子從羅徹斯特南下來到紐約，當面請柏金斯如實評價這本書稿和她的寫作能力。

柏金斯認爲續集不如《死亡王朝》，但史克萊柏納出版社還是出版了《群鷹聚集》，泰勒・考德威爾把它題獻給柏金斯；至少這部作品沒有讓他對她的前途喪失信心。他寫信告訴她：「妳的卓越才能，主要表現在善於講述規模宏大的故事。這是非常罕見的天賦。」柏金斯說，問題只在於尋找一個大得足以適合她的主題。他勸她寫歷史小說，在一九三九年十月十七日寫的一封信裡，他說，「我現在希望你考慮寫那種書的可能性。」她心動了，先想到的題目是《率土王濱》（*The Earth is the Lord's*）。過了幾天，她正在考慮寫哪個時代，「成吉思汗」的名字突然閃過腦海。「爲什麼是成吉思汗，」她寫信告訴柏金斯：「我也不知道。我對他的所有了解是他略施妙計屠殺了一個個民族，征服了亞洲和一部分歐洲，大約生活在十二世紀末，蒙古人，是可汗和白種女人之子，儀表堂堂，絕對不是忽必烈。但不知從哪裡冒出來一些片段，不斷在我腦海中浮現。」

柏金斯一般主張讓人物來主導小說的情節，但他建議考德威爾小姐在動筆之前，先把整本書的情節想清楚。他把能找到的關於成吉思汗的歷史材料和描述中亞的書都寄給她，建議不要安排成吉思汗爲主角，而選擇他身邊的人，寫具有強烈個人色彩的故事，由此展開故事情節。

有時候，一本關於那麼久遠前、重大歷史事件的書會過於籠統，對具體的個人或一群人描寫太少。那是妳必須提防的危險，特別因為妳的想像力會使妳傾向大而化之地看待事情。

柏金斯推薦她讀沃爾特．史考特爵士（Sir Walter Scott）和大仲馬（Alexandre Dumas）的作品，熟悉歷史小說的寫作方式。

《牽土王濱》出版於一九四一年。評論界並不把她寫的歷史當回事，這本書沒有大獲成功，但為她開創了寫作模式，之後的四十年裡，她不斷把真實人物（包括聖保羅〔Saint Paul〕、西塞羅〔Marcus Tullius Cicero〕、伯里克里斯〔Pericles〕等）的生平寫成暢銷傳記小說。憑著認為泰勒．考德威爾應該寫歷史小說的直覺，柏金斯使她成為出版史上生命力最持久、最賺錢的作家之一，她的事業在柏金斯去世之後，還持續了三十年。

瑪喬麗．金楠．勞林斯是柏金斯在三〇年代扶持起來的另一位暢銷作家。當《一歲的小鹿》連續兩年盤踞暢銷排行榜，銷量達五十萬冊並為她贏得普立茲獎時，麥斯已在思考她的下一本書。如今他更確定，她的天賦就在描繪她熟悉之地的各種人的生活；偏離這個基礎，她的寫作就喪失了魅力和可信度。柏金斯建議她寫關於佛羅里達鄉間灌木地區的真實故事集。

「你對那本非虛構作品的建議真是太神了。」她回信說。她說，事實上她已經打算為她的家園十字小溪寫一本這樣的書，之後再寫下一本小說。但她還不太有把握。一九四〇年夏末，勞林斯夫人把她寫好的幾個片段寄給麥斯審閱，想知道他對這本書的看法。九月二十日，柏金斯回信說，他想，透過事件來串連故事，地點就是書的主角。

我想這本書應該是敘事體，內含描寫與內省——例如，它應該是一根繩子，上面有許多結，這些結就是一段段情節，每個情節又由事件將它們連接起來，諸如此類。

麥斯知道，泛泛而談對勞林斯夫人是不夠的。當年她動筆寫《一歲的小鹿》時就是這樣，一定要具體說明。所以他信寫得很長，多達一千八百字，寫滿了具體的建議。比如他說，開篇的那一章只要短短幾頁就好，還建議她把一篇叫〈路〉的短文也放進去。「沿著那條路走，」他指出，「能讓妳用最自然的方式，在一開始就讓人對這個地區有概念。」《十字小溪》就是這樣開始的。

十字小溪，由陸路是一條鄉間道路的拐彎處，由水路是洛克魯薩湖流入奧蘭吉湖的水道。我們位於島河這個小村莊以西六．四公里，松香油蒸餾廠以東十四．五公里，但在南北兩面，我們完全不計算距離，因為兩大湖和廣袤的濕地在我們和地平線之間形成一望無際的空間。這裡住著我們五個白人家庭：我們、「老上司」布萊斯．格里森家、馬凱家和奔尼貝斯家；以及兩個有色人種家庭：亨利．伍德沃德和米肯斯。格羅夫島的人認為我們有點驕傲，非常古怪。

柏金斯提出另外幾種讓情節連貫的方法，例如按四季輪迴的順序來寫。他告訴他，哪些人物他認爲應該重複出現，哪些冒險應該放開來寫。勞林斯夫人遵照麥斯回信的意見寫，將近兩年內寫了四遍草稿，《十字小溪》終於成爲她深受好評的又一本暢銷書。

南茜．黑爾是另一位需要費心指導的作家。對她來說，問題不是文筆，而是意志。她的第三部長篇小說《揮霍的女人》（*The Prodigal Woman*）因她婚姻破裂精神崩潰而中斷。

對於陷入困境的作家，柏金斯始終同情。大約就在這時，他寫信給這位作家，措辭與以前建議湯瑪斯．沃爾夫和史考特．費滋傑羅稍事暫停幾乎一模一樣。

這樣說，妳不會失去時間，因為休息會使妳更年輕。作家應該隔一陣子就在安靜的環境中靜下來整頓內心，通盤思考。今天作家的麻煩之一，正是沒有機會、或沒有耐心做這件事。做為作家，高爾斯華綏從未高估自己，但他確實是著名作家，他總說對作家最有幫助的事是靜思默想。

麥斯也給南茜．黑爾開了這帖有效處方。她去西南部待了幾個月，到一九四一年末才回來寫作。但又陷入僵局。柏金斯沉著應對，因爲這種情況他已見慣，不會慌亂：

妳不會讓我為妳的小說擔憂的，我對我看過的那部分稿子印象深刻，知道妳心思豐富、敏感，記性也好。實際上，妳如果沒有周期性地絕望、焦慮和不滿意，我反而擔心。的確，許多作家不這樣，但我認為最好的作家都會，而且我看不出他們還能怎樣。寫妳這種作品，是很艱苦的工作。

我個人相信，只要妳堅持奮鬥，一定會有好結果。奮鬥也是過程的一部分。沒有資料顯示珍．奧斯汀碰到過什麼麻煩，但我確信夏綠蒂．勃朗特（Charlotte Bronte）一定碰過，幾乎所有真正的好作家都碰過，當然奧斯汀除外，她是最中之最。

南茜．黑爾克服了障礙，一鼓作氣寫完了《揮霍的女人》。

瑪西亞．達文波特的寫作也中斷了——一九四〇年，溫德爾．威爾基（Wendell Willkie）競選總統時，她和丈夫加入他巡迴演講需要的演講撰稿人和政策顧問團隊。她知道柏金斯對羅斯福的態度，因而把小說擱在一邊也就不那麼慚愧。威爾基競選慘敗後幾星期內，她重回那個匹茲堡實業家的家族故事。之後她寫小說初稿的幾個月裡，柏金斯與她保持著密切的聯繫，時不時寄給她短信，請她喝茶。他的意見一以貫之：「統統先寫在紙上，我們再看怎麼辦。」一九四一年她終於交稿，這部小說長達八十萬字，支離破碎。她說，她直到埋首進書裡才明白自己可能繞不出來，現在她不惜全部放棄。

柏金斯覺得這部小說《判決谷》（*The Valley of Decision*）是他這輩子見過最混亂的書稿。他夜復一夜地把稿子帶回家，苦苦思考。有一次，露易絲認出麥斯那麼多晚上和週末帶回來的是同一批黃色稿紙，不知道是誰寫的，便說：「你幹嘛爲它花這麼多時間？」柏金斯答：「因爲我是個該死的傻瓜。」後來，他告訴瑪喬麗．勞林斯，他相信「值得花這麼多時間，只因爲我不能讓瑪西亞栽在這裡，那會毀了她的前途。她完全困在書裡的灌木林中出不來，無法駕馭這本書」。經過幾個星期慢慢審稿，他寫信給她說：

我的確認為讓《判決谷》最終成形，困難在於見樹不見林的老問題。有這麼多樹。我們必須設法突出這本書的結構或格局，這樣即使樹很多，讀者也能看清樹林。也就是說，如果我們辦得到，就盡量減少樹的數量——但我至今仍覺得不容易。

讀了幾遍後，麥斯把他的建議彙總成一系列信，其中一封長達三十頁。他處理材料的方法，就像系譜學家描繪家譜那樣井井有條。他從頭開始，找出最重要的故事線索，也就是那些他覺得應該貫穿整部小說的線索，會削弱這些線索的都刪掉。他沒有理會達文波特夫人的結構，把小說分成三大部分，告訴她每一部分的主要意圖。然後他一章一章地分析，附上詳細的評注。最後，他爲作者釐清書中人物，透過簡短描述他們的特徵來強化形象——這一切，只爲一本他根本沒把握是否値得出版的小說。

後來，瑪西亞．達文波特告訴麥爾坎．考利：「麥斯做的每一件事都圍繞著這本書的整體效果……他相信你筆下的人物；對他來說他們都是眞實的……他可以接受一盤散沙，給你一具絞刑台，然後你在上面蓋房子……他的盤子又大又長，盛滿痛苦和混亂。」和麥斯的許多作家一樣，她恢復寫作後就發現他的意見簡直神效；他有一套辦法，就像把卵石拋進池塘，他把意見輕輕拋出，讓意思如漣漪般擴散，直到觸動作家心領神會。

達文波特夫人把柏金斯的信放在打字機的一邊，手稿放在另一邊，依照他的想法修改。修改工作持續了五個月，柏金斯以爲只是依樣畫葫蘆地調整，但她令他吃驚。她幾乎重寫整本書，用很快的節奏和高超技巧重新組織結構，令其緊湊，而且幾乎砍掉一半篇幅。「她是個有個性、有決心的女人。」柏金斯告訴瑪喬麗．勞林斯。至於瑪西亞．達文波特，無論她到哪裡都大讚麥斯，充分肯定他的幫助，稱這是「斯文加里之於特里爾比」[42]。麥斯準備好在一九四二年出版這部小說，幾乎毫不懷疑它將迅速暢銷。

日本轟炸珍珠港加深了麥斯對戰爭的執迷，讀遍能找到跟戰爭有關的所有東西。和往常一樣，伊莉莎白・萊蒙是他的慰藉。「談論戰爭沒用。」十二月二十三日，相隔幾乎一年後，他寫信給她。「妳一直盡量待在家裡，」他感歎道：「我想這大概是人能做到的最明智、最幸福的事了。」麥斯自己也日益喜歡待在家裡、待在辦公室，減少與社會的接觸。現在，就連溫莎都令他難過。「我不喜歡去那裡，」他承認：「很難理解，隨著幾代人記憶的積累，人們怎麼能在一個地方待幾百年。我想，歷史對他們太沉重。你想回去但做不到，你再也回不了家鄉。」

在一九四一年最後幾個月中，柏金斯與海明威的通信又明顯減少。麥斯想過出一本海明威篇幅較短的作品選集，但他九月時告訴海明威，他還沒想清楚該怎麼選，別急著催他。柏金斯說他收到詩人、小說家羅伯・佩恩・沃倫（Robert Penn Warren）的來信，沃倫正在編一本供大學使用的小說選，想收入海明威的〈殺手〉〈The Killers〉，並配以一篇研究文章。柏金斯猜測那篇文章會把小說分析得「過於複雜、理論性太強」，但他對厄涅斯特說：「使一個作家成爲永恆的經典作家，莫過於讓他的作品走進課堂」。海明威也認同讓作品進入課本的重要性，「不管它對可憐的學生來說有多難懂」。

至於史考特・費滋傑羅，麥斯希望《最後一個影壇大亨》能鞏固他對後人的影響。該書於一九四一年十一月出版，麥斯的期望多少是實現了。許多評論者說這部小說充分證明費滋傑羅不僅是爵士時代的記錄者。《紐約時報》對這本書評價很好，史蒂芬・文森・貝內（Stephen Vincent Benét）在發表於

42 英國作家喬治・杜・莫里耶（George Du Maurier, 1834-1896）的暢銷小說《特里爾比》（*Trilby*）中，有位名叫斯文加利的音樂家，在他催眠般的影響和擺布下，最後竟讓巴黎一位畫家的模特兒特里爾比變成知名歌手。

《週六評論》的文章中說：「先生們，現在你們可以脫帽致敬了，我認為也許你們最好這麼做。這不是傳說，是聲譽——長遠來看，它可能是我們這個時代最有保證的聲譽之一。」

賽爾妲對少數老朋友表示過她不喜歡史考特筆下的女主角，那是個英國女人，名叫凱薩琳．摩爾，但整體來說她還是喜歡這部小說。「我希望這本書暢銷，」她寫信對麥斯說：「至少足以讓我報答你的苦心。」然而，儘管獲得那麼多讚揚和祝福，《最後一個影壇大亨》在第一年只賣出三千二百六十八冊。

有一陣子，海明威不確定是否應該把他對《最後一個影壇大亨》的看法告訴柏金斯，最後還是說了，而且說得很不留情。他說他發現書中有寫得非常好的地方，但大部分內容「死氣沉沉」，讓他不敢相信是出自費滋傑羅之手。他把小說比作一片已發霉的燻肉，上面的黴斑可以刮掉，但肉吃起來還是有霉味。海明威仍對艾德蒙．威爾森在《創傷與神弓》裡對自己作品的批評耿耿於懷，雖然也承認威爾森的解釋、分類、擴充、整理「非常有可信度」，但又說史考特若是按照威爾森編造的「龐大而荒唐可笑的提綱」來寫，就永遠也寫不完這本書。

海明威知道柏金斯會對小說中「寫搭飛機的那些段落」印象深刻，但，他說那是因為麥斯旅行得太少。費滋傑羅不久前剛坐過飛機，所以也對那種體驗記憶猶新，於是能在描寫空中旅行時注入「古老的魔法」。但當史考特寫到男人和女人的關係時，他的技術就大有問題。海明威說，費滋傑羅完全沒發現他筆下的人物和性格很奇怪。他知道柏金斯最近曾寫信給瑪莎．蓋爾霍恩，說好萊塢沒有傷了史考特；厄涅斯特猜想也許的確沒有，但那是因為他早在去那裡之前就受傷了。他說，史考特的脈搏在戰後的法國已變得衰弱，其餘部分「在那之後就逐步邁向死亡」。對海明威來說，讀《最後一個影壇大亨》就像看著一個棒球老投手出場時手臂無力，只能憑著聰明應付幾局，然後失分下場。

多年後，海明威在《流動的饗宴》裡用他第一次閱讀《最後一個影壇大亨》時想到的形象總結費滋傑羅的創作生涯：

他的才華，像粉蝶翅膀上粉末構成的圖案那樣自然。有一段時期，他對這一點並不了解得比粉蝶多，也不知道這圖案什麼時候被擦掉或破壞。後來他意識到翅膀受了傷，明白了它們的構造，於是學會了思考，但他再也不會飛了，因為對飛翔的愛好已經消失，只能回憶往昔毫不費力飛翔的日子。

柏金斯努力克制，告訴海明威，他覺得他的批評「有意思」，然後請海明威注意看費滋傑羅得到的那些理智而正面的評價。「我爲我們出了這本書而高興，」他坦言：「人們沒有給《夜未央》應得的讚譽。」

厄涅斯特和瑪莎之前一直待在愛達荷州的「太陽谷」。一九四二年初，他們回到古巴的山莊，麥斯寫信說希望他們兩人都能「至少專心工作」。但海明威又因爲皇冠出版社的某人請他爲一本戰爭佳作選集作序而中斷了自己的短篇小說。那本書名爲《戰爭中的人》（*Men at War*），收錄溫泉關戰役到卡波雷托戰役的相關作品。對海明威來說，這份約稿値得寫。但他告訴麥斯，他認爲這本書選的作品一場糊塗，所以堅持要另選一些。

最後，他的序言拉長了，他也成了這本書的選編者。他爲自己沒有按照計畫在七月初準備好短篇小說的書稿，令柏金斯失望而深感歉意，但他一再強調，是那本「該死的戰爭選集」拖住他了。

柏金斯被《戰爭中的人》迷住了。看到皇冠出版社對這本書草草行事，身爲編輯他感到心痛，忍不住提出意見，而且一有機會就提。他爲海明威找出他最喜歡的一些描寫戰爭的段落，有史蒂芬·克蘭、安布羅斯·比爾斯（Ambrose Bierce）、溫斯頓·邱吉爾和湯瑪斯·尼爾森·佩吉（Thomas Nelson Page）的，強烈建議他至少收入湯瑪斯·波伊德《穿越麥田》中的一段，還把托爾斯泰最激動人心的段落拿給他看。最後，麥斯很惱火，因爲海明威只顧著這本選集，將自己的短篇小說拋諸腦後。但最終，特別是海明威爲這本書寫的充滿愛國之情的序言，讓他情緒平復了。九月，他寫信給厄涅斯特：「讀這篇序，我爲之振奮，無法忘記，它使我精神一振。」

柏金斯的確需要振作。那年四月，他的外甥，也就是他妹妹芬妮的兒子羅伯·希爾·寇克斯（Robert Hill Cox）在突尼斯的戰役中陣亡。後來麥斯偶然看到這個年輕人寫的一篇短篇小說，發現他很有天賦；他爲自己沒有機會告訴他這一點而難過。這孩子的死令麥斯悲慟，並一直影響著他的情緒。接著，一九四二年八月，威爾·詹姆斯去世。他不僅是史克萊柏納多產的作家，也是麥斯的密友，這個牛仔曾送給他一頂寬邊高呢帽。詹姆斯享年五十歲——比他的編輯年輕八歲；又一位深愛的作家走了。

# 21 灰黑色的肖像

「爸，你酒還沒喝夠嗎？」一九四二年的一天，麥斯最小的女兒南茜問他。

「邱吉爾喝太多了，」麥斯答道：「所有偉人酒都喝太多了。」

毫無疑問，這位偉人是喝多了。他愈來愈頻繁地在近中午時溜出辦公室「去買份報紙」——以及一杯酒——再若無其事地回來，臉頰泛紅。在奇里歐餐廳他固定坐的圓桌上，飯前馬丁尼變成雙份，喝得愈多，吃得愈少。他常獨自吃飯，把一份報紙從頭讀到尾，細讀每個有關戰事的版面。「一天又一天，他總是那樣。」店主奇里歐回憶道：「他喜歡安靜，向來一聲不吭，除非你跟他說話。他回話輕聲細氣，你不想漏掉一個字。」

朋友同事都說，麥斯的舉止從來都看不出哪怕一點點酗酒的跡象。他的能力似乎沒有什麼減損，但外貌暴露了年齡和心理壓力。現在，他的帽子又破又舊，他把帽子拉得更低，帽簷下是一張蒼白的臉。眼睛中的藍色經常消失，變成灰色，眼睛下方的眼圈又深又黑，臉上經常掛著什麼都聽不見但想顯得友好、專注的聽障者善意笑容。

抽了一輩子的菸，乾咳愈來愈嚴重。有時候手抖得很明顯。

一九四二年七月，麥斯寫信給伊莉莎白．萊蒙：「我們在過一個孤單的夏天，只有露易絲和我。」麥斯和妻子間的分歧愈益明顯，對話愈來愈短，爭吵愈來愈激烈。爲了打破麥斯那種北方人的鎮定，露易絲什麼話都說得出；而麥斯為了讓露易絲閉嘴，同樣什麼話也都說得出。這時候他的行為就是不幸福已婚男人的典型。他常晚回家，先在老地方麗茲酒吧歇腳，喝酒；然後常去已婚的女兒家——有時是住在紐約的捷比家，或是住在新迦南的柏莎家，看看她們一家人。有些晚上，他索性不回家，躺在扶手椅上睡著；第二天醒來又穿著沒換的皺巴巴襯衫去上班。

他更加投入地把自己埋進工作中，甚至抱怨史克萊柏納大樓星期六大門上鎖。「兩天的週末……」他在給一位朋友的信裡說：「太長了。」在家裡，閱讀成了他唯一的愛好。露易絲提議外出時，他會說「我還要工作」，然後整晚讀書稿。如果她邀請朋友來家，麥斯就想方設法找藉口避開，抱怨他被稿子「纏住了」，有些晚上甚至不下樓跟客人打招呼。

在辦公室，他變得脾氣暴躁，就連某同事提前幾分鐘下班這樣的小事，他都要說兩句刻薄話。他的幽默變成了諷刺挖苦。當他勤懇的秘書威科夫小姐申請休年假時，他的反駁簡直是殘忍的侮辱：「妳為什麼需要休假？」有一次，他的一位作家寫信來說，威科夫小姐理應為她勤懇、高效的工作獲得獎章。麥斯把當事人威科夫小姐叫進來，讓她記錄他的口頭回覆：「沒有哪個秘書比她受到更多優待和溺愛了。雖然她的確努力工作……但畢竟她一週才工作五天。」

有時候，柏金斯坐在桌前一動不動，不知看著哪裡出神；有時候他會打瞌睡，威科夫小姐就輕輕把門關上，以免外人闖入。一天下午，柏金斯正睡著，有個個性莽撞的作家突然來，威科夫小姐說柏金斯先生正忙，這位作家聽辦公室裡沒聲音，決定親眼看一看。他拖過一把椅子放在門口，站上去，透過氣窗往裡張望。威科夫小姐怒斥他：「難道你不知道他睡得很少嗎？」

辦公室門開著的時候，柏金斯也不是很容易接近的人。他那習慣性的沉默現在加上了冷冰冰的凝視，令許多作家畏懼。「那種沉默有時候很嚇人，」約翰．霍爾．惠洛克說：「當某位滔滔不絕的人把麥斯逼得受不了時，他有時會打破沉默，說一句氣人的話：『喔，那有什麼？』這通常會讓事態更糟。他不是一直都和藹可親的。」不過，柏金斯的暴躁也成了他的魅力。

一九四二年夏末，海明威寫信給柏金斯，說要號召「海龜島往日的好夥計」歸隊。厄涅斯特上一次鼓吹麥斯跟他一起度假是十年前的事了，但這次沒有成功。史克萊柏納出版社當時人手不足——有些男性在服兵役，有些因為出版社業績不佳而被解雇，還有些在休假，麥斯覺得他必須待在紐約。「說實話，厄涅斯特，」他寫道：「我不能去。」

柏金斯現在極少出辦公室見人。但過去幾個月中，他與亞歷山大．伍爾科特（Alexander Woollcott）重續友誼。年輕時他們都在《紐約時報》當記者，麥斯投身出版時，伍爾科特逐漸成為知名戲劇評論家和那時代的炫麗身影。兩人都眷戀佛蒙特，二〇年代以來，伍爾科特一直在佛蒙特博莫西恩湖中小島的避暑別墅交際、會友，近年索性整年住在那裡。一九四三年一月，伍爾科特告訴麥斯他要放棄這個鄉間住宅了。「我很遺憾你不得不離開佛蒙特，那是天下最好的地方，」柏金斯於一月十八日寫信給他：「我已經放棄回那裡的念頭了，因為太多人去世了。我的老家鬼魂太多。」柏金斯告訴伍爾科特，他多麼希望時光倒轉，他們這批年輕記者能在時報大廈十七樓重聚。收到柏金斯的信一週後，亞歷山大．伍爾科特去世。

多年來，柏金斯一直提到要退休去佛蒙特，在那兒編自己的鄉村報紙，只刊登他認為合適的新聞。透過他的筆，這份報紙也許能夠聲名遠颺，影響數百萬人，這個只有他最親密的朋友知道的白日夢，也許能使他成爲影響全國的實力派……甚至當上總統。「當然，麥斯從不眞的想當總統。」約翰・霍爾・惠洛克說；他只是暗暗準備著，只要有人願意聽，他可以對某些問題闡明立場，也始終關心國家。歸隱佛蒙特的念頭化爲泡影（「我一直想在那裡度過餘生，」他曾寫信告訴伍爾科特：「但是做不到。」），但他並未減少對國家的關切。

由於新政愈來愈背離他的傑弗遜主義原則，麥斯大爲惱火。按照他的理解，美國民主最純粹的信條正被「白宮裡的那個人」破壞。一九四三年二月，柏金斯寫信給一位名叫雷蒙・湯普森（Raymond Thompson）先生的人：

我認為這些極端的新政主義者大部分立意都是好的，但照他們的路走下去，將不可避免地導致所有資本、權力集中於政府，那政府勢必獨裁，無論他們想不想。而政府將透過官僚體制統治國家，像俄羅斯那樣，這個官僚系統將成為寡頭，形成特權階級。

柏金斯相信，人類唯一的希望在於「權力分散。權力只要歸於單一集團，除了可想見的物質方面外，其他各方面也會崩壞；或許人人都能得到充足的食物，卻沒有自由。但另一方面，恐怕資本主義也不再可行，我們只能接受共產主義。」

柏金斯的政治觀也反映在史克萊柏納即將出版的《第五封印》（*The Fifth Seal*）中。這是馬克・阿爾達諾夫（Mark Aldanov）堅定反蘇維埃政權的小說。在某個總結性段落裡，這位俄國流亡作家透過故事中的一個人物之口說：

「是的，我當然恨希特勒更甚於布爾什維克。但如果要捍衛自由與人的尊嚴，就要誠實地捍衛：反對一切暴君和腐敗者。」

那正是柏金斯所想的。美國共產黨用盡一切手段恐嚇史克萊柏納出版社，阻止《第五封印》出版。這本書成爲一九四三年初轟動一時的事件焦點，成爲大暢銷書。

出版社不像牙膏公司那樣年復一年生產同樣的產品，每本書都是新產品，具有個別性，需要個別處理。牙膏公司爲產品打開市場後，只需維護好那個市場就可以。出版社卻必須爲每一本書打開一個新市場——每年可能有幾百個（此一嚴酷事實部分解釋了爲什麼暢銷書這麼少——在一個擁有兩億多人口的國家，區區五千冊對一個作家的第一部小說而言就是非常好的銷售成績；也解釋了爲什麼出版業不是利潤可觀的行業）。而且，牙膏生產商可以比較準確地預測銷量，而出版商基本上做不到，因爲每本書（知名作家的書除外）的銷售問題都不一樣。銷量有的低得出奇，有時候又會收穫意外的驚喜。簽約多年、默默寫成的書也可能突然大賣，一九四三年史克萊柏納出版社就碰到這情況。《第五封印》只是他們連續七本暢銷書之一，該年的前九個月，這七本書的全部銷量達兩百萬冊。

七本中只有一本不是小說：《地下巴黎》（*Paris Underground*），講述歐洲戰爭中作者的個人經歷，作者是艾塔·希伯（Etta Shiber）。其餘六本都是長篇小說。這個現象促使柏金斯把這股成功浪潮歸因於「大眾被（戰爭）斬斷了過往的消遣方式」。其中一部小說是《戰地鐘聲》，出版第三年仍能賣出十五萬冊；以及艾德蒙·吉利根（Edmund Gilligan）的《憔悴的女人》（*The Gaunt Woman*）。而另外三本書的成功令柏金斯格外欣喜。

瑪西亞・達文波特的《判決谷》於一九四二年秋天出版，在十二個月內賣了三十萬冊，最後達到六十萬冊。她爲這樣的銷量和媒體一片叫好受寵若驚。一天晚上，她與查爾斯・史克萊柏納和麥斯吃飯，話題轉到湯瑪斯・沃爾夫和他的問題，麥斯說湯姆恐怕只有離開史克萊柏納作品才能進步，而他正在這樣做。「噢，不！」達文波特夫人說：「他和我一樣需要你，沒有你我什麼書都寫不出來。」

「如果那是眞的，」柏金斯答道：「妳就配不上那部深入妳內心的作品。」

柏金斯相信瑪西亞・達文波特只有在寫作中更多袒露自己，才能充分發揮才華。他想幫助她克服寫自傳式小說的抵抗心理，因爲他察覺到，她在處理素材時竭力避免更進一步呈現完整的自我和熱情。他不斷督促她，一年後她投降了。一九四五年，她開始寫以自己在曼哈頓的生活爲主題的小說：《東邊，西邊》（*East Side, West Side*）。

瑪西亞・達文波特曾讓查爾斯・史克萊柏納暗暗心驚，因爲她說了眞心話：她想寫一本銷量也許只有一千兩百冊，但會被人稱爲藝術品的書。在柏金斯的庇護下，她覺得這個目標可以實現，因爲她和柏金斯交談時，柏金斯從來不強調經濟收益。據她所知，有一次，柏金斯聽到有人抱怨某家出版社開口閉口利潤，他的回應是：「你的意思是那些人不愛書。」

南茜・黑爾對個人書寫不像瑪西亞・達文波特這麼抗拒。她的小說《揮霍的女人》在史克萊柏納出版社的風光之年與《判決谷》一起出版，正是她個人經歷的結晶。它極暢銷，柏金斯更讚賞它巧妙地揭示了女性人物的性格。「從一開始，」他在回覆南茜的一封感謝信中寫道：「我就相信妳，也這樣說過，雖然我不相信銷量能代表什麼，但是許多我必須與之對話的人，例如書店的人，卻認爲這是唯一可以衡量作品、無可辯駁的證據。不要因爲開心而感謝我，是我應該謝謝妳。」

柏金斯不喜歡在商言商，但他長期以來一直以精明的談判者聞名。他在餐館總是多給小費，對任何借錢的朋友或陌生人十分慷慨，但生意往來時卻有新英格蘭人的固執。與經紀人或作家談預付金和版稅時，麥斯會坐在自己的辦公桌前，一言不發，面無表情，心不在焉地畫著拿破崙肖像，任憑對方提出要求。無論對方說什麼，柏金斯的耳朵好像全聾了般，再頑強的談判者都會漸漸屈服。老查爾斯．史克萊柏納的外孫喬治．席費林說：「要嘛麥斯提的條件被接受，要嘛塗鴉畫完他就結束談判。」

史克萊柏納創紀錄的豐收之年的第七本暢銷書是克里斯汀．威斯頓（Christine Weston）的《靛藍》（*Indigo*）。她是一九三九年春天經共同朋友沃爾多．皮爾斯介紹認識麥斯的。「別人告訴我，柏金斯喜歡讓有抱負的作家帶著巨量書稿來給他看，」威斯頓小姐回憶說：「我的書稿就是巨量。我當時很幼稚，又膽怯，根本不敢想那個大人物會瞄我的書稿，雖然沃爾多．皮爾斯請我放心，一旦麥斯答應讀某份稿子就從不食言。」柏金斯喜歡她的第一部小說，還接著出版了第二部，兩本加起來總共買了五千冊。她的第三部小說背景是印度，她在印度出生、長大，直到二十歲才離開。《靛藍》出版於一九四三年，短短幾個月就賣出二十三萬冊。

作家並不需要像海明威、達文波特、黑爾、勞林斯、威斯頓或泰勒．考德威爾那麼成功才能得到柏金斯的支持，柏金斯對那些渴望當作家又寫不出好書的人報以極大同情。事實證明，這些人裡，有很多是被他的風度吸引、忍不住一次又一次來史克萊柏納出版社見他的女人。有位女子連續幾個月每週四來，每次戴的帽子都不同，柏金斯不知該怎麼應付她的殷勤，就帶她去喝「茶」。同事們問他爲什麼要在一個不可能合作的作者身上花這麼多時間，他說：「如果不這樣，我怕她會自殺。」柏金斯帶她去查坦飯店的酒吧，她常喝得醉醺醺。一天下午，她醉得要躺倒了，麥斯知道不能單獨留她在酒吧，便扶她到樓上開了個房間，讓她睡一覺醒酒。她一進房間就脫去裙子和鞋，倒在床上昏睡過去。麥斯把鑰匙放在她旁邊就準備離開，他輕輕關門，習慣性地上了鎖，這才發現大衣被門縫夾住，最後還是客房女服務員來替他開門。她探頭往裡張望，然後鄙夷地瞪了麥斯一眼——這一刻他一輩子都忘不了。

出版界傳言柏金斯一如既往不喜歡女人。比如克里斯汀．威斯頓就聽人說柏金斯跟同性在一起時輕鬆得多。她的看法是：

他跟某一種人在一起比較輕鬆。我猜想他跟塊頭大、嗓門響、比較自我的人在一起較自在，比如海明威、沃爾多、皮爾斯；而靦腆、緊張的人會令他不自在，讓他必須小心翼翼……我個人覺得他很迷人，但在感情上很疏遠。

麥斯仍然抱怨女人：「除了出書，女作家還期待你爲她們做許多事。」四〇年代初，柏金斯寫信給科普蘭教授說。大牌作家堅持要求每次出版新書都要舉辦茶會；但有位女作家打電話給麥斯，哭著說：「我的貓約翰．濟慈要死了。」柏金斯只能說些同情話。她說：「你派個獸醫來。」他說他不認識獸醫，請她就近找一位。「但我沒有錢呀，」她抽泣道：「你願意付錢嗎？」爲了讓她繼續寫作，他答應了。

爲了說服詩人麥可・斯特蘭奇（Michael Strange）[43]寫完回憶錄，麥斯不得不單獨和她吃了幾頓晚飯，給她建議。她準備的晚餐非常豐盛，她既迷人又健談，因此幾個晚上後並無多少進展。他們常深入討論政治和經濟，因爲她是激進派，相信無階級社會。一天晚上喝咖啡時，女傭正在洗盤子，麥可・斯特蘭奇又談起這個話題，卻突然停下來，猛地回頭說：「該死，凱特，別把盤子刷得那麼響。」

儘管麥斯很不擅長與異性打交道，他的女作家卻比以前多——小說家道恩・鮑威爾（Down Powell）、伊迪絲・波普（Edith Pope）、安・奇德斯特、凱薩琳・波默羅伊・史都華（Catherine Pomeroy Stewart），這些當代著名女作家都是他的作家。他還盯著阿娜伊斯・寧（Anaïs Nin）[44]出版她的日記。柏金斯對大多數合作過的女作家都充滿敬佩之意。

有一位持續寫作的女士，從三〇年代起就對麥斯單相思。她沒有表現出多少才華，欲望卻很強烈。她無休無止地寫信給柏金斯，信中充滿誇張的文學辭藻和含情脈脈的暗示，他的回應乾脆而禮貌。他只和她當面說過兩次話，總共不超過十五分鐘。「那不重要。」四十年後，她宣稱：「因爲我們是眉目傳情。我在他有些疲憊的時期來到他的生活，他很在乎我的前途……他天才的光芒在我腦中閃耀。」年復一年，她繼續寫著詩歌、散文，沒有一本出版，除了自費出版的。她仍在寫，因爲麥斯「信任」她的才華。的確，麥斯的信任得到的不僅是創作上的回應。「從我遇見麥斯的那天起，我們

43 美國詩人布蘭琪・歐里奇（Blanche Oelrichs, 1890-1950）的筆名，約翰・巴里摩的前妻。
44 1903-1977，日記小說家，舞蹈家，著名作家亨利・米勒的情人，一生出版了十一部日記，被譽現代西方女性文學的開創者。

就相愛了，」她坦言：「我再也沒有和我丈夫同床，我不能對麥斯不忠。」

一九四三年二月，柏金斯出席了史考蒂・費滋傑羅的婚禮。他和哈洛德・歐伯支付了婚禮的費用，歐伯將新娘交給海軍上尉山謬・拉納漢（Samuel Lanahan）。當史考蒂沿著紐約聖依納爵教堂走廊走去時，柏金斯想她的樣子和賽爾妲約二十五年前眞像——「不像賽爾妲那麼漂亮，」麥斯寫信告訴海明威：「但比她耐看。」

新娘的母親不能來參加婚禮，因爲她出於愛國熱忱正在蒙哥馬利做機械工學徒（沒多久就被解雇了）。她回信感謝麥斯告訴她婚禮美好的細節。她說，他的描述勾起了自己「塵封多年、業已淡漠的青春記憶，那時，我們在你的善意幫助下結了婚」。幾個月後，她又寫信給麥斯。「我對過去演奏著癡傻的序曲，」她恍惚地寫道：「一心盼望著上帝最後審判日的到來。」

麥斯進入六十歲後，花了幾天時間重讀他與史考特・費滋傑羅的信，沉醉其中，黯然神傷。艾德蒙・威爾森想要一些信編一本費滋傑羅文選，核心文章是〈崩潰〉。史克萊柏納出版社不準備出版這本書，因爲麥斯認定，史考特若活著，不會願意這些糟糕的內容出成書。不過，柏金斯同意其他出版社出版，因爲偶爾有人希望把史考特・費滋傑羅的作品收進他們選編的小說選集時，他都會同意；他要盡己所能保持費滋傑羅的名聲長盛不衰。

柏金斯還在重讀另一位作家，那就是湯瑪斯・沃爾夫。隨著一九四三年的聖誕節將近，他寫信給沃爾夫的姊姊梅貝爾：「每到這時節我就很想念湯姆，懷念我們能夠期待他隨時可能來辦公室找我們的往日時光。」在家裡，麥斯反覆閱讀《時間與河流》中那些他最喜歡的段落，直到夜深。

湯瑪斯．沃爾夫去世五年了，但文學聲譽穩步上升。柏金斯注意到，一般來說，即便是知名作家，去世後影響力也會衰退，但沃爾夫的情況相反，處理他的文學遺產仍然佔去柏金斯許多時間。

當時住在紐約州基斯科山的愛琳．伯恩斯坦，聽說沃爾夫在紐奧良的朋友威廉．威世登要收購沃爾夫的全部檔案，她很慌，因爲裡面會有她的信。「沒有必要那樣，」一九四三年年中，她寫信給柏金斯說：「我應該被告知，這很合理。這是我所了解的你唯一一件做得欠妥（或者說我認爲不妥）的事。」她的書信內容——也就是寫在信紙上的文字——是屬於她的，別人未經她的許可不能發表。但做爲文件，這些原爲沃爾夫所有的書信在他死後即成爲他遺產的一部分。柏金斯向伯恩斯坦夫人解釋：「基於實務上的考量，我有責任出售任何可以出售的東西。」比起賺錢，柏金斯更想讓作家、學者能使用沃爾夫的文件。他認爲這對任何一個重要作家的聲譽和影響都十分必要。柏金斯說，這是人們至少可以爲湯瑪斯．沃爾夫做的，他的作品將永遠有人讀，因爲「總有新一代大學二年級生會發現他的作品並爲之欣喜」。

多年來，威廉．威世登一直在收集沃爾夫的作品。他打算在哈佛大學建一座紀念館，收藏他能找到的所有沃爾夫的資料，希望包括沃爾夫和伯恩斯坦夫人之間熾烈的情書。這些情書可以看到他們最甜蜜與最尷尬的情緒。令人印象深刻的一個例子是，沃爾夫會在信裡說：「我大乳房、灰頭髮的猶太蕩婦，我愛聞妳玫瑰色腋窩裡的臭味。」一九四三年六月，愛琳寫信給柏金斯：

> 出賣我寫給湯姆的信，我想我會漸漸習慣這個想法，但現在還不行，儘管那樣做合法。這令我震驚，不過跟如今世人的悲哀相比算不了什麼。所以這是我最後一次跟你談這件事，到此為止。雖

然我總是痛苦地感覺到，我們的關係、我和湯姆之間的關係在他生前一直沒有了斷，也許永遠不會了斷。這關係維持了那麼長時間，經歷了多少盪氣迴腸的時刻，即使到最後，他內心深處一定知道我們對彼此的意義是什麼。

柏金斯順勢請伯恩斯坦夫人交出湯姆寫給她的信，一併放進那批收藏。她同意了，但不願白白交給威世登，因爲她懷疑他會從沃爾夫的文件中牟利。經過數年談判，威世登買下這些信件。伯恩斯坦夫人要求把屬於她的每一分錢都捐給猶太慈善團體聯合會。對於這一條款，她在給麥斯的信中說：「這是報復湯姆跟我說了那麼多侮辱猶太人的壞話。」

那年夏天，柏金斯看了電影版《戰地鐘聲》。最初聽到主角將由賈利．古伯（Gary Cooper）擔任時，他很高興。柏金斯非常喜歡賈利．古伯，把他主演的《約克軍曹》（*Sergeant York*）看了兩遍。但看了新電影後，麥斯意識到他最喜歡的演員以及電影的局限性。他寫信給伊凡．希普曼說：

當然，賈利．古伯一直都是那樣——他演得很好，但不像羅伯，一點也不像。部分原因是故事的主觀成分全部——或者說幾乎全部——不見了，雖然這也許有必要。

柏金斯唯一感興趣的另一部影片是《輕裝旅的衝鋒》（*Charge of the Light Brigade*），他只想看衝鋒的部分，不想看全片。麥斯讓三女兒佩姬陪他去電影院，把她安排在既能看到銀幕，又能看到站在門廳裡的自己的位置，靜靜等待高潮到來。一個半小時後，當佩姬看到埃羅爾．弗林（Errol Flynn）要帶頭衝鋒時，她打了個手勢，柏金斯穿過門廳，站在過道觀看輕裝旅潰敗，然後和女兒離開戲院。

前一年，厄涅斯特·海明威在古巴度過了那裡一年中氣候比較宜人的季節，「做他手頭正在做的事」，麥斯在信裡告訴伊凡·希普曼。海老爹正忙著駕船巡邏，搜索德國潛艇，他說這工作很重要，而且打仗時他沒心思寫書。柏金斯本想相信他的話，但知道還有其他原因。瑪莎·蓋爾霍恩·海明威剛寄給柏金斯一部小說，史克萊柏納正要出版。她和海明威結婚三年卻一直在旅行，爲《柯里爾》雜誌寫重要文章。「我們從海上回到家時，」海明威的小兒子葛列格里回憶當時的情景說：「瑪蒂[45]認爲爸爸會繼續寫作，但他有別的盤算。他宣布：『現在妳是我們家的作家囉，瑪蒂。』這完全是真心話！……瑪蒂起初很高興，接著吃驚，最後轉爲氣憤。在事業上幫她一把是好的，但美國數一數二的小說家要在四十四歲，也就是《戰地鐘聲》完成兩年後封筆退休，令人難以置信——即使像瑪蒂這樣的婦女解放運動先鋒也無法接受。」她不明白驅使厄涅斯特六年前奔赴西班牙的那股熱情現在去了哪裡。有傳言說她和厄涅斯特疏遠了，海明威在灣流遊蕩時，她跑去英國做戰地報導。在厄涅斯特心目中，瑪莎遺棄了他。海明威寫信給柏金斯說，他「眞他媽的孤獨」，「極度渴望寫作」。

海明威覺得不再被愛，變得暴躁起來，很快就因作品加印的版稅問題而爆發一場小衝突，他認爲查爾斯·史克萊柏納在找他麻煩。海明威說，如果史克萊柏納認爲海老爹態度「不夠恭敬」，或麻煩多過價值，他大可離開。怒火中燒時，他和出版社的關係差點要走上過去十年他大多數其他關係

45 瑪蒂，瑪莎的暱稱。

的路。葛列格里．海明威這樣說他父親：「他與早年所有幫過他的朋友斷了聯繫：他和舍伍德．安德森不往來了，和葛楚．史坦決裂了，和史考特．費滋傑羅疏遠了……現在，他的老爹神話膨脹得連自己也無法駕馭。」不過，葛列格里又回憶說，海明威即使在最膨脹的時候，「也從未想過離開柏金斯」，原因在於麥斯能情理兼顧。

海明威說，要他繼續留在史克萊柏納出版社，有一個條件：他要求柏金斯永遠不要和他作對——「因爲你既是我該死的出版人，又是我最可靠的朋友。」他懇請柏金斯相信，他之所以不能創作，並非因爲他「才思枯竭，成了酒鬼或麻煩不斷的作家」。事實上，他有時候很想寫，「沒有時間寫作比坐牢還難受」。他希望柏金斯相信，他過去一年中沒有幾個小時能用來寫作。他請他放心，這期間他在大量收集素材，只要準備好，就能根據他的經歷和見聞寫出來。他對麥斯說，一如既往，他要「冷靜一下」才能動筆。柏金斯從未對厄涅斯特表示過懷疑，但他對一位同事說：「恐怕厄涅斯特現在只相信他自己的傳奇……他可能再也不會眞正地寫作了。」

到一九四四年五月，海明威才意識到他在灣流的獵潛活動毫無意義。他決定追上瑪莎，去看看歐洲的戰事。他去紐約拜訪柏金斯，柏金斯發現他氣色很好，不斷炫耀他一口灰色的大鬍子，那是爲了抵擋海上的風吹日曬而蓄的。六月，他做爲《柯里爾》特派記者，在英吉利海峽兩岸報導諾曼地登陸的情況，隨後來到第四師，一連幾週緊緊跟著他們每一次軍事行動。海明威向麥斯保證，在這「最後一次探礦途中，他已經發現非常優質的礦藏」，如果活著回來，他會爲史克萊柏納寫出一本非常有價值的書。他說，這本書裡會「有大海，有空氣，有陸地」。海明威還告訴柏金斯，最近這次活動「治癒」了他對妻子的情傷。他說這很可笑，「戰爭讓一個女人走進你該死的心坎，另一場戰爭又讓你結束了對她的感情」。

瑪西亞．達文波特曾問托斯卡尼尼（Arturo Toscanini），他怎麼受得了一整天令人筋疲力盡的排練。大師回答，他從作曲家的音樂中汲取力量。麥斯．柏金斯從作家們身上獲得新力量，但哈洛德．斯特恩斯（Harold Stearns）、詹姆斯．波伊德和約翰．皮爾．畢夏普最近相繼去世，他們原本與他交往密切。麥斯更孤僻了，退居自己的天地成了他的愛好。四〇年代初，他收到愈來愈多邀請，請他公開談編輯心得，他通常都以簡單的一句解釋回絕：「編輯要努力當無名氏。」現在，他渴望獨處。

一九四三年秋天，伊莉莎白．萊蒙有個親戚想爲《城裡城外》雜誌寫一篇關於麥斯．柏金斯的文章。柏金斯的本能反應是拒絕，隨後他想到，讓這個波因茲．泰勒（Poyntz Tyler）在那本小雜誌上寫篇文章也許可以使他免於更大的曝光。那年九月，麥斯向伊莉莎白解釋：

我厭惡被人寫。如果這是假話，我就不敢對妳說，因為妳太了解我了。我當真渴望羅斯福說的那種無名，也認為編輯應該是無名的，他不應該是重要人物，或被人這樣看待，因為作家才是他生命中的重要人物。但泰勒先生指出我想過的一個道理：如果《城裡城外》登了一篇，《紐約客》就不會再登人物側寫了。幾個月來，這篇人物側寫就像達摩克利斯之劍一直架在我脖子上，不過我想，現在它落空了。

《紐約客》的編輯們早在三〇年代就邀過湯瑪斯．沃爾夫寫柏金斯的人物側寫。沃爾夫派他的經紀人伊莉莎白．諾維爾去打聽柏金斯會不會同意他寫這樣的文章。「柏金斯看起來很蔑視，但沒有一口回絕，」諾維爾小姐回憶道：「湯姆和我都想知道在他靦腆的背後是不是也暗自竊喜。」為了把這個問題搞清楚，終於有一天，她走進他的辦公室，說：「該死，柏金斯先生，你到底想不想讓《紐約客》刊登你的側寫？回答『想』還是『不想』。」柏金斯用責備的眼光怒視她，說：「諾維爾小姐，妳也是新英格蘭人吧？」

「是的。」諾維爾小姐說。

「那好，」柏金斯說：「妳應該知道答案是什麼，而不是來問我。」

沃爾夫放棄了這個計畫，不過幾年後，評論家麥爾坎．考利又接手，並得到《紐約客》的支持。考利相信，在當代文學領域，沒有人像麥斯威爾．柏金斯那樣既重要又無名。編輯這個行業對出版業以外的人來說是神祕的，考利認為，柏金斯就像個「戴灰帽的名人」站在陰影中，人們連本來只能看見的一點點也看不清了。考利在向柏金斯邀訪前先收集資料。「我發現，柏金斯在當今文學界最像偉人，」考利對他的《紐約客》編輯威廉．肖恩（William Shawn）說：「傳奇故事聚集在他四周，就像加斯科涅橡樹周圍的松露[46]。」一九四三年末，經過幾個月的蒐集資料，包括與柏金斯的朋友、作家和同事通信、訪談，挖出大量細節後，考利準備好去會見「狐狸」本人了。

考利既是文壇要人，也有魅力，他很快就衝破柏金斯低調的異常心理。柏金斯花了一些時間貶低自己的成就（「我不明白他們為什麼稱讚我們發現好書，我們只不過是看書稿」），並嚷嚷被人寫多麼難堪。最後他靜下來，默許對方進行一次正式採訪；事實上，他同意分幾次採訪。

有一次，他告訴考利，他的榜樣是約翰．阿倫．勞林斯少將（Major General John Aaron Rawlins）。

據《美國傳記大辭典》記載，勞林斯「幾乎是格蘭特將軍最不可少的參謀」。他的工作是讓格蘭特冷靜；編輯他的重要文件，把它們整理成定稿；圓融而堅持地提出批評；經常讓將軍恢復自信。

考利和柏金斯在一起時會聊當代作家。不久前，柏金斯注意到羅伯．佩恩．沃倫。當然，更早的時候，威廉．福克納引起過他的注意。柏金斯最喜愛福克納早期的作品，每讀到他的作品無不佩服。「我對他唯一擔心的是，」他對考利說：「他陷入一種地位，比應該的還高。一旦出現這種情況，就極難改變群眾的看法了。人人都會驕傲地出版他的書，而我們恐怕不能比他目前的出版人更使他滿意。」

考利是極爲推崇福克納的闡釋者之一，他知道作家已淪落到無人問津的地步。考利給這位密西西比朋友寄去有關他當前文學地位的〈紐約市場報告〉時寫道：「在出版界，你的名字如同淤泥。他們都認定你的書賣不動，這很可惜，對嗎？他們這樣說，臉上還帶著高興的表情。」福克納寫了十七部小說，由六家出版社出版，當時都已絕版。現在，考利建議他再找一家出版社，他想到史克萊柏納，因爲他佩服麥斯．柏金斯，以爲柏金斯看重福克納的作品。於是沒多久，他向麥斯談起福克納，卻發現柏金斯不那麼積極。柏金斯早把福克納視爲大師，但他思考的是作家將來的創作而不是名聲，他斷然告訴考利：「福克納的時代結束了。」

柏金斯對考利表達的許多意見隱約透露出他對四〇年代的作品缺乏信心，對將來的作品更不抱希望。「也許，我們這個時代的文學，」他對考利說：「問題就出在無賴沒有以前那麼多。」

46 加斯科涅為法國西南部地區，該地種植的橡樹周圍每年能收穫大量松露。

考利完成採訪，回去了。他寫這篇側寫時，柏金斯忙於工作，最近合作的不是無賴，而是討人喜愛的調皮作家亞瑟．崔恩。崔恩完成自傳後，柏金斯建議他寫個標準的塔特先生的故事。塔特先生是他著名的小說主角，近二十五年來，他那些虛構的冒險故事一直為數百萬讀者喜愛。依著柏金斯建議寫成的是《美國律師：埃佛蘭．塔特自傳》（*Yankee Lawyer: The Autobiography of Ephraim Tutt*），崔恩還寫了一篇序。為了增加「眞實感」，書中配上塔特年輕時的照片和《週六晚郵報》上的一幅畫像，畫的是讀者熟悉的他以兩根大拇指勾著西裝背心的姿勢——很奇怪，這幅畫像與麥斯．柏金斯很像。《美國律師》於一九四三年一出版，那些原來崇拜塔特的法律才能又搞不清楚他眞假的人，都以為他是眞有其人。因而每次送來的郵件中，都有寄到出版社、急於向塔特先生求助的信。有位寂寞的老太太向他求歡；還有一個女人打電話到史克萊柏納出版社，卻被誤轉到麥斯．柏金斯的專用電話，她佔線很久，始終不願相信麥斯一再澄清埃佛蘭．塔特並不眞的存在：「可是，一定有一位塔特先生啊！」她堅持，最後總算信了柏金斯的話，忍不住嗚咽起來。

接著，這場文學鬧劇的肇事者就要自食其果了。一九四四年三月，紐約州高等法院一位執法官傳訊亞瑟．崔恩。提告人叫路易斯．利內（Lewis R. Linet），費城人，自稱是「一名喜愛讀書的律師，因為受了《美國律師》書衣、扉頁、插圖和書中內容的誤導，花了三元五角卻換來一本騙人的小說」。利內特要求每本售出的書都要賠償一美元，不僅為他自己，也為該書的五萬名買主。他還連帶起訴查爾斯．史克萊柏納家族出版社和編輯同謀麥斯威爾．柏金斯的「欺詐行為」。

這事被媒體曝光的時候，因為太不可思議，以至於有人指責柏金斯為了讓書更轟動而編造整件事。但法院的強制令和利內特要求的五萬美元退款，法院都記錄在案。被告們延聘了他們所能想到最好的律師約翰．戴維斯（John W. Davis）。他曾是民主黨總統候選人、前美國駐英大使，也是塔特小說多年的追隨者。歪曲事實確實可能遭起訴，問題是商品法則是否適用於書籍。辯護的基本著眼點是文學史中的一項傳統，即以政治、文學諷刺目的的僞傳記或戲說歷史，《魯濱遜漂流記》和《格列佛遊記》就是兩個明顯的例子，它們都以眞人眞事的名義出版。就在官司懸而未決的時候，亞瑟．崔恩沒有等到塔特先生被解除指控就去世了。

一九四三年末考利先生來拜訪時，柏金斯還在忙另一件不尋常的事，事關堪薩斯州章克申城一個三十五歲的男人。約瑟夫．史丹利．彭內爾（他常說他的姓〔Pennell〕與狗窩〔kennel〕諧音）剛完成第一部小說《羅姆．漢克斯及其家族興衰史》就應徵入伍。一個女性朋友答應幫他找出版社，於一九四三年初把它寄給史克萊柏納。柏金斯一開始是偶然聽到兩個同事在談論這本書，其中一人說：「又是一本該死的天才之作。」有些編輯排斥才華橫溢但不合常規的作品，有些編輯則會受其誘惑，如柏金斯。柏金斯把書稿帶回家看。作者的語法、標點都不按牌理出牌，整體來說這本稿子的問題似乎無法解決，但麥斯發現了它的價值。他告訴一個朋友：「這樣的天才，編輯一生頂多遇到五、六個，一旦遇到就要鼎力相助。」

這樣的說法想當然耳讓人想起麥斯以前對湯瑪斯．沃爾夫的態度。彭內爾受過沃爾夫的啓發，作品和沃爾夫有不少相似處。首先，小說帶有明顯的自傳性質，符合沃爾夫的格言：「我們每個人都是自己一生分分秒秒累積起來的總和。」彭內爾似乎把自己此生的分分秒秒都放進書裡了。小說中的堪薩斯州福克城，亦即現實中彭內爾的家鄉章克申城，相當於沃爾夫的阿爾塔蒙特。他的行文往往如無韻詩，章節常以富有抒情哲理的斜體字段落開頭，其中有些活脫就像沃爾夫寫的奔放文字。的確，彭內爾的敘事者李．哈林頓勝過尤金．甘特一籌，他能爲心上人寫十四行詩。她是位美麗的金髮女郎，名叫克里斯塔，他告訴她自己祖先的故事，希望給她留下好印象，那些十四行詩穿插在敘述中。後來，彭內爾想把這部小說列爲他所謂《美國編年史》（*An American Chronicle*）三部曲的第一部。

柏金斯發現《羅姆．漢克斯》寫得太複雜，幾條敘事線交替，兩個世紀的事情跳來跳去，把當代的愛情故事和追述內戰往事混在一起。這本棘手的書稿他看了好幾天才寫信給彭內爾，坦言他「還沒有搞清楚這本書的脈絡——不清楚把現在與過去混在一起究竟是何用意，等等。」但他又說：「我讀得津津有味。我要告訴你，這裡有個同事給我看了皮科特衝鋒那一節，我敢肯定我從沒見過比這更精采的戰爭描寫，包括托爾斯泰在內。」

柏金斯既激動又暗暗著急。毫無疑問，他覺得《羅姆．漢克斯》給了他發現又一個湯姆．沃爾夫的可能性，但也小心避免讓彭內爾期望太高；他還沒讀完全書已看出種種問題。一九四三年三月二十九日，他又寫信給彭內爾說：

> 我們都說過得設法出版這本書，但有些非常嚴重的障礙，只有大刀闊斧地刪改才能跨越，不知道你同不同意這麼做。我確實認為應該出版，但書中有許多內容放在任何出版社都不能出。

柏金斯第一個反對意見是，與歷史的章節相比，當代的部分顯得瑣碎。他說，讀者讀現代故事就會察覺：

它沒能與其他部分融合，寫得也不夠好。事實上，當讀者讀到這些部分時，會不耐煩地跳過去讀早期美國、那場戰爭和戰後的故事。

現代故事的第二個問題是有太多「淫穢」材料在裡面。柏金斯覺得，許多愛情段落不能照原稿出版。還有克里斯塔，偉大情詩的對象；她聖路易斯的家鄉背景和金髮長腿的外貌與瑪莎．蓋爾霍恩很像，柏金斯擔心會被告誹謗。他說，那些相似是「沒什麼好懷疑的，除非是一系列驚人的巧合」。柏金斯告訴彭內爾，無論是誰在書裡這樣描述她，都不可能不被她告。由於蓋爾霍恩小姐也是史克萊柏納出版社的作家，不管法律怎麼規定，他們無論如何都不能損害她的名譽。「我的確認爲，如果你拿掉大部分當代的東西，只寫內戰和戰後年代——那個過去的美國，你可能已經寫出一部傑作，甚至比現在的稿子更好。」

人在加州的彭內爾回信說，他考慮了柏金斯力主的「大幅刪改」，仍難以接受。「首先，」他解釋：「人對自己的文字或許有種不可理喻的愛。其次，我還有個更大的寫作計畫，《羅姆．漢克斯》只是其中的一部分。」但彭內爾還是想再思考一下柏金斯的建議。他說：「先生，生活是極爲奇妙的——我居然坐在這裡，在加州的槍炮邊給身在紐約的你寫這封信，我曾欽佩你資歷豐富的名聲，後來欽佩你是北卡羅萊納作家描繪的肖像——這位作家在尋找一片樹葉和一扇門時去世[47]。」

整件事讓柏金斯大傷腦筋。他想要這本書，又覺得必須改造它。他實驗性地先把書稿中的當代部

47 這裡指的作者是湯瑪斯．沃爾夫。《天使，望故鄉》開篇第一句：「……一塊石頭、一片樹葉、一扇找不到的門……」

分全部刪掉，把所餘篇幅拿給史克萊柏納出版社另一位編輯看，之後再給他看刪掉的部分。麥斯告訴彭內爾，此人「比我（我不很相信自己的判斷力）更肯定這本書沒有當代的部分會更好」。但柏金斯還沒有提出簽約，他說：「你千萬別受我影響而推翻自己的想法。」

彭內爾最終同意了柏金斯的方案。大半年時間裡，他們透過書信進行合作，雙方都做了妥協。彭內爾按照柏金斯劃定的界限處理，但也插入幾個現代片段。克里斯塔不再那麼像是以瑪莎·蓋爾霍恩爲原型了。

「如果瑪莎選錯了天才，那是多大的玩笑啊！」瑪喬麗·勞林斯得知這部小說後寫信給麥斯。柏金斯逢人便說這本書，他已經好多年沒有如此爲一個人激動了。晚上，他把書中段落朗讀給朋友聽；在辦公室，他把樣書送給每一位拜訪者。當《羅姆·漢克斯及其家族興衰史》在一九四四年夏天出版時，他的熱情得到理所當然的回報。首刷一夜間銷售一空，轟動全國。「沒有人會笨得去爭辯爲什麼最近這本書特別暢銷，因爲它不只如此。」漢彌頓·貝索在一九四四年七月十五日的書評開頭這樣寫道——

但是有跡象顯示，那些等著下定論的人至少現在得先把錘子擱下來……（《羅姆·漢克斯》）這本書，如果我沒搞錯的話，將是《天使，望故鄉》以來最轟動的小說處女作。

有件事我敢打賭必定會發生，彭內爾先生，過去的報紙記者、如今的軍人，將被那些專門歡呼的人高舉為又一個湯瑪斯·沃爾夫。這有點道理，因為彭內爾先生和沃爾夫一樣，凡是文人知道的罪他都犯過，還跟沃爾夫一樣自己想出幾種新罪。

出版不到半年，《羅姆．漢克斯》賣出近十萬冊。

正當《羅姆．漢克斯》令作者聲譽鵲起之時，《紐約客》刊出麥爾坎．考利的那篇人物側寫，給了麥斯長期回避的榮譽。文章標題是〈矢志不渝的朋友〉〈Unshaken Friend〉，取自沃爾夫《時間與河流》中的獻詞，於一九四四年四月連續兩期刊登。人物側寫長得要拆成兩篇刊登，這在《紐約客》是很罕見的，因爲威廉．肖恩已經相信柏金斯完全像考利描述的那麼重要。對自己的「臭名遠颺」，麥斯一開始還驚恐地去問律師有什麼辦法可以封鎖那兩篇文章，但終究沒有採取進一步措施，只是力求與那篇特寫撇清關係。不少人問起時，他就說：「我要是像那個人就好了。」他說，人物側寫中的那個人，「比我本人好多了」。柏金斯的朋友們說，他因爲考利在文中說他穿著「破舊不起眼的衣服」抱怨了幾星期。考利寫信對威廉．肖恩說：「我眞想告訴他，如果《紐約客》說他穿著破舊不起眼的衣服，那他就是穿著破舊不起眼的衣服。」

柏金斯後來得出結論，他在文章中的形象還是很好的。令他高興的是考利在文中時不時跳開他，插入對出版業有益的討論。但文章也給柏金斯帶來了麻煩。一時間，似乎美國每個想當作家的人都讀了考利的文章，知道有這樣一位對作家忠誠、投入的編輯，善於發掘被忽視的創作者，紛紛要求與他合作。書稿如潮水般湧到史克萊柏納出版社，威科夫小姐不得不盡可能擋住陌生人打來的電話，把來訪者打發走。考利在文中曾引用麥斯的話說：「判斷一個作家，見他本人與讀他的書稿同樣有效。」因此，許多沒出過書的作者紛紛來求見。

那年春天，麥斯的朋友和鄰居亨德里克．威廉．房龍去世。同一個星期，在史克萊柏納出過《上刺刀》（*Fix Bayonets*）和《傑布．史都華傳》（*Jeb Stuart*）的作家、插畫家約翰．威廉．湯瑪森（John William Thomason）在聖地牙哥海軍醫院去世，年僅五十一歲。那年夏天，柏金斯又遭受沉重打擊，他一位更親密的朋友、劇作家愛德華．謝爾登病得愈來愈重。謝爾登因關節炎已臥床十五年，麥斯早在哈佛念書時就與他相識，現在疾病又使他聾啞、失明，全身僵硬。他在無聲無息的黑暗中度日，單調而可怕。

接著，柏金斯自己的健康也開始惡化，各方面的情況都容不得他再忽視。有一天，他的一隻腳踝和雙手腫得嚇人。醫生告訴他，很可能是過度疲勞所致。柏金斯說他並不感到疲勞，儘管發現閱讀時不像過去那麼專注。他聽從勸告，休息一段時間；有兩個星期他基本上都在睡覺。

柏金斯的曾祖母過去常說：「生病是罪惡。」他的一貫態度似乎顯示對這番話的服膺。現在，露易絲強迫他做全身體檢，令他大感意外的是，檢查結果很不錯，沒有什麼值得擔心的問題——除了疲勞。但讓醫生們擔心的是，柏金斯似乎有三分之一的營養來自酒精，他吃的太少。

近年來，麥斯對食物愈來愈挑剔，就連最愛的珍珠雞和麗池酒店招牌菜鹿肉都不感興趣。露易絲想出各種誘人的菜單讓廚師做，但他從來不吃。（有一次，兩個小女兒珍和南茜擬了一份食物清單，要柏金斯答應，若擺在面前他就得吃，還讓他簽了保證書。這大概是他唯一一次故意毀約。）醫生讓柏金斯多攝取維生素，限定他一天最多喝兩杯雞尾酒，但麥斯每到週末就要喝三杯。雞尾酒使他不那麼清醒地意識到自己的孤獨和時光飛逝。「現在什麼都過得太快，」他告訴瑪喬麗．勞林斯：「酒神能讓事情慢下來。我以前總想，要是活到很老我就吸大麻，渾然沒有時間概念，就能有永恆感。」

出乎所有人意料，麥斯休養回來後說，經過這次積勞成疾，他決定眞正度一次假。十月他會多請幾天假，去俄亥俄州阿萊恩斯看女兒佩姬；她丈夫買了兩匹馴馬，需要多讓人騎。「那倒是我樂意的事，」他在給勞林斯夫人的信裡說：「這是我多年來第一次對休假產生興趣。」但是，到了十月，他又得了另一種病——濕疹，從一隻腳踝蔓延到全身，令他無法外出。醫生們再次警告他身體透支了。「我完全沒問題，」他辯白道，雖然他在給瑪喬麗．勞林斯的信裡承認：「我的情況愈來愈糟。」他想起亞瑟．崔恩曾對他說：「絕不要改變你的習慣。」現在他認定，因爲聽了某醫生的話，改變生活方式才得這個病。於是，他取消休假，繼續工作，保持原來的飲食習慣，恢復一天喝四、五杯馬丁尼。

一九四四年春天，史克萊柏納出版社出版了泰勒．考德威爾的小說《最後時刻》（*The Final Hour*），書裡寫一間辦公室，正是麥斯在裡面走向人生盡頭的辦公室。有個人物是編輯，名叫科內爾．霍金斯，是新英格蘭清教徒的後裔，一頭灰白髮，一雙冷漠的藍眼睛，幾乎從不脫掉頭上的舊帽。考德威爾小姐原封不動地照麥斯辦公室的樣子描寫：

> 這裡沒有華而不實的裝飾，沒有厚厚的地毯和精美的傢俱迎合俗人。許多書稿堆放在那張裂痕累累的辦公桌上，菸灰缸裡的菸屁股多得塞不下，書信和筆散得亂七八糟。地板髒兮兮，而且褪了色。一張張椅子拖著嘎吱作響的腿，靠在發霉的牆壁上。然而，世界上好些最優美、最偉大的文學作品就誕生於雜亂、骯髒、毫不講究的環境中。在這個人身上，在這潦草馬虎、陽光直曬的房間裡，有一種偉大而純粹的氣質。人們本能地知道，一個戰戰兢兢的新人，也可以像擁有十本、

二十本暢銷大書的金牌作家一樣受到禮遇和關照。

作家如此描述那位編輯的辦公空間，柏金斯覺得好笑，也擔心那些邋遢細節會把作家嚇跑，便委託威科夫小姐進行大整修。即便如此，裝修後的辦公室也很難說雅觀，只是整潔一些，但仍使麥斯不自在。他告訴麥爾坎．考利：「幸好我一開始就沒鋪地毯。」

四〇年代中期，二戰主題主導了美國人的閱讀。例如，一九四四年全國十大非虛構暢銷書有七本是戰爭主題，從鮑勃．霍普有趣的前線紀事到厄尼．派爾的戰地報導，銷量多達幾十萬冊。但戰爭也對出版業產生了不利影響，例如紙張短缺，使出版社很難有足夠的庫存。為了確保紙張足以印刷暢銷書——也就是能賺錢付租金的書——柏金斯只能砍掉一些商業性不那麼強的書。他發現，自己又要對作家說二十五年前為了《浪漫的自我主義者》而對史考特．費滋傑羅說的話，說史克萊柏納出版社不能做任何冒險，那很傷人。柏金斯對出版業的現狀感到沮喪。文化的價值觀在變，純文學作品好像不受歡迎了，物質主義和自私自利的新世界似乎正在腐蝕嚴肅的出版人。「但願這一切都結束，恢復寧靜的生活。」一九四五年初，柏金斯寫信給海明威說。

但我知道再也不會了，過去看似寧靜的生活也是幻象。我曾以為另一場戰爭之後，事情會向那個方向發展，比如，我想你會在某地過著寧靜生活，釣魚，打獵，寫作——但那成了不可能的事，我想也許永遠都不可能。

海明威從歐洲回來時，停留紐約去看麥斯，然後去了古巴的瞭望山莊。很快，他就開始寫信給麥斯，說他現在要寫一部佳作多困難，一次比一次難。過去，麥斯會好聲好氣地勸厄涅斯特回到打字機前；現在他不開導了，隨他。「我想你應該放輕鬆……」他寫信說：「去那個老灣流，那裡似乎一切都好——不一定是對你自己，從整體來看也是。」

即使麥斯的精力在衰退，希望在破滅，他的聲譽仍如日中天。每個想寫作的人都知道他，出不了書的作者仍視他爲奇蹟創造者。有些被退稿的作者就仔細研讀《你再也回不了家鄉》，尋找「福克斯霍爾．愛德華茲」，試圖搞懂是哪些原因以致麥斯威爾．柏金斯不接受他們的作品。被退稿的人經常來纏著他要個說法，柏金斯也常整天忙著回答。

特別是一位懷有寫作抱負的女士，她的小說被退，就寫了好幾封信罵柏金斯，一次比一次兇。她認爲她被退稿是因爲政治觀，她在書中表現出的極端自由主義與麥斯的保守主義觀念衝突。她抱怨麥斯剝奪她向世人表達思想的權利，指責他獨斷專行、被偏見蒙蔽眼睛，變成不負責任的出版人。她對柏金斯的攻擊持續了兩年。

麥斯認爲這位女士的英文有某些嚴重缺陷，但書稿還有可取之處。他不斷回信，先是出於禮貌，繼之是爲公平，最後是同情。他在許多信裡闡明美國出版業的一條非正式信條，也表達了他的編輯標準。

理想的出版是讓所有人各抒己見的論壇，無論他們的目的是訓練教育、娛樂消遣還是製造恐怖……然而，出版在某種程度上也有關於品質、恰當性的規則，只能經由某種選擇來決定，這就是代表人類整體的出版人試著在做的事，即使犯過許多錯。或換個說法，藝術家、聖人及人類其他更敏銳的代表，可謂站在時代的前沿，是通向未來的先鋒和嚮導。而具有上述能力的出版人，必須對他們所揭櫫的內容的重要性和有效性做出某種判斷。對此，除了上帝賜予他的判斷力，他什麼都無法依靠。

這位女士指責柏金斯因擔心公眾報復而不敢出版她的書。但柏金斯知道自己不是審查員。他說，史克萊柏納出版過本．赫克特（Ben Hecht）抨擊反猶主義的著作《受虐者指南》（*A Guide for the Bedevilled*），也出版過韋伯夫婦（Beatrice and Sidney Webb）寫的《蘇聯共產主義：一個新的文明》（*Soviet Communism: A New Civilization*）。

爭辯到一定程度，柏金斯受夠了這女人沒完沒了的辱罵，說：「我們再通信也是白費唇舌，到此爲止吧！」勃然大怒的女作家責問柏金斯自以爲是誰。麥斯索性照字面意思回答。「我是，」他在一九四四年五月十九日的信裡說：「或者說，如果我完全實現自己的抱負，我至少應該是美國的約翰．史密斯（John Smith）[48]。」接著，他又詳述他對自己的看法。

他不是懂得許多知識的人，也不認為自己懂得多。最初他還有些抱負，但在前進的路上逐漸積累了責任，愈積愈多。責任始於家族的傳承，在他結婚成家後增加；再隨著他的同事、他代表的人而更加重。他很快發現，無論是他能做的還是做得不太好的，都是為了完成這些責任。他知道他是失敗者，注定是失敗者，因為他和有些人一樣，沒有得到上帝的信任，不知道上帝的意圖。他確實扛起責任去做，但求能在相當程度上做好，那就是他要認真對待的事。依照他對人的觀察，他不能對自己充滿信心，無法把自己的命運看得太重。只要不是因為疏忽（那意味著背叛別人）而陷入困境，他便能接受死亡之吻。

美國的約翰·史密斯始終都清醒地知道，他可能，或者說很有可能是錯的。那就是寬容。他盡了最大努力，希望永遠不讓任何人失望，不背叛他信奉的任何原則。

對柏金斯來說，那條始於「天堂」的抱負之路，在他實現遠大目標前就已暗淡了。他知道這一點，但是繼續前進，即使個人的失落與職業壓力愈來愈大，他仍保持令人信服的沉穩形象。柏金斯沒有瀰流可讓他蕩漾，有的只是與日俱增的焦慮壓力。作家的困境也壓在他心頭，愈發可怕，時常令他毛骨悚然：有位女作家向柏金斯求教女兒精神崩潰的問題；另一位把她個人童年創傷的片段寄給他看——那是真實的哥德式故事，她被迫挖出妹妹的屍體，給她穿上玩偶的衣服。還有遠方親戚向他借錢或求職，姻親的婚姻問題，某些婦女俱樂部發起運動反對文學作品裡的污言穢語，種族和政治團體抗議對某些特定人物的塑造模式，年輕人不斷請教怎樣才能出書，家族中有更多人在戰爭中傷亡；有作家寫書說地球是圓的，而我們生活在地球裡面，還有作家寫了一部五卷長篇小說，題目叫《上帝》。在這所有經歷中，他始終頭腦清醒而周圍的人驚慌失措。

48 John Smith（1580-1631），早期英國殖民者、探險家，在維吉尼亞建立了北美第一個永久英國殖民地詹姆斯鎮。

又一次，唯有伊莉莎白·萊蒙知道實情。一九四五年五月，她給柏金斯寄去湯姆·沃爾夫寫給她的好幾封信，因爲史克萊柏納出版社正在選編沃爾夫書信集，她覺得麥斯可能用得上。麥斯回信說：「我本想常寫信給妳，但我不像湯姆，心情絕望時沒辦法寫信。我在這裡太多被工作之外的事牽扯，消耗了精力，我該推掉那些事。」柏金斯說，他這種容易陷入糾纏的傾向源於青少年時期，也就是差點讓湯姆·麥克萊利淹死的那天他立下的誓言：「絕不逃避責任。」

「我並不是刻意這樣做，」麥斯告訴伊莉莎白：「但當我幾乎是下意識地立下這個誓時，我就明白了。它漸漸像格蘭特將軍心中的執念，驅使他絕不後退，所以最終能攻下里奇蒙。」

# 22 拋帽子

伊利諾州羅賓遜市的詹姆斯·瓊斯於一九三九年加入陸軍航空兵部隊，後來調到步兵隊，升為中士，又兩次被降為二等兵。他駐紮在夏威夷希肯空軍基地時，接觸到湯瑪斯·沃爾夫的作品。瓊斯發現他的家庭與小說中的甘特一家有很多相似處。「（沃爾夫的）家庭生活似乎與我的很像，他對自己的感覺跟我也相似，」瓊斯後來回憶道：「於是我意識到此生我已是作家，只是自己不知道，也還沒有寫出作品而已。一旦我下定決心，這一切就像無可避免，由我的後天命運決定。」在獲得一枚銅星勳章和一枚紫心勳章後，他於一九四四年光榮退伍，開始了寫作生涯。

一九四五年二月，當時住在紐約的瓊斯完成了一部沃爾夫式風格強烈的小說《他們將繼承這笑聲》（*They Shall Inherit the Laughter*）初稿。下一步不言而喻：他要去史克萊柏納出版社，親手把它交給傳奇編輯麥斯威爾·柏金斯。他踏進史克萊柏納出版社，來到五樓，手裡提著用繩子捆著的伊頓·邦德牌箱子，裡面裝著他的書稿。有位上了年紀的接待員叫住他，說柏金斯先生現在不在辦公室，可以把書稿交給她，他們會仔細看稿。瓊斯說如果麥斯威爾·柏金斯不在，他還是帶著書稿離開比較好。這位女士離開片刻，回來後說柏金斯先生剛從後門回到辦公室。她帶瓊斯去見他。直到很久以後，瓊斯才發現那裡根本沒有後門。

這位個子矮、結實的二十四歲小伙子走進柏金斯的辦公室，期待見到沃爾夫筆下福克斯霍爾·愛德華茲的面孔，卻馬上發覺沃爾夫描寫得誇張了。瓊斯發現，柏金斯的表情含蓄得多——笑容除外。「那微笑，」多年後他說：「就像狐狸一樣狡黠。」

柏金斯隨即把話題切入這小伙子的軍隊經歷，很快就忘情地聊起戰爭，小說的事沒等瓊斯開口介紹就被擱到一邊。他們不停地談著軍事問題，談到編輯們都下班了還沒結束。最後，柏金斯站起身，把帽子拉低蓋住耳朵，帶這位作家去麗茲酒吧喝茶。

當晚，柏金斯沒有讀書稿。第二天，他把書稿交給史克萊柏納社內另外兩位編輯讀，他們都覺得它結構散漫。就在柏金斯準備代表出版社退稿時，出於對這位作家的良好印象，他把稿子瀏覽了一遍，發現許多地方是他喜愛的。「作家認眞地試圖寫出一部大作品，他有作家的氣質和熱情。」柏金斯在寫給作家的經紀人麥斯威爾·艾利（Maxwell Aley）的信上說。瓊斯見過麥斯後就找了艾利當經紀人。「但我們覺得《他們將繼承這笑聲》做爲一部小說還不夠好，還不能直接談合作條件。」

瓊斯並不氣餒，把一九四五年的大部分時間花在修改這部小說，並在翌年一月把新稿交給柏金斯。「我有許多計畫想實行，但它們都取決於這本書，」他在第二次投稿時向柏金斯解釋，聽上去很像一九一九年的費滋傑羅，「無論你們接受與否，無論你是否認爲它還有很多地方需要改進（我個人認爲不需要，但我的判斷可能有偏差）；當然，從錢的角度，還有預付金多不多、付款快不快的問題；我現在身無分文了。」等待麥斯回覆的期間，他搭便車周遊去了。

柏金斯對瓊斯修改過的書稿和他信裡提到的想法都很感興趣。其中，瓊斯提到想寫另外一本書，關於珍珠港事件前和平時期的駐軍。他希望第二部小說刻畫的人物有點像麥斯威爾·安德森（Maxwell Anderson）和勞倫斯·史托林斯（Laurence Stallings）聯手創作的一戰主題戲劇《光榮何價》

（*What Price Glory?*）中該被譴責的弗拉格或夸特。就像瓊斯解釋的：「軍人在部隊裡的時間都用來痛恨軍官。我的部隊雖然管理嚴格，但像夸特和弗拉格這樣的人居然升為軍官，這種等級差別令我憤怒，也是我想在書中與之對抗的。」

一九四六年二月，也就是史克萊柏納出版社收到《他們將繼承這笑聲》修改稿一個月後，瓊斯回到伊利諾州的家鄉。柏金斯發來的一封電報正放在他的朋友家裡等著他，提出要用五百美元買下他新小說的優先權，等他交出前五萬字書稿時再付一筆預付金。「希望合作，」柏金斯在電報裡說：「對第二部小說更有信心，對《笑聲》有新的修改建議。」瓊斯收到他的提案，情緒複雜。「我的虛榮心受了重挫，我為一本書付出那麼多，不想把它扔掉，」他說：「不過我了解史考特．費滋傑羅和湯瑪斯．沃爾夫的情況，知道麥斯．柏金斯怎樣抓住機會創造他們第一本書的奇蹟。」經過一兩天深思熟慮，他回電報：「我把自己交給你了，等你來信……五百元隨時可匯。」

柏金斯對瓊斯的決定感到高興。新小說講的是「自行其是」的年輕二等兵普列維特認識軍士長密爾頓．安東尼．沃登的故事。柏金斯相信瓊斯刻意要塑造一個「永恆的人物形象」，他說：「從你的談話中，我覺得你看到某種眞正重要的東西，關於那種人的本質，你的闡釋是正確的，他們從來沒有像在你筆下這樣，被刻畫得這麼鮮明。」

瓊斯不願放棄第一部書稿，但最後他寫信告訴柏金斯——

> 以我過去對你的工作的認識，我也知道你處理此類事有我沒有的豐富經驗，我信任你的判斷，願意照你說的辦……

我想，你對它的了解大概比我多，所以我願意擱下它去寫普列維特。我說過，我要把自己交給你，確切地說，不是交給史克萊柏納出版社，而是交給你個人，因為我更相信你的能力，你比我在寫作圈見過、聽說過的任何人都看得遠，看得清楚。

柏金斯像瓊斯一樣渴望讓這本書早日與大眾見面。他預計會出現一波新的戰後文學浪潮，想趕在大批新作家出現、文壇充斥二流作品前，出版瓊斯的小說。

（柏金斯寫信對瓊斯說）我不知道小說的形式會有多大變化，但精神面貌和表達方式會改變很多。某種方向感會降臨在真正具有寫作才華的年輕人身上，幾乎是無意識地；而且它一旦出現，就會被明確地表達出來。

瓊斯和他的編輯在辦公室外見過六次面。「柏金斯有很強的自制力，」他回憶說：「看他走路沉穩的步履，你絕不會意識到他差不多喝醉了。」麥斯似乎急於用他幾十年積累的經驗指導瓊斯寫作，第一條忠告來自他二〇年代的三大作家中碩果僅存的海明威：「永遠在你寫得很順的時候停筆。等你繼續寫的時候，就會有種被激勵感，覺得上次寫得不錯。別等腸枯思竭才停筆。」瓊斯在寫新小說的最初幾個月裡，發覺這項建議非常寶貴。

編輯的另一項經驗談也令他印象深刻。

（柏金斯寫信告訴他）我記得在哪裡看到過我認為很正確的說法，大意是任何人都能分辨自己是不是作家。如果是，那麼當他某天試圖寫作，他會在過程中發現自己可以確切記得光線是怎麼暗下來的、溫度有什麼感覺，所有這類細節的特性。大多數人做不到。如果能做到，他們也許永遠不能在金錢上獲得成功，但這種能力是寫作的基礎，我相信這一點。

一九四六年七月，瓊斯的小說寫到足以給編輯看的長度，他把稿子寄給柏金斯。柏金斯回信談了看法。

我不知道這本書能否暢銷，估計還要費很大的力氣刪減、調整，不過我覺得它非常有意思，有可信度。軍隊是個重要領域，我認為不曾有人像你這樣將它的實況呈現出來。而我認為你的稿子需要大加刪減的原因之一是你解釋得太多，對讀者闡述太多……等你要修改時，一定要用動作和說話（說話也動作的一種）來講述所有內容，或大部分內容。

有好幾年時間，瓊斯一直記得當他讀到「等你要修改時」這幾個字所感到的痛苦。他說：「它們就像扎在屁股上的倒鉤一般刺痛我。」但柏金斯的寫作課終究是有用的。「最後，」瓊斯回憶說：「我開竅了：頭一次有了段落的概念。我知道怎樣運用自己的能力，在什麼地方結束段落，以收調節讀者情緒起伏的效果。」與此同時，在海外服役時失去父母的瓊斯愈來愈依賴柏金斯。「我想都不敢想我能替代湯姆．沃爾夫──人只能有一個長子，」瓊斯說：「但我從麥斯．柏金斯身上眞的看到父親的形象。」

一九四六年末，瓊斯爲小說想出名字：《從這裡到永恆》（*From Here to Eternity*）[49]。他告訴柏金斯，這個書名來自耶魯大學威芬普夫男聲合唱團的〈威芬普夫之歌〉（Whiffenpoof Song）：「紳士歌手外出狂歡，該死的『從這裡到永恆』……」柏金斯很喜歡這個書名，不過他的女兒們可能告訴過瓊斯，她們曾從父親口中聽過這句歌詞，那是吉卜林《兵營歌謠》（*Barrack-Room Ballads*）中〈紳士士兵〉（Gentleman Rankers）的副歌。

一九四六年底，柏金斯已經收到《從這裡到永恆》的二百多頁書稿。那個冬天，柏金斯的身體又開始惡化，咳嗽一發作連氣都喘不過來；手抖得厲害，以至於他常常要爲參差不齊、甚至難以辨認的筆跡向人道歉；酒也喝得比以往任何時候都多。

同年，柏金斯又接納了一個戰場回來的青年萬斯．布傑利（Vance Bourjaily）。在太平洋戰場時，布傑利寫了一個劇本寄給他母親，一位成功的小說家。她把手稿交給她的經紀人迪爾米德．羅素，經他之手轉給柏金斯。讀完劇本，柏金斯很認眞地問羅素「這個小伙子」想不想寫小說，並提出預付金。經紀人立即發電報給布傑利，轉告他史克萊柏納出版社報價七百五十美元預付金要簽他一本小說。「在那一刻，」布傑利回憶說：「我不再是劇作家，而成了小說家。」

布傑利一回到美國，就寫出《我生命的終結》（*The End of My Life*）初稿，小說講述一個年輕人在二戰期間精神和道德觀如何崩潰，故意留了「吊人胃口的未完結局」。他很快做了校訂，寄給柏金斯。一九四六年十二月，收到書稿幾天後，麥斯要求見作者。

對每一個想寫書的美國年輕人來說，麥斯．柏金斯此時已是傳奇人物，而與布傑利的見面也印證了他的傳奇性。他們約在辦公室，布傑利發現坐在桌子後的編輯戴著帽子。柏金斯生硬地招呼他，隻字不提書稿的事，卻說：「走，我們吃飯去。」他們去了奇里歐餐廳，在那兒，布傑利也像詹姆斯．瓊斯那樣看到柏金斯舉止的另一面。這位極其謙虛的編輯現在似乎很清楚自己的地位，在近兩個小時裡，自動談起與費滋傑羅、海明威和沃爾夫合作的往事，列舉多年來給他們的種種建議。布傑利敬畏地坐著聽。

咖啡上來，柏金斯立刻把話題轉向作家：「現在談談你的書吧——你得先寫最後一章，告訴我們結局是什麼。還有女孩辛蒂——她是非常重要的角色，不能等那麼久才讓她出場。你得寫第一章。」不到三十秒，布傑利的書稿就分析完了，指出兩個主要的缺點並提出解決方案。布傑利親眼見識到麥斯．柏金斯有「十拿九穩的結構感」，也發現對柏金斯來說，發現年輕作家、編輯他們的作品不再是令他激動的挑戰，而成爲例行公事。布傑利接受柏金斯的兩項指示，爲這頓午餐謝過他後，就回家寫新書的開頭和結尾。該書於翌年出版，順利地開啓了他持久的創作生涯。

戰爭爆發以來，除了上下班在火車上浮光掠影所見，麥斯還沒怎麼看過康乃狄克鄉野的風光。一九四六年一月，他心血來潮開車去兜風，儘管沒有駕照。「那天夜色太暗，看不見什麼，」柏金斯後來寫信告訴海明威：「沒多久，我因爲想回家工作而加速，可能開得太快了，我想。總之——我開到一個大轉角，隨即看到前面有輛卡車的影子，應該沒有開尾燈。我原想超車繞過去，又怕有人從車上

49 後改編為同名電影，中文譯名為《亂世忠魂》。

下來。它就停在馬路中間，我拚命煞車，但一定還是重重地撞上了卡車，因爲我的車頭整個壞了。我下車，覺得自己完好無損，只是驚訝地發現鼻子在流血。」兩位卡車司機送柏金斯回家，他第二天還感覺良好，但再過一天，他的身體就僵硬得連電話筒都幾乎拿不住。呼吸很痛苦，咳嗽更是折磨。醫生用膠帶把他裂開的肋骨包紮好，但那不怎麼有用，他也一概討厭醫生的治療方法。他自己拿硬紙板做成緊身衣，用一根腰帶繞著胸部捆住，就這樣穿了幾星期。柏金斯的一個女兒堅持要他別再喝太多酒，別再開車。麥斯不再開車了。他的傷痛了兩個月，但對他來說忍痛也是治療。他以同樣的原則面對嚴寒的天氣，大冷天出門吃飯時仍不穿大衣。「麥斯，你不冷嗎？」一天，有位同事關切地問。「冷？」他大叫：「我快凍僵了！」

一九四六年的那個夏天，露易絲被誤診患了膽結石，做了手術才發現實際上是十二指腸潰瘍。她的身體虛弱了幾個月。麥斯爲她擔憂，但查爾斯．史克萊柏納開始擔心他。午飯時、上午開會時，他的視線總是落在柏金斯顫抖的雙手上。「他非常需要休息，但就是不肯休假，」史克萊柏納寫信給海明威說心裡話：「除了工作，他好像什麼都不想做。要是你能誘惑他休息一段時間就好了，但看在上帝的份上，別告訴他是我的主意。」

海明威此時和他的第四任妻子在「太陽谷」，她婚前的名字是瑪麗．維爾許（Mary Welsh）。他們在戰時相遇，當時她是《時代》和《生活》雜誌的記者。他與瑪莎．蓋爾霍恩離婚不到三個月就和瑪麗結婚。海明威在接下來寫給柏金斯的信裡，把鄉間生活大加讚美了一番，邀請麥斯來太陽谷。但不久，厄涅斯特又把麥斯的狀況告訴一個共同的朋友，於是柏金斯聽說海明威認爲他病了，他堅決否認。爲了證明這一點，整個夏天他堅持工作，在工作中度過了九月的六十二歲生日，也在工作中進入新的一年。

當厄涅斯特·海明威動筆寫新書《伊甸園》（*The Garden of Eden*）時，距離他上一本小說已經過了六年。研究海明威的專家卡洛斯·貝克這樣評價這部未完成的作品：

一部把過去和現在混在一起的實驗之作，敗筆之多令人吃驚。小說部分源自他與海德莉、寶琳兩段婚姻的記憶，並投射他現在與瑪麗的生活。他為開頭幾章選擇了位於羅納河口的港口小村「勒格羅迪魯瓦」做為故事背景地，正是海明威和寶琳一九二七年五月度蜜月的地方。和那時的厄涅斯特一樣，主角大衛·伯恩剛結婚三個月，他的小說大賣，與妻子凱薩琳熱切地分享他的饑渴和快樂，也忙著滿足她裸體躺在隱蔽沙灘上曬黑皮膚的狂熱欲望。晚上，他們樂此不疲地做著性別倒錯的遊戲，她叫佩特，他叫凱薩琳。

柏金斯只知道厄涅斯特在「拚命」寫書，但也只知道這麼多。確實，厄涅斯特與他的通訊幾乎完全中止。麥斯理解他。「除了不得不寫的信之外，你還能提筆寫信的話眞是了不起，」他在信上說：「我無法想像你整天辛苦寫作後還能寫信。」柏金斯自己信也寫少了——他已經有一年多沒有寫給伊莉莎白·萊蒙——因爲忙著看那些令人失望的來稿。他說，寫信「需要思考，而人們忙得連思考的時間都沒有」。

那年讓柏金斯無法停止思考的，是更多朋友的去世。經過幾年的痛苦折磨，愛德華·謝爾登還是走了。愛爾蘭評論家、作家厄涅斯特·波伊德，也就是瑪德琳·波伊德的丈夫也去世了。與他關係更密切的是他一個侄女的慘死，她在第五大道上被一輛公車軋過；麥斯的女兒們都說他們再也不能待在溫莎，因爲那裡都是她們與這位堂姊妹一起的回憶。柏金斯也基於類似理由很久不去溫莎。「我不明白英格蘭人爲什麼能一代一代永遠生活在同一個地方，」麥斯在給一個朋友的信中說：「那樣的地方一定積累了許多不幸。」

一九四六年，查爾斯·史克萊柏納家族出版社出版了一本非官方社史《許多書的誕生》，以紀念出版社從事「嚴肅認眞的出版事業」一百周年。這本書的作者是羅傑·柏林蓋姆，他的父親在柏金斯三十六年前來到出版社時就已經是社內的資深編輯。柏林蓋姆描述道，雖然過去六年，受薪資調漲的影響，史克萊柏納出版社的製作成本翻了一倍，但他們仍努力保持出版水準。在其他地方，精緻、優雅的出版業已經屈從於現代、冰冷、講究數位統計的運營方式，史克萊柏納仍拚命堅持傳統；仍是不折不扣的家族企業。身爲社長，查爾斯·史克萊柏納在北面的老辦公室裡辦公，頭上是他父親和祖父的肖像。柏林蓋姆注意到，他歡迎訪客、作家和下屬的時候，有「一種溫柔的幽默感，這種氣質可能是由三代人的歷練和青年的傳承而來」。麥斯威爾·柏金斯如十多年來一樣，統管所有編輯事務，繼續「在工作時隨筆勾勒拿破崙肖像，一年比一年更像麥斯威爾·柏金斯」。一代新人正走上崗位，史克萊柏納的兒子、第四代查爾斯已在廣告部工作，老查爾斯的另一個外孫喬治·希費林海軍退役後也回到出版社。還有好幾個新人加入，包括畢業於鮑登學院的年輕人巴洛斯·米契爾（Burroughs Mitchell）日後也成爲名編輯。

史克萊柏納出版社有些年輕人擔心麥斯對作品的判斷力正在喪失。多年後，第四代查爾斯·史克萊柏納回憶說：「麥斯錯失了不少顯而易見的好東西——一些傑作——因而也錯過了優秀的新作家。」與此同時，他卻寄望於某些老作家成功機率很小的平庸之作，唯恐他們失望而不忍退稿。另外，史克萊柏納出版社的新人們還覺得柏金斯根本不聽他們的意見。在編輯會議上，他幾乎不允許別人暢言。他親自介紹所有即將出版的新書，那樣子往往就像查爾斯．史克萊柏納形容的「極端狀態中的匹克威克[50]」。史克萊柏納覺得柏金斯在書目中放了太多二流小說，沒有敏銳地意識到全國讀者對非虛構作品新的渴望。

另一方面，柏金斯的同時代人約翰．霍爾．惠洛克說：「綜合各方面的考量——藝術、財務及其他方面，柏金斯堅持認爲，從長遠來看，最好還是出版眼前最好的作品。有撫慰人心的作品，亦即娛樂大眾的作品；也有作家出於自己的現實觀寫出來想教育別人的作品。」惠洛克說，麥斯在整個職業生涯中始終認爲「究竟哪種作品正確，迄今尚無定論。他兩種都會評估，並堅持只爲才華服務」。范．威克．布魯克斯寫道：「如果麥斯去世多年後仍被人記住——比他大多數作家更深入人心的話——很大的原因是他的同理心，他堅持標準。」柏金斯相信不朽之作都兼顧文學和大眾。他說：「偉大的作品都是雅俗共賞的。」

一九四七年，麥斯威爾．柏金斯就碰到這樣一本書，是個名叫奧伯里．伯恩斯（Aubrey Burns）的人帶給他的，此人在舊金山基督教與猶太教全國大會工作。「大約在（一九四六年）十二月中旬，一個帶著英國口音的低調男子出現在舊金山基督教與猶太教全國大會辦公室。」伯恩斯回憶道。那

---

50 狄更斯小說《匹克威克外傳》（*The Pickwick Papers*）的主角。

是艾倫・佩頓，他向工作單位南非教育部請假，到世界各地針對監獄和少年感化院做調查。伯恩斯被這個陌生人的智慧和憐憫之心迷住了，邀請佩頓只要在北加州就住他家，跟他和他太太瑪麗戈德（Marigold Burns）一起。佩頓同意了，但提出一個條件。「我的手提箱裡有一部小說的手稿，」他說，「只有你們倆答應都讀完它，並告訴我哪裡吸引人，我才去你們家。」

幾個晚上過去，當他們三人坐在收拾乾淨的餐桌前，佩頓伸手從小提箱裡拿出一部書稿，題爲《哭泣的大地》（*Cry, the Beloved Country*）。厚達幾百頁，用密密麻麻的草體字寫成。「我發現它很難讀，」伯恩斯回憶道：「既因爲筆跡難認，也因爲人名古怪，更因爲含著淚水很難讀小字——逐字逐句讀下去，心情跌宕起伏，眼淚像山泉一樣湧出來。」伯恩斯馬上意識到，眼前是一部天才之作。小說講述一個南非祖魯鄉村的牧師來到城市，發現他妹妹被迫做了妓女，兒子被控謀殺受審。審判過後，全書已過了三分之二，剩下的情節主要用來揭露南非的種族隔離。

伯恩斯夫婦相信，任何出版社都會迫不及待地出版這本書。但佩頓還要修改下半部，卻實在沒時間。他既定的行程要求他必須乘坐一艘從加拿大哈利法克斯開來的貨輪回開普敦。他的錢快用完了，他相信沒有編輯會願意看一部還沒打字的手稿。

瑪麗戈德・伯恩斯建議佩頓把手稿交給她打字，這樣她和她丈夫也許能幫他投稿。伯恩斯說他會寫一封推薦信，說明作者還不能將全書拿出來，並附上前五章內容，他會同時把這幾章做爲樣稿寄給五家出版社，誰想看全稿就回信。佩頓同意這麼辦，離開了。伯恩斯把打好的樣稿寄給五位出版人，包括史克萊柏納的麥斯・柏金斯，並特地寫一封信給柏金斯。伯恩斯想像著福克斯霍爾・愛德華茲的形象，也努力想讓柏金斯對佩頓有具體印象，他說：「艾倫（是）靦腆的人，不愛自闖出路。」不出幾天，有兩家出版社回覆要求看全書稿。史克萊柏納是其中一家，柏金斯在信裡說，渴望見到作者。至於伯恩斯說佩頓靦腆，柏金斯說：「我也靦腆，相信我們能相處得非常融洽。」

一九四七年二月七日下午四點半，佩頓來到紐約史克萊柏納大樓，發現柏金斯說的相處融洽實在是錯得離譜。對佩頓來說，那個下午非常怪異，他不確定柏金斯有沒有被這本書打動。柏金斯說這本書是「聖經式的」，佩頓不知道這是讚揚還是陳述事實。麥斯拿起書稿，帶著作家來到五樓的另一個人那裡，說：「查爾斯，我們必須出這本書。」直到後來佩頓才意識到，柏金斯沒有介紹的這個人就是查爾斯．史克萊柏納本人。柏金斯問佩頓喝不喝酒，作家不禁猶豫起來，心想「聖經式」的作者是否應該喝酒。他們去了酒吧，喝了好幾杯，但起不了什麼作用。佩頓反而愈發困惑。後來他向奧伯里．伯恩斯報告說：

他舉杯祝酒，卻沒說祝什麼。他把湯瑪斯．沃爾夫的事都告訴了我。他說，當然你可能賺不到多少錢，我們不能保證讀者一定會買……我提出第二杯由我請，但他又付了錢。他說你可以下次請，又沒說具體什麼時候。我想轉移話題到實務面，便說：「這一杯祝我們合作順利。」但除了喝酒，他沒有別的回答。

最後一杯的時候，麥斯說，南非一定是個悲傷的國度。佩頓問此話怎講，由於他不知道麥斯耳背，他對柏金斯沒有回答感到非常古怪。「是因為他非常靦腆還是遇見什麼怪事我就不知道了。」佩頓報告說。這次「奇怪的會面」因為柏金斯要去趕回新迦南的火車而驟然結束。留下佩頓茫然失措，就請奧伯里．伯恩斯寫信問柏金斯怎麼看待這本書。

編輯和作家在下個星期一上午又見面。那次會面中，柏金斯告訴佩頓：「你不用因爲離開時沒簽合約而擔心，我看史克萊柏納出版社不會拒絕你的書稿。」柏金斯現在似乎不那麼神祕了，不過佩頓啓程回國時心裡還是很不踏實。

在漫長的航行中，佩頓一遍又一遍地讀湯瑪斯．沃爾夫的小說。回到約翰尼斯堡不久，他就收到麥斯對《哭泣的大地》的意見。柏金斯的書面評論坦率得令人吃驚。一九四七年四月，佩頓寫信給伯恩斯，告訴他柏金斯曾說過，評論家會貶低這個故事，因爲最後三分之一對種族隔離的揭露，跟法庭審判的高潮後，接著出現的是掃興的結尾。佩頓告訴伯恩斯，他認爲柏金斯是對的，準備修改。但佩頓將要合作的這個柏金斯，已和當年那個耐心與湯瑪斯．沃爾夫打磨稿子的柏金斯大不相同了。

五月，柏金斯終於把《哭泣的大地》的合約寄給佩頓。這時，麥斯已經意識到，最後——

> 真正的主角是美麗而悲愴的南非大地，要說人，則是那位祖魯牧師，他很了不起。有人也許會說，書的最後三分之一有點高潮突降，但我認為不該用常規眼光看待。它令人非常真切地意識到這個國家的種族問題，不是以問題呈現，而是以設身處地的情境來展現。這是一本悲傷的書，不過那是必然的。《伊利亞德》如此，《聖經》也如此。但正如《傳道書》所說，「地永遠長存。」

柏金斯急匆匆地把書稿付梓印刷，然後寫信給佩頓，抱歉地說：「這裡因條件所限，凡事進展都很慢。我們工作得不夠，這是事實——節日太多，工作時間太短。」當佩頓承認他以前不知道安排故事高潮的重要性，所以願意刪掉後半部分幾個場景時，柏金斯告訴他：「如今出一本書總要很長時間，所以我不喜歡任何會導致進度拖慢的事。」小說按原稿出版了，柏金斯不像過去那樣追求完美了。現在，編輯工作有時太費勁，太傷神。

佩頓回到故土繼續神職工作。他寫信給麥斯說：「你會樂意知道，你仍留在我心裡，我有一種預感，在地球這座壞透了、音訊隔絕的監獄裡，我們還會再見。」

《哭泣的大地》極爲暢銷，也獲得評論家交口稱讚。

「別企圖把優秀的學生變成你的複製品，」吉伯特．海特（Gilbert Highet）在他《教學的藝術》（*The Art of Teaching*）一書中說：「如果你能啓發他的概念架構，指導他技巧，讓他帶著這些走進社會，他才會成爲你眞正的學生，永遠的學生，你也就擁有讓他銘記一生的資格。」海特在書中例舉柏金斯，稱他是極爲「讓人敬佩的老師」，要不是他對許多大作家「闡釋如何合理運用他們火山爆發般的力量」，他們的才華就浪費了。

本來，柏金斯主要以書信提供作家意見，一九四六年春，他終於接受在曼哈頓工作的青年編輯肯尼斯．麥考米克邀請，到麥考米克在紐約大學主持的一門出版進修課演講。麥考米克多年後說，邀請柏金斯擔任客座講師時，「我保證給他一班很有前途的年輕人，這讓他很興奮」。

新近出任諾頓出版社社長的史托勒．倫特（Storer Lunt）和副社長兼財務總監霍華德．威爾遜（Howard Wilson）都去聽了柏金斯的講座。倫特說，全班聽得如癡如醉，講座結束時，倫特覺得他們都和他一樣，相信柏金斯「是他那時代完美編輯的化身」。

「他的演說像詹姆斯・喬伊斯的寫作般如清泉無聲流淌，」倫特回憶說：「我不時想到查爾斯・蘭姆（Charles Lamb）[51]。麥斯・柏金斯永不過時。」

麥考米克也這麼認爲。「晚上講座結束時，」他說：「柏金斯影響了所有人。他靜靜俘虜了聽眾的心，沒說半句炫耀自己文學名望的話。」對街的百老匯，《天上人間》（*Carousel*）、《奧克拉荷馬》（*Oklahoma*）、《絳帳海棠春》（*Born Yesterday*）和《玻璃動物園》（*The Glass Menagerie*）都在上演。講座結束後，霍華德・威爾遜和史托勒・倫特走過各家戲院的外遮簷，兩人相視一眼，談到柏金斯，說：「這才是本季最精采的演出。」當麥斯去趕火車、學生們解散後，麥考米克獨自坐在空房間裡想起小說家布思・塔金頓（Booth Tarkington）臨終前說，他已經很難再評論他讀的作品，「我知道所有手法。」塔金頓說；多少年來，他自己就是在施展這些訣竅中過來的。「同樣，」麥考米克說：「我覺得麥斯也了解他這行的所有招數，甚至已經厭倦了。」

柏金斯催新作家佩頓催得很緊，仍能鼓起昔日的幹勁爲瑪西亞・達文波特這樣的老作家效勞。一九四七年頭幾個月，達文波特夫人正在創作《東邊，西邊》，她與麥斯見了幾次面，主要是尋求精神鼓勵。她告訴他，這本書「基本上是自傳體。自傳的味道太濃了，我做了太精細的編排，因而無法抵消這個基礎，我總像匹驚退的馬迴避著這事實，所以隨時都陷入天人交戰，很難對它抱持信心」。只爲了磨煉自己和信守對柏金斯的諾言，她才繼續寫下去。四月十一日凌晨四點十五分，她寫完了初稿，下午便送到柏金斯那裡。她發現柏金斯顯得十分虛弱，驚愕地看到他的手明顯地顫抖。她想起十五年前她圍著這個街區徘徊了兩個小時才去交《莫札特》書稿，「這一次，」她告訴柏金斯，「我太沮喪，連繞著街區徘徊的勇氣都沒有了，只能雙手抱著頭坐在這裡，不知還能去哪裡找到煮飯管家的工作。」

達文波特夫人想去布拉格，在那裡修改書稿。出發前，她去了一趟史克萊柏納大樓，拿打字稿和麥斯的修改意見。麥斯寫了一篇三千字的建議，充滿鼓勵和忠告。「我認爲妳寫了一部值得注意的作品，但它還是初稿，像任何作品一樣還需要修改，」他寫道：「修改的重心幾乎只在凸顯重點，因爲結構是對的。妳已經熬過最艱巨的時期，現在千萬不能半途而廢。」

《東邊，西邊》是講女作家傑西．伯恩人生最關鍵的一週裡，她周圍和內心發生的種種巨變。柏金斯這封長信中精妙的編輯見解，不僅適用於達文波特夫人的這部小說，也適用於一般小說：

> 籠統的敘述是沒有用的——讓人做具體的事，讓動作說話……
>
> 妳讓人們說話，就有了場景。必須插進解釋性段落，但要盡量短。對話也是動作……
>
> 妳往往解釋得太多。解釋是必需的，但妳往往不相信自己的敘述和對話……
>
> 妳只要強化現有內容——我想妳修改時自然會這麼做。重點在壓縮，的確不是一股腦地強化……
>
> 只有到結尾的時候才能了解一本書，所以其餘部分必須修改得和結尾一致。

「妳讓這部作品差不多成型了，」瑪西亞．達文波特在布拉格給柏金斯寫信說：「我想，若是孤

---

51 1775~1834，精選莎士比亞劇作改編為故事，使一般大眾都能讀懂。

身奮鬥我會放棄。」六月的第一週，她去捷克斯洛伐克還不到一個月，柏金斯就收到十章改過的書稿。「前一百二十一頁改後極好。」他發電報說。

「這部作品眞怪，」她寫信給麥斯說：「我始終沒辦法談它，甚至說不清楚它到底算不算一部作品，我就像傻瓜遇到一場大冰雹，只知道往前跑，幸好編輯是你。」她沒有再要求麥斯做什麼，只是請他關注「每月之書」俱樂部的反應。她說，如果出於某種原因，他們想把小說放進他們延期出版的書目，導致它與厄涅斯特·海明威的新書上市時間相近，她會斷然拒絕。她說：「這本書已經讓我夠慘了，更別提被海明威像壓路機一樣壓扁。」

其實，達文波特夫人不必擔心。雖然海明威已寫了近一千頁，但還遠遠不到出版的時候。柏金斯對那本書還知之甚少。

海明威已經有六、七年沒有出版任何重要作品了，麥斯對厄涅斯特的未來感到悲觀。令人吃驚的是，那年春天某一天，他跟露易絲說：「海明威寫不出來了。」

一九四七年春天，威廉·威世登終於把最後一批近十年來蒐集湯瑪斯·沃爾夫的龐大檔案交給哈佛學院圖書館。顯而易見，哈佛一九〇七級校友麥斯威爾·柏金斯是爲這批檔案寫導言的理想人選。麥斯答應爲《哈佛圖書館簡報》寫篇文章。

柏金斯一面見縫插針地抽空寫，一面繼續與詹姆斯·瓊斯合作。瓊斯現在住在伊利諾州，緩慢地寫《從這裡到永恆》。麥斯對這本書不夠了解，想像不出它的整體樣貌，但那年五月的一封信裡，他提了幾點意見，瓊斯永遠記住其中一項。麥斯說，如果作家過於操心情節，他在必須靈活的時候也許會變得「有些死板」。「身手靈巧的人把帽子拋向辦公室那邊的掛鉤，如果拋得自然，帽子可能會恰好落在掛鉤上，」柏金斯寫道：「但若太刻意，將永遠落不到。那是個荒誕而極端的比喻，但有幾分道理。」

這封充滿熱情、信任和忠告的信對瓊斯意義重大。「它讓我覺得自己就像他的一個孩子，」他說：「眞的。」

「我當然想來紐約，」瓊斯寫信給柏金斯說：「至少待一陣子看看你。我覺得有許多東西要向你學習，對我大有益處。」柏金斯始終沒有收到這封信。

一九四七年六月十二日，星期四，查爾斯·史克萊柏納和柏金斯共進午餐。麥斯似乎精疲力竭，一個月來天天如此，不時咳嗽、抽搐，依舊不肯休假。第二天，他和卡洛琳·戈登·泰特一起喝茶，討論她丈夫即將出版的詩集和他們夫婦共同選編的幾部小說和散文集。那天傍晚，柏金斯回新迦南的家，手提箱裡裝滿書稿和校稿，準備週末在家看，卻在星期天晚上難受得撐不住，高燒到三九·四度，咳得很厲害；他和露易絲都以爲是肋膜炎發作。第二天早上，無視於露易絲再三反對，麥斯還是起床要去上班。他放好洗澡水，卻虛弱得連睡衣釦子都解不開。下午，露易絲懷疑他得肺炎，叫了救護車。當醫護人員拿著擔架來到樓上時，柏金斯卻仔細叮囑女兒柏莎去拿他床頭的兩本書稿：《哭泣的大地》和一部分的《從這裡到永恆》，親手交給威科夫小姐，「不要給別人」。被抬出屋子時，他大聲叫來女傭。多年來，她一直盡力滿足他挑剔的飲食習慣。她匆匆趕來，送他到門口。他躺在擔架上望著她，似有所感地笑著說：「再見，埃莉諾。」

「再見，柏金斯先生。你氣色還不錯。」女傭安慰他。

其實，他臉色蒼白、憔悴，看上去奄奄一息。送到史丹佛醫院後，醫生很快發現他是肋膜炎和肺炎感染，已到末期。每一次咳嗽都令他痛苦地收縮胸部。麥斯無助地揮打雙臂，試圖扯開籠罩著他、令他窒息的氧氣帳。「給我一杯酒，只要一杯就好。」他不斷叫嚷，知道一杯酒會讓他放鬆，但醫院禁止飲酒。

露易絲徹夜守在丈夫身邊。醫生們預言柏金斯會好轉，但盤尼西林無力救治他對人生的疲憊。第二天凌晨的那幾小時，他不均勻的喘氣似乎不那麼費力了。露易絲意識到最後那一刻即將到來，她湊近床前，低聲朗誦柏金斯最喜愛的莎士比亞詩句，《辛白林》（*Cymbeline*）中的輓歌：

不用再怕驕陽曬蒸，
不用再怕寒風凜冽；
世間工作你已完成，
領了薪水回家安息。
才子嬌娃同歸泉壤，
正像掃煙囪人一樣。

柏金斯過去常說，他不在乎死，但懼怕死的過程。他恍恍惚惚地睡了醒，醒了睡，就像托爾斯泰筆下那位垂危的安德列公爵一樣不安。公爵意識到有種可怕的「東西」正要闖進他的屋子，便爬下床用身子頂住門。

它又從外面推了一下。他最後超乎常人的努力全是徒勞，兩扇門悄然打開了。它進來了，是死亡……

六月十七日，星期二凌晨五點，麥斯搖搖晃晃從床上坐起，好像被某個悄悄溜進門、站在早晨第一縷陽光中等待著的東西嚇到。屋裡只有露易絲，但他高聲喊兩個女兒：「佩姬！南茜！」手指著屋角，問：「那是誰？」說罷，倒在床上，氣絕。

雖然史克萊柏納出版社人人都知道柏金斯在慢慢走向死亡，但他的死還是令大家震驚。「沒有比他更好的朋友了。」查爾斯．史克萊柏納在信裡對海明威說。六月十八日星期三，他召集所有編輯，把柏金斯長期承擔的工作分配下去。史克萊柏納意識到，他最大的職責是「在隨後幾天裡，盡我所能地填補他在我們出版社留下的空缺」。約翰．霍爾．惠洛克將接手柏金斯的大部分工作。幸運的是，華萊士．梅爾和柏金斯最近錄用的巴洛．米契爾仍在這裡繼續工作。史克萊柏納立刻把更多年輕人從下層調到五樓。編輯們寫信給剛分配給他們的作家，盡力安撫。「所幸，」史克萊柏納告訴海明威：「(他們之中)最優秀的作家都決定先繼續寫作，盡力寫好是他們的責任，因爲那是麥斯期望的。」那一年失去了好幾位朋友的海明威對查爾斯．史克萊柏納說，彷彿「天國之父掀開了底牌」。

五年之後，他把《老人與海》題獻給柏金斯，以表達對他的敬意。

伊莉莎白．萊蒙幾年前已放棄占星術，因爲它讓她預見親朋好友的災難。柏金斯去世第二天上午，她姊姊在《紐約時報》上看到訃聞，趕緊前往那間教會房子。她站在妹妹的臥室門口，只說了：「噢，貝絲。」伊莉莎白坐起來，說：「麥斯死了。」幾天後，她寫了封信給露易絲。「我知道有些人被視爲力量的支柱，喜歡被人依靠，」她說：「但麥斯是把力量輸送給別人，使他們自立。」從那時起，她把麥斯寫給她的每一封信照時間順序整理好，保存在臥室的鞋盒裡。

一九四七年六月十九日星期四中午十二點，麥斯威爾．艾瓦茨．柏金斯的葬禮在新迦南的聖馬可教堂舉行。這個小小的聖公會教堂擠不下二百五十名弔唁者，有些人只能待在教堂外。艾瓦茨和柏金斯兩家人都來了，還有史克萊柏納和同事們、新迦南的朋友們，以及其他許多人，包括史塔克．揚、艾倫．泰特、卡洛琳．戈登．泰特夫婦和漢彌頓．貝索。查德．鮑爾斯．史密斯說，他「從未參加過這樣的葬禮，這麼多人難以克制地哭泣」。海明威因家事纏身無法趕來。賽爾妲給露易絲寫了封信，信中充滿安慰性的宗教情懷。瑪西亞．達文波特在布拉格寫《東邊，西邊》的結尾，她把這本書題獻給柏金斯。泰勒．考德威爾得知麥斯去世的消息，當即倒下，被送進醫院。麥斯五十五年的老友范．威克．布魯克斯病得很重，他寫信告訴露易絲，醫生不讓他參加葬禮，不過，「我不會想其他的事——接下來很長時間裡，我都不會想到其他的事」。依照柏金斯的遺願，那天下午他被葬在附近的湖景墓園。之後，露易絲爲他做了一場大彌撒。

詹姆斯．瓊斯的信在葬禮後將近一個星期才寄到柏金斯的辦公室。稍早社內分配麥斯的作家時漏了瓊斯，直到幾天後惠洛克寫信給他，他才知道柏金斯去世。瓊斯回信給惠洛克說：「好久以來我一直覺得我該去紐約，覺得他可能來日無多，我應該去找他，這不是出於私心，是爲了寫作，因爲我能從他身上學到很多東西。但我說過，歷史不會重演，他那些時間是屬於湯瑪斯．沃爾夫的，不屬於我。」一連多日，瓊斯不斷想著最初吸引他寫作的那句話——「唉，失落的，被風憑弔的，魂兮歸來！」[52]《從這裡到永恆》直到一九五一年才出版，它獲得的巨大成功最後一次證明了麥斯的才華。

柏金斯爲哈佛大學圖書館寫的湯瑪斯．沃爾夫檔案導言，被埋在他桌上成堆書稿下，他生前還在修潤。如同湯姆臨終前寫給柏金斯的信成了他的絕筆，麥斯紀念湯瑪斯．沃爾夫的文章也成爲他最後編輯的文字。

麥斯去世後幾個月內，露易絲神思恍惚。沒有了他，她覺得無依無靠，孤獨脆弱。在樓上與麥斯同寢的臥室裡，她開始失眠，因而讓人在每扇門上裝鎖。她還重新裝修整幢房子，加蓋一幢與主屋相連的小屋。這段時間教會是她的精神寄託，提起想進修道院。老朋友們收到她的信，說她祈禱丈夫的靈魂會得到上帝的寬恕和仁愛。那年夏天，茉莉．科倫寫信給范．威克．布魯克斯：「她信上的語氣就像老修女……露易絲眞以爲她像麥斯一樣了解上帝嗎？」

五年後，歷經加勒比海巡遊、朝聖、歐洲旅行，露易絲依然心神不寧地住在新迦南。一九五二年六月，大女兒柏莎和丈夫同意搬回老家，露易絲則住進加蓋的那間屋子。

這時六十多歲的露易絲也開始酗酒。「我覺得自己眞虛僞，」她向伊莉莎白．萊蒙坦白：「每天早上去做彌撒，晚上喝醉。」

一九六五年二月二十一日，星期日，消防隊得到警報，趕到新迦南花園街56號柏金斯家的房子，

52 這是湯瑪斯．沃爾夫《天使，望故鄉》開篇的話。

看到露易絲．柏金斯屋裡的煙囪冒出滾滾濃煙；香菸點著了她坐著的座椅。她被火速送進諾沃克醫院，診斷爲三級燒傷和煙霧窒息，當天晚上就過世了。

隨後的星期三中午十一點，人們在聖阿洛伊修斯教堂爲她舉行安魂彌撒。天空飄著小雪，露易絲．桑德斯．柏金斯被葬在丈夫旁邊。墓碑很樸素，只刻著他們的名字和生卒日期，上端嵌有簡單的十字。墓碑俯瞰著幽靜的池塘，這池塘比至今仍映照著「天堂」樹林的池塘更小，麥斯以前沒時間「眞正的散步」時，常帶女兒們來這裡走走。

# 致謝

「評價像麥斯．柏金斯這樣一位編輯的成就爲時尚早。」一九五〇年，約翰．霍爾．惠洛克在《編輯致作家》（*Editor to Author*）的序中寫道。當我在一九七一年爲這本傳記展開研究工作時，我驚奇地發現，柏金斯一生的事業既沒有人記錄，也沒有人評價，他人生的諸多方面，即使對曾與他很親近的人來說，依然如陰影般模糊。

爲了盡可能避免使用二手材料，我幾乎完全仰賴原始資料：成千上萬封麥斯寄出、收到的信；他編過的書稿；採訪了解他的人。我蒐集、解讀麥斯威爾．柏金斯的相關資訊，將其轉化到書中，過程中得到數十位人士幫助。對以下列出的，以及因篇幅所限無法一一提到的人士，謹致以最深的謝意和最眞摯的願望，希望這部作品可以報答他們爲之付出的時間與精力。

深深感謝露易絲和麥斯．柏金斯的五個女兒——約翰．弗辛翰夫人、伊莉莎白．葛斯林、羅伯．金夫人、喬治．歐文夫人和雷德．約根森夫人。她們每位都請我到家中採訪，款待我，給我豐富的資訊。她們不提任何要求，也不限制我的寫作。六年中她們不僅是我寫作素材的提供者，更成了我持久的朋友。

還有三位麥斯．柏金斯的親人也慷慨給我時間和資訊。他的妹妹阿契博德．寇克斯夫人、哥哥愛德華．柏金斯和外甥女瓊．特拉爾都告訴我精采的見解和軼事。尤其是瓊．特拉爾，在我最初研究時協助我在看似無從著手的線索中走上正軌。

我同樣感謝麥斯・柏金斯兩位密友約翰・霍爾・惠洛克和伊莉莎白・萊蒙。健談的惠洛克先生非常投入，他絞盡腦汁回憶過去九十年中那些特殊時刻，我長時間的採訪也每每結束在他用腦過度而開始頭疼時。迷人的萊蒙小姐同樣慷慨，她那裝滿柏金斯來信的鞋盒——我的「阿斯彭文稿」——是多麼珍貴，唯一能比擬的是，她爲這個寫作計畫付出無數個小時，與我愉悅地會談。

麥爾坎・考利從三方面幫助了我：他於一九四四年發表於《紐約客》的柏金斯側寫〈矢志不渝的朋友〉是迄今講述柏金斯生平最全面的文章。事實上，它是我早期寫作困境中隨時參考的指南。考利先生也抽出大量時間當面或以書信回答我幾十個問題，最後還讓我看他寫這篇文章時做的豐富筆記。

規模最大的一批柏金斯檔案，當然是目前收藏於普林斯頓大學圖書館的查爾斯・史克萊柏納家族出版社檔案。感謝小查爾斯・史克萊柏納允許我自由翻閱那些藍色盒子中的書信，還抽出幾小時與我分享他對柏金斯的記憶，幫助我聯繫其他熟悉柏金斯的人，還在紐約的史克萊柏納大樓五樓爲我安排了一張書桌，便於我從他們的檔案櫃中尋找有用資訊。我也感謝巴洛・米契爾在研究和寫作初期幫助我。衷心感謝擔任麥斯威爾・柏金斯秘書二十五年之久，後來又是他遺產執行人的伊爾瑪・威科夫・明奇，感謝她告訴我記憶中的柏金斯，並給我許多特別的幫助。

在此，我還要感謝以下諸位接受我採訪，回覆我查詢書信、授權引用材料，或提供書信和其他有關麥斯威爾・柏金斯資訊的人士：勒巴隆・巴克二世、伊莉莎白・寇克斯・畢格羅、小約翰・畢格斯法官、約翰·博得利博士、萬斯·布傑利、南茜·黑爾·鮑爾斯、瑪德琳·波伊德、卡蘿爾·布蘭特、馬修·布魯科尼教授、奧伯里·伯恩斯、凱薩琳·紐林·伯特、納旦尼爾·伯特、厄斯金·考德威爾、泰勒·考德威爾、梅爾維爾·坎恩、卡斯·坎菲爾德、瑪格麗特·科恩、柯林妮·科尼什、埃德拉·庫西克、瑪西亞·達文波特、約瑟芬·艾瓦茨·德瑪勒斯特博士、伊莉莎白·艾瓦茨和普雷斯考特·艾瓦茨、凱薩琳·艾瓦茨、理查·艾瓦茨、安妮·蓋斯默、瑪莎·蓋爾霍恩、保羅·吉特林、阿諾·金里奇、希拉·格拉漢、克莉絲汀·威斯頓·格里斯沃爾德、蘿拉·古斯里·赫恩、葛列格里·海明威博士、瑪麗·海明威、凱薩琳·赫本、瑪麗·艾爾科維拉、雷德·約爾根森、馬修·約瑟夫森、弗蘭西斯·克羅格、羅伯·金博士、珍·蘭卡斯特、林·拉德納二世、愛麗絲·羅斯福·朗沃思、史托勒·倫特、阿契博德·麥克列許、肯尼斯·麥考米克、華萊士·梅爾、哈德利·莫瑞爾、羅伯·內森、喬治·歐文、艾倫·佩頓、艾米麗·柏金斯、瑪喬麗·莫頓·普林斯、大衛·藍道、迪爾米德·羅素、羅伯·萊恩、威廉·塞維奇、黑爾曼·舍應、喬治·席費林、史考蒂·費滋傑羅·史密斯、伊莉莎白·斯泰瑞頓、斯旺森、艾倫·泰特、卡洛琳·戈登·泰特、愛德華·湯瑪斯、瑪格麗特·騰布爾、霍華德·懷特、艾德蒙·威爾森和伊莉莎白·揚斯壯。特別感謝麥斯威爾·蓋斯默和詹姆斯·瓊斯，他們似乎希望幫助我的方式來償還他們欠麥斯·柏金斯的人情。

我的大部分圖書館研究，是在普林斯頓大學燧石圖書館珍本書與手稿室中完成的。感謝亞歷山大·克拉克、萬達·藍道和其他圖書館同仁在那幾個月中對我的幫助和善待。我在哈佛大學霍頓圖書館也獲得了同樣高效率、周到的服務，特別感謝羅德尼·鄧尼斯和馬特·肖。賓夕法尼亞大學圖書館的內達·維斯特雷克和紐伯利圖書館的戴安娜·哈斯科爾也都給予我超出他們本職之外的協助。

感謝哈佛大學登記處，尤其是菲莉絲．史蒂文斯，讓我得以查閱麥斯威爾．柏金斯在哈佛大學求學時的成績單、記錄和其他相關資訊。

也要向我多位好友在過去七年中對我一貫的友誼和寬宏大量表示感謝：艾倫．布林克利、安．布林克利、康斯坦絲．康登、安．道格拉斯、喬治．福爾吉、麥金利．麥卡杜、小保羅．米奇和我的外祖父母羅絲．弗里德曼和喬治．弗里德曼。

我最好的朋友拉爾夫．史丹利從未對他說的「那本書」失去信心；是他拉著我度過幾次難關。科琳．吉根也給我啓發。「那本書」既是我的，也是他們的。

麥斯威爾．柏金斯去世三十年來，關於出版業對利益追逐勝過對藝術追求之類的話，已經說過許多。然而，在達頓出版社，我發現許多人一如既往地珍惜文學。尤其要爲安．拉法奇和黛博拉．普里戈夫的編輯工作和友誼而向她們致謝。

本書的責任編輯小湯瑪斯．康登承擔了可怕的雙重責任：既要編輯一本大部頭書稿，又難免被人拿來跟這行中的大師比較。從一九七三年見到我的那一刻起，他就把時間和超凡的才華傾注在這本書上，給我毫無保留的支持和富有想像力的意見，那是眞正的柏金斯精神。

最後，我要把最深的謝意獻給本書題獻頁上的那幾個人。沒有我在普林斯頓大學的導師卡洛斯．貝克教授一以貫之的鼓勵和指點，這本書不可能動筆——我第一篇關於柏金斯的文章就是那時的大學畢業論文。沒有我父母芭芭拉和理查．柏格的愛和支持，它也可能永遠完成不了。

史考特．柏格

一九七八年於洛杉磯

文學森林 LF0071

# 天才
## ——麥斯威爾・柏金斯與他的作家們，聯手撐起文學夢想的時代


作者

史考特・柏格（Andrew Scott Berg）

一九四九年十二月四日生，畢業於普林斯敦大學，畢業論文即以麥斯威爾・柏金斯為題，之後延伸成完整傳記出版，獲得美國普立茲傳記文學獎。之後陸續出版數本傳記，包括記敘凱薩琳・赫本一生的《凱特回憶錄》（*Kate Remembered*）、《林白傳》（*Lindbergh*）更登上《紐約時報》暢銷排行榜，使他成為質量兼具的暢銷作家。

譯者

彭倫

一九九九年畢業於上海外國語大學國際新聞系。曾在《文匯讀書週報》擔任記者，現為外國文學編輯。譯有《我與藍燈書屋：貝內特・瑟夫回憶錄》、菲利普・羅斯作品《遺產》、《凡人》。



封面設計　莊謹銘
行銷企劃　傅恩群
版權負責　陳柏昌
編輯協力　王琦柔
副總編輯　梁心愉
初版一刷　二〇一六年五月九日
定價　新臺幣四六〇元

ThinKingDom 新經典文化
發行人　葉美瑤
出版　新經典圖文傳播有限公司
地址　臺北市中正區重慶南路一段五七號十一樓之四
電話　02-2331-1830　傳真　02-2331-1831
讀者服務信箱　thinkingdomtw@gmail.com
部落格　http://blog.roodo.com/thinkingdom

總經銷　高寶書版集團
地址　臺北市內湖區洲子街八八號三樓
電話　02-2799-2788　傳真　02-2799-0909
海外總經銷　時報文化出版企業股份有限公司
地址　桃園縣龜山鄉萬壽路二段三五一號
電話　02-2306-6842　傳真　02-2304-9301





ISBN：978-986-5824-62-4
MAX PERKINS: EDITOR OF GENIUS




天才：他與他的作家們,聯手撐起文學夢想的時代 /史考特・柏格（A. Scott Berg）著.-- 初版. -- 臺北市：新經典圖文傳播, 2016.05
540面；14.8×21公分.--（文學森林；YY0171）
譯自：Max Perkins, Editor of Genius
ISBN 978-986-5824-62-4（平裝）
1.柏金斯（Perkins, Maxwell E.(Maxwell Evarts, 1884-1947）2.作家 3.傳記
785.28　　105006949

Max

我最早的朋友，也是我的終生摯友麥斯・柏金斯常說，每個人都蘊藏著一部小說。這句話非他首創，實際上是老生常談，但他這樣有個性的人把它內化了。我總覺得，如果他好好思考自己的人生，必能寫出一流的長篇小說，他擁有風格獨特的小說家天賦。但是他沒有發展這項特長，而將天賦貢獻給別人，發展他們的寫作事業。

——范・威克・布魯克斯 Van Wyck Brooks

Cover Design | Chuang Chin Ming 莊謹銘 ccm888@gmail.com

Ed

那是美國剛走出第一次世界大戰，即將步入經濟大蕭條的時代，
是新世代文學之聲破繭而出的時代，
隱居幕後的傳奇編輯麥斯威爾．柏金斯，
以宏闊的視野、反映時代的品味、無與倫比的認眞態度與堅毅自制的個性，
成爲作家最睿智的舵手，最忠實的朋友。

他們是柏金斯眼中的天才，願意傾畢生心力無悔支持的作家。
柏金斯也是他們眼中的天才，
是讓他們的作品、才華爲世人看見的無形推手，
即使遭到背叛，也堅持信念，不自疑，不尋求同情。

文学森林系列
Lf
OO71
YY0171
定價 NTD 460
ISBN: 978-986-5824-62-4
00460
9 789865 824624
新經典文化
ThinKingDom